U0739434

# 青运春秋

## 第八辑

共青团中央青运史档案馆 编
李静 主编

中国青年出版社

（京）新登字083号

**图书在版编目（CIP）数据**

青运春秋. 第八辑/李静主编. —北京：中国青年出版社，2020.4
ISBN 978-7-5153-5986-1

Ⅰ.①青… Ⅱ.①李… Ⅲ.①中国青年运动-史料 Ⅳ.①D432.9

中国版本图书馆CIP数据核字（2020）第042747号

责任编辑：郑国和

*

中国青年出版社 出版 发行
社址：北京东四十二条21号 邮政编码：100708
网址：www. cyp. com. cn
编辑部电话：(010)57350512 门市部电话：(010)57350370
北京科信印刷有限公司印刷 新华书店经销

*

700×1000 1/16 26.5印张 2插页 420千字
2020年4月北京第1版 2020年4月北京第1次印刷
定价：48.00 元

# “中国青少年研究中心·青运史研究文库”
# 编委会名单

# 目　　录

## 一　专题研究



## 二　史实研究

## 三 人物春秋



## 四 往事追忆



## 五 口述历史

# 一　专题研究

# 在改革开放进程中阔步前进的中国青年发展事业

共青团中央书记处第一书记　贺军科

今年是我国实行改革开放40周年。40年来，人们的思想得到极大解放，社会生产力得到极大发展，社会活力得到极大释放，中国以世所罕见的速度大踏步地赶上时代、大踏步地实现赶超，党的面貌、国家的面貌、人民的面貌、中华民族的面貌发生了前所未有的深刻变化，久经磨难的中华民族迎来了从站起来、富起来到强起来的伟大飞跃，迎来了实现中华民族伟大复兴的光明前景。

习近平总书记指出，青年是标志时代的最灵敏的晴雨表。改革开放是过去40年中国社会最为鲜明的时代特征，在青年一代身上打下了极为深刻的时代烙印。当代青年是在改革开放中成长起来的，亲自参与了经济社会各个领域的伟大奋斗，亲眼见证了党和国家面貌的历史巨变，亲身获得了成长发展的时代红利，青春气质与时代气息同频共振、相互激荡，奏响了改革开放时代交响乐中的嘹亮青春乐章。

## 一、改革开放40年是深刻塑造青年、全面成就青年的40年，中国青年发展取得了历史性成就

改革开放深刻改变了中国，也深刻改变了中国青年一代，从根本上为青年发展拓宽了空间、创造了条件，推动青年在报效祖国、服务人民、奉献社会的过程中实现着自身的成长发展。

**第一，青年的价值追求健康向上，展现出对党和社会主义祖国的赤诚热爱。**改革开放以来，青年的思想观念日益多样多变，面对社会思潮的交流交融交锋，青年人有困惑、有迷茫，但是有一条主线始终未变、有一个旋律始终高

昂,那就是爱党、爱国、爱社会主义。40年来,中国青年始终表现出强烈的爱国热情。正如有的青年所说的那样,"'爱国'是根植在心头的一种情感维系,尽管平时总是不在意的,但在关键时刻,这样的情感便会爆发——四川发生5·12地震了,我们抱成一团;北京举办2008奥运了,我们一同呐喊;似乎总有一种力量,让我们用心去触碰。""团结起来,振兴中华""从我做起,从现在做起""我与祖国共奋进""奋斗的青春最美丽""青春建功新时代"这些响亮的口号,充分代表了青年一代热爱祖国、报效祖国的青春热忱。

实践是理想信念教育最生动的教材。40年来,广大青年在展现中国发展成就的生动事例、客观数字、生活体验中,亲身感受到党领导全国各族人民开创的伟大事业的"中国变化",感受到改革开放和社会主义现代化建设的"中国速度",感受到我国经济实力、科技实力、国防实力、综合国力不断迈上新台阶的"中国奇迹",在中外对比、今昔对比中对党的领导和中国特色社会主义高度认同,对党的十八大以来党和国家事业取得的历史性成就、发生的历史性变革由衷"点赞",对习近平总书记这位党的核心、人民领袖、军队统帅衷心拥护。正如《中国青年报》社论《青春礼赞改革开放四十年》中讲到的:"无论国际、国内形势如何变化,无论前进道路上的困难挑战如何严峻,无论社会思潮如何纷纭,广大青年坚定不移跟着党的初心矢志不渝,坚定不移走中国特色社会主义道路的信念坚如磐石,为实现中华民族复兴中国梦而奋斗的伟大理想岿然不动。"这正是40年来支撑青年成长发展的精神之钙、信仰之基。

**第二,青年基本生活条件不断改善,物质生活水平显著提升。**改革开放40年,城乡居民人均可支配收入增长了100倍,恩格尔系数由60%左右降至30%左右,我国已经从低收入国家迈入上中等收入国家行列,商品和服务供给能力极大提高,青年一代已经彻底告别了短缺经济,自身发展具有了极为丰富和充足的物质基础。当代青年已经不再像父辈们那样有着吃不饱饭的饥饿记忆,不久前在网上很火的视频《年夜饭的变迁》就十分形象地反映了"吃饱吃好"已经成为包括青年在内的中国人日常生活的标配,以至于现在还有不少青年为了减肥不吃细粮吃粗粮、主动去追求饥饿感。当代青年已经告别了一套衣服兄弟姐妹之间轮流穿的拮据,开始追求衣着的时尚舒适与丰富多彩,不少青年甚至陷入了每天出门时面对满柜子的衣服不知穿哪件好的"纠结"。这些鲜活的事例都充分表明,当代青年发展在整体上已经不再受制于温饱这些基本生活条件的制约,物质生活水平与父辈相比实现了质的跃升。

物质生活水平的提高也极大提升了青年一代的健康水平。我国已经基本消除了青年重、中度营养不良的现象，青年的健康知识和理念、健康素养水平不断提升。以1979年和2014年的14岁青年身高为例，城市男青年的平均身高提高了9.57厘米，农村男青年的平均身高提高了8.38厘米，城市女青年的平均身高提高了4.77厘米，农村女青年的平均身高提高了7.73厘米。身体健康水平的显著提升，为青年发展奠定了体魄强健的重要基础。

**第三，青年整体受教育程度处于我国历史上最好水平，综合素质得到极大提升。**40年来，我国教育事业长足发展，青壮年人口文盲基本消除，基本实现基础教育普及化，高等教育由"精英化"转变为"大众化"，新增劳动力平均受教育年限已超过13.3年，与发达国家之间的差距显著缩小。从基础教育看，我国初中阶段毛入学率、高中阶段毛入学率分别从1978年的66.4%和33.6%，增长到2017年的103.5%和88.3%，超过中高收入国家平均水平。大家十分熟悉的"希望工程"，是20世纪80年代末，共青团中央倡导的、着眼于配合义务教育法实施而开展的一项社会公益事业，"大眼睛""大鼻涕""小光头"这些具有标志性的照片在人们的脑海中还经常浮现，这是当年基础教育薄弱状况的直观反映。但到今天，我们的"希望工程"已经十分现实地面临着转型发展的任务，这也从一个侧面印证了我国基础教育事业的长足发展。从高等教育看，1978年，我国高等教育在学总规模为228万人，毛入学率为2.7%；2017年，我国各类高等教育在学总规模为3779万人，毛入学率达到45.7%，占世界高等教育总规模的1/5，规模位居世界第一。青年受教育水平的显著提升为青年发展提供了最强大的动力、夯实了最牢固的根基。

**第四，青年就业机会更加充分、选择更为多样，创新创业活力和顽强奋斗精神充分彰显。**随着社会主义市场经济的深入发展，产业结构优化升级，产业门类更加多样，新兴产业与业态不断涌现，为青年就业创业提供了广阔舞台和无限机遇。据统计，1978年，全国就业人员4.02亿人，其中城镇就业人员9514万人；到2017年，全国就业人员7.76亿人，其中城镇就业人员4.25亿人。大批农村青年改变了半就业、不充分就业的状态，转向城市，进入第二、三产业就业，用辛勤劳动为中国工业化、城镇化快速发展作出了重要贡献，自身也开阔了视野、丰富了阅历、提高了能力。40年来，青年的职业分布更加广泛，除工、农、商、学、兵等传统领域外，进城务工青年、农村青年致富带头人、青年网络作家、IT行业青年、自由职业者、电商从业者、"双创"青年、独立演员歌手等青年群体不断涌现。据统计,在信息技术服务业、文体娱乐业、科技服务业等以创新创意为核心竞争力的行业中,青年均占从业者的一半以上。可以说,在经济建设主战场、文化发展大舞台、社会建设新领域、科技创新最前沿、重点项目第一线,到处都活跃着青春建功的身影,都留下了青春奋斗的足迹。就业选择的自由与多样,确保青年人能够根据自身特长尽情施展才华,实现差异化、个性化发展。

**第五,青年精神文化生活丰富多彩,文化创新活力竞相迸发。** 40 年来,伴随着物质文化生活的日益改善,青年精神文化生活发生翻天覆地的巨大变化。惠及青年的公共文化设施不断完善,公共文化服务能力和均等化水平不断提高,符合青年需求的公共文化产品日益丰富。与改革开放前相对匮乏的文化产品相比,图书、电视、电影以及各类文艺演出在今天已经高度普及,青年从"有什么看什么""看什么都稀罕"发展为根据兴趣爱好自主选择。青年消费结构发生显著变化,文化消费增长强劲。2017 年,全国图书出版种数 51.2 万种,比 1978 年增长 33 倍以上;全国电影票房收入 559 亿元,近十年年均增幅约 23%。电视机、平板电脑、电纸书、音响等家庭文化设施实现从无到有、从标准化到个性化,已经"飞入寻常百姓家",青年日常文化生活明显改善。特别是随着信息技术的快速发展和互联网的日益普及,基于网络的文化产品为青年提供了更加广泛、更加便捷、更加均等化的文化服务。当前,我国网民总数已经超过 8 亿,网络对青年人口渗透率接近 100%。青年是网络文学、网络音乐、网络视频、网络直播、网络游戏和在线教育等网络文化应用的主要用户群体。在享受文化发展成果的同时,青年也是新兴文化产业的就业主体,在推动文化产业转型升级、促进中华文化走出去的进程中发挥着重要作用。

**第六,青年社会参与热情高涨、参与渠道丰富,展现出强烈的社会责任感。** 随着改革开放的深入推进,社会领域发生着深刻变革,特别是在封闭社会向开放社会、熟人社会向陌生人社会的转变中,倡导社会文明新风显得愈加迫切。40 年来,青年一代继承和发扬了引社会风气之先的传统,积极投身社会建设,始终做正能量的倡导者和践行者。特别是志愿服务已经成为青年人积极参与社会、履行社会责任的一面旗帜。截至目前,全国已经有超过 5000 万名注册青年志愿者,活跃在敬老爱幼、扶贫济困、助学助残等社会公益领域,活跃在各种大型赛会的活动现场,活跃在重大突发自然灾害的救灾一线,以他们的友爱之心、专业技能奉献社会、帮助他人,在全社会大力弘扬了"奉献、友爱、互助、进步”的志愿精神。社会组织日益成为青年社会参与的重要渠道。在自愿成立、自主管理、自我服务的各类社会组织中，主要负责人和从业人员有相当比例是青年。这些社会组织在依法承接政府职能转移、开展行业自律、满足社会公众多样化服务需求、倡导文明健康生活方式、促进政府与社会沟通等方面做了大量工作，发挥了建设性作用。青年社会参与的广泛性及其在社会上产生的影响力，充分证明在改革开放中成长起来的青年一代是有着强烈社会责任感的一代。

**第七，青年国际交往日益频繁，更加理性自信地认识世界、走向世界。**40年来，我国从封闭半封闭走向全方位开放，对外开放的大门越开越大。广大青年积极参与全球化进程，以极大的热情去了解世界，学习借鉴其他国家的先进经验和文明成果，加强与世界各国青年的友好交往，讲述中国故事、传播中国文化。出国留学是青年全方位、深层次了解世界的重要渠道。1978 年，恢复派遣留学生的重大决策开启了青年出国留学的大幕。我国出国留学人员已经从当年的 860 人增加到 2017 年的 60.84 万人，其中学成回国的由 248 人增加至 48.09 万人。出境旅游观光、考察学习、商务谈判、劳务合作，是青年感知世界、拓宽视野的更具经常性、普遍性的方式。2017 年，国内居民出境规模达到 1.4 亿人次，其中青年占了很大比例。40 年来，中国青年在国际场合亮相的机会增多，联合国青年论坛、教科文组织青年会议以及各类多边双边青年论坛上中国青年发声的机会越来越多。青年交流已经纳入中美、中俄、中英、中欧、中法、中韩、中国南非、中国印尼等国家或部门级人文交流合作机制框架下，开展了青年领导人对话、青年企业家经贸合作、青年发展专题研讨等多种形式的交流与合作。在日益频繁的国际交往中，中国青年既看到了我们国家的发展差距，也在比较中切实增强了“四个自信”，许多有过海外经历的青年们都讲，“出国就是最好的爱国教育”。

总结改革开放 40 年来中国青年发展的历程与成就，我们可以十分自豪地说：中国青年发展水平实现了质的跃升，在教育、就业等青年发展的核心领域，已经超前于我国经济社会发展的总体水平，可以说是实现了优先发展的一代。这为我们国家和民族未来发展储备了最重要的潜力、积攒了最强大的“后劲”。之所以能够取得这些历史性成就，从根本上讲，得益于中国共产党领导，得益于中国特色社会主义制度的优越性，得益于马克思主义青年观的指导，得益于改革开放的政策红利。这是中国青年发展实践的经验总结，也是未来青年发展必须始终坚持的发展方向。

## 二、以贯彻落实《中长期青年发展规划(2016—2025年)》为主线，推动新时代中国青年发展事业迈上新台阶

党的十九大作出中国特色社会主义进入新时代的重大政治判断，描绘了未来30多年建设社会主义现代化国家的宏伟蓝图。当代青年的人生奋斗期与这一历史进程完全契合，既是追梦者，也是圆梦人。这一代青年成长得快不快、发展得好不好，对于实现中华民族伟大复兴的中国梦极为关键。党的十八大以来，习近平总书记倾注极大精力关心青年和青年工作，五四期间总是和青年在一起，外出考察调研时经常到青年中去，给不少青年和青年团体回信，使广大青年充分感受到了党的关爱。特别是习近平总书记关于青年工作的重要思想，把我们党对青年和青年工作的理论思考与实践探索推进到了历史新高度，为新时代中国青年发展指明了前进方向。在习近平总书记的亲自关心和指导下，党中央、国务院制定出台了《中长期青年发展规划(2016—2025年)》，这是新中国历史上第一个青年发展规划，是指导新时代中国青年发展事业的纲领性文件，在我国青年发展事业进程中具有重要里程碑意义。在改革开放再出发的崭新征程上，在青年发展规划的有力支撑下，中国青年发展必将迎来新的春天。

青年发展只有更好，没有最好。我国青年发展的新机遇新课题十分明显。随着信息化、全球化、市场化、城镇化深入推进，青年思想意识多样多变的特征更加明显，用共产主义和中国特色社会主义引领青年、用中国梦和社会主义核心价值观凝聚共识的任务尤为紧迫；人口结构的新特点新变化使得青年一代的工作和生活压力不断增大，在健康、婚恋、就业创业、社会融入和社会参与、社会保障等方面需要获得更多关心和帮助。站在新的历史起点上推进青年发展，必须坚持以习近平新时代中国特色社会主义思想为指导，以贯彻落实《中长期青年发展规划(2016—2025年)》为主线，聚焦青年发展中的突出矛盾与紧迫需求，不断优化完善政策环境、制度环境、社会环境，推动形成全社会关心、支持青年发展的良好社会氛围，努力把青年一代培养成为担当民族复兴大任的时代新人。

**1. 坚持党管青年原则。**党的领导，是中国青年发展的根本保证。青年发

展规划明确提出“坚持党管青年原则”，既包含着对青年的历史作用特别是青年在党的事业发展中极端重要性的充分肯定，又包含着党对青年一代的关心爱护、殷切期望、严格要求，是在总结马克思主义青年观基本观点和中国青年运动实践探索的基础上提出的具有统揽性的重大原则，是青年发展事业始终沿着正确方向前进的根本保证。坚持党管青年原则，就是要以习近平新时代中国特色社会主义思想为指导，认真贯彻落实习近平总书记关于青年工作的重要思想，自觉接受党的领导，主动争取各级党委支持，把青年发展工作摆在党治国理政的战略全局中去谋划和推进，引领好青年思想，带好青年组织，抓实青年政策，引导青年听党话、跟党走，努力成长为社会主义建设者和接班人。

**2. 坚持青年优先发展的基本理念。**长期以来，在人们的传统观念中，青年人身强力壮，是社会生产生活中的“强势”群体，似乎不用给予特殊的关照与帮助。事实上，随着经济社会的快速变革，特别是随着工业化、信息化深入发展，社会分工越来越细、专业要求越来越高，人的经验积淀与技能积累在社会生产生活中的重要性显著上升，体能的优势在下降，青年发展需要得到各方面的助力与支持。青年发展规划提出：“党和国家事业要发展，青年首先要发展。”这是第一次比较明确地提出了青年优先发展的理念。我们贯彻这一理念，就是要真正从青年是国家的未来、民族的希望这一战略高度去看待青年发展工作，在制定政策时要充分照顾青年人的利益关切和长远发展需求，在开展工作时要注重优先解决制约青年发展的突出矛盾和问题，使青年发展总体上保持适度领先的水平，为我们国家在长期国际竞争中赢得战略主动和优势。

**3. 坚持青年全面发展的时代要求。**党的十九大报告指出，我国社会主要矛盾已经转化为人民日益增长的美好生活需要和不平衡不充分的发展之间的矛盾。这一变化是关系全局的历史性变化，对党和国家工作提出了许多新要求，同样也对青年发展工作提出了新要求。人民日益增长的美好生活需要呈现多样化、多层次、多方面的特点，这在青年身上体现得更为明显。过去，青年的需求主要就集中在“有饭吃、有衣穿、有学上、有工作干”等基本需求上，解决起来方向比较明确、聚焦点也十分集中。现在，随着这些基本需求得到充分满足后，青年群体开始出现明显的分化趋势，青年的需求也呈现出多样化、小众化的特点。这就决定了青年发展工作的内涵必须与时俱进，注重突出全面性的要求，既要有物质层面的发展，更要有精神层面的发展；既要有生存需求的满足，更要有发展需求的拓展；既要着眼青年自身的个体发展，更要关注青年整体的贡献作为。一方面,发展领域要全面。虽然青年发展需求的最大公约数越来越难找了,但是我们仍然要聚焦青年相对集中的需求领域做好工作。青年发展规划从思想道德、教育、健康、婚恋、就业创业、文化、社会融入与社会参与、维护合法权益、预防违法犯罪、社会保障等10个领域提出了具体发展目标和有针对性的发展措施,充分回应了当代青年的普遍关切,构建形成了覆盖青年需求主要领域的青年发展政策体系。我们强调全面,就是要务实推进这10个领域的发展政策落地,实现青年的全面发展。另一方面,覆盖对象要全面。青年职业选择、工作方式、生活方式的多样化,在实践中催生了大量新兴青年群体。习近平总书记多次强调,要关注高校毕业生、城乡贫困家庭青年、残疾青年、城乡间流动的农村青年等重点群体,要关注自由职业者、网络意见领袖、网络作家、签约作家、自由撰稿人、独立演员歌手、流浪艺人等新兴群体,要关注"快递小哥"、网约车司机、小微企业青年。我们强调全面,就是要切实照顾不同青年群体的发展阶段、需求特点,有针对性地开展工作,努力在促进青年发展的进程中不让一个青年人掉队。

**4. 坚持青年协调发展的基本方向。**当前,青年发展已经跃升到新的发展阶段,我们要坚持问题导向,注重发现青年发展各领域面临的新的矛盾和问题。比如,在青年教育领域,经过40年的不懈努力,"有学上"的问题得到根本解决,"上好学"的需求更为强烈;与此同时,教育公平问题越来越成为社会和青年关注的焦点,地区之间、城乡之间、同一城市不同学校之间教育资源的不平衡时常成为社会舆论的热点。这就要求我们认真落实青年发展规划在提高学校育人质量、科学配置教育资源等方面制定的各项政策,真正在教育质量和教育公平两个方面更好促进青年发展。比如,在青年健康领域,我们已经基本解决了营养不足问题,与此同时,青年体质健康和心理健康问题开始凸显。据国家体育总局《2014年国民体质监测公报》显示,与2010年相比,20—39岁人群综合体质仍在下降。青少年视力不良检出率仍然居高不下,继续呈现低龄化倾向,各年龄段学生肥胖检出率持续上升,身边的"小眼镜""小胖墩"越来越多。随着人们生活节奏明显加快、竞争压力不断加大,青年心理健康问题日渐突出,需要给予有针对性的人文关怀与心理疏导。不久前,习近平总书记专门就青少年视力健康问题作出重要指示,强调全社会都要行动起来,共同呵护好孩子的眼睛,让他们拥有一个光明的未来。这就要求我们认真落实青年发展规划在提高青年体质健康水平、加强青年心理健康教育和服务等方面制定的各项政策，确保青年一代拥有更加强健的体魄。可以说，青年发展规划中10个领域的发展目标和政策，都是在深入分析和把握每个领域青年发展面临的阶段性突出问题并进行轻重缓急排序后作出的选择，我们要以很强的问题意识、很好的平衡感去贯彻落实，确保青年一代在新的发展阶段实现更高层次的协调发展。

**5. 坚持青年自主发展的主体地位。**青年是一个极具成长性、自主性的群体，青年发展归根结底要靠青年自身的努力奋斗。回顾40年来的发展历程，广大青年不负时代机遇、竞展青春风采，争当市场经济大潮的弄潮儿、社会文明新风的践行者、急难险重任务的突击队、国际交流合作的先行者，把个人奋斗全面融入改革开放的伟大进程之中，留下了不可磨灭的青春足迹，实现了自身的成长发展。进入新时代，青年一代肩负冲刺民族复兴最后一棒的历史重任，更要在全社会的关心重视下，激发内在动力，拿出舍我其谁的责任担当，想干事、能吃苦、肯奋斗，始终保持一股顽强拼搏、勇于开拓的精气神，扫除一切骄气、娇气、暮气、惰气，做坚定者、奋进者、搏击者，用青春建功新时代的踏实业绩来证明自己、成就自己。

## 三、共青团要切实维护青少年发展权益，在促进青少年发展中更好发挥积极作用

共青团是党的助手和后备军，是青年人自己的组织。贯彻落实青年发展规划、更好促进青年发展，共青团责无旁贷。

**1. 突出实践育人，切实发挥好广大青年在实践中学习中国特色社会主义和共产主义的学校作用。**共青团作为一所大学校，不同于一般学校的鲜明特色就是实践育人，注重对青年的理想信念教育和价值观塑造。现在，青年人接受课堂教育、书本教育、知识教育的机会比以前要大大提升了，但是青年特别是青年学生接触实践、接触生活的机会却少了。共青团将重视和发挥好实践育人的优势，坚持理论与实践相结合，组织带领青年更多地参与到社会实践中去，用自己的眼睛看，用心去感悟中国特色社会主义和共产主义的真理性，用实际行动去践行社会主义核心价值观。新时代突出实践育人，需要充分关注和挖掘改革开放40年来青年亲身经历的发展变化，充分关注和挖掘党的十八大以来发生在青年身边的成就与变革，以此为素材开展好国情形势教育，引导

青年从可知可感、切身受益的真实变化中去感受中国特色社会主义的实践成果，从“中国之治”与“西方之乱”的鲜明对比中去感受社会主义制度的优越性，从而增强“四个意识”、坚定“四个自信”。

**2. 做好统筹协调，切实发挥好青年发展规划协调者的作用。**贯彻好实施好青年发展规划、推动青年一代按照党的要求成长发展，是一项长期复杂的系统工程，需要形成党委领导，政府、群团组织、社会等各方面协同施策的工作合力。青年发展规划明确赋予共青团推动规划落实的协调、督促职责，这是党中央对共青团的充分信任，也是共青团必须履行好的光荣责任。共青团将积极作为，努力争取党委和政府的支持，推动各地根据实际编制本地区青年发展规划，充分发挥各级青年工作联席会议机制的作用，加强对青年发展规划实施情况的监测评估，协调党政有关部门充分关注青年发展问题与需求，推动政策出台、抓好政策落实。同时，青年发展规划提出的不少发展措施和重点项目，牵头部门就是共青团，对于这些任务，我们将坚持高标准不折不扣抓好落实，切实把党和政府的关怀送到青年中去。

**3. 代表反映诉求，切实发挥好青年权益代言人的作用。**青年发展规划既是一系列具体的政策举措，同时也是一整套重大的政策方向，规划中的很多规定都是原则性的，需要我们在实施过程中，根据青年发展的实际需要和紧迫需求，不断完善和丰富青年发展政策体系。共青团是党和政府联系青年的桥梁纽带，把青年的“温度”告诉党和政府，是共青团的职责所在。我们将深入推进共青团改革，认真践行党的群众路线，推动广大团干部走到各领域普通青年中去，把团的基层组织深深扎根于青年群众之中，倾听青年心声、了解青年需求，及时把青年发展中遇到的困难与需求反映给有关部门，推动新的青年发展政策出台和完善，真正成为青年成长发展道路上信得过、靠得住、离不开的贴心人。

**4. 有效联系、服务和引导青年社会组织，切实发挥好团在青年组织体系中的主导作用。**组织是青年发展的倍增器，青年人只有组织起来，才能把潜在的力量转变为推动社会历史进步的强大现实力量。我们党从成立之初就十分重视这个问题。当前，随着经济社会的深刻变革，不少青年社会组织蓬勃发展，展现出很强的活力，在一定范围和领域的青年中很有影响。青年发展规划提出：“要健全党领导下的以共青团为主导的青年组织体系。”这是适应青年组织发展新形势、促进青年发展新要求提出的重大举措。共青团将积极适应新时代青年组织化需求满足渠道更加多样的趋势,既要充分发挥自身开展青年群众工作的优良传统和独特优势,又要充分学习借鉴青年社会组织工作的新理念新方法,积极主动把各类青年社会组织联系好、服务好、引导好,把蕴藏在青年中的活力和潜力充分激发出来,共同聚焦到为实现"两个一百年"奋斗目标、实现中华民族伟大复兴中国梦而奋斗上来。

青年是一支现实的力量,新时代的中国青年已经以其信念坚定、视野开阔、务实奋斗、自信包容的崭新面貌展现在世人面前;青年更是一支未来的力量,面对当今世界百年未遇之大变局,实现中华民族伟大复兴的中国梦要靠青年一代接续奋斗。我们相信这一代青年、也祝福这一代青年,更要以实际行动促进这一代青年更快成长、更好发展,团结一心、众志成城,在以习近平同志为核心的党中央坚强领导下,向着无数中华儿女心念已久的民族复兴伟大梦想奋力冲刺。

(此文系贺军科同志在第十四届中国青少年发展论坛——"改革开放40年与中国青年"上的主旨演讲。全文转自2018年11月29日中国青年网)

# 新时代开创共青团工作新局面的指导思想和行动指南

## ——习近平共青团工作六论研究

黄志坚

党的十九大庄严宣告:中国特色社会主义进入新时代。习近平总书记的工作报告,深刻论述了新时代党的新使命、新征程、新思想、新发展理念等一系列重要思想和重大决策,为实现中华民族伟大复兴的中国梦指明了前进的方向,是夺取新时代中国特色社会主义新胜利的指导思想和行动指南。

新时代召唤共青团承担更加重大的职责。党的十九大向共青团提出培养担当民族复兴大任的时代新人,带领青年为夺取新时代中国特色社会主义的伟大胜利贡献青春和力量。共青团如何更好地履行新时代的重大职责,应当确立什么样的指导思想并贯彻到共青团工作的实际行动?这是当今全团上下学习贯彻党的十九大精神都在认真研究和践行的重大课题。

党的十八大以来,习近平总书记十分关心共青团工作,对新时代共青团工作的改革与发展,有丰富的理论分析与实践指引。本文是作者学习党的十九大精神和《习近平关于青少年和共青团工作论述摘编》,对习近平关于共青团工作论述聚焦于"六论",作出的初步研究。

### 一、论共青团工作的战略地位

在新时代中国特色社会主义事业中,共青团工作居于何种地位?

近来社会上包括团内,不时传出低看新时代共青团工作的议论。究其根据无非两条:一是中央党的群团工作会议在肯定群团工作成就的同时也有一些批评,有的是专对共青团工作的批评;二是个别团干部的转岗去向和职务安排方面的一些传言。

关于共青团工作地位的评价，根据作者68年共青团经历的认识，决不能只着眼于一时一事，更不能只依据个别事例，而是要置于党和国家的大局中作全面的估量。进入新时代，更要依据党的十九大作出的战略决策和实现“两个一百年”的奋斗目标，学习领会习近平总书记从党的事业承前启后和夯实党执政的青年群众基础两大战略高度，对新时代共青团工作地位作出的评价。

党的事业承前启后、后继有人的战略高度，就是要深刻认识中国共产党是一个有远大理想的党，党的社会主义、共产主义事业需要一代又一代人的接力奋斗。因此，党在长期奋斗中，总是高瞻远瞩，寄希望于未来，寄希望于代表未来的青年。一个拥有崇高理想的党，必然是要重视接班人的培养；一个有雄才大略的政治家，必然是要重视对青年的关爱和培育。过去如此，新时代更是如此。习近平总书记作的党的十九大工作报告，充分体现了党对青年一代的高度信任、关心和厚望。工作报告中，仅直接提到青年的就有六处：

第一处是讲人才培养，特别提出“青年科技人才”的培养造就；

第二处是讲教育，特别提出“培养德智体美全面发展的社会主义建设者和接班人……普及高中阶段教育，努力让每个孩子都能享有公平而有质量的教育……健全学生资助制度，使绝大多数城乡新增劳动力接受高中阶段教育、更多接受高等教育”；

第三处是讲就业，特别是提出：“促进高校毕业生等青年群体、农民工多渠道就业创业”；

第四处是讲干部队伍，特别提出：“大力发现储备年轻干部，注重在基层一线和困难艰苦的地方培养锻炼年轻干部，源源不断选拔使用经过实践考验的优秀年轻干部”；

第五处是讲党的基层组织建设，特别提出：“注重从产业工人、青年农民”中发展党员；

第六处是用长达184个字专论青年。这段专论表达了四层含意：一是高度评价“青年兴则国家兴，青年强则国家强。青年一代有理想、有本领、有担当，国家就有前途，民族就有希望”；二是充分信任“中国梦是历史的、现实的，也是未来的，是我们这一代的，更是青年一代的。中华民族伟大复兴的中国梦终将在一代代青年的接力奋斗中变为现实”；三是热情宣示“全党要关心和爱护青年，为他们实现人生出彩搭建舞台”；四是殷切期望“广大青年要坚定理想信念，志存高远，脚踏实地，勇做时代的弄潮儿，在实现中国梦的生动实践中放飞青春梦想，在为人民利益的不懈奋斗中书写人生华章。”党中央、习近平总书记对新时代青年的信任、关爱和厚望，责无旁贷地落到了共青团的肩上。中国共产党从成立之初，就把共青团作为党联系青年的桥梁和纽带，带领青年跟党走的助手和后备军。进入新时代，习近平总书记在党的十八大刚刚闭幕的2013年就鲜明地向共青团提出：“必须把培养中国特色社会主义事业建设者和接班人作为根本任务。青年一代健康成长，直接关系中国特色社会主义事业后继有人，兴旺发达。共青团作为青年在实践中学习中国特色社会主义、共产主义的大学校，必须时刻把为党和人民培养人的工作摆在首位，贯彻始终。”党的十九大，对党章作了80多处修改，“党和共产主义青年团的关系”这一章（即第十章）只改动了一个字，即第21条将原“先进青年的群众组织”改为“先进青年的群团组织”。新党章继续载明“中国共产主义青年团是中国共产党领导的先进青年的群团组织，是广大青年在实践中学习中国特色社会主义和共产主义的学校，是党的助手和后备军”。这些不同于其他群团组织的表达，只要认真学习了党的十九大精神，都不难领悟新时代共青团在党的事业中的地位，绝没有丝毫的降低，而是战略意义更加重大。

党有效执政和长期执政的战略高度，就是要深刻认识中国共产党执政的基础是群众，是人民群众的拥护。青年是人民群众中领风气之先、思想最活跃、社会能量最大、革新创造力最旺盛的部分，是党的事业一代又一代接力奋斗的历程中承前启后的一代，是党执政非常重要的群众基础。习近平总书记对此无比重视，高度肯定青年是“党执政的坚实依靠力量、强大支持力量、深厚社会基础”。因此，党在新时代对共青团联系广大青年群众的桥梁作用格外重视，十分关心共青团和青年群众的密切联系，十分关心共青团对青年的凝聚力和吸引力。中央党的群团工作会议对共青团工作中某些脱离青年群众倾向的批评，正是出于这样的重视和关心。这叫爱得越深，要求越高，恰恰反映党对共青团密切联系青年群众，把广大青年团结到党的周围跟党走，夯实党执政的青年群众基础，有着多么高的期望，有着何等高度的重视。共青团对青年群众的吸引力和凝聚力，共青团联系青年群众的密切程度，关系着党执政地位的巩固，任务艰巨，责任重大，容不得有任何的犹疑与懈怠，要有更强烈的光荣感和事业心，激情满怀地做好党交付的具有战略意义的青年工作。

## 二、论共青团工作的主线

新时代共青团工作怎样做？首先要明确的是在共青团的诸多工作中以何为主，贯穿全部工作的主线是什么。习近平总书记为新时代共青团工作确立了八个字的主线：围绕中心，服务大局。

围绕中心，是共青团的历史经验和光荣传统，即共青团工作必须围绕党在各个时期的中心任务来开展，并服务于党的中心任务的完成。这是坚持党对团的全面领导在工作上的落实。毛泽东早在1953年新民主主义青年团全国第二次代表大会期间，就提出了这个工作原则。邓小平在1962年进而提出"议大事，管本行"，要求团的领导机关及其召开的会议，首先要议大事，即认真学习、讨论党的大政方针，了解党的中心任务，然后再来讨论，决定如何围绕党的中心任务开展团的工作。随后胡耀邦又加了一句懂全局，即"议大事，懂全局，管本行"，要求全团通过议大事树立全局观念，把团的工作纳入党的全局工作中，要更好地为全局工作服务。习近平总书记在继承这一优良传统的基础上更进一步，鲜明地把"围绕中心、服务全局"提升为共青团的工作主线。在2013年共青团十七大期间，他就要求全团"必须把围绕中心，服务大局作为工作主线"，并深刻地论述了坚持这一工作主线的意义和要求。他说："围绕中心才能找准方向，服务大局才能体现价值。共青团要紧紧围绕党和国家工作大局找准工作切入点、结合点、着力点，广泛组织广大青年在深化改革开放、促进经济社会发展中充分发挥生力军作用。"

新时代党的中心任务和大局，就是党十九大确立的：高举中国特色社会主义伟大旗帜，决胜全面建成小康社会，夺取新时代中国特色社会主义的伟大胜利，为实现中华民族伟大复兴的中国梦不懈奋斗。

党的中心任务，就是团的中心任务。"党有号召，团有行动"，新时代共青团的全部工作就是要围绕党的十九大确立的新思想、新征程，为协调推进"五位一体"总体布局和"四个全面"战略布局，实现"两个一百年"奋斗目标，激发广大青年的历史责任感和奋斗精神，动员和引领广大青年在决胜全面建成小康社会、夺取新时代中国特色社会主义伟大胜利的进程中建功立业。共青团要引领广大青年努力实现习近平总书记要求的"两个转化"：把满腔的报国之志转化为立足岗位的工作业绩，把积极奉献精神转化为服务人民的实际行动；

到经济建设主战场、文化发展大舞台、社会建设新领域、科技创新最前沿、重点项目第一线、基层实践大熔炉等“五个领域”贡献聪明才智。新时代共青团工作开创新局面，必须在自己的全部工作和各项活动中，牢牢把握这个工作主线不动摇，紧紧围绕这个工作主线不偏离。

## 三、论共青团工作立足青年

围绕中心、服务大局同立足青年二者是什么关系？有人认为，既然工作主线是围绕中心服务大局，只要做到党叫干什么就干什么就够了，至于青年人想什么，有什么特殊需求，需要提供什么服务，似乎无关轻重。显然，这是对二者之间关系的误解。习近平总书记在中央党的群团工作会议上讲的是两个服务：“服务党和国家工作大局是党的群团工作主线，服务群众是群团工作的职责。”他还形象地用两句简明的语言精辟地论述了二者的辩证统一关系：一句叫“公转”与“自转”。对共青团来说，就是既要围绕党和国家工作大局搞好“公转”，又要聚焦服务青年群众搞好“自转”。一句叫“顶天立地”。对共青团来说，顶天，就是要学习了解党和国家工作大局，在大局下思考，在大局下筹划，在大局下行动。立地，就是立足共青团的本岗职责，立足所联系的青年群众，找准结合点和着力点，通过两个服务，为党和国家工作大局提供支持，为青年的成长与发展创造条件和机会。

习近平总书记关于共青团工作立足青年的论述，是马克思主义青年观的一脉相承，又有新时代特色的发展。新中国成立之初，毛泽东就曾指出：“青年团要配合党的中心工作，但在配合党的中心工作中，要有自己的独立工作，要照顾青年的特点。”邓小平向共青团提出的“吃透两头”，上头要认真学习了解党的方针、政策和工作部署，下头要深入了解青年的特点，在二者的结合上做好团的工作。胡耀邦总结共青团工作方法的十二字：“上下请示，八方求援，自我奋斗”，其中的“上下请示”其意也在“吃透两头”。进入中国特色社会主义新时代，习近平总书记在继承的基础上，作了进一步的丰富和发展。他一再要求共青团要深入到青年中去，了解新时代青年的特点，倾听青年的呼声，想青年之所想，急青年之所急，代表和维护青少年普遍性利益诉求，努力为青年的成长成才创造良好环境，为青年实现梦想，提供切实服务；要求共青团要成为广大青年遇到困难时想得起、找得到、靠得住的组织。这些论述，深刻地指明共青团赖以发展、体现价值的立足点，也是共青团服务大局的力量所在。在服务大局和立足青年的结合点上开展活动，应当成为新时代共青团工作的最大亮点和开拓创新点。

2017 年中共中央办公厅、国务院办公厅发布的《中长期青年发展规划（2016—2025 年）》，是新中国成立以来第一部国家级的青年发展十年规划，充分体现党和国家对新时代新青年的高度重视和亲切关怀。这部规划，依据党和国家的相关政策，按照经济社会发展的总体目标和要求，指明青年发展的正确方向，列出青年发展的十大发展领域和发展目标，确立青年发展的十个重点项目，为新时代共青团工作立足青年明确了职责。规划的实施，将在实践中推进共青团工作在服务大局和服务青年的结合点上深化改革、开拓创新。

## 四、论增强共青团的政治性、先进性、群众性

新时代，中央党的群团工作会议和习近平总书记的讲话，对党的群团工作鲜明地提出增强政治性、先进性、群众性的要求，并对“三性”的内涵和如何增强分别作出深刻的论述。党的群团组织以往多指工会、共青团和妇联，现在已扩展到文联、作协、科协、残联、红十字会等众多群众团体。共青团同其他群团组织有共性但也有一些特性，如共青团组织成员必须是青年群众中的先进分子，青年入团必须具备团章所规定的条件，有严格的入团手续和入团宣誓仪式；共青团从上到下有严密的组织系统；共青团同党有更加亲密的关系，党章中专有一章讲党和共青团的关系，定性共青团是“党的助手和后备军”，规定“团的县级和县级以下各级委员会书记，企业事业单位的团委员会书记，是党员的，可以列席同级党的委员会和常务委员会的会议”；党格外重视共青团的建设，把团的建设列为党的建设的一部分，要求各级党委把团的建设纳入党的建设轨道，以党建带团建。因此，强“三性”（政治性、先进性、群众性）落实到共青团，又要有一些特别的要求。

什么是政治性？习近平总书记明确指出：“党的群团工作的政治性，主要体现在工会、共青团、妇联等群团组织要承担起引导群众听党话、跟党走的政治任务，为夯实党执政的阶级基础和群众基础作出贡献上。”对于共青团来说，还要体现在政治上、思想上、组织上、工作上全面接受党对团的领导。政治上以党的奋斗目标作为自己的奋斗目标，鲜明定位于为实现中国特色社会主义

和共产主义而奋斗。思想上以马克思主义(包括马克思主义在新时代的新发展习近平新时代中国特色社会主义思想)作为自己全部工作的指导思想。组织上接受党的领导,地方各级团委接受同级党委和上级团委的双重领导并以同级党委领导为主。工作上以党的中心任务作为自己任务,紧密围绕党的中心任务,按照青年特点开展活动。

2017 年 11 月 20 日,第十九届中央深化改革领导小组会审议通过的《中央团校改革方案》指出,中央团校工作承担着为党的青年群众工作教育培养干部骨干的重要使命,要创新办学方式,突出政治培训,把中央团校建设成为党在青年工作领域特色鲜明的政治学校。这个方案,是增强共青团政治性在共青团干部教育培训中的落实,充分体现党在新时代的要求。

什么是先进性?先进性就是能够组织动员群众为完成党的中心任务共同奋斗。保持和增强群团组织的先进性,其涵义有二:一是把握为实现中华民族伟大复兴中国梦而奋斗的时代主题,成为党执政的坚实依靠力量,强大支持力量和深厚社会基础;二是始终站在党和人民的立场上,坚持为党分忧,为民谋利,把思想政治工作贯穿所开展的各种活动,多做组织群众、宣传群众、教育群众、引导群众的工作,多做统一思想、凝聚人心、化解矛盾、增进感情、激发动力的工作。群团组织要自觉成为在群众中、在基层凝聚人心、坚守前哨、冲锋陷阵的战斗队、工作队。

对共青团如何保持和增强先进性,党更有"不忘初心"的特别要求。2017 年"五四"前夕,习近平总书记到中国政法大学参加民商经济法学院本科二年级团支部"不忘初心跟党走"的主题团日活动。他非常高兴地对团员们说,共青团作为党的助手和后备军,要始终保持先进性,带领广大青年坚定跟党走,就是初心。不忘这个初心,是我国广大青年的政治选择,也是我国广大青年的人生航向。团员的先进性、光荣感,一个很重要的方面就是理想信念先进,能够走在时代的前列,青年的前列。

从严治团,是新时代坚持和增强共青团先进性的重要措施。习近平总书记说,从严治团是从严治党的一部分,必须依据全面从严治党的部署和要求从严管好团干部队伍、团员、团组织,使团干部更像团干部,团员更像团员,团组织充满活力。为此,2016 年团的十七届六中全会作出《关于新形势下推进从严治团的规定》,从思想建团、制度治团、纪律管团、作风强团四个方面作出部署并努力推行。

在团的组织发展中，控制一定的团员与青年群众的比例，坚持吸收先进青年入团，即是坚持和增强共青团先进性的一项组织措施。为此，2017 年团中央和教育部共同颁布的《学校共青团改革实施方案》专有规定，用三年左右时间将初、高中毕业班的团学比例分别控制在 30％、60％以内。

什么是群众性？就是能够密切联系广大群众。习近平总书记说，这是群团组织的根本特点。政治性，先进性，最终都要落到群众性上，对于共青团来说，最强的政治性就是能够带领广大青年群众跟党走，最强的先进性就是能够依靠青年中的先进分子带动中间和后进共同前进，可见群众性在“三性”中的基础地位。保持和增强群众性，共青团组织开展的工作和活动就要以青年群众为中心，让青年群众当主角，而不能让青年群众当配角、当观众。要避免脱离青年群众的“行政化”“机关化”，坚持眼睛向下，重心下移，面向基层，力量配备和服务资源向基层倾斜，把神经末梢搞敏感，把毛细血管搞畅通。要避免“重精英、轻草根”的贵族化倾向，更多关注、关心、关爱青年群众，把更多的注意力放在基层青年和困难青年身上，多做雪中送炭的实事。各级团组织要建立直接联系青年群众制度，实行“4＋1”“1＋100”等措施，并探索更多更有效的方法和措施。

## 五、论共青团工作有效覆盖面

中共中央 2015 年发布的《关于加强和改进党的群团工作的意见》和习近平总书记 2016 年在中央党的群团工作会议上的讲话，在高度评价和充分肯定群团工作取得显著成就的同时，指出群团工作脱离群众的主要问题是有效覆盖面不足，吸引力、凝聚力不够。对共青团，还特别提出要克服脱离青年群众的“行政化”“机关化”“贵族化”“娱乐化”。

如何扩大团的工作有效覆盖面？习近平总书记的论述可以归纳为三大要点：

一是扩大有效覆盖面，团的组织要切实立足青年，努力做广大青年值得信赖的贴心人；深入青年之中，倾听青年呼声，把青年安危冷暖挂在心上；调动社会资源，千方百计为青年排忧解难。

二是有效覆盖面的问题实质是团的工作如何延伸的问题。习近平总书记语重心长地叮嘱共青团不但要继续做好体制内的青年工作，还要把青年工作延伸到社会其他领域。现在很多青年人在新经济组织、新社会组织、社区里，在网络空间、虚拟社会里，在农民工群体、个体工商户、网民、"北漂"、"蚁族"里，尤其是那些自由撰稿人、独立演员歌手、流浪艺人等种类繁多的新兴群体。团组织必须适应这个发展趋势，努力去做他们的工作，不要让他们游离于社会组织之外。

三是有效覆盖面不仅要看到有形的对象，而且要看到无形的对象。习近平总书记指出，现在网络空间情况复杂，主流是好的，但也有很多杂音、噪音，甚至有很多负面的言论。这个战场很重要，对青年人影响很大。开展网络战争，加强网络管理，弘扬网上主旋律，团要更多发挥一些作用。

扩大共青团工作有效覆盖面还有一个要妥善解决的现实问题，即工作圈的调整。现在共青团工作圈存在一种泛化现象，工作对象扩展到了适龄青年外的人群，更多地关注 30—40 岁的成功人士。例如，每年的优秀青年、杰出青年、五四奖章的评选和奖励，不少是花落中年，难以惠及适龄青年。以全国评选的"中国青年五四奖章"为例，2014 年初评入围 37 人，其中 30 岁以下只有 6 人，仅占 16.2%，30 以上的 31 人，占 83.8%（其中 35—39 岁有 20 人，高达 54.1%）。2016 年"中国青年五四奖章"初评入围 32 人，其中 30 岁以下的只有 8 人，仅占 25%，30 以上的 22 人，占 75%（其中 36—40 岁的有 14 人，高达 43.8%）。2017 年第九届"中国青年创业奖"入围候选人 150 人，其中 30 岁以下 23 人，只占 15.33%；31—35 岁 52 人，占 34.67%；36—40 岁 75 人，高达 50%。共青团的工作对象，团章规定团员的年龄为 14—28 周岁，上述的奖励青年人会因其"太中年"而失去兴趣，怎能不影响团在青年中的吸引力！再看获奖人的身份，很多是总裁、总经理、所长、博导等成功人士，很少覆盖到真正的适龄青年，底层青年更难问津。这种偏离适龄青年的表彰，"种了别人的田，荒了自己的地"，是工作覆盖面的一种偏离，需要在新时代作出必要的改革和调整。

## 六、论全面提高共青团干部素质

党中央、习近平总书记高度重视新时代党的干部队伍建设，在党的十九大工作报告的最后部分专列一段"培养高素质专业化干部队伍"，高度评价"党的干部是党和国家事业的中坚力量"，并且专门提到要"大力发现储备年轻干部，注重在基层一线和困难艰苦的地方培养锻炼年轻干部，源源不断选拔使用经过实践考验的优秀年轻干部。”这些重要论述，都为共青团干部队伍建设指明了努力的方向。

共青团干部是党的干部队伍的组成部分，是做好共青团工作的重要保证。党的十八大以来，习近平总书记十分关怀共青团干部队伍建设，多次亲切地对共青团干部谈希望，提要求。对共青团干部如何全面提高自身的素质，习近平总书记的论述，归纳起来有五个方面的要求和期望：

**第一，坚定理想信念。**习近平总书记用“打铁必须自身硬”勉励团干部应该最富有理想，要带动广大青年坚定理想信念，自己必须坚定。团干部要在广大青年中树立威信，形成号召力，首先要高扬理想旗帜，自己理想旗帜举得高、守得住，才能服人。

**第二，坚持科学理论武装头脑。**习近平总书记说：认真学习中国特色社会主义理论体系，努力掌握辩证唯物主义和历史唯物主义的立场观点方法，才能真正认识历史是怎样走过来、怎样走下去，从而牢牢把握规律、把握真理，坚信真理，坚信中国特色社会主义道路越走越宽广。

**第三，心系青年心向青年。**习近平总书记说：“团干部是做青年工作的，必须心系青年，心向青年。做团的工作必须牢记，任何时候都不能脱离青年，必须密切联系青年。如果不能深入广大青年，自说自话，自拉自唱，工作是很难做好的。”并且特别告诫团干部，一要以青年为本，着力增进对青年的感情，做青年友，不做青年“官”，千万不能官气重，架子很大。如果每个团干部都有二三十个贴心的朋友，那做工作就不一样；二要了解青年，主动深入基层，走进青年，知道青年想要什么，真心诚意为他们办事，使他们实实在在感受到党的关怀、团的关心、社会的关爱。

**第四，提高做青年工作的能力。**以往论及共青团干部素质，多着眼于政治、思想、品德、作风素质，习近平总书记提出要增添能力素质。他十分重视新时代引领青年跟党走的能力素质，指出青年是引领风气之先的力量，做青年工作必须有能力引领时尚、引领风气，这样才能把广大青年吸引到自己周围来，把他们最广泛地聚集到党和人民的事业中来。他从当今时代是知识爆炸的时代，各种新知识新技术日新月异、新情况新问题层出不穷的角度，告诫团干部要有“本领恐慌”的忧患意识。在新时代，要做好新经济组织、新社会组织、网络空间、现代艺术等方面青年的工作是不容易的，因为这些青年做的工作往往是前沿性的，操作的技术都是最先进的，吸收的观念都是最时尚的。如果团干部的知识水平、见识程度跟不上广大青年，说科技说不上，说文艺说不通，说工作说不来，说生活不对路，说来说去就那么几句官话、老话、套话，同广大青年没有共同语言、没有共同爱好，那当然就会“话不投机半句多”。团干部提高做青年工作的能力素质，要勤奋学习，向书本学习，向实践学习，向青年学习，到青年中去，在同广大青年的密切交往中提高工作本领；要懂得青年的语言和习惯，熟悉青年的愿望和心声，善于运用新形势下青年工作的方式方法。

**第五，加强思想道德修养，锤炼优良作风。**习近平总书记关于团干部思想作风建设的论述，归结起来是“严”“实”两个字，特别强调三条：坚定理想信念、严格要求自己、自觉践行社会主义核心价值观。他要求团干部自觉践行“三严三实”，自觉抵制和纠正“四风”问题，带头遵法学法守法用法，慎始慎初，慎微慎独，把好权力关、金钱关、美色关，做到心有所畏，言有所戒，行有所止。他还语重心长地告诫团干部，年轻时就担任了一定职务，受到社会方面的关注多一些，越是这样，越不能放松对自己的要求，越要做到防微杜渐，守得住做人、处事、用权、交友的底线，养成慎始、慎独、慎微的意识，经得住诱惑，管得住小节，走好人生每一步。

这五点论述，情理交融，充分体现对共青团干部的热情爱护和严格要求，既是共青团干部队伍建设的指导方针，又是共青团干部健康成长的金科玉律。

## 结论

习近平总书记关于共青团工作战略地位、共青团工作主线、共青团工作立足青年、共青团增强“三性”、共青团工作有效覆盖面、共青团干部素质的论述，思想深刻，内涵丰富，是中国特色社会主义群团发展道路在共青团工作中的贯彻和落实，是习近平新时代中国特色社会主义思想在共青团工作理论上的投射。这些论述，有运用唯物辩证法的科学分析，有来自实践的理论创新，有鲜明的新时代特色，丰富和发展了马克思主义青年和青年工作理论，是新时代共青团改革攻坚创新、开创工作新局面的指导思想和行动指南。

（作者系中国青少年研究中心教授）

**参考文献：**

1.《中国共产党第十九次全国代表大会文件汇编》，人民出版社 2017 年版。

2.《习近平关于青少年和共青团工作论述摘编》，中央文献出版社 2017 年版。

3.《毛泽东著作选读》下册，人民出版社 1986 年版。

# 共青团要适应社会变革的大趋势

李玉琦

在人们不经意地回顾一个正在运行着的事物时，似乎今天的一切就是昨天发生的故事，那些起承转合的往事都变成了过眼云烟，模模糊糊不成记忆，好像一切都没有什么变化，事物本来如此。但是如果认真探究这个事物的历史，就会产生不同感觉和结论，甚至于获得诸多有益的启示。认真探究共青团的历史，旨在全面深化改革的形势下，让共青团工作能够从中获得一些有益的启示。

## 一、共青团始终在变革中前进和发展

共青团已经走过了90多年的历程。在这个过程中，共青团始终伴随中国社会的变革而发生改变，进而发挥团组织的作用，为民族复兴做贡献。

在共青团初创时期，以陈独秀为代表的中国共产党人，认准了苏俄道路和马克思列宁主义，并决心在中国实践。与此同时，他们也意识到这个实现民族复兴的实践不是一代人两代人就能够完成的，因此陈独秀在当时明确提出要"组织一个社会主义青年团，作为中共的后备军，或可说是共产主义预备学校，这个团的上海小组预计最先约有三十多人参加，他说这在苏俄叫作少年共产党，在中国则可命名为社会主义青年团，加入的条件不可太严，以期能吸收较多的青年"[①]。之所以要这样做，是因为在中共创建时期，社会主义是社会上都能够接受的新思潮，而共产主义和俄国党被认为是"过激主义"和"过激党"，不易为民众所接受，所以团的名称用"社会主义"，使团的活动能够公开或半公

① 张国焘：《我的回忆》(第一册)，东方出版社1998年版，第97页。

开，以期吸引和团结更多的青年人。鉴于当时中共党员数量较少和共产党无法公开活动，所以当时党和团的工作并没有明确区分，一般中共党员都兼有团员的身份，许多党的工作是用团的名义发动和组织的。这时，党的早期组织与团的早期组织在工作上几乎是无法区分，在事实上是党团一体。及至1921年7月中共正式成立和1922年5月青年团正式成立后，情况发生了些许变化，因此1922年12月24日团中央发布的准备“召集第二次全国大会”的第二十八号通告，专门把“本团与中国共产党之关系”列入会议议事日程。1923年3月20日，团旅俄支部致信团中央，指出“以前青年团的活动，未免全为共产党的活动所摄收，太偏于政治方面。以后青年团与共产党的活动范围，应有严明的规定。青年团除政治运动——反对军阀及帝国主义外，还须有自己独立的工作——经济改良和教育工作等。”①此后，以团刊《先驱》为媒介，就青年团工作展开了热烈的讨论，为团二大的召开，作了很好的准备。团二大召开后，会议发表的宣言明确指出：“中国社会主义青年团是拥护青年利益的团体，中国的青年农民、工人、军人、学生等应当集合在他的旗帜下面，为他们的目前利益奋斗。并且与全国国民携手合作，造成雄厚的国民革命势力，推翻帝国主义及军阀的强权。”②

青年团二大一闭幕，青年团立即跟随共产党投身于第一次国共合作中，推进大革命发展进程。在大革命高潮即将出现之际，青年团于1925年1月召开了第三次全国大会，宣布将团的名称改为“共产主义青年团”。这次大会宣言说：“我们中国共产主义青年团为中国无产阶级青年，以及一切被压迫青年的利益，决定要努力扶植扩大无产阶级的势力，以从事中国的革命运动。在我们的第三次全国大会中间，我们决议不再沿用以前那种不甚合当的‘社会主义青年团’的名称，我们相信为要促成中国的革命运动，必须引导中国的青年认识而且信赖无产阶级的力量，所以我们用不着隐讳我们代表无产阶级利益的主张。共产主义是帝国主义、军阀以及一切反革命派所最恐惧的名辞，我们正应当狠勇敢的揭示我们共产主义的真面目，让他们在我们的面前发抖。”③大会

① 旅俄中国社会主义青年团支部对于第二次全国大会的意见》，中国新民主主义青年团中央委员会办公厅编《中国青年运动历史资料》(1)，第240－241页。

② 《中国社会主义青年团第二次全国大会宣言》，中国新民主主义青年团中央委员会办公厅编《中国青年运动历史资料》(1)，第376页。

③ 《中国共产主义青年团第三次全国大会宣言》，中国新民主主义青年团中央委员会办公厅编《中国青年运动历史资料》(2)第32页。

还指出，“为要使本团能得着指导全国学生的地位，本团仍应注重扩展学生运动，同时，本团亦应当注重青年工农运动，加增对于他们的宣传工作，随时努力把他们组织起来。”[①]以五卅运动为标志的大革命高潮出现时，改名后的共青团按照中国共产党的要求，努力实现党团分化，并在努力实现团组织的“无产阶级化”的同时，使共青团“组织群众化和工作青年化”，协助党开展了一系列革命群众运动和革命宣传活动，为推进国民革命和北伐战争作出了突出的贡献。这一时段的共青团工作成为共青团历史上最好的时期之一，时常为老一辈无产阶级革命家和有这段斗争经历的老共青团员所赞誉。

1927年四一二事变后，大革命的形势急剧逆转，经过大革命洗礼的共青团坚定地跟共产党站到了一起，迎接血雨腥风的考验和锻炼，与中国共产党一道走入土地革命时期。这时，由于社会局势的急剧变幻，最初让共青团难以适应，以至于出现先锋主义和取消主义的问题，但是很快就得到了纠正，并且走上了与客观形势相适应的发展轨道。然而现实的严酷，使得共青团不得不与共产党一样进入秘密状态。这种状态使得共青团走向群众化和青年化的脚步停滞下来，再加上共产党三次“左”倾错误的出现，使得共青团在土地革命后期变成了一个狭小、孤立的组织，根本无法适应正在发生巨大变化的社会局势，并且因此走上了共青团改造之路。不过我们也要看到，在土地革命时期共青团适应社会变革大趋势的一些变化。首先是团组织成员的成分发生了巨大的改变，由大革命时期的以学生、知识青年成员为主体转化为以劳动阶级成员为主体，团员的数量也有了很大的发展。其次是共青团有了在共产党执政条件下开展工作的经历，并且相应地积累了一定的经验。这些相对于大革命时期是一种进步和发展。

共青团改造对于中国共青团来说，既是中国社会局势变迁和社会变革大趋势的要求，也是共产国际和青年共产国际的组织要求，同时还是当时共青团组织实际状况的要求和组织性质的要求。因此，共青团改造的历史和共青团改造后共产党领导下的青年抗日组织工作和发展的历史是中国共青团历史的有机组成部分。在整个抗日战争时期，中国共青团坚决贯彻执行中国共产党关于实行共青团改造的决定，适应了抗日战争的形势和抗日青年运动发展要

① 《中国社会主义青年团第二次全国大会关于中央执行委员会报告决议案》，中国新民主主义青年团中央委员会办公厅编《中国青年运动历史资料》(2)第38页。

求，对于焕发全国青年的抗战热情，广泛团结各界爱国青年，推动抗日救亡运动的蓬勃开展起了重要的作用，有力地促进了共产党倡导的抗日民族统一战线方针和政策的贯彻和实施，为夺取抗日战争的最后胜利作出了重要的贡献。同时这个历史说明作为中国共产党助手的共青团只有根据国家的实际状况和发展的要求，从共产党在一个历史时期中的总任务出发，准确把握自身的性质和任务，调整组织形式和工作方式、方法，才能更充分地发挥作用和履行职能。尽管在抗日战争时期没有使用共青团组织的名称，但是这一时期的青年运动和青年工作始终是在中国共产党的领导或影响下，党领导下的进步青年组织始终执行的是共产党路线、方针和政策，始终是在发挥党的助手作用，发挥在斗争实践中团结、教育和引导青年沿着党指引的方向前进的作用，也就是说在事实上是在发挥共青团组织的作用。所以抗战时期中共领导下的青年工作的历史在事实上是大革命时期共青团在"青年化""群众化"方面探索的继续和发展。

抗日战争后期，原本在抗日战争时期是全国青年运动模范的解放区青年运动开始显现出一些难以适应形势与任务要求的问题，在抗日战争时期曾经发挥重大作用的青救会组织无法适应解放区青年运动的需要，呈现一种涣散和自流状态。尽管在抗日战争胜利后青救会改称青年联合会，但是青年联合会在性质上与青救会没有本质上的区别，成员、工作任务和方式只能沿袭青救会的模式，所以不可能改变青年运动比较沉闷、缺乏生气的状态。这表明，在中国革命由此进入一个新的历史时期——全国解放战争时期的时候，党领导下的青年群众组织已经不能适应新的形势和任务的要求了，社会变革的大趋势要求中国共产党调整领导中国青年运动的方式，改变中国青年运动核心组织的形式，以适应中国青年运动的发展需要。

经过党中央慎重的研究，在人民解放战争已经开始的情况下，提议重新建立青年团组织。伴随人民解放战争的发展进程，中国青年团完成了重建，紧接着就迎来了新中国的诞生，从此青年团开始了作为执政党忠实助手的崭新发展历程。

新中国的建立是中国历史上十分巨大的社会变革，因此共青团为适应这个变革也有了很大的调整。首先，团的性质在保留历史上固有的因素外，还明确提出"团是共产党领导下的先进青年的群众组织"，在确立了其在青年群众的核心地位的同时，还明确了党团关系是青年团的各级组织要接受共产党属地化管理的模式，团“在政治上接受中国共产党的领导，但在组织上应当保持自己的独立系统……青年团内的党员，必须服从党的一切决议，并以不疲倦的说服教育工作和自己的模范行动，来巩固党在青年团中的领导。”[1]“团内生活，应在民主集中制的基础上，充分地发挥民主的与群众化的生动活泼的作风，培养团员的积极性与创造性，并训练他们的组织性与纪律性。”[2]团“应在为人民大众与青年服务的基础上创造适合环境特点与青年兴趣的各种方法”[3]，去团结和领导广大青年群众为实现民族复兴任务而学习和工作。

中华人民共和国成立后，青年团根据上述规定和原则努力积极地开展各方面工作，做适应社会变革大趋势的各种探索，取得了一定的成绩。1953 年 6 月，毛泽东发表了题为《青年团的工作要照顾青年的特点》的重要谈话。同年 10 月，中共中央发出了《关于加强党对青年团的领导给各级党委的指示》，提出青年团“要在党的统一领导下建立团的独立活动和加强团的系统领导”的工作方针。据此，青年团中央在第一个五年计划期间，开展了以青年突击队、青年志愿垦荒队等为代表的独立活动，活跃了共青团工作，再次创造共青团工作历史上的最好时期，让青年团在社会上赢得了广泛的赞誉。这一段探索和工作的实践经验被总结在青年团三大的会议成果中，同时会议根据国内社会的发展局势决定把团的名称改为“共产主义青年团”，并根据这个时期的工作经验，提出了以“劳动、学习、团结”为中心的工作任务，准备带领全国团员和青年开始新的征程。

可是，青年团三大一闭幕，因为反右派运动的开展和共青团三届三中全会召开，停滞了共青团深入探索共青团工作的脚步，同时也使得共青团工作开始向思想和意识形态方面转移。在中共内部“左”的迷误影响下，这段时间的工作，对于当时的团员和青年既有正面作用，也有负面影响。后来在“文化大革命”中发生的红卫兵运动就不能不说与这段时间的共青团工作有一定的关系。

在“文化大革命”初期，给共青团戴了“全民团、生产团、娱乐团”的帽子，试

① 《中国共产党中央委员会关于建立中国新民主主义青年团的决议》，《中共中央青年运动文件选编》，中国青年出版社 1988 年版，第 709 页。

② 《中国共产党中央委员会关于建立中国新民主主义青年团的决议》，《中共中央青年运动文件选编》，中国青年出版社 1988 年版，第 709 页。

③ 《中国共产党中央委员会关于建立中国新民主主义青年团的决议》，《中共中央青年运动文件选编》，中国青年出版社 1988 年版，第 709 页。

图用红卫兵取代之。在中共九届一中全会上，毛泽东提出要“整团建团”，才使共青团得以再生。但是在“文革”的背景和17年工作被完全否定的情况下，直至“文革”结束“整团建团”工作也没能完成。那些恢复了工作的地方以及基层共青团组织，也只能按中共推动“文革”的节拍，亦步亦趋地贯彻执行。虽然有些对共青团怀有深厚情感的老团干试图焕发团的活力，但是“左”的迷误只能让他们铩羽而归。“文革”让共青团遭受了严重的“内伤”。

中共十一届三中全会的召开，让共青团恢复了活力。在拨乱反正的潮流中，老团干通过“传、帮、带”让共青团踏上了正路。但是，改革开放的迅猛发展，又让共青团显现出不适应，以至于1987年10月召开的中共十三大对共青团等群众团体提出了如下的要求：“把工作重点放在基层，克服‘官’气和行政化倾向，赢得群众特别是基层群众的信任。”中共十三大的召开，加快了共青团已经开始的体制改革探索，但是由于众所周知的原因，这个脚步停滞了。1992年春天邓小平南巡谈话公开发表后，共青团抓住机遇，总结历史经验，推出了以青年志愿者、青年文明号、希望工程、少先队“手拉手”、保护母亲河为代表的一批团的独立活动项目，在社会上展示了共青团跨世纪的风采，并产生了良好的社会效应。但是，由于有些从事共青团工作的人缺乏对团的历史和团的工作理论的认真学习和研究动力，不关心、不重视历史资料和档案资料的积累，不愿意认真地学习和研究共青团工作理论，只是从实用主义的观点出发，热衷于对现象的描述和对工作的总结，热衷于对固有成熟理论进行现实性的阐发，缺少探索和创新精神，再加上多种现实社会因素的作用和影响，导致共青团基本上是沿袭改革开放初期的老路和熟路，没能跟上20世纪末国际和国内出现的变革趋势，使得团组织在政治性、先进性和群众性方面出现问题，产生了“机关化、行政化、贵族化、娱乐化”现象。对于这一状况，团中央第一书记秦宜智曾十分明确点出了这些问题的危险性，他说：“如果共青团再不奋起直追，不仅是跟不上、不适应的问题，而是会被青年边缘化、被党政边缘化，甚至失去组织存在的价值。”

事情很明显，因为在历史上，共青团能够适应社会变革的大趋势，并且在变革中完善和发展自己，所以能够发挥共青团的作用，为民族复兴事业做贡献。而今天，共青团之所以出现上述问题，正是社会变革的大趋势向共青团发出的改革召唤。时代要求共青团继承优良传统，借鉴历史经验创出一条继续发展的新路来。

## 二、当前共青团所面临社会变革的新局势

共青团的改革不能关在屋子里冥思苦想，必须面对社会现实，正确地理解和认识社会现实。这正如俗话所说：知己知彼，方能百战百胜。要想让共青团适应当前社会变革的大趋势，首先要了解今天与昨天有什么不同。

**(一)国际环境的变化和对当代青年的影响**

**1. 美国独大，世人注目。**自从20世纪末东西方“冷战”结束后，美国便以其雄厚的经济和军事实力，雄踞世界，到处插手，充当“世界宪兵”。与此同时，美国国内发生的一些事情，也会引起举世的关注。例如去年的美国大选和特朗普上台，着实让我们的微信圈子大大地热闹了一番，各种消息、传言、段子和冷幽默十分火爆，可见一斑。另外美国的物质生活的优越和文化生活的色彩斑斓，也通过不同渠道输入到人们的心田，以至于美国成为许多年轻人心目中向往的地方，并且在有意和无意间产生了一种崇尚美国的情绪。这样一种社会现象的存在，必然对当代青少年产生巨大的影响，极大地增加了我们宣传和传播民族精神和时代精神的难度。

**2. 苏东剧变，理论空白。**20世纪80年代末到90年代初，袭用苏联政治、经济体系的东欧各个社会主义国家陷入严重的经济困难，政治局势发生了激烈的动荡。从1989年波兰团结工会上台开始，这种变革先后扩展到东德、捷克斯洛伐克、匈牙利、保加利亚、罗马尼亚等前华沙条约组织国家，最后以苏联解体告终。苏东剧变这个事件使得国际共产主义运动受到重创。而就在这样一种背景下，世界发达国家的高福利社会生活状况也不时地被广泛传播。这两方面的信息极大地冲击着人们的心灵。可是理论界对于这样一个事关历史学、政治学、社会学以及马克思列宁主义基本理论的重大课题，却很少有所反映，听任那些“不战而胜”的论调、“超越论”的观点以及否定五种社会形态理论观点在群众中传播，对人们接受、认识和理解《共产党章程》《共青团章程》中的相关理论和观点造成严重的干扰。

**3. 世界一体，初露端倪。**20世纪90年代以来，以信息技术革命为中心的高新技术迅猛发展，不仅冲破了国界，而且缩小了各国和各地的距离，使世界经济越来越融为整体。因为世界资产阶级革命首先发生在欧洲，因此近代以来经济发展水平和文明程度使欧洲在整体上处于世界领先地位，并在这个基

础上欧盟在1993年正式诞生，向世界展示了世界一体化的趋势，与之相伴随"普世价值"的概念也越来越多地被提起。尽管现在英国脱欧，法国也有脱欧的主张出现，但是目前，经济全球化还是显示出一定的生命力，并对世界各国经济、政治、军事、社会、文化等所有方面，甚至包括思维方式等，都造成了巨大的冲击。这样的一种世界发展趋势以及与之相伴随的理论观点不能不对我们的民族精神和民族复兴的共同理想产生冲击和影响。

**4. 恐怖势力，不容小觑。**在世界一体化兴起和发展的时候，大规模民族主义浪潮也随之泛起。这股浪潮席卷范围之广、发展势头之猛烈超乎人们的预料。如果说世界一体化浪潮对世界的冲击主要体现在经济层面的话，民族主义浪潮的冲击则更多地反映在政治层面上。民族主义由于表现较强的排他性、分离性，以及在一定条件下的狭隘性，而这种狭隘性具有固守文化传统和对外来文明排斥的孤立性和分离性等特征，并由此产生民族地区的宗教问题和分裂势力的出现，与之相伴随的是恐怖势力的猖獗并与形态各异的民族主义汇聚成潮，对地区及世界的安全与稳定构成重大威胁。这一情况在我们国内亦有表现，无疑会增加我们在民族地区开展思想政治工作的难度。

**5. 中国崛起，喜忧互显。**改革开放30余年来，中国让世界见证了一个经济实力和综合国力极大增强的中国，一个人民生活显著改善的中国，一个社会文明程度大幅提升的中国，一个国际地位空前提高的中国。这一切被誉为"中国奇迹"。面对这种情况，人们是欢欣鼓舞的。但是面对中国的不断崛起和强大，一些发达国家感到了紧张和害怕，也抱有非常矛盾和复杂的心态。他们提出了"中国威胁论"，并以此来牵制中国的发展。因为他们担心，一个崛起的中国会冲击现存国际秩序，挑战他们的世界地位，甚至威胁他们的安全。全方位地打压中国是他们的必然选择。这无疑是中国发展的一个隐忧。另外中国作为一个大国，在走过了以资源消耗性快速发展阶段之后，在战略上突然发现：整个民族精神文化陷入一种新困境，这就使缺少创新思维和科学创造力支撑的民族复兴之路越走越窄了，丧失了原创精神和文化选择能力的民族，在国际上根本不会有竞争力；一个依赖和模仿他人技术的国家，永远不会获得世界的承认。生活在一个资源约束性的全球化过程中，人们面临着愈来愈严峻的生态环境危机，新一轮生态资源战争正在悄然地走近我们。而面对这种境况，人们的心情则是复杂的。

**(二)国内变化和对当代青年的影响**

**1. 政治坚定，宣教须壮。**改革开放以来，历届党中央领导集体，都始终坚定不移地指出：只有社会主义才能救中国，只有中国特色社会主义才能发展中国，这是历史的结论，人民的选择。党的十八大后更进一步指出“随着中国特色社会主义不断发展，我们的制度必将越来越成熟，我国社会主义制度的优越性必将进一步显现，我们的道路必将越走越宽广。我们就是要有这样的道路自信、理论自信、制度自信，真正做到‘千磨万击还坚劲，任尔东西南北风’。”① 但是在当前社会思想观念和价值取向日趋活跃、主流和非主流同时并存、社会思潮纷纭激荡的新形势下，如何让这种坚定的政治理念为广大人民群众尤其是广大团员青年所接受、理解和掌握，是一个需要认真探索和实践的问题；推进马克思主义中国化、时代化、大众化，继续发展21世纪马克思主义、当代中国马克思主义这个问题，是一项应该引起高度重视，并需要切实加强的工作。而当前的实际工作中，在有的领域内马克思主义被边缘化、空泛化、标签化，在一些学科中“失语”、教材中“失踪”、论坛上“失声”的现象，需要引起重视和改进。

**2. 经济壮大，调控宜强。**中国的经济发展形势总体上是好的，呈现一种“新常态”的上升发展态势，未来工业化、信息化、城镇化、农业现代化带来巨大国内发展空间，社会生产力基础雄厚，生产要素综合优势明显，体制、机制在不断完善，在实现“两个一百年”奋斗目标的过程中必将给中国的经济源源不断地注入新的活力和动力。但在充分肯定经济发展基本面的前提下，我们也绝不能低估当前和今后一个时期所面临的风险和挑战，主要是总需求不足和产能相对过剩的矛盾有所上升，企业生产经营成本上升和创新能力不足问题并存，经济发展和资源环境的矛盾有所加剧。另外，在大力保障和改善民生方面还有许多短板，如何让改善民生既是党和政府工作的方向，又成为广大人民群众自身奋斗动力和目标则是一个需要认真解决的问题。这一切需要通过深化改革来解决，需要加强和改善宏观调控，强化创新驱动，以实现经济持续健康发展和社会和谐稳定。

**3. 文化繁荣，良莠并现。**改革开放以来，在广大文化工作者辛勤努力下，文化界出现令人欣喜的新气象新面貌，在教育界、社会科学界和文学艺术界等都取得丰硕成果，为广大人民提供了丰富精神食粮，向世界展示了中华文化魅

① 习近平：《毫不动摇坚持和发展中国特色社会主义》《习近平谈治国理政》，外文出版社2015年版，第22页。

力，成为时代变迁和社会变革的先导。当代中国正经历着历史上最为广泛而深刻的社会变革，也正在进行着人类历史上最为宏大而独特的实践创新，而这伟大实践也给文化创新创造提供强大动力和广阔空间，使得整个文化界呈现一种繁荣的景象。但是我们也要看到，由于多种社会思潮和多元价值观的存在，在文化界存在浮躁和追求功利之风，出现过不分是非、颠倒黑白的错误倾向，存在低俗、庸俗、媚俗的低级趣味，以及传播拜金主义、享乐主义、极端个人主义腐朽思想的倾向和现象。这些虽然不是文化界的主流，但是在社会和人民群众中还是会发生潜移默化的作用，造成不良的影响。

**4. 社会稳定，隐忧积淀。**进入 21 世纪以来，党和政府坚持以人为本的执政理念，把民生工作和社会治理工作作为社会建设的两大根本任务，高度重视、大力推进，使得改革发展成果得以惠及全体人民，保持了社会大局的稳定，为改革开放和社会主义现代化建设营造了良好环境。同时我们还必须清醒地看到，在当今国际和国内的新形势下，国家安全和社会安定面临的威胁和挑战增多，伴随社会发展出现的新问题、新矛盾也在增多，另外互联网冲击，多元价值观冲击等因素也会造成一些不和谐、不稳定结果。这些问题和现象的积累，会造成一些社会的隐忧，也会对人们的思想和观念产生影响，处理不好就会产生联动效应。

**5. 环境问题，国民忧患。**建设生态文明是关系人民福祉，关乎民族未来的大计，是实现中华民族伟大复兴的主要内容。改革开放以来，国家坚持以经济建设为中心，推动经济快速发展起来。在这个过程中，党和政府一再强调可持续发展，重视加强节能减排、环境保护工作。但也有一些地方、一些领域没有处理好经济发展同生态环境的关系，以至于使得一些地区持续遭遇雾霾袭扰，大气污染、水污染、土壤污染等各类环境污染呈高发态势，成为民生之患，民心之痛。老百姓过去“盼温饱”，现在“盼环保”；过去“求生存”，现在“求生态”。对此现象习近平总书记指出：“我们在生态环境方面欠账太多了，如果不从现在起就把这项工作紧紧抓起来，将来会付出更大的代价。”①

综上所述，凡此一切的变化，都是改革开放前和改革开放初期所不曾遇到过的现象，但是现在共青团工作的实践和理论还基本停留在改革开放初期，已经难以适应时代的要求，跟不上时代前进的步伐。为适应时代发展的大趋势，

① 《习近平总书记系列重要讲话读本》，学习出版社、人民出版社 2016 年版，第 234—235 页。

共青团必须实现思想创新、理论创新、工作创新、组织创新、活动创新。改革和创新是现今共青团工作必须认真面对和亟待解决的大问题。

## 三、共青团适应社会变革趋势要有历史的继承

当前共青团要适应社会变革的趋势，要有改革的紧迫感，要积极探索试验，但在这个过程中要努力做到稳步探索，扎实推进，使共青团的改革健康发展，使团的工作更加充满生机，要避免出现不顾团情，不看实情，急躁冒进的情况发生。欲速则不达，甚至可能出现偏离正确方向，被迫转弯或者退步的情况。由于在当前我们的理论准备、思想准备、组织准备不足，加之社会变革的趋势有时不我待之态，所以我们会有"跟不上"和"走过了"的可能。在这种情况下，我们一方面要坚决贯彻以习近平为核心的党中央的各种相关指示精神，另一方面要认真总结共青团工作的经验教训，根据社会变革的趋势，确定我们改革的目标和方向以及具体的改革项目。共青团的历史告诉我们，在当前共青团的改革中要很好地把握以下六个方面，或者说可以从以下六个方面着眼设计改革大计。

**1. 铸魂育人。**育人是共青团的根本任务，是开展共青团工作的根本，在探索和实施共青团适应社会变革趋势的改革中，一定要把这个理念放在首位。要通过有效的工作方式和扎实的工作，帮助团员和青年树立在马克思主义指导下的理想和信念，建立马克思主义指导下的世界观、人生观和价值观。与此同时，要通过有效的方式和扎实的工作把党中央的治国理政的理念和布局传达到广大团员和青年中，并能让团员青年理解和认同党的路线方针政策，使他们成为中国特色社会主义的接班人和建设者、中华民族伟大复兴事业的继承者和实践者，不断厚植党执政的政治基础。

**2. 活动聚人。**青年在各种社会群体间，有一个显著的特点就是极易发生合群现象，因此共青团历来有围绕党的中心工作开展有青年特点独立活动的传统工作方式。这个传统做法在共青团的历史上发挥了巨大的作用，在当代进行适应社会变革趋势的共青团改革中也应该继承和发扬。不过要注意，一定不能搞形式主义，追求宣传效果和规模效应，团的领导机关要围绕党的中心工作，从政治性、先进性和群众性的综合考虑出发，确定活动项目，组织基层团组织结合本地区本单位的具体情况加以实施，活动时间要向业余时间转移，除

非特殊需要，尽量少搞占用工作时间的大活动。

3. **服务凝人。** 共青团工作要彻底改变机关化、行政化的倾向，打掉“官气”，要从机制上体现为青年服务的思想和作风，做青年的贴心人。对于为青年服务要树立全面、正确的观念。首先要真正发挥好桥梁和纽带作用，既要把党和政府的路线方针政策传达给团员青年，并使之为青年认同和理解，又要及时准确地把青年的思想实际和意愿要求传达给党和政府，使团的工作融入党政大局，做到青年心坎里；其次要从青年的根本需求出发，切实服务青年的成长成才，促进青年的健康成长；第三要切实维护青年的特殊利益和具体利益，做好维护青少年权益工作，解决青年的一些实际问题。

4. **依章管人。** 要根据实际情况，认真修订《中国共产主义青年团章程》（简称《团章》）。要像毛泽东所说的，不能订得太严，“不要把框子搞得太小”“办不到的事，或者只有一百万人能办到，八百万人办不到的，都不要在团章上规定。”[①]可是《团章》一旦正式通过，就一定要严格执行，切实做到，团要管团，从严治团。同时要依照团章切实加强团组织建设，增强基层团组织的活力，鼓励团员积极向上，做青年群众的模范。

5. **实践炼人。** 共青团是育人的“学校”，但是这个“学校”是通过实践育人，是要共青团组织通过带领团员青年投身中华民族伟大复兴事业，按照“四个全面”战略布局和新发展理念推进“五位一体”建设，并且在这个伟大实践中健康成长。因此共青团内的所有人，不论是团干部还是普通团员，都要把学习的理念放在首位，要通过自身扎实、认真、勤奋的工作，增长自己各方面的知识和能力，随时准备承担党和政府交付的新的任务。共青团内的人要明确，对于在团内不同岗位、不同层次的人，这种学习任务是有差别的，所有人都必须自觉树立学习的意识，找准自身的学习目标和方向，勤奋、踏实地学习。切不可以一种浮躁的心态对待共青团工作，切不可把这个工作看作仕途的捷径，而荒废了大好时光，甚至走上歧途。

6. **真诚做人。** 共青团是育人的“学校”，加入共青团的人和做共青团工作的人，应该都是一些渴望健康成长和不想虚度年华的人。因此共青团在适应社会变革趋势的改革中，首先要在制度和机制上保证这一点，要鼓励真诚做好

---

① 毛泽东：《青年团的工作要照顾青年的特点》，共青团中央、中共中央文献研究室编：《毛泽东邓小平江泽民论青少年和青少年工作》（修订本），中国青年出版社、中央文献出版社 2003 年版，第 100 页。

人而不是精致的利己主义者。另外，对于所有共青团内的人，也要自觉加强个人的修养和提高，防微杜渐，努力做一个合格的共青团人。

当前，团中央提出要以习近平总书记重要讲话精神为指引，按照“凝聚青年、服务大局、当好桥梁、团要管团”的四维工作格局，全面谋划和推进共青团深化改革工作，吹响了共青团改革的进军号。衷心希望已经走过 90 多年光荣历程的共青团，能够更快地适应社会变革的大趋势，用新的业绩和光荣迎接建团 100 周年。

（作者系中央团校特聘教授、中国青少年研究中心研究员、团中央青运史档案馆原副馆长）

# 改革开放40年共青团理论创新研究*

张良驯

1978年是中国改革开放启动之年，也是中国共青团改革创新启动之年。以共青团十大为标志，中断12年的共青团工作和建设在全国范围内得到全面恢复。从此，共青团与改革开放同频共振，走上了一条砥砺前行、改革创新之路。改革开放40年来，共青团为适应党的要求和青年的变化，进行了全方位、深层次的实践探索。在应对新情况、解决新问题的过程中，党组织和共青团组织不断进行实践总结和理论概括，在青年发展、党对共青团的领导、共青团功能作用、共青团改革等方面，形成了一系列符合青年实际，具有时代特点的共青团理论创新成果。

## 一、青年发展方面的理论创新

促进青年实现自由而全面的发展，是马克思主义关于人的发展理论的基本要求，也是中国青年工作的鲜明特征。改革开放以来，党和政府高度重视青年发展，形成了以青年强则国家强的青年观、青年首先发展理念、党管青年原则为主要内容的青年发展理论。

### 1. 青年强则国家强的青年观

持有什么样的青年观，如何看待青年的社会作用，这是共青团工作的逻辑起点。马克思主义青年观认为，青年是革命事业的未来和希望，是一支最积极、最有生气的社会力量。长江后浪推前浪，一代更比一代强。改革开放以

* 本文系中国青少年研究中心“青年发展的基本理论研究”课题（课题编号：WKXL2018－1）阶段性研究成果。

来，“广大青年发出团结起来、振兴中华的时代强音，为祖国繁荣富强开拓进取、锐意创新”[①]，充分展示了青年一代的生力军作用和骨干作用。

看待青年问题，要强化辩证思维，看主流，看发展，看趋势。对待青年的一些发展中的问题，不能简单地冠以某种称号。从历史上看，一些青年也卷入了“文化大革命”之中，并受到严重政治创伤。1978 年共青团十大针对这种情况，明确指出，青年一代在斗争中得到成长，是“大有希望，大有作为，完全可以信赖的”[②]。后来的事实证明，那一代青年积极投身改革开放，为今天改革开放所取得的伟大成就贡献了青春和智慧。

改革开放以来，党中央在 1998 年提出“青年兴则国家兴，青年强则国家强，青年有希望，未来的发展就有希望”[③]；“一个有远见的民族，总是把关注的目光投向青年；一个有远见的政党，总是把青年看作是推动历史发展和社会前进的重要力量”[④]。2013 年，党中央提出“历史和现实都告诉我们，青年一代有理想、有担当，国家就有前途，民族就有希望，实现我们的发展目标就有源源不断的强大力量”[⑤]等关于青年社会作用的重要论断。

中共中央、国务院 2017 年发布的《中长期青年发展规划（2016—2025 年）》在肯定“青年兴则国家兴，青年强则国家强”的基础上，明确提出青年既是国家经济社会发展的生力军，又是党和人民事业发展的生力军，还是国家经济社会发展的“中坚力量”[⑥]。中坚力量意味着在一个集体中是骨干分子，在一项事业中起到支撑作用。中坚力量的界定，是对青年社会角色的一种新的现实定位，具有丰富的内涵和深刻的含义。从代际更替看，青年是未来，这是自然规律，具有必然性。但是，青年不仅是一种未来存在，也是一种现实存在。仅仅把青年定位在未来上，而忽视青年的当下作用，这是远远不够的。事实上，国家各项事业的发展是与一代又一代青年的接力奋斗分不开的，凝聚着各个年代青年的辛勤汗水和智慧。青年在经济社会发展的各个领域，都是活跃

---

① 中共中央文献研究室编：《习近平关于青少年和共青团工作论述摘编》，中央文献出版社 2017 年版，第 14 页。

② 李玉琦主编：《中国共青团史稿》，中国青年出版社 2010 年版，第 290 页。

③ 共青团中央编：《中国共青团年鉴（1998—2002）》，中国青年出版社 2004 年版，第 4 页。

④ 共青团中央编：《中国共青团年鉴（1998—2002）》，中国青年出版社 2004 年版，第 8 页。

⑤ 中共中央文献研究室编：《习近平关于青少年和共青团工作论述摘编》，中央文献出版社 2017 年版，第 3 页。

⑥ 《中长期青年发展规划（2016—2025 年）》，《人民日报》2017 年 4 月 14 日。

的劳动者和创造者，而在体育、军事、高新技术等领域更是毋庸置疑的中坚力量。除了体育、军事主要是青年在参与和支撑之外，多年前，人们就谈论 IT 企业，其主要的经营者、管理者或创办人，竟是一群风华正茂的年轻人，在计算机领域（包括软件产业），青年人已经成为中坚力量。可见，把青年作为国家经济社会发展中的中坚力量，是符合实际情况的，“是对青年更为准确的社会定位”[①]。这不但充分肯定了青年的生力军作用，而且指出了青年当下的骨干作用，因而是关于青年社会作用的新论述。

一代青年有一代青年的历史际遇和时代责任。目前，我们已进入实现中华民族伟大复兴的中国梦的新时代。现在，我们比历史上任何时期都更接近民族复兴的目标，距离目标越近，青年越是大有作为。当代青年的职业生涯与党的十九大提出的强国进程同步，是生逢其时的强国一代，将成为中国梦实现的历史见证者和伟大实践者。

**2. 青年首先发展理念**

青年强盛是以青年发展为基础的。青年发展是国际青年事务中一个通用范畴，也是许多国际青年组织的核心工作理念。发展是青年的基本需求和根本利益所在。

改革开放前，共青团工作强调全民利益，相对说来不太关注青年的自身利益，有时还把青年具体利益同全民利益“对立起来”[②]，从而忽视了共青团作为青年利益代言人的社会职能。

改革开放以来，1980 年共青团提出要“在维护国家、集体利益的同时，努力为青年办好事、谋利益”[③]，1993 年共青团中央增设维护青少年权益部，1995 年共青团十三届四中全会提出要把竭诚服务青年作为共青团全部工作的出发点和落脚点，2003 年共青团十五大提出要加强共青团组织的服务能力建设，2015 年《中共中央关于加强和改进党的群团工作的意见》提出，群团组织要“加强服务群众和维护群众合法权益的工作”。这一切表明，维护青年合法权益越来越成为共青团组织的重要工作。

《中长期青年发展规划（2016—2025 年）》把青年发展摆在党和国家工作

---

① 张良驯：《新时代青年工作理论创新研究——对〈中长期青年发展规划（2016－2025 年）〉青年工作思想的分析》，《青年发展论坛》2018 年第 1 期。

② 李玉琦主编：《中国共青团史稿》，中国青年出版社 2010 年版，第 294 页。

③ 李玉琦主编：《中国共青团史稿》，中国青年出版社 2010 年版，第 292 页。

全局中重要的战略位置，整体思考、科学规划、全面推进。该规划提出，“党和国家事业要发展，青年首先要发展。”[①]青年首先发展是关于青年发展的新理念。这个新理念说明，青年发展在党和国家事业发展中，不仅需要得到优先发展，而且居于“第一发展、最先发展的位置”[②]。实现青年首先发展，就必须全面地实施好这个规划，切实服务青年发展的具体需求，解决青年发展的突出问题，促进广大青年实现更优质的发展。

### 3.党管青年原则

青年发展需要党的关心和支持。正是着眼于促进青年实现更好的发展，《中长期青年发展规划（2016—2025年）》提出要“坚持党管青年原则”[③]。这是关于党与青年关系的重大理论创新，也是共青团工作的重大理论创新。

党是包括青年事务在内的公共事务的领导者。青年发展涉及众多党政部门，需要党组织的高位推动。党是青年政策目标的创制者、青年利益表达的聚合者、重大青年政策的决策者。党组织能否发挥领导作用，如何发挥领导作用，是青年发展问题能否得到有效解决的关键所在。“党管青年主要是管战略、管政策、管协调、管服务，包括提出青年发展战略，制定和实施重大青年政策，协调各方面力量共同参与和推动青年工作，为青年学习成长、干事创业提供具体服务。”[④]党管青年原则的提出，有利于青年发展资源的整合和供给，有利于青年发展环境的改善和优化。这对于青年发展必将产生重要的推动作用。坚持党管青年原则，是确保青年一代健康成长、全面发展的重要保障。

## 二、党对共青团领导方面的理论创新

改革开放以来，党高度重视共青团工作，在加强和改进对共青团的领导方面，形成了共青团工作是党的群众工作优势、领导共青团组织是实现党的领导的重要制度、共青团发展道路等理论创新成果。

---

① 《中长期青年发展规划（2016—2025年）》，《人民日报》2017年4月14日。

② 张良驯：《新时代青年工作理论创新研究——对〈中长期青年发展规划（2016－2025年）〉青年工作思想的分析》，《青年发展论坛》2018年第1期。

③ 《中长期青年发展规划（2016—2025年）》，《人民日报》2017年4月14日。

④ 张良驯：《新时代青年工作理论创新研究——对〈中长期青年发展规划（2016－2025年）〉青年工作思想的分析》，《青年发展论坛》2018年第1期。

**1.共青团工作是党的群众工作优势**

群众工作是党的一项根本性、基础性工作，而党的群众工作的特点是通过建立各种群团组织来做群众工作。由共青团组织做青年群众工作，既是因为党的执政方式需要通过分支机构、外围组织去承担某一方面的工作，也是因为青年具有自身的生理心理、思想意识特征，需要能够适应青年特点的共青团组织去开展工作。共青团组织一头连着党，一头连着青年。共青团工作既使党的主张在青年中得到落实，也使青年的诉求反映为党的主张，从而发挥党联系青年的桥梁纽带作用。可见，共青团事业是党的事业的重要组成部分。共青团工作是党通过共青团组织开展的群众工作，是党组织动员广大青年为完成党的中心任务而奋斗的重要法宝。建立共青团组织来帮助党做青年群众工作是党的群众工作的一大优势。

在改革开放过程中，党一贯把共青团工作作为党的群众工作的重要内容。这集中体现在历次共青团全国代表大会上的党中央祝词中。例如，1982 年共青团十一大的党中央祝词指出，四年间“在我们国家经历伟大历史转变的过程中，共青团一直作为全国青年的核心和党的亲密助手，战斗在各条战线上”。1988 年共青团十二大的党中央祝词指出，共青团“几年来做了卓有成效的工作，发挥了党的助手和后备军作用”。2013 年共青团十七大的党中央祝词指出，实践充分表明，“共青团不愧为党的忠实助手和后备军，不愧为党联系青年的牢固桥梁和纽带，不愧为中国特色社会主义建设事业的生力军”。

**2.领导共青团组织是实现党的领导的重要制度**

“党的群团工作做得好不好，关键在党的领导”[①]，这深刻地揭示了党在共青团工作中的主导地位。党如何实施对共青团的领导，是共青团工作开展得如何的决定性因素。根据《中共中央关于加强和改进党的群团工作的意见》精神，共青团工作存在的问题，首先是因为有的地方和部门党组织对共青团工作“重视不够”，对共青团工作的特点和规律“缺乏深入研究”，对发挥共青团组织作用“缺乏有力指导和支持”。[②] 正如中央党的群团工作会议所指出的，有的党组织对共青团工作平时不闻不问、漠不关心，甚至一年也不研究一次，共青

① 中共中央文献研究室编：《习近平关于青少年和共青团工作论述摘编》，中央文献出版社 2017 年版，第 104 页。

② 中共中央文献研究室编：《十八大以来重要文献选编（中）》，中央文献出版社 2016 年版，第 305 页。

团组织干与不干、干多干少、干好干坏都不关注,既不指方向,也不交任务。这实际上是放弃了对共青团工作的领导。

领导共青团组织是各级党委的重要政治责任,也是实现党的领导的重要制度。青年是党的目标得以实现的青春力量,既是国家的未来和民族的希望,也是"党的未来和希望"[①]。党需要赢得青年的支持,巩固执政的基础,增添奋斗的力量。世界上各个政党普遍重视建立青年组织,争取青年支持,培养青年人才。近百年的党团关系史说明,党的事业需要共青团带领青年跟党走。因此,在新时代,包括共青团工作在内的党的群团工作"只能加强,不能削弱;只能改进提高,不能停滞不前"[②]。

各级党组织应强化管好用好共青团组织的责任担当,把共青团工作"摆上重要议程,纳入党委工作总体格局,同党委其他工作同部署同检查同总结"[③]。中共中央办公厅2016年印发的《共青团中央改革方案》提出,要"加大党委和政府对共青团工作的支持保障力度",要落实党建带团建制度,"推动把团建纳入各级党委党建工作规划和年度考核内容,团建工作占一定比重",要健全政府协调工作机制,制定青年发展规划,"健全稳定规范的共青团工作经费保障制度","加大对团的基层工作阵地建设支持力度"[④]。加强对共青团工作的领导,就要"认真研究解决团的工作中的实际问题,及时制定和完善政策措施,为团组织提供良好工作环境和条件"[⑤]。党加强和改进共青团工作,"既要得力,又要得法",要把握共青团组织的特点,"不能直接用管理党政机关的办法"来管理共青团组织,要转变不合适的工作方式和领导方式,从有利于共青团组织动员青年出发,给共青团组织"留出创造性开展工作的空间"[⑥]。

**3.共青团发展道路**

《中共中央关于加强和改进党的群团工作的意见》首次阐述了中国特色社

---

① 中共中央文献研究室编:《习近平关于青少年和共青团工作论述摘编》,中央文献出版社2017年版,第8页。

② 中共中央文献研究室编:《十八大以来重要文献选编(中)》,中央文献出版社2016年版,第304页。

③ 中共中央文献研究室编:《习近平关于青少年和共青团工作论述摘编》,中央文献出版社2017年版,第105页。

④ 《共青团中央改革方案(摘要)》,《中国共青团》2016年第8期。

⑤ 中共中央文献研究室编:《习近平关于青少年和共青团工作论述摘编》,中央文献出版社2017年版,第100页。

⑥ 中共中央文献研究室编:《习近平关于青少年和共青团工作论述摘编》,中央文献出版社2017年版,第106页。

会主义群团发展道路。中央党的群团工作会议提出“必须毫不动摇坚持”这个道路。共青团发展道路既是中国特色社会主义群团发展道路的具体体现，也是党对改革开放以来共青团实践的理论概括。根据中国特色社会主义群团发展道路的内涵，共青团发展道路的内容包括“三统一”的基本特征和“六个坚持”的基本要求。

“三统一”的基本特征是指共青团自觉接受党的领导、团结服务青年、依法依团章开展工作相统一。这个特征的核心要义是：第一，共青团组织必须始终坚持党的领导，否则就会迷失方向，丢掉灵魂；第二，党的领导不是代替共青团组织，而是要支持共青团组织更好地发挥作用，让党的领导通过共青团组织具体而深入地落实到青年中去；第三，坚持党的领导，不是说共青团组织跟着党的活动亦趋亦步，一切照党的部门依样画葫芦，不是等靠要，而是要激发主动性和创造性，积极主动地发挥独特的作用。

“六个坚持”的基本要求是：第一，坚持党对共青团工作的统一领导，即党组织加强对共青团组织的政治领导、思想领导、组织领导，共青团组织把党的意志和主张贯彻落实到共青团工作各个方面；第二，坚持发挥党和政府联系青年的桥梁和纽带作用，即党组织重视依靠共青团组织推动党的意志和主张在青年中的贯彻落实，共青团组织反映青年意愿，做好青年思想政治工作，把党的决策部署变成青年的自觉行动；第三，坚持围绕中心、服务大局，即党组织指导共青团组织围绕社会主义现代化建设，找准工作的结合点和着力点，共青团组织团结动员青年为完成党和国家中心任务贡献力量；第四，坚持服务青年的工作生命线，即党组织推动共青团组织贯彻党的群众路线，为共青团组织服务青年创造条件，共青团组织增强服务青年观念，多为青年办好事、解难事，维护和发展青年利益，不断增强自身影响力和感召力；第五，坚持与时俱进、改革创新，即党组织和共青团组织不断推进共青团工作和共青团组织建设理论创新、实践创新、制度创新；第六，坚持依法依团章独立自主开展工作，即党组织支持共青团组织发挥自身优势、体现青年特点，创造性开展工作，共青团组织依法依团章开展活动，维护青年权益，吸引和团结青年。

## 三、共青团功能作用方面的理论创新

改革开放以来，共青团发扬“党有号召，团有行动”的光荣传统，锐意进取，开拓创新，在如何发挥作用方面形成了为党培养青年、服务党的中心工作、协助政府管理青年事务等理论创新成果。

1. 为党培养青年

青年是社会生活中充满生机和活力的力量。青年时期是学习知识和技能的黄金时期，也是树立理想和信念的关键时期。青年一代的理想信念、精神状态、综合素质，是国家核心竞争力的重要因素。他们的健康成长关系着党的事业后继有人、兴旺发达。党的事业离不开青年，党的未来在于青年。

改革开放以来，共青团按照党的要求，始终把教育青年作为一切工作的出发点和落脚点，开展了大量卓有成效的青年思想教育工作。近年来，运用新媒体手段，在网络上开展了生动活泼的教育引导工作。事实说明，共青团作为党的助手和后备军，担负着为党培养青年的任务，“必须把培养中国特色社会主义事业建设者和接班人作为根本任务”，“把为党和人民培养人的工作摆在首位、贯穿始终”。[①] 青年处在思想意识和价值观念形成的关键时期。共青团组织的首要任务是帮助青年确立正确的理想、坚定的信念。“只有抓好这项工作，才真正抓到了根本上。这是党对共青团工作第一位的要求。”[②]

2. 服务党的中心工作

改革开放初，共青团跟随党实现工作重心的转移。共青团中央 1979 年初决定，适应全党工作重心的转移，以四个现代化建设为中心把各项工作活跃起来。1980 年共青团十届二中全会提出，要“把社会主义建设作为自己全部工作的重心，为巩固安定团结的政治局面，为加强我国的经济和物质基础，为培养造就一代新人而竭尽自己的全力”[③]。1981 年共青团十届三中全会提出，要以四个现代化为中心活跃团的工作，要争当新长征突击手，带领青年为四个现代化贡献青春。这样，就“从指导思想到工作实践都完全实现了工作重心的转移”[④]。

改革开放以来，以共青团历次代表大会为标志，共青团自觉地服务服从于党的中心工作。根据党提出的新长征任务，1978 年共青团十大提出要“为伟

① 中共中央文献研究室编：《习近平关于青少年和共青团工作论述摘编》，中央文献出版社 2017 年版，第 61 页。

② 中共中央文献研究室编：《习近平关于青少年和共青团工作论述摘编》，中央文献出版社 2017 年版，第 63 页。

③ 李玉琦主编：《中国共青团史稿》，中国青年出版社 2010 年版，第 292 页。

④ 李玉琦主编：《中国共青团史稿》，中国青年出版社 2010 年版，第 292 页。

大的新长征贡献青春”。党提出中国特色社会主义的目标后，1982 年共青团十一大提出要“团结全国各族青年，向社会主义现代化的光辉前程进军”，1988 年共青团十二大提出要“在建设有中国特色社会主义的伟大事业中，继往开来，艰苦奋斗”，1993 年共青团十三大提出要“高举建设有中国特色社会主义的伟大旗帜，团结带领各族青年为加快改革开放和现代化建设而奋斗”。党提出跨世纪目标后，1998 年共青团十四大提出要“在邓小平理论指引下，团结带领各族青年为实现党的跨世纪宏伟目标而奋斗”。党提出全面小康社会的目标后，2003 年共青团十五大提出要“在全面建设小康社会的伟大实践中，谱写新的青春篇章”，2008 年共青团十六大提出要“高举中国特色社会主义伟大旗帜，团结带领广大青年为夺取全面建设小康社会新胜利而奋斗”。党的十八大以来提出中国梦的目标后，2013 年共青团十七大提出要“高举团旗跟党走，奋力实现中国梦”。可见，共青团组织一直紧扣党的中心开展工作，在党和国家工作大局中找准自身工作切入点、结合点、着力点。

**3.协助政府管理青年事务**

政府管理中，存在大量青年事务，涉及青年教育、健康、就业、参与、权益等多个方面。这些青年事务需要共青团组织协助政府管理。共青团是广大青年依法、有序、广泛参与管理国家事务和社会事务、管理经济和文化事业的重要渠道。共青团工作如果离政府事务比较近，就会更加有形，对青年的服务也会更加有力。

改革开放以来，党和政府就共青团协助政府管理青年事务，做出过重大决策。1989 年《中共中央关于加强和改善党对工会、共青团、妇联工作领导的通知》指出，共青团等是“国家政权的重要社会支柱”[①]，要发挥共青团等“在国家和社会事务管理中的民主参与、民主监督作用”[②]。根据该通知精神，各级政府要建立和完善共青团“对政府工作民主参与的制度”[③]，各级政府可指定一名负责人加强与共青团的联系，帮助共青团“解决一些具体问题”[④]。政府部门在制定教育、劳动、工资、社会保障、物价、住房以及其他涉及青年切身利益的重大政策措施时，要有共青团的代表参加；某些涉及青年切身利益的重大问

① 王文、李明明主编：《共青团实用资料手册》，中国人事出版社 2005 年版，第 103 页。
② 王文、李明明主编：《共青团实用资料手册》，中国人事出版社 2005 年版，第 107 页。
③ 王文、李明明主编：《共青团实用资料手册》，中国人事出版社 2005 年版，第 107 页。
④ 王文、李明明主编：《共青团实用资料手册》，中国人事出版社 2005 年版，第 107 页。

题，各级政府及其部门可与共青团联署发布文件。

根据2015年《中共中央关于加强和改进党的群团工作的意见》，政府要支持共青团“依法参与社会事务管理”，把适合共青团承担的一些社会管理服务职能按照法定程序转由共青团组织行使，并支持共青团组织“立足自身优势，以合适方式参与政府购买服务”[①]。共青团要“积极代表和组织”[②]青年参与协商民主，通过多种方式反映青年的意见；“积极参加城乡基层群众自治和企事业单位民主管理”[③]，引导青年正确行使民主权利，推动基层民主健康发展。完善共青团工作经费保障制度，由财政拨款支持的共青团组织“工作经费列入同级财政年度预算并予以保证”，基层单位“应该根据需要合理安排”[④]共青团工作经费。

《中长期青年发展规划（2016—2025年）》提出的10个青年发展领域，大多属于政府工作范畴。这是一个政府专项规划，为共青团协助政府管理和服务青年事务、进入国家治理体系，搭建了新的平台、创设了新的机制。从现实情况看，“我国没有建立专门负责青年工作的政府部门，这导致政府对青年事务的管理不到位、服务不足。”[⑤]针对青年发展工作缺乏统筹、没有形成合力的问题，该规划提出了党委加强领导，政府、群团组织、社会等各方面协同施策的工作要求。该规划的实施涉及教育、体育、财政、劳动保障、卫生健康等几十个政府部门。共青团在众多政府部门协同推进青年发展中发挥协调作用，是共青团与政府关系的重大理论创新。

## 四、共青团改革方面的理论创新

改革开放以来，从20世纪80年代初的共青团“自身改革”，到80年代末

---

① 中共中央文献研究室编：《十八大以来重要文献选编（中）》，中央文献出版社2016年版，第313页。

② 中共中央文献研究室编：《十八大以来重要文献选编（中）》，中央文献出版社2016年版，第313页。

③ 中共中央文献研究室编：《十八大以来重要文献选编（中）》，中央文献出版社2016年版，第313页。

④ 中共中央文献研究室编：《十八大以来重要文献选编（中）》，中央文献出版社2016年版，第315页。

⑤ 张良驯：《新时代青年工作理论创新研究——对〈中长期青年发展规划（2016－2025年）〉青年工作思想的分析》，《青年发展论坛》2018年第1期。

的"共青团体制改革",又到2008年共青团十六大提出"以改革创新精神推进共青团工作和建设",再到2016年《共青团中央改革方案》出台,逐步形成了以保持和增强政治性、先进性、群众性,解决"机关化、行政化、贵族化、娱乐化"问题,联系和服务青年为主要内容的共青团改革理论。

**1.保持和增强政治性、先进性、群众性**

根据中央党的群团工作会议精神,加强和改进共青团工作,最重要的是保持和增强政治性、先进性、群众性。这是共青团改革的基本要求。

政治性是衡量共青团组织工作做得好不好的政治标准。共青团政治性的内核是党性,就是要切实履行党的助手和后备军职能,以实际行动展示党和政府联系青年的桥梁纽带作用。在过去很长时间内,关于共青团基本属性的正式说法是先进性和群众性,把政治性归属于先进性。中央党的群团工作会议把政治性单列出来,作为共青团组织的第一属性,有利于共青团组织自觉地坚持党的领导,为党做好青年工作。先进性是共青团的鲜明特征。共青团只有保持和增强先进性,才能肩负起组织动员广大青年走在时代前列、为党和国家的工作大局而奋斗、在改革发展中建功立业的重任。保持和增强先进性,共青团组织就要牢牢把握为实现中国梦而奋斗的时代主题,多做组织青年、宣传青年、教育青年、引导青年的工作,"多做统一思想、凝聚人心、化解矛盾、增进感情、激发动力的工作"①,把广大青年的积极性和创造力引导到为建设社会主义现代化强国、实现中华民族伟大复兴做贡献上来。"群众性实质上是青年性,是要得到青年的响应、参与和支持。"②青年性是共青团组织的根本特点。共青团组织开展工作和活动,要以青年为中心,让青年当主角,组织活动请青年一起设计,部署任务请青年一起参与,表彰先进请青年一起评议。在共青团改革中,共青团政治性、先进性、群众性得到了新的发展。

**2.解决"机关化、行政化、贵族化、娱乐化"问题**

根据中央党的群团工作会议精神,共青团组织要解决"机关化、行政化、贵族化、娱乐化"问题。根据中共中央2018年发布的《深化党和国家机构改革方案》精神,共青团改革要强化问题意识,着力解决"机关化、行政化、贵族化、娱

① 中共中央文献研究室编:《习近平关于青少年和共青团工作论述摘编》,中央文献出版社2017年版,第72页。

② 张良驯:《共青团政治性、先进性、群众性在改革中的新跨越》,《中国青年社会科学》2017年第2期。

乐化”四个问题,把共青团组织建设得更加充满活力、更加坚强有力。

机关化是指有的团干部群众意识、群众观点和群众感情淡薄,群众工作本领不高,离基层远,离青年远,衙门作风,不能同青年摸爬滚打在一起;有的工作和活动在团的领导机关内部循环、封闭运行,破解基层基础薄弱问题的办法创新不够,效果不明显。

行政化是指共青团机关的一些部门设置和职能滞后于时代和青年变化;有的工作内容、工作方式与行政部门雷同,没有青年组织特点,习惯于发号施令;有的工作缺乏统筹,部门各自为政,导致地方和基层疲于应付;工作思维习惯自上而下,直接服务青年工作不够扎实深入。

贵族化是指在代表谁、联系谁、服务谁的问题上没有把握好,在确定委员、会员、代表等人选上追求“高大上”,普通青年比例偏低;部分工作不接地气,在一定程度上存在重精英轻草根、工作对象高端化等问题;有的团干部在团的岗位上不是专心做事,而是追求当官。

娱乐化是指部分工作和活动没有很好体现思想政治引领这一根本任务,存在有乐无教现象;一些工作形式主义比较严重,重数量不重质量、重场面不重实效、重启动不重后续,缺乏韧劲恒心和攻坚克难精神;个别共青团干部作风漂浮、心态急躁,没有真正从共青团事业发展的角度考虑问题、推进工作。

以上四个问题疏远了共青团与青年的关系,降低了共青团组织对青年的影响力。因此,共青团改革的核心内涵是解决这四个问题。

**3.联系和服务青年**

共青团组织是青年组织,密切与青年的联系是共青团组织的优势所在,为青年服务是共青团组织的生命力源泉。共青团改革的根本在于密切与青年的联系,更好地为青年服务。

根据中央党的群团工作会议精神,共青团组织要自觉践行党的群众路线,满腔热情做好服务青年的工作。青年在共青团干部的心里有多重,共青团组织在青年心里的分量就有多重。服务青年是共青团组织的职责。共青团既要围绕党和政府的工作大局“公转”,又要聚焦服务青年“自转”。能否增强对青年的凝聚力和影响力,是衡量共青团工作优劣的根本标准。共青团机关干部下基层活动要常态化、制度化,要成为习惯和自觉。每个共青团干部的大部分工作时间要到青年中去,掌握第一手资料,推动解决青年需要解决的问题。共青团组织服务青年要盯牢青年所急、党政所需、共青团所能的领域,重点帮助青年“解决日常工作生活中最关心、最直接、最现实的利益问题和最困难、最操心、最忧虑的实际问题”[①]。各级党委和政府要把共青团工作“纳入党政主导的维护群众权益机制”。共青团组织维权工作“应该主动有为”，哪里的青年合法权益受到侵害，哪里的共青团组织就要帮助青年“通过合法渠道、正常途径，合理伸张利益诉求，促进社会公平正义”，并“善于运用法治思维和法治方式维权，注重通过集体协商、对话协商等方式协调各方利益，通过信访代理、推动公益诉讼、依法参与调解仲裁等方式”[②]，为利益受到损害或侵犯的青年提供帮助。当然，共青团组织也要引导青年依法理性地表达诉求，自觉维护社会和谐稳定。

《共青团中央改革方案》提出，共青团要把握青年脉搏，尊重青年主体地位，问需问策问效于青年，让青年当主角，根据广大青年的特点和需要，生动活泼、富于创造性地进行工作，竭诚服务青年，增强青年的获得感。要建立共青团干部“直接联系青年制度”[③]，与普通青年交朋友，做广大青年的贴心人，让共青团深深植根于青年之中。共青团组织是青年群众组织，如果“高大上”的人比例过高，普通青年就会感到高不可攀，遥不可及，就会产生距离感、隔膜感。为此要克服重精英轻草根、工作对象高端化的问题，更加注重直接服务普通青年，“建设青年想得起、找得到、靠得住的身边共青团”[④]。

综上所述，改革开放以来，从促进青年优质发展，到加强和改进党对共青团的领导，又到共青团功能作用的充分发挥，再到共青团改革，共青团理论得到了重大的发展，涌现出许多新的成果。这些理论创新成果是共青团工作和建设的经验总结，既为新时代共青团改革创新提供了理论指导，也为做好新时代党的青年群众工作提供了很好的借鉴。

（作者系中国青少年研究中心副主任，教育学博士，
中国政法大学兼职教授）

---

① 中共中央文献研究室编：《十八大以来重要文献选编（中）》，中央文献出版社 2016 年版，第 311 页。

② 中共中央文献研究室编：《十八大以来重要文献选编（中）》，中央文献出版社 2016 年版，第 312 页。

③ 《共青团中央改革方案（摘要）》，《中国共青团》2016 年第 8 期。

④ 《共青团中央改革方案（摘要）》，《中国共青团》2016 年第 8 期。

# 中国共产党青年工作的历史经验与当代启示

共青团陕西省委课题组

中国共产党青年工作是党的群众工作的重要组成部分，是党的群众工作理论在青年工作中的实践与发展，是以马克思主义的群众理论和青年理论为指导，领导和带领广大青年投身社会主义革命、建设与改革的历史实践。共青团是党的青年工作的主要承载主体和重要力量，是党联系青年的桥梁纽带，是国家政权的重要社会支柱，是党联系国家、社会的一个制度性的组织化载体。共青团是由中国共产党缔造并直接领导的，在党的青年工作格局中处于领导核心的地位，青联、学联、少先队、青年社团等组织都是党的青年工作的组成部分，在中国共产党领导下，在共青团指导下开展工作。因此，党的青年工作可以说肇始于党对马克思青年观的认识，而最终指向于具体的青年群众实践。本文是在对马克思、恩格斯、列宁、斯大林等经典作家关于青年、青年团、青年群众工作的相关理论论述的基础上，以中国共产党90多年来领导广大青年群众进行革命、建设和改革的历史为宏大背景，以新民主主义革命时期、社会主义建设时期与改革开放时期为具体的研究内容，强调史论结合、论从史出、以论为主，尽量在历史文献的基础上进行理论的升华与提炼，揭示党的青年工作的普遍经验与一般发展规律，从而为当前新的历史背景下进一步加强党的青年工作、巩固党执政的青年群众基础、推动青年组织的变革、促进青年群体的发展等相关问题提出可供借鉴的启示。

## 一、中国共产党青年工作的理论基石

中国共产党青年工作并非是无源之水、无本之木。作为理论与实践相统一的历史过程，中国共产党始终从自身的性质和历史发展规律出发，坚持把马克思主义的立场、观点和方法应用到具体的青年工作中去，从而实现了科学理论指导下的有效实践。因此，对于中国共产党青年工作的理论基础，我们必须从中国共产党的指导思想——马克思主义出发，首先对相关理论进行相应的梳理，进一步深化我们对历史经验的把握。

### （一）马克思恩格斯关于青年的整体性论述

马克思主义作为一个严整而完备的科学理论体系，从其发展的历史过程来看，不仅仅包括马克思、恩格斯的理论著述，也包括俟后马克思主义者及其经典作家对马克思、恩格斯所创立的科学理论体系的捍卫、丰富与发展。马克思主义是中国共产党青年工作的思想和理论基础。

马克思、恩格斯的青年思想内容丰富，体系完备，主要涉及马克思、恩格斯对青年本体的认识和青年发展成长的看法。马克思、恩格斯关于青年地位、作用、优点和不足四方面的论述是其关于青年本体的思想，关于青年的教育、发展、职业生涯规划和恋爱婚姻四个方面的论述是其有关青年发展的思想。从青年的地位来看，马克思、恩格斯从无产阶级成长的角度认为，青年是国际无产阶级大军"突击队"的一部分，恩格斯在《法兰西阶级斗争》一书导言中指出：当时德国社会民主党在投票选举中得到了非选民青年和妇女的支持，他们与党内选民"共同构成为一个最广大的、坚不可摧的人群，构成国际无产阶级大军的决定性的'突击队'"[①]；从无产阶级革命斗争实践的角度考察，青年是革命武装的"核心和真正力量"；从无产阶级政党组成和壮大的角度审视，青年是当时最多的"补充人员"；从历史作用维度来看，马克思、恩格斯认为青年的地位决定了青年的作用；从历史发展的角度来看，"现代的命运"取决于青年；从历史动力的角度来看，青年推动了革命运动的发展进步；从历史作用的角度来看，青年人才能够"为民族造福"。从青年的优点来看，马克思、恩格斯认为青年是一个朝气蓬勃、活力四射、不断完善的群体，青年有着太多其他年龄、其他群体所鲜能匹敌的优点，青年"性格可爱""有学问"，青年"精力充沛""朝气蓬勃"，青年"很诚恳"和有"探索"精神，青年"进步异常迅速"。"相信现代的命运不取决于畏惧斗争的瞻前顾后，不取决于老年人习以为常的平庸迟钝，而是取决于年轻人崇高奔放的激情。"[②]1870 年 4 月 28 日，马克思寄给恩格斯的信中

---

① 《马克思恩格斯文集》（第四卷），人民出版社 2009 年版，第 551 页。

② 《马克思恩格斯文集》（第二卷），人民出版社 2005 年版，第 305 页。

提到，青年弗路朗斯“是个很可爱的小伙子”，而且“他的自然科学造诣也很深”①。1881年6月20日马克思给弗阿左尔格的信中高度评价了他的儿子小左尔格，指出：“他是一个有才能的、能干的青年，并且很有学识，性格可爱，而最主要的是精力充沛。”②从青年的不足来看，马克思、恩格斯认为青年拥有广阔的发展空间，一个重要原因在于青年自身存在诸多不足，“我在年轻人身上看到的这样或那样的缺点，一般说来，很少不是我当年或多或少也曾有过的”③。但这也是青年不断发展的动力。他们认为青年在政治上“幼稚无知”，在生活上“容易感染社会不良习性”，在做事上容易“年轻自负”“爱草率下结论”，在理论学习上对历史唯物主义缺乏“钻研”。

针对青年成长发展的相关问题，马克思、恩格斯从青年教育和发展两个角度对青年的成长成才做出了论述。马克思、恩格斯尤其着重论述了青年的职业选择观和恋爱婚姻观。准此观之，马克思、恩格斯对于青年的进步倾注了大量的心血。针对青年的教育问题，马克思、恩格斯着重指出，青年的教育内容是“智育、体育和技术教育”；青年的教育原则是“教育同生产劳动相结合”；青年的教育机关是“国家”。针对青年的发展，马克思、恩格斯具体指出，青年发展的目标是实现全面发展；青年发展的途径是多方面多渠道的；青年发展的保护力量是全社会。针对青年的职业选择，马克思和恩格斯具体指出，青年的职业生涯规划必须基于生产方式所决定的历史强硬规定性的制约和人的主观能动性相结合的原则行事：一方面，要在自己的本质建构、本质力量砥砺、社会流动和社会分层结构的优化上坚持唯物主义原则，尊重生产力的既得性和生产关系的先赋性的基本属性，在人生进步上接受“受动性”的原则的指导，不要离开既有历史规定侈谈人的创造性；另一方面，要坚持能动性原则，和历史宿命论划清界限，在尊重生产力的革命性和生产关系的选择性中坚持历史和人生平等对话的积极态度，在开拓创新中走出一条自致获得的新的社会角色。鉴此，他们要求刚刚踏上人生旅途的青年必须“严肃地考虑这种选择”；青年在选择职业时必须“不为名利的恶魔所诱惑”“不为激动所欺骗”；当青年选择了不适合自己的职业时就会“非常自然地自暴自弃”；青年职业选择的标准必须以“人类的幸福”和“自我完善”为主要指针。针对青年的恋爱婚姻，马克思、恩格

---

① 《马克思恩格斯文集》(第三十二卷)，人民出版社1974年版，第473页。

② 《马克思恩格斯文集》(第三十五卷)，人民出版社1971年版，第190页。

③ 《马克思恩格斯文集》(第三十八卷)，人民出版社1972年版，第183页。

斯认为，青年应当对“恋人采取含蓄、谦恭甚至是羞涩的态度”①；青年贯彻“性爱理论”时必须结合具体历史的社会条件，不能离开国家、阶级、民族的因素抽象理解“性爱理论”；必须和处理性爱问题中的不严肃、不认真，主张性放荡的“杯水主义”划清界限；青年应该明确婚姻是建立在“长期考验”和一定的社会存在的基础之上；青年应该在考虑结婚之前成为一个“成熟的人”；只有“消灭了资本主义生产关系”和私有化的财产关系以后，不计功利的结婚的充分自由才能实现。

**(二)列宁关于共青团职能的探索性论述**

列宁因为首先实现了科学社会主义从一种理论与运动变成了现实的社会制度，所以列宁当时面对的就是如何在一个苏维埃国家领导广大青年投身到社会主义建设实践当中去的问题。在这一过程中，最主要的就是要发挥青年团的作用，用人类创造的全部知识财富武装青年，提高青年的知识文化水平、培育他们的革命精神和革命素养。因此，列宁主要从青年社会化和教育的角度出发，对共青团在其中的作用进行了大量论述，有些就是以“青年团”直接作为文章的标题而进行分析。列宁在其论述青年团作用的重要篇章《青年团的任务》中，重点阐述了四个方面的观点：(1)教育青年要正确认识和判断形势。面对新生政权刚刚建立的严重情势，列宁指出，“做一个共产主义者，就要把全体青年都组织和团结起来，要在这个斗争中作出有教养和守纪律的榜样”②；(2)教育青年要全面掌握共产主义理论。列宁指出，“青年一代努力的结果是建立一个与旧社会完全不同的社会，即共产主义社会”③，同时指引和号召广大青年参与国家建设，并以饱满的热情终身投入到此项事业当中；(3)教育青年要坚持和弘扬共产主义道德。列宁坚决反对道德虚无主义的观点，认为共青团应该坚持和弘扬共产主义道德，并主张共青团用共产主义道德来武装自己，“真正建立共产主义社会的任务正是要由青年来担负”④；(4)教育青年要把教育与实践相结合。列宁指出，青年一代只有接受劳动，才能成为真正的共产主义者。他认为，青年团应注意教育与实践相结合，切不可只重视教育，而忽视实践，脱离实践的教育最终将证明是失败和行不通的。

---

① 《马克思恩格斯文集》(第三十一卷)，人民出版社 1972 年版，第 520 页。
② 《列宁选集》第 4 卷，人民出版社 1995 年版，第 281 页。
③ 《列宁选集》第 4 卷，人民出版社 1995 年版，第 282 页。
④ 《列宁选集》第 4 卷，人民出版社 1995 年版，第 282 页。

### (三)中国共产党青年工作的理论建树及其发展完善

中国共产党高度重视青年工作，在继承了马克思、列宁等经典作家有关青年论述的基础上，根据中国革命、建设和改革的具体实践，根据党的群众工作理论和经验，将中国社会的发展进步和时代主题紧密联系在一起，用马克思主义及其中国化的毛泽东思想和中国特色社会主义理论指导青年工作，形成了既一脉相承又与时俱进的独具中国特色的中国共产党的青年观。

**1. 中国共产党是马克思列宁主义同中国工人运动相结合的产物，是建立在马克思主义理论基础上的中华民族和中国工人阶级的先锋队组织。**党的根基在人民群众之中，党的血脉在人民群众之中，党的力量在人民群众之中。党的群众工作是依据"人民群众是历史的创造者"这一历史唯物主义原理，宣传、教育，发动、组织，引导、带领广大人民群众进行革命、建设和改革，共同推动中国社会发展的全局性工作；是依据党的性质和党群关系基本原理，从全心全意为人民服务的根本宗旨出发，实现、维护和发展人民群众根本利益的长期性工作；是中国共产党执政的基础性、社会性、长期性、战略性、全局性、根本性的工作；是党联系群众的主要方式和党的中心工作的实现形式。党的历史就是党同人民群众生死与共、同甘共苦，共同团结奋斗，共同繁荣进步的历史。

**2. 青年观是对青年认识、教育、培养和引领的根本观点，是青年工作的行动指南。**中国共产党自成立之日起在群众观基础上逐步形成了青年观，主要涉及"如何看待青年""培养什么样的青年""如何开展青年工作"三大基本内容。如何看待青年，主要涉及对青年群体在中国社会发展进步中的地位和作用的判断，是中国共产党青年观的基础。培养什么样的青年，是由党和青年的根本关系决定的，是中国共产党青年观的根本性问题和基本落脚点。如何开展青年工作，是中国共产党青年观的实践形式，其着眼点还在从实践中解决"如何看待青年"和"培养什么样的青年"，即引领与支持青年成长成才、凝聚、组织团结青年和释放青年正能量两大现实问题，从而巩固和扩大党执政的青年群众基础，服务于党的使命的实现。

中国共产党始终认为，青年是人民群众的重要"方面军""生力军"，"青年一代有理想，有担当，国家就有前途，民族就有希望，实现中华民族伟大复兴就有源源不断的力量"①。青年代表着祖国和民族的未来，代表着党的事业兴旺

① 习近平：《给华中农业大学"本禹志愿服务队"的回信》，《人民日报》2013年12月6日。

发达的希望，从永葆中华民族生机与活力的高度，从确保祖国长治久安的高度，从中国社会良性运行和谐发展的高度上讲，“青年兴则国家兴，青年强则国家强”[①]，青年有力量，社会就有动力，青年有理想，实现中国梦就有希望。党自成立之日起，始终把培养青年当作义不容辞的责任，始终把青年工作作为一项根本性、战略性任务，始终高度重视青年、关怀青年、信任青年，充分肯定青年的历史作用和社会价值，对中国青年一代寄予殷切希望，始终重视发挥共青团团结引领青年的重要作用。中国青年的命运因中国共产党的成立而发生了根本转变，不但使越来越多的青年找到了奋斗的政治方向，而且广大青年的切身利益得以实现和维护。社会主义的巩固和发展需要一代又一代人坚持不懈地努力奋斗，希望寄托在青年身上。胡锦涛指出，一个有远见的民族总是把关注的目光投向青年，一个有远见的政党总是把青年看作推动历史发展和前进的重要力量。

中国共产党历代领导人都深切关注青年的成长、教育和重视发挥青年的积极作用。毛泽东、刘少奇、朱德、周恩来、任弼时、邓小平、胡耀邦、江泽民、胡锦涛、习近平等党的历代领导人都对党的青年工作有许多重要论述。

**3. 中国共产党在长期的青年工作中形成了一系列的重要观点和重要原则。**例如必须坚持党对青年工作领导的原则，必须团结教育青年一代的原则，必须建立以共青团为核心的各类青年组织，必须始终代表和维护广大青年利益的原则等。这些原则对于党在青年中开展工作发挥了重要作用。

党的十八大以来，以习近平同志为总书记的新一代中央领导集体，结合中国社会发展最新实践，根据青年特点的最新发展变化，从实现中华民族伟大复兴出发，对广大青年的地位和作用做出了充分肯定，提出了殷切希望，是指导我们进一步加强党的青年工作的重要思想武器和理论指针。习近平总书记在系列重要讲话中肯定了青年作为中国革命建设和改革的中坚力量，是中国历史的创造者，同时也是实现中华民族伟大复兴的主力军。习近平总书记强调指出，必须对广大青年不断进行教育以促进青年的成长与发展，以社会主义核心价值观、优秀传统文化为主要内容，引导青年树立正确的世界观、人生观、价值观。“青年的价值取向决定了未来整个社会的价值取向，而青年又处在价值

① 习近平：《在各界优秀青年代表座谈时的讲话》，《人民日报》2013年5月5日。

观形成和确立的时期，抓好这一时期的价值观养成十分重要。”[①]而且要通过社会实践来使之不断得以加强，“梦想是从学习开始，事业则是从实践起步”[②]。习近平总书记针对党的青年工作的具体发展问题，对党的青年工作的中坚力量——共青团的工作指明了方向，要求共青团必须“把培养中国特色社会主义事业建设者和接班人作为根本任务”，“把巩固和扩大党执政的青年群众基础作为政治责任”，“把围绕中心、服务大局作为工作主线”[③]，明确指出了党的青年观在当代的新发展以及党的青年工作所要展开的具体路径和基本方法。这是我们今后要长期坚持的基本工作方针。

## 二、中国共产党青年工作的历史经验

经验在本质上讲是一种后理性认识，其主体性表征就是在主客不二和心物统合基础上砥砺出的理论和实践相结合的“得体”状态。毛泽东说“我们是凭经验吃饭的”，一语道破了经验对一个前进着的政党开展工作是何等的重要！一般地讲，经验产生于理论致思之宏大叙事（大体）和感性活动之小型叙事（小体）结合部。唯其在这个结合部，才是经验之树生长的平畴沃野，也才是整合大体和小体的得体之人锻炼成长的大学校。中国共产党青年工作历史经验，就是中国共产党人在自觉掌握马克思主义有关青年工作的理论精髓中，结合中国共产党领导广大青年襄举中国革命、建设和改革的宏大叙事中形成的一系列“理论感觉”的总和。中国青年运动90多年的历史发展，留下了极为宝贵的经验和启示。

### （一）中国共产党始终坚持对青年工作的政治领导、思想领导与组织领导，保证了中国青年运动正确的方向

党坚持对青年工作的政治领导，就是要坚持党在青年工作中的领导核心地位，坚持党在青年工作中的主导作用。党的青年工作在政治上始终以党的纲领、路线、方针、政策为核心，并围绕这一核心展开青年工作，以尊重党的纲领为根本，贯彻党的路线为核心，执行党的方针为手段，落实党的政策为目的。

---

① 习近平：《青年要自觉践行社会主义核心价值观——在北京大学师生座谈会上的讲话》，《人民日报》2014年5月5日。

② 习近平：《在纳扎尔巴耶夫大学的演讲》，《人民日报》2013年9月8日。

③ 习近平：《同团中央新一届领导班子成员集体谈话》，《人民日报》2013年6月21日。

中国共产党从成立之日起，就宣告党是以马克思主义为行动指南，以实现社会主义、共产主义为奋斗目标的无产阶级政党。党的一大后，1922 年 5 月建立了中国社会主义青年团，在团一大的纲领中，确定中国社会主义青年团是“中国青年无产阶级的组织”[①]，完全接受中国共产党的政治主张，青年团没有独立的政治纲领、政治理论和政治任务，不是一支独立的政治力量，是以中国共产党的纲领为奋斗目标，在政治上坚定不移的服从共产党的领导。1925 年 1 月，在团的三大上，将中国社会主义青年团改名为中国共产主义青年团，使团与党在政治上保持了绝对一致。1927 年 4 月中共五大《党章》和 1928 年 7 月团的五大《团章》分别将党团关系写进章程，进一步明确青年团在政治上坚决接受党的领导和奋斗目标。1928 年 7 月，党的六大称赞中国共产主义青年团“常常是中国共产党动员和组织广大的劳动群众到革命方面来的最亲近的助手之一”[②]。1949 年 1 月，中共中央《关于建立中国新民主主义青年团的决议》指出，中国新民主主义青年团，是在党的政治领导之下坚决地为新民主主义而斗争的先进青年们的群众性的组织，是党去团结与领导广大青年群众的核心，是党以马克思列宁主义教育青年的学校。中国新民主主义青年团在政治上接受党的领导，在组织上应当保持自己的独立系统，党无权直接命令青年团。青年团内的党员，必须服从党的一切决议，并以不疲倦的说服教育工作和自己的模范行动，来巩固党在青年团中的领导。1949 年 4 月，重建新民主主义青年团时，任弼时指出：“保证中国共产党对于中国新民主主义青年团的正确领导，是中国青年运动正确地向前发展的决定因素。过去 30 年来的历史事实，充分说明中国共产党是中国青年最好的领导者和保护者”[③]。自从中国共产党诞生以来，波澜壮阔的中国青年运动所以取得辉煌的成绩，都是和中国共产党的正确领导分不开的。如果离开中国共产党的领导，或者当中国共产党对于青年运动的领导发生某些偏差时，其时的青年运动也就会随之而受到不同程度的损失。土地革命时期，中国共产党内同“左”“右”倾两种错误路线的斗争中实现青年运动的顺利发展，及时纠正取消主义和先锋主义错误倾向，保证了党对青年工作的正确领导。

1952 年毛泽东给青年团出了两个题目：一是党如何领导共青团，二是青

① 《中国共青团历次全国代表大会概览》，中国青年出版社 2012 年版，第 9 页。

② 《建党以来重要文献选编》第五册，中央文献出版社 2011 年版，第 491 页。

③ 《任弼时选集》，人民出版社 1987 年版，第 485 页。

年团如何工作。1957 年毛泽东在接见中国新民主主义青年团第三次全国代表大会全体代表时的讲话明确提出了两个核心："希望你们团结起来，作为全国青年的领导核心"。"中国共产党是全中国人民的领导核心。没有这样一个核心，社会主义事业就不能胜利"。实质是要求青年团正确处理好团与党的关系和团与青年的关系，把党的领导和团的系统领导，把人民群众的革命活动和青年团围绕党的中心工作所开展的独立活动统一起来了。两个题目和两个关系正是青年团的基本问题，关系到团的存在价值，科学回答了共产党、青年团、青年三者之间的关系，丰富了党的青年工作和团的建设的理论。

在每个历史时期党的青年工作都做到了党有号召，团有行动，在探索"党如何领导青年团"时，相继提出"生命线""公转与自转""同级党委领导为主和团的系统双重领导""议大事、懂全局、管本行""背靠党委、面向青年"等理论。党坚持对青年工作的政治领导，青年工作才能保持正确的政治方向，才能在自身出现偏差、错误时及时得到纠正和克服。

党坚持对青年工作的思想领导，就是以党的先进理论武装青年的头脑，用马克思主义及其大众化的理论成果来指导青年的工作和活动的具体展开。因此，党的思想领导关键在于把党的理论灌输到青年群体当中去并使之转化为物质的武器和力量，从而使广大青年能够自觉地运用马克思主义的立场观点和方法来认识问题、分析问题和处理问题。

中国共产党和共青团成立后坚持把用马克思主义理论教育青年作为自己的重要任务。团的一大选择在 1922 年 5 月 5 日马克思诞辰纪念日召开，公开表明了其为信仰马克思主义的革命青年团体。为适应参加革命的爱国青年的迫切要求，党团组织创办了许多刊物，刊载大量介绍马列主义的文章，满腔热情地向青年宣传马列主义，用马列主义观点回答和解决了青年思想中的许多疑难问题。广大青年怀着深厚的爱国主义情感，带着中国社会和革命的种种问题，如饥似渴地学习马克思主义。延安时期以来，党的许多领导人亲自为青年讲授马列主义课，教育青年以毛泽东为榜样，理论联系实际地学习革命理论。引导他们孜孜不倦地刻苦学习，努力掌握基本原理和立场、观点、方法，还指明了到工作中学习、到群众中学习、到战争中学习的学习途径，通俗易懂的《大众哲学》就在青年心中种下了马克思主义哲学思想的种子。特别是投奔延安的知识青年虽然大多确立了民主革命的思想，但就世界观而言绝大部分还是小资产阶级和资产阶级性质的。为了把他们培养成为坚强的抗日战士和共产主义者，中国共产党及其领导人在帮助他们掌握马列主义理论武器过程中，坚持不懈地引导他们清除和克服头脑中的非无产阶级思想。即使以蒋介石为代表的国民党在国统区不断宣传一个政党、一个主义、一个领袖的独裁思想和禁销宣传马列的进步书报，中共依然通过秘密渠道把马列和毛泽东著作传送给爱国青年，使青年学生们如获至宝，争相阅读，辗转传阅，不断在马列主义、毛泽东思想指引下投入斗争，形成了五四时期、20 世纪 30 年代初期和抗战时期等几次学习马克思主义的高潮。

1953 年 10 月，中共中央在给各级党委的指示中，要求全党重视"以马克思列宁主义理论和党的革命斗争经验武装青年"。根据中共中央和党的领导人的指示，共青团不仅明确规定了以马列主义、毛泽东思想为团的指导思想，用马列主义、毛泽东思想武装青年是团的重要职责，而且采取有力措施把引导青年学习落到实处，引向深入。

进入社会主义建设时期后，国际共产主义运动出现动荡，反共反社会主义浪潮突起，毛泽东及时告诫青年"没有正确的政治观点，就等于没有灵魂"。团中央也提出在新形势下必须帮助青年解决坚定社会主义道路、树立全心全意为人民服务思想、发扬艰苦奋斗精神、永远跟党站在一起等关系青年健康成长的根本问题。1965 年团中央特别编辑出版了一本适合青年学习的《毛泽东著作选读》，通过开展红与专讨论，学习马列、毛泽东著作等活动，从而使广大青年坚定了走社会主义道路的信念和对马列主义、毛泽东思想的信仰，在巩固社会主义制度、防止和反对和平演变的斗争中经受了考验。

"文化大革命"开始后，林彪、江青反革命集团出于篡党夺权的目的，一面神化领袖、制造现代迷信，贩卖假马列主义、毛泽东思想，一面大搞实用主义和形式主义，把科学变成了迷信，真理变成了谬误，思想武器变成了精神枷锁，搅乱了青年思想。十一届三中全会以后，我们党进行了全面的拨乱反正，恢复了马列主义、毛泽东思想的本来面目，党的工作回归到开创中国特色社会主义道路上来。再次向共青团提出了用马列主义、毛泽东思武装青年的基本任务。在改革开放的新形势下，理直气壮地在青年中宣传、学习、捍卫马列主义、毛泽东思想，是关系到青年健康成长与党和国家生死存亡的大问题。为什么一些青年的爱国热情和善良愿望会走向自己的反面呢？关键在于实现马列主义、毛泽东思想与中国革命和建设实际问题结合中，没有很好地认识和把握我国的国情，以致出现了思想上的混乱和政治上的偏差。这一沉痛教训告诉当代青年，爱国必须首先掌握报效祖国的强大思想武器——马列主义、毛泽东思想和中国特色社会主义理论；必须正确了解历史，把握国情，认清形势，自觉为实现党的总路线总任务而奋斗；必须在奋斗和实践中不断丰富发展马列主义、毛泽东思想和中国特色社会主义理论，而不应标新立异，另辟蹊径，重蹈先辈在探索和实践中走过的弯路。改革开放以来，共青团始终坚持推进青年学习马列主义、毛泽东思想和包括邓小平理论、“三个代表”重要思想、科学发展观的中国特色社会主义理论活动。这些再次说明新一代青年在追求、学习真理到掌握真理的实践中，必须破除封建迷信和现代迷信，以科学的态度学习真理，完整准确地掌握马列主义、毛泽东思想的科学体系，才能确立坚定的科学信仰。全面准确地认识马列主义、毛泽东思想和中国特色社会主义理论与青年成长为社会主义事业接班人的关系、与党和国家前途命运的关系，才能自觉实现党在青年工作中的思想领导。

党坚持对青年工作的组织领导，就是党通过各种组织形式和组织方式将广大青年群体组织起来，通过一定的组织系统和组织方式，来实现党的政治领导和思想领导，树立中国共产党在青年群体和青年活动中的核心地位。组织领导是党的政治领导的必要前提，是党的思想领导的组织载体，是“三大”领导的最终归宿和重要保障。同时，党的组织领导在坚持原则性和稳定性的同时，又更加具有灵活性和多样性，更加能够通过具体组织形式的发展需要来构建适合当时革命、建设和改革任务的青年组织形式，进而推动党领导的青年运动向广度和深度发展。

适应社会发展构建青年工作的组织形式，党根据不同时期革命形势任务的发展变化，建立、改名、改造、改革青年组织的性质形式和工作方法，将党的纲领渗透到青年中，完成党对青年工作的组织领导。中国共青团从诞生之时起，就以其鲜明的政治性、先进性作为自己组织的本质特征出现在历史舞台上。在建党初期和幼年时期，党需要第二党式的共青团给予党以有力帮助，为党承担更多更重的政治任务。共青团在帮助党建立和发展组织，为党输送新鲜血液，协助党一起发动和领导革命，壮大革命力量等方面，发挥了极其重要的作用。在党组织力量较弱或党组织遭到破坏尚未恢复组织的地方，共青团责无旁贷的在政治上代行起党的职能。然而由于中国革命道路的艰难曲折和党、团组织均处于幼年时期，同时也受机会主义错误倾向的影响，共青团组织在我国民主革命前期和中期的基本属性具有较大的片面性，使党的青年工作受到一定限制。当党逐步成熟和力量壮大之后，党更加需要共青团把青年团结组织起来，带领青年在实现党的总任务中发挥更大作用。中国社会主义青年团第一次全国代表大会通过的《中国社会主义青年团纲领》明确规定："中国社会主义青年团为中国青年无产阶级的组织"，在此后的很长的一段时间里，对于青年团性质的认识基本保持在这个水平上。主要的区别仅仅在于团是"青年无产阶级"的组织，党是整个无产阶级的组织。1928 年 7 月，党的"六大"称赞中国共产主义青年团"是青年无产阶级革命的政治组织，在革命运动中是党很有力的助手"[①]。1929 年 6 月，党的六届二次执委会进一步重申并明确团"是无产阶级先锋队中的青年组织，是党的后备军"[②]。当时党团共发文件、对党团员提出同样要求、团员兼党员、党团互派代表，虽然一再要求加强党对团的领导，要求团实现群众化、青年化的转变，但团的性质和任务方针的明显党化，妨碍了它同广大青年群众的联系。第二党现象时有发生，党的青年工作受到淡化。由于恶劣的政治环境以及党团特殊关系形成的某种定势，极大地限制了团的发展，其工作青年化、群众化的问题长期未能解决。大革命运动遭受严重挫折后，在党的领导下，共青团迅速调整工作方式和组织形式，由半公开斗争迅速转入地下秘密斗争，把工作重点放在深入发动群众，加强基层工作方面，很快适应了斗争环境，恢复了组织和工作，使团组织进一步发展壮大。

当党逐步成熟和力量壮大之后，党更加需要共青团把青年团结组织起来，带领青年在实现党的总任务中发挥更大作用。1936 年 11 月 1 日，中共中央作出《关于青年工作的决定》，将共青团改造成抗日民族统一战线性质的群众组织，为了加强党对青年工作的领导，在组织方面因人因地建立了青年救国联合会、学生救国联合会、民族解放先锋队等各种各样的青年组织，实现了先进青年的共产主义组织向非党的统一战线组织的转变，实现了无产阶级青年运动向民族解放的抗日青年运动的转变，青救会为党的抗日民族统一战线的建立和发展作出了不朽的贡献。在党的号召下，青救会以其灵活多样的群众化青年化的工作方式，团结广大青年为抗日救国、巩固和扩大根据地而斗争，特别是陕甘宁边区的青年运动，成为全国青年运动的楷模和方向。到了抗日战争中期以后，以抗日统一战线为中心任务的青救会，已不能适应形势的发展和

---

① 《中共中央青年运动文件选编》，中国青年出版社 1988 年版，第 154 页。

② 《中共中央青年运动文件选编》，中国青年出版社 1988 年版，第 216 页。

党对青年工作的要求。1946年八九月间,党中央召开会议,讨论青年组织问题,决定建立比过去共青团更群众化、青年化,比青年统一战线组织更先进的以马克思列宁主义教育青年的核心组织——新民主主义青年团。中国新民主主义青年团,是在中国共产党的政治领导之下坚决地为新民主主义而斗争的先进青年们的群众性组织,是党团结与领导广大青年群众的核心,是党以马克思列宁主义教育青年的学校。中国新民主主义青年团的建立和性质的确定,正是总结社会主义青年团、共产主义青年团和青救会工作的经验教训的结果。1957年中国新民主主义青年团第三次全国代表大会把团的名称改为中国共产主义青年团,确切地反映青年团所担负的政治任务和广大团员的意志。

改革开放之后,市场经济因素逐渐开始增加,随着社会结构变化,基于计划经济而形成的体制开始受到挑战。计划体制的"单位人"开始向"社会人"流动,这就要求党团组织必须处理好组织关系和工作或活动关系分离问题。在党的关怀和领导下,从20世纪80年代中期开始进行团的体制改革的探索,团中央先后制定和印发了《关于共青团体制改革的基本设想》《中国共产主义青年团基层建设纲要(试行)》两个文件,明确提出进行共青团体制改革是为了更好地体现团的性质,形成充满生机和活力的运行机制,而不是改变团的性质;是为了进一步明确团的社会职能,而不是改变团的任务;是为了理顺党团关系,而不是摆脱党的领导。这次共青团体制改革,确立了把共青团建设成为社会职能和法律地位明确、民主生活健全、基层充满活力、能够代表青年利益、真正赢得青年信任的先进青年的群众组织,使共青团在中国共产党的领导下独立自主地开展工作。党的青年工作组织体系中,共青团处于核心领导地位,青联、学联、少先队、青年社团等都是党的青年工作不可或缺的组成部分。纵观党的青年组织发展轨迹,政治性、先进性与群众性相结合问题始终是关系青年组织能否保持其正确政治方向、走在时代前列、保持旺盛生命力的基本属性,是规定团的地位和作用、团与党、团与青年关系的正确法则。

**(二)中国共产党青年工作只有围绕党在各个历史时期的总任务,服务党和国家大局,才能使中国青年运动永葆活力**

党的青年工作任务,必须与党领导革命、建设、改革开放的性质相一致,必须随着中国社会主要矛盾的变化而变化。党的纲领就是青年和青年组织的奋斗目标,青年运动是整个人民革命运动的一个组成部分,青年运动必须与党所领导的人民革命运动相结合,青年学生的方面军必须与工农主力军相结合。

党在不同时期有不同的任务，从反帝反封建反军阀的斗争、反抗国民党反动统治、打倒日本帝国主义、解放全中国、进行社会主义改造、社会主义建设到改革开放，始终赋予青年组织重任，重视发挥青年重要方面军的作用。

党在创建至大革命时期，从在知识分子和青年学生中广泛传播马克思主义，唤起青年群众开展反帝反封建反军阀的运动，到有组织地带领团员青年投身工人运动，有力地配合了党的工运工作，在掀起第一次工人运动高潮的工作中发挥了很大的作用，促成了马克思主义与工农运动的结合，也促成了青年知识分子同工农群众的结合。这是中国青年同民众结合的开端。第一次国共合作时期，党的领导人运用马列主义阶级分析方法，帮助想改造社会而又苦于无路的青年学生正确认识中国革命的任务、性质、对象和动力，使青年迅速投身到国民革命的洪流。团组织坚决响应党的号召，参加和促进第一次国共合作。团员与党员一样以个人身份参加国民党，积极发展革命统一战线。大革命失败后，土地革命时期发动青年群众开展武装反抗国民党反动统治的斗争，动员组织青年群众踊跃参加工农武装割据，建立工农民主政权，挽救了革命；中国共产党在同“左”“右”倾两种错误路线的斗争中实现青年运动的顺利发展，党及时纠正取消主义和先锋主义错误倾向，保证了党的政治纲领在青年工作中的贯彻。1935 年，在中华民族严重危急关头，民族矛盾上升为社会主要矛盾，党及时根据社会矛盾的变化，指导青年工作任务转变为抗日救亡运动。在 1937 年 4 月召开的西北青年第一次救国代表大会上，毛泽东专门向青年们阐述了国内阶级关系的变化和实行抗日民族统一战线、国共合作的必要性，要求青年团结起来，巩固国共合作，投身抗日战争的洪流。1936 年 11 月共青团改造成青救会后，推动了青年抗日民族统一战线的建立和发展。1939 年至 1941 年期间部分地方的青救会，出现了脱离群众和偏离党的中心工作的“青年主义”倾向，强调青年工作的独立性和青年的特殊利益，孤立地组织青年开展组织生活、文化教育、体育娱乐等活动，在工作中出现了一些脱离农村实际和与当时党的中心工作结合不紧的情况，客观上对边区的新民主主义建设起了干扰和消极的作用。1941 年 6 月 4 日，中共中央发出《关于青年工作的决议》[①]，告诫青年团体要避免重犯先锋主义“第二党”错误，不要过于强调特殊性而造成与成年、老年的对立，孤立了自己，要深入农村联系群众。“六四决议”不仅

① 《建党以来重要文献选编》第十八册，中央文献出版社 2011 年版，第 358 页。

对克服当时抗日根据地青年工作出现的偏差，保持党对青年运动的领导，推动青救会更好地围绕、教育、组织青年产生了积极的影响，而且为整个抗战时期的青年运动的健康发展指明了方向。

党在领导青年工作中，对不同地区、不同职业的青年组织实行了分类指导，并采用不同的方式和方法，争取和团结各类青年。土地革命战争时期党对苏区和国统区、对学生和工农青年、红军青年组织提出不同要求；抗日战争时期党为了推动中国青年的团结和统一，不但提出了青年统一战线方针，而且为青年组织规定了一系列策略原则。对抗日根据地、战区、国统区、沦陷区青年组织，对知识青年与工农兵结合、少数民族青年组织与工作，以及国民党开始反共后国统区的青年工作，党都分别给予了明确指示。在党的领导下建立了"民主青年协会""民主青年同盟""新民主主义青年社"等青年秘密外围组织。党在沦陷区秘密发展"青年互助会""青年救国社""三一读书会"等抗日青年组织。党提出采用灵活多样、公开与秘密、非法与合法、联合与斗争相统一的基本策略，形成了党的白区工作的十六字方针——隐蔽精干、长期埋伏、积蓄力量、以待时机。青年工作转向隐蔽的、分散的、小型的活动。这些工作方针适应了复杂的国内革命斗争形势，争取了青年，保存了革命力量，把一大批爱国青年团结在党的周围，奠定了中国共产党夺取革命胜利的群众基础。

抗战胜利后，新形势需要民族解放性质的青年工作转入争取和平民主、为实现新民主主义国家而奋斗。党中央在1946年重建青年团的提议中，明确把为"新民主主义"而奋斗作为青年工作的政治目标。中国共产党领导青年勇敢投身到反击国民党军队重点进攻的自卫战争和解放区土地改革运动、生产建设事业中，广大青年再次发挥了新民主主义革命的生力军作用。

毛泽东在《青年运动的方向》《五四运动》《一二九运动的伟大意义》等文章和演讲中，阐明了中国革命的对象、动力、性质、任务和前途，总结了中国革命和五四以来青年运动的历史经验，提出"愿意不愿意""实行不实行和广大的工农群众结合在一起"[①]这一衡量青年革命与否的重要标准。青年运动是整个人民革命运动的一个重要方面军，但"它还不是主力军"，只有方面军和主力军结合在一起，才能攻破敌人坚固阵地和最后堡垒。青年运动必须与党领导的

① 《毛泽东选集》第二卷，人民出版社1991年版，第566页。

整个人民革命运动相结合，这是五四运动以来中国共产党领导青年工作的一条根本历史经验，它科学地反映了党领导青年工作胜利发展的规律。

新中国成立之初，巩固新生的革命政权，恢复被战争破坏的国民经济，实现国家财政经济状况的基本好转，实现向社会主义的过渡，是中国共产党和全国人民的中心工作。刚刚重建的青年团积极响应党的召唤，团结带领全国各族青年和团员，为实现党提出的各项目标而努力工作，运用团的政治优势和组织优势，在实现党的中心任务中探索和创新最适合青年特点的工作方法和活动方式，把青年的力量和作用充分发挥出来。从积极参与“三反”“五反”、增产节约，到青年团在巩固新生政权、土地改革和各项民主改革、社会主义改造和社会主义建设中组建青年突击队、青年垦荒队，开展争当青年社会主义建设积极分子活动、青年劳动竞赛活动、向科学进军活动等，带领团员青年踊跃投入到社会主义改造和祖国建设的各项事业中，用大量充分的事实证明青年是一支英勇的突击力量，是社会的先锋，团的工作和活动达到了空前的覆盖和影响。

这一时期党的青年工作具有鲜明的特征：一是坚持群众路线的基本工作方法，要求共青团在一切工作中都要贯彻说服教育、积极引导的原则。一切为了青年，关注、关心青年的成长与发展，适应青年的兴趣爱好和性格特征，开展各种有益于青年身心的各类活动，帮助青年找到前进的正确道路。二是采取突击、竞赛形式，是开展团的独立活动的普遍特征。突击活动，就是集中力量，加快速度，在短期内完成急、难、新、重的任务。全国第一支青年突击队在1954年1月建立，团中央总结推广了这个经验之后，党中央批转全国。全国各地先后建立了数万个青年突击队。这项活动一开始就呈现出适用范围广、持续时间长、发挥作用大、普遍适应的特点，在提高生产效率等多方面发挥了重要作用。三是运用典型引路，是开展团的独立活动的有效方法。团中央不仅树立了工农业各条战线上的典型，而且树立了植树造林、垦荒活动中的典型；不仅树立了扫盲活动中的典型，而且树立了学毛著、学雷锋的典型。此外，各地方团的组织也树立了许多典型。由于这些典型的引路，典型经验的推广和运用，使当时团组织开展的独立活动蓬蓬勃勃地向前发展。这是在实践中对青年进行共产主义教育的有力途径，是共青团工作的重要特色。

1966年开始的“文化大革命”，共青团被“彻底砸烂”，党领导的各级青年组织完全停止了活动，党的青年工作受到严重损害，取而代之的则是“左倾”思想的产物——“红卫兵”。1976 年 10 月，粉碎“四人帮”后，结束了长达十年的内乱，共青团组织获得新生，党的青年工作才焕发出新的生机与活力。十一届三中全会之后，党开始实行改革开放和现代化建设，如何紧跟党的工作重点转移，在大转变中开创青年工作新局面，党指导共青团在伟大历史转变中，努力实现指导思想上的拨乱反正，从根本上纠正“以阶级斗争为纲”“以阶级斗争为主课”的错误方针，明确提出把学四化、干四化作为新时期青年的主课，强调“共青团组织要从以参加政治运动为主，转到以参加生产建设为主”，团的工作重心转移到“四化”建设。共青团十大把为四个现代化贡献青春作为新时期青年的光荣使命，把争当新长征突击手作为全国青年的行动口号，很快得到各级团组织和广大青年的热烈响应，成为 20 世纪 80 年代中国青年的时代追求。共青团紧密围绕四化建设，精心设计、组织了一系列适合青年特点的活动，极大地调动了广大青年投身四化、献身四化的热情，不仅鼓舞青年为振兴中华而勤奋学习，英勇劳动，创造了大量的物质财富，而且培养了青年的共产主义劳动态度和主人翁责任感，激发了青年的爱国热忱和革命英雄主义精神，代表了以共青团为核心的中国青年为实现党的总任务而努力奋斗的主旋律，成为新时期体现共青团先进性的主要形式。

改革开放以来，围绕和遵循党的基本路线加强党的青年工作，必须带领青年为解放和发展生产力做贡献。用马列主义、毛泽东思想和现代科学文化知识武装青年是党赋予共青团的基本任务。回归实事求是的思想路线，坚持用科学的理论武装青年。必须坚持用马克思主义中国化最新成果武装青年，把马克思主义中国化最新成果作为理论教育青年的中心内容。要教育广大青年不断接受马克思主义哲学智慧的滋养。以理想信念教育为核心，加强青少年思想道德建设，帮助青少年树立健康向上的人生观、价值观和良好的道德品质。“以经济建设为中心”，发挥青年的聪明才智，带领青年为解放和发展生产力作贡献。20 世纪 90 年代中期，全团按照团中央制定的《青年工作战略发展规划》，精心打造“青字号”“希望工程”“青年志愿者行动”“青年文明号”“十八岁成人宣誓”等品牌活动，广泛开展向科学进军、争当新长征突击手、青年突击队、青年劳动竞赛、农村青年星火带头人等活动，有步骤、有重点地启动和推进了跨世纪青年文明工程和跨世纪青年人才工程，在社会上产生广泛影响。这一连串闪光的“青字号”品牌，见证着共青团在党领导下的奋斗足迹，成为党的青年工作史上闪亮的名片，成为共青团的优质无形资产。

**(三)中国共产党青年工作只有正确认识青年的地位和作用,选拔和培养大批德才兼备的青年干部,才能使中国青年运动薪火相传**

党十分重视青年的培养教育问题。青年发展方向关系到党和国家的前途命运,中国共产党始终把青年看作是祖国的未来、民族的希望,始终把青年作为党和人民事业发展的生力军,始终支持青年在奋斗中实现自己的人生理想。中国共产党以无产阶级政党的远见卓识,把青年与无产阶级政党所肩负的崇高使命紧紧地联系起来,与建设有中国特色社会主义事业的兴衰成败紧紧地联系起来,把青年看作是党的事业的建设者和接班人。越是准确把握青年价值,越是清醒认识党与青年的关系,就越是格外重视青年培养这一重大问题。中国共产党从来都是把培养什么样的青年一代作为带有根本性、战略性的问题来谋划、来推动、来实践的。从而最大限度地把青年团结和组织到党的事业中,较好地发挥了青年重要方面军的作用。

1920 年,上海早期党组织创办了培养青年革命者的学校——外国语学社,抗战时期,中共中央不但创办了鲁迅青年学校、安吴青训班、泽东青干校等专门训练青年干部的学校,还在中央党校、各地区党校、各有关干部学校设立了青年干部班,大量从青年中训练培养青年干部。党培养青年的目标,任弼时在新民主主义青年团一大报告中明确指出:“培养出千千万万有高度政治觉悟又有坚强的实际工作能力的优秀的革命后备军”[①]。新民主主义青年团二大提出:青年要成为热爱祖国、忠于人民、有知识、守纪律、勇敢勤劳、朝气蓬勃、不怕任何困难的年轻一代。

1953 年,《中共中央关于加强党对青年团的领导给各级党委的指示》要求,把青年一代培养成为“具有文化科学知识、体魄健全、勇敢、勤劳和热爱祖国的人”。党在改革开放时期,根据形势任务和青年队伍的实际,多次强调培养青年、培养接班人的目标,从 1983 年提出培养有理想、有道德、有文化、守纪律的一代新人开始,培养和造就了一代又一代的无产阶级革命事业接班人。党的十三届四中全会以来,以江泽民为核心的党中央领导集体,高度重视青年工作,把对青年一代的培养教育列入工作日程,制定了方针政策,明确了指导思想和努力方向。2007 年 5 月 4 日,中共中央总书记胡锦涛在向中国青年群英会发的贺信中提出:“希望全国广大团员和各族青年牢记党和人民的重托,

① 《中国共青团历次全国代表大会概览》,中国青年出版社 2012 年版,第 187 页。

自觉担负起时代的重任，以英雄模范为榜样，努力成为理想远大、信念坚定的新一代，品德高尚、意志顽强的新一代，视野开阔、知识丰富的新一代，开拓进取、艰苦创业的新一代。”胡锦涛总书记对青年提出的“四个新一代”的要求，揭示了青年成长成才的规律，为当代青年健康成长指明了方向。青年发展方向是关系党的前途命运的大问题，党的十八大以来，党中央要求全党都“关注青年、关心青年、关爱青年”。培养和造就一代又一代的无产阶级革命事业接班人，成为中共一个具有重大意义的战略问题。由于党正确认识和把握青年特点，十分重视青年的培养教育问题，所以对青年工作的原则和政策更为成熟，形成了我党关心、爱护、吸收、培养、使用青年特别是使用知识青年的经验。党中央以马克思主义教育观为指导，形成和发展了一整套青年教育理论：一是造就具有坚定正确的政治方向、艰苦奋斗的工作作风、丰富的科学文化知识、强健体魄的革命先锋队，是青年教育事业的目标；二是青年的主要任务是学习，青年组织的基本责任在教育，党和青年组织要引导青年在实际斗争中学习马列主义毛泽东思想，学习科学文化，学习为人民服务的本领，树立共产主义世界观和革命人生观；三是必须坚持理论联系实际的学风，在克服各种错误思想意识中学习，到实际工作和斗争中学习，到生产劳动中学习；四是与工农结合，向人民学习，为人民服务，是青年锻炼成长的根本道路和方向。

提升群众工作能力改进作风是青年干部成长的关键。党提出青年干部必须具有马克思主义素养、党性观念、事业心、责任感、业务知识、工作能力、优良作风的全面要求。党对青年干部的标准是德才兼备。1936 年 11 月党中央《关于青年工作的决定》明确要求青年干部，必须“是那些忠实于民族革命事业的青年，与群众有联系的、不怕负责的、活泼的、有学习精神的、有一技之长的青年”[①]。在对青年干部的具体要求上，要求“党的青年工作干部应该认识青年工作是党的主要工作之一，安心于自己的工作”。一个青年工作干部，必须认识自己所从事的工作是党的重托，是关系到祖国前途命运的事业，需要自觉地在青年岗位上做出贡献。党中央及其领导人十分重视青年成长中学习的迫切需求。1949 年，周恩来在全国青年第一次代表大会上，作了《学习毛泽东》的报告。毛泽东及时强调“学习是青年更加特别突出的任务”，号召青年“学习马列主义”。进入社会主义建设时期后，国际共产主义运动出现了动荡，反共

① 《中共中央青年运动文件选编》，中国青年出版社 1988 年版，第 443 页。

反社会主义浪潮突起，团中央提出在新形势下必须帮助青年解决坚定社会主义道路、树立全心全意为人民服务思想、发扬艰苦奋斗精神、永远跟党走等关系青年健康成长的根本问题。通过开展红与专讨论，学习马列、毛泽东著作活动，1965年团中央特别编辑出版了一本适合青年学习的《毛泽东著作选读》。广大青年坚定了走社会主义道路的信念和对马列主义、毛泽东思想的信仰，在巩固社会主义制度、防止和反对和平演变的斗争中经受了考验。

共青团干部是党做青年工作的主要依靠力量，是带领青年前进的表率，是团的建设和改革的排头兵，也是党的干部队伍的后备队。这支队伍素质如何直接关系共青团事业的盛衰。团的一届三中全会就严肃指出团的干部的作风对于工作好坏有极大的意义，保持和发扬团内朝气勃勃踏实苦干的优良作风，防止和反对个人主义和形式主义作风，是今后开展青年团工作应该注意的问题。要求团干部从实际出发，认真严肃，脚踏实地，严格要求自己，不摆架子，不做“青年官”，做青年的知心朋友，成为青年的表率，成为党的优秀青年工作者。共青团九大报告再次强调共青团一定要树立一种好的作风，要把广大青年的风气带好。概括团干部的作风就是“朝气勃勃，实事求是”八个字。共青团在加强团干部队伍建设中，以思想政治建设为重点，以民主集中制建设为保证，要求把各级团的领导班子建设成为政治坚定、开拓创新、精诚团结、求真务实、争创一流的领导集体。按照刻苦学习、勤奋工作、勇于创造、自觉奉献的要求，着力提高团干部的思想素质，做“让党放心，青年满意”的团干部，从而保证了党的青年工作得以顺利开展。

共青团是为党输送人才的重要渠道。中国近现代乃至当代从胜利走向新的胜利的不二法门，就是方向、组织、力量的和谐匹配。显然，无论是哪一个政党，都不可能是智慧、组织、力量三者兼具的万能者。在这里，中国共产党襄举现代化伟业的一个基本经验，就是要千方百计地汲取蕴藏于青年群众中的不竭力量。也就是说，中国共产党和青年是两个互相不能离开的命运共同者。其中最为重要的就是，中国共产党离不开青年：一是中国共产党领导和执政地位的巩固离不开青年。中国共产党领导和执政地位的长期巩固，需要培养一代又一代“四有”新人，需要一代又一代青年始终走在时代的前列，继承和发扬中国共产党的先进性，传承和实现中国共产党的纲领和主张，需要培养中国共产党事业的可靠接班人；二是中国特色社会主义道路的坚持和拓展离不开青年。坚持和拓展中国特色社会主义道路，需要青年勇敢地迎接困难和挑战，需要青年去探索、丰富和完善,需要青年肩负起中华民族伟大复兴的历史使命,从而使中国特色社会主义道路越走越宽广;三是永葆马克思主义的旺盛生命力离不开青年。大力推进马克思主义中国化、时代化、大众化,需要一大批真学、真懂、真信、真用马克思主义的青年,需要一大批解放思想、实事求是、与时俱进的大力推进党的理论创新的青年,这样才能永葆马克思主义的生机与活力。

1982 年团十一大开幕式上,中共中央书记处书记胡启立代表党中央向大会致祝词,指出我国青年运动的两条重要历史结论,第一条,我们党要领导革命和建设取得胜利,一定要唤起青年的觉悟,依靠青年的力量,充分发挥青年在各项事业中的先锋作用和突击作用。第二条,今年要在革命和建设中有所作为,一定要接受党的领导和马列主义的指引,紧紧地同人民站在一起,保持坚定正确的政治方向。[①] 共青团是党领导的先进青年的群众组织,是党的助手和后备军。积极为党培养大批愿意为社会主义、共产主义事业献身的先进青年,不断向党输送新鲜血液,是团组织义不容辞的责任。现行的《党章》和《团章》,在阐述共青团是个什么组织时,都明确写道:"共青团是广大青年在实践中学习中国特色社会主义和共产主义的学校,是党的助手和后备军"。党建团的根本目的是培养人,造就党在各种工作岗位及各条战线上的新生力量和后备力量。1949 年,党中央在《关于建立中国新民主主义青年团的决议》中,也有明确的阐述,指出中国新民主主义青年团的任务,就是首先要团结和组织先进青年的积极分子,再经过这种青年积极分子的组织,去团结和教育广大的青年群众。为什么说团的根本任务是"育人",就是因为团在本质上是"学校"。胡锦涛代表党中央在 1993 年 5 月共青团十三大上,再次总结党的青年工作和青年运动的最重要最根本的经验是:中国特色社会主义的伟大事业离不开青年的继承和开拓,青年一代的健康成长离不开党的关怀和指引;任何时候都要相信青年、关心青年,重视和发挥青年的进取精神和创造力,任何时候中国青年都要自觉接受党的领导,保持坚定正确的政治方向,积极投身人民群众的伟大实践。中国共产党领导和执政地位的长期巩固,需要培养党的事业的可靠接班人。党的十八大以来,党中央要求全党都"关注青年、关心青年、关爱青年",培养和造就一代又一代的无产阶级革命事业接班人,就成为中国共产党

① 《中国共青团历次全国代表大会概览》,中国青年出版社 2012 年版,第 441 页。

一个具有重大意义的战略问题。

**(四)中国共产党青年工作只有适应青年特点,坚持理想信念与服务青年相结合,才能凝聚青年跟党走**

青年群体具有自身的显著特征,思维活跃、精力充沛、理想远大、信念坚定、利益诉求多元等。因此要把青年凝聚起来,始终以党作为自己的领导核心,就必须根据青年自身的特点,结合青年自身的存在基础和身体特征,充分动员广大青年群体。这里的青年身心特征,就是青年人对于理想信念的坚定追求,就是青年对于自身历史使命的明确认知,就是青年人对于自身利益实现条件和实现机制的充分表达。因此,党要根据不同时代所赋予青年的不同任务,将广大青年在不同历史时期所产生的特定理想信念和利益诉求结合起来,有效动员和领导广大的青年群体。

中国共产党正确地分析青年的优点和弱点,按照党的事业需要引导青年健康成长。毛泽东在《青年运动的方向》《中国革命和中国共产党》等文章中,从社会地位和社会关系及其发展演变过程,对青年的特点做了最本质的分析,认为青年是整个社会力量中的一个特殊组成部分,既是革命斗争的一支重要方面军,是反帝反封建的一支重要方面军,常常发挥着先锋、桥梁、生力军的作用,又是无产阶级革命事业的接班人、后备队,肩负着继往开来的历史重任。共青团历次变革取得成功的一条规律,就是善于把历史的发展,党的任务与青年的利益有机的联系在一起,在青年工作中遵循历史发展趋势,寻找党的工作方针与青年利益的最佳结合点,使青年工作既适应形势的需要,符合党的总方针的要求,又照顾了青年的特殊利益。从理论上讲,青年是人民群众的一部分,人民群众的整体利益就是青年的最大利益和根本利益;离开了人民群众的整体利益,就谈不上青年的特殊利益。青年又是整个人民群众中一个特殊部分,有自己的特殊利益和特殊要求。合理地照顾青年的特殊利益,适当地满足青年的特殊要求,符合人民的整体利益。青年团要真正成为团结青年群众的核心,就既要教育青年服从人民的整体利益,又要在服从国家利益的前提下,努力代表青年的合理要求和正当利益。

履行党和政府赋予共青团的社会职能,要求共青团必须牢记全心全意为人民服务的宗旨,把服务青年作为共青团全部工作的出发点和落脚点。党的十四大确定市场经济的改革取向后,青年需求的多样化趋势迅速增强。共青团明确提出"服务青年"的工作理念,而且越来越得到加强。1993 年团的十三大确定了各级团组织“服务经济、服务社会、服务青年”的工作主题。1998年6月，胡锦涛在团十四大上的祝词中强调指出，共青团要竭诚服务青年。团的十四大报告中提出共青团要“服务大局、服务社会、服务青年”。2008年团的十六大报告将“服务青年”作专章论述。共青团必须牢固树立为青年服务的思想，帮助青年一代健康成长，真正以青年的需求为自己的需求，以青年的愿望为自己的愿望，以青年的成功为自己的成功，倾听青年心声，关心青年苦乐，为青年排忧解难，以满意度来争取青年的赞成度，以青年的拥护度争取青年的支持度，服务青年更好地成长成才。

党的青年工作只有将各个时期党的奋斗目标与青年的政治需求、利益需求很好地结合起来，关心青年政治需求与切身利益，才能动员青年坚定跟党走。中国青年具有爱国主义的优良传统和政治敏感、执着追求真理、勇于献身祖国的优秀品质。青年选择跟共产党走的关键原因，是明确认识了党的纲领、宗旨、目标。党的信仰成为青年观察和改造社会的思想武器，这与广大青年的迫切需求是一致的。共产党能够实现青年的切身利益，能够帮助青年找到奋斗方向，中国青年的命运因共产党而发生了根本转变。大革命时期的国共两党分别聚集了一批优秀青年，蒋介石背叛革命走向人民群众反面，更多青年坚定跟着共产党投身革命运动。抗战初期第二次国共合作形成，在国共两党共同领导抗战的情况下，有的青年选择了国民党，有的选择了民主党派，而更多青年选择了跟共产党进行抗日的道路。国民党又与共产党争夺青年，1938年成立三青团，也吸引了相当多的青年学生，但当三青团沦为国民党内战帮凶压制国统区青年和平愿望表达时，广大青年从失望而背离，逐渐认同共产党的政治主张，于1947年形成了配合中共军事斗争的第二条战线。

近代以来，中国青年在三座大山压迫下，常常受到失学、失业、破产、流浪、死亡的威胁，精神和肉体遭到奴役和摧残，切身利益得不到保障。中国共产党代表、维护、实现广大人民的根本利益，也包括了青年的根本利益。广大青年看到跟共产党能够过上好日子，自觉投入革命运动。不论是轰轰烈烈的土地革命，还是减租减息运动，农村广大贫苦青年在经济上获得了实际利益，从政治上认识到共产党领导他们翻身求解放，是为劳苦大众办事的党，坚定了跟共产党走的决心，参军、参政的积极性大大提高。1922年5月，在中国社会主义青年团第一次全国代表大会通过的《中国社会主义青年团纲领》就明确指出：“中国社会主义青年团，一方面为改良青年工人、农人的生活状况而奋斗，并为青年妇女、青年学生的利益而奋斗。”①毛泽东在《论联合政府》中再次表明中共对青年的基本政策是，保护青年利益，救济失学青年，帮助青年组织起来，以平等地位参加各项工作，保证学习、婚姻自由。而对国民党摧残奴役、杀害、侮辱青年的罪行，党中央和领导人屡次向国民党提出抗议，要求保护青年。

1949年1月中共中央《关于建立中国新民主主义青年团的决议》明确提出，青年团应在最大多数人民的最大利益的基础上，经常地注意和努力为青年群众的特殊利益与切身需要而服务，并在这种努力中逐步地引导广大青年群众去参加人民民主国家的军事、政治、经济、文化的各种建设工作。20世纪50年代邓小平提出共青团要时刻把青年温度的高低告诉党，胡耀邦教育团干部，共青团组织必须离青年近一点、近一点、再近一点，这是中国共青团应该遵循的一个规律。

1989年12月，中共中央《关于加强和改善党对工会、共青团、妇联工作的通知》，强调“各级党组织要支持工会、共青团、妇联在维护全国人民总体利益的同时，更好地维护各自所代表的群众的具体利益”。团十二大工作报告和修改的《团章》在团的历史上，第一次把“代表和维护青年的具体利益”正式列为共青团的社会职能。团的十六大把“代表和维护好青少年的合法利益”作为专章来论述。共青团作为党的助手和后备军，作为党和政府联系青年的桥梁和纽带，作为青年利益的社会代表，在加强党同人民群众联系方面起着独特的作用。服务青年、代表和维护青少年权益工作的实践，全面体现和完善了共青团的社会职能。1991年9月通过的中国第一部关于保护青少年的法律《中华人民共和国未成年人保护法》，把共青团的一些工作纳入了法制的轨道，为共青团充分履行社会职能提供了可靠的保障。社会历史的发展方向代表了人民大众的根本利益，党的工作总方针充分体现了党的利益与人民利益的一致性，青年利益与人民利益根本上是一致的。共青团历次变革取得成功的一条重要规律，就是善于把历史的发展、党的任务与青年的利益有机的联系在一起，在青年工作中遵循历史发展趋势，寻找党的工作方针与青年利益的最佳结合点，使青年工作既适应形势的需要，符合党的总方针的要求，又照顾了青年的特殊利益。

① 《中国共青团历次全国代表大会概览》，中国青年出版社2012年版，第9页。

**(五)中国共产党青年工作只有建立中国特色社会主义青年工作体系,才能保证青年工作走上法制化、规范化、科学化的轨道**

强化党对青年工作和共青团的领导,是建立中国特色社会主义青年工作体系的根本保证。中国共产党对于青年工作的高度重视,总是转化为有力支持和善于发挥青年作用的领导实践,总是转化为带领青年一代积极投身党和人民事业的火热奋斗中。革命、建设和改革开放时期党的青年工作和共青团工作的每一步发展,都是在党的具体指导下进行的。是党推动党政各部门、社会各团体帮助建立了齐抓共管的青年工作格局,是党帮助共青团不断坚持了改革之路,是党的建设带动促进了团的建设,是党帮助共青团工作走上了法制化轨道,是党推动政府设立了青年事务工作。作为领导人民掌握全国政权并长期执政的党,要不断开创青年工作新局面,以共青团作为青年组织体系的核心和枢纽承接和开展青年工作,开辟中国特色社会主义青年工作体系。党的青年工作是实践性很强的社会系统工程,青年事务也迫切需要朝着多样化、明细化、规范化、科学化的方向发展。在现代社会,青年的社会属性越来越明显,青年问题在现代化背景下正在以全球化的方式扩展,青年问题在现代化背景下已经不是青年自身的问题,而是社会结构性问题、社会系统性问题在青年群体中的体现,青年问题的解决有赖于社会整体面貌的改善,针对青年问题的具体措施必须有助于社会系统问题的解决。必须把脉青年工作发展动向,妥善解决青年的社会问题和社会中的青年问题。

1936 年 11 月,实施共青团改造后,各类抗日青年组织大量涌现,为了加强对青年运动的领导,1938 年 5 月,中共中央下发《关于组织青年工作委员会的决定》,要求"县委以上地方党部直至中央,成立青年工作委员会","各地党部应该把青年工作当作自己主要工作之一,实行经常的检查和推动"。[①] 为了加强对各地青年工作的领导,中央青委在各中央局、中央分局内设立了青委。在中央青委和各中央局、中央分局党委的领导下,地方青委在发动广大青年参加土改、参军参战等方面发挥了重要作用。这是中共中央动员更多力量,加强青年工作的有效手段。毛泽东在 1945 年指出,应通令一切党、政、军、民一齐动手做群众工作,强调群众工作要齐抓共管。

1991 年 6 月,中共中央办公厅转发关于《共青团中央关于加强青年工作

---

① 《中共中央青年运动文件选编》,中国青年出版社 1988 年版,第 453 页。

的意见》,要求全党、全社会各方面通力协作,努力为青年工作提供必要的条件,强调加强青年工作必须认真贯彻落实《中共中央关于加强和改善党对工会、共青团、妇联工作领导的通知》,必须动员全社会的力量,各负其责,通力协作。组织、宣传、教育、文化、体育、卫生、劳动、人事、公安、司法等部门应继续为青年的健康成长创造条件,提供支持。一些地方建立的青年工作委员会或青年工作领导小组等,做了大量的工作,做出了有益的探索。

党的十三届六中全会《关于加强党同群众联系的决定》再次强调,要"充分发挥工会、共青团、妇联和其他群众团体在加强党同群众联系中的桥梁、纽带作用"。1990 年 3 月共青团中央在贯彻《中共中央关于加强党同人民群众联系的决定》实施细则中,进一步强调了共青团是国家政权的重要社会支柱之一。作为党的助手和后备军,作为党和政府联系青年的桥梁和纽带,作为青年利益的社会代表,在加强党同人民群众联系方面起着独特的作用。通过了《未成年人保护法》,并建立了相应的保护机构,使共青团的一些工作纳入了法制的轨道,为共青团充分履行社会职能提供了可靠保障。建立青少年组织体系、青少年服务体系、青少年参与体系、青少年信息网络体系,形成中国特色的青年工作理论体系和工作体系。在构建青年工作体系的过程中,必须注意发挥好党的助手和后备军的优势,发挥好协助政府管理青年事务的优势,坚持用办事业的精神和方式推动工作发展,充分发挥团组织联系社团的优势,运用有社会影响的活动载体,积极吸纳和整合社会资源,形成社会化运作机制,使团的工作得到社会的广泛支持。共青团在协助政府管理青年事务方面进行了新的探索,一些地方政府设立了青年事务机构,制定了"青少年发展规划",并列入了省(市)国民经济和社会发展的规划纲要,在推动青年事务管理和协调机制方面迈出了新的步伐,为不断夯实党执政的青年群众基础,实现党和国家事业的永续发展作出了贡献。

**(六)中国共产党青年工作只有加强中国青年组织与世界青年组织的交流与合作,才能促进青年工作的开放性、前瞻性**

青年运动是窗口,也是平台。窗口,就是展示中国青年发展的最新动态从而反映党的领导等一系列中国国情的有效途径;平台,就是中国青年同国外青年团体相互交流、相互促进、彼此发展,在相互学习与借鉴中推动中国青年事业的发展,乃至推动中国革命、建设和改革事业的发展。

1919 年 3 月,列宁领导下的共产国际成立。11 月,青年共产国际成立。

中国共产党及其青年工作从一开始就与共产国际、青年共产国际紧密联系在一起。当时中国共产党是共产国际一个支部，中国社会主义青年团是青年共产国际一个支部，党的青年工作直接接受共产国际、青年共产国际的指导。1928年在莫斯科召开的中国共青团五大通过的章程和纲领，明确规定了中国共青团与青年共产国际的关系。青年共产国际对中共的青年工作和中国社会主义青年团的诞生、发展有着重要影响。青年共产国际对中国共青团发展壮大过程中的指导，既有积极正确的一面，又有消极效果，中国共产党的青年工作成绩和失误，无不与青年共产国际有关。在土地革命战争初期党的青年工作实行转变过程中的有关共青团"盲动主义倾向和先锋主义、取消主义"帽子也是青年共产国际给戴上的，而在红军部队中以"少共国际"（即青年共产国际）命名的少共国际师和少共国际团、营、连等青年军事组织，在土地革命战争中名扬中外。这些再次证明，作为党的青年工作必须以马克思主义为指导，必须把马克思主义原理与中国共产党的青年工作实际相结合，只有用马克思主义中国化的理论指导党的青年工作和中国青年运动，党的青年工作才能走上成熟健康的发展道路。

1933年9月，世界青年反战反法西斯代表大会发表了告全世界劳动青年书，通过了关于中国问题的决议，决议设立国际青年反战反法西斯委员会。根据世界反法西斯斗争的要求，共产国际于1935年7月，向全世界共产主义运动提出建立世界反法西斯统一战线的任务。青年共产国际遵照这一精神立即作出改造各国共青团，建立群众的、非党的青年团的决定。"在中国，最重要的任务是在劳动青年争取改善生活的斗争中，在为提高文化、为民主权利，为竭尽全力使青年更加积极地参加全民反对帝国主义征服者拯救祖国的斗争中，建立全体青年及其组织的群众运动。"[①]中国共产党在马克思主义中国化的历史进程中，不断推动党的青年工作与世界革命运动的发展相结合，坚持马克思主义与中国实际相结合的原则，接受了共产国际、青年共产国际提出的对中国共青团改造的建议，从而实现抗战时期党的青年工作的蓬勃发展。

同时，不断加强党的青年工作与世界青年组织交流，扩大党的青年工作在国际舞台上的影响力。中央青委、西北青救会等青年组织除与青年共产国际保持密切联系外，和世界青年反法西斯组织、世界学联（内设共产党党团）及一

① 《青年共产国际与中国青年运动》，中国青年出版社1985年版，第508页。

些国家的青年团体经常进行联系，多次派出代表团出席青年共产国际代表大会、世界青年拥护和平大会，使中国青年的抗日救亡工作得到有力的国际支持。1936 年 1 月，国际学联举行“全世界援助中国青年周”，支持声援中国学生抗日救亡运动。世界青年代表大会和美国青年代表大会都曾经作出过关于制裁日寇侵华、支持援助中国抗日的决议。1938 年 5 月至 7 月间，世界学联代表团专门在中国进行为期两个多月的访问和实地考察。毛泽东在延安会见代表团，并与他们长谈争取抗日的胜利和建立一个自由平等的民主国家的思想。代表团热情赞誉西北青救会宗旨远大、工作努力，不愧为中国青年的模范，全体代表一致要求加入青救会为名誉会员。世界学联来华考察实际上为中国抗战、中国青年在抗战中的积极作用作了一次广泛的国际舆论宣传和精神动员，为中国抗战争取到更加广泛的国际援助，更加坚定了中国军民抗战必胜的信心，对内吸引凝聚了青年群众，对外宣传扩大了中国共产党在国内外的影响力。

20 世纪三四十年代，日本军国主义曾对中国发动了侵略战争，给中国人民包括广大青少年带来了深重的战争灾难，犯下了不可饶恕的罪行。但是，中国人民和中国青年一代始终把日本的人民群众和日本的侵略者区别开来，直到现在，仍然是把那些友好人士、左派势力和那些始终坚持战争立场、极右势力区别开来，寄希望于那些友好人士和青年，和他们展开了广泛的接触和交往，希望他们能够正确认识过去、反省历史，共同创造友好和平的未来。1984 年，应中共中央总书记胡耀邦的邀请，3000 名日本青年朋友来中国进行友好访问，共青团中央根据《为维护世界和平，加强同各国青年的友谊和团结而奋斗》的团中央常委扩大会议决议，在全国举办了中日青年大型联欢活动。中日青年大联欢圆满成功，成效显著，首先是增进了日本青年一代对中国的了解，他们普遍反映“中国太伟大了”；其次是增强了中日青年之间的友谊；再次，中日青年大联欢是中国改革深入，对外开放的一大创举和体现，为以后和日本建立各种友好地方关系，开展广泛的经济合作开创了局面。

1979 年第 34 届联合国大会，根据罗马尼亚的倡议，一致通过决议，确定 1985 年为国际青年年，主题是参与、发展、和平。中国支持联合国这一决议，于 1984 年 4 月 17 日成立了国际青年年中国组织委员会，共青团中央第一书记、全国青联主席胡锦涛为主任委员。组委会主要任务有三项，其中第三项就是：发展中国青年和世界青年的友好交往，为维护亚太地区和世界和平做出应有的贡献。1985 年 5 月,国际青年年中国组织委员会同全国青联、学联等单位在全国范围内联合发起和组织了“亚太地区青年友好会见活动”。450 多名亚太地区以及其他地区各国青年代表来中国进行友好访问,增强了中国青年和亚太地区各国青年的友谊和联系,体现了国际青年参与、发展、和平的主题。新时期以来,中国青年与世界青年的交流与合作不断发展与加深,中国青年迎来了一个与世界广泛对话与交流的新时代,发挥了“为党政外交服务、为经济建设服务、为国内青年工作服务”的作用。

## 三、中国共产党青年工作的当代启示

中国共产党青年工作的最大智慧就是在近百年历史中形成的共同团结奋斗和共同繁荣进步的内在逻辑和时代价值。这一历史精神构筑成中国共产党青年工作极富时代气息的基本价值结构。其基本要素就是基于马克思主义意识形态的当代中国特色社会主义理论体系在青年中的传播内化;基于民族复兴伟大中国梦的政治目标在青年中的逐渐认同;基于社会主义和爱国主义相统一的民族精神和开拓创新的时代精神在青年中的逐步弘扬;基于深厚中华传统文化土壤的伦理道德情操在青年中的恪守。

中国共产党领导中国青年进行革命、建设和改革的历史过程,是不断将马克思主义中国化的理论成果用以武装青年、促进青年不断发展的历史过程,是不断满足青年的利益需求、调动广大青年积极投身社会主义实践的历史过程,是不断调整党的青年工作以适应社会与时代发展的需要、变革党领导青年的组织方式、提升党所领导下的青年组织的领导方式与领导能力的历史过程。中国共产党在各个历史时期领导青年工作的历史经验,虽然产生于特殊的历史年代和历史条件,但是我们要将之上升到具有普遍性的一般规律高度,使其能够穿越历史的界限和空间的阻隔,对今天党的青年工作具有重要的借鉴意义。

当前,中国社会发展呈现多个层次、多个方面、多个群体的新变化。党的执政方式的转变、国家治理能力的升级、经济发展进入新常态,社会阶级结构分层特点更加突出,我国的国际影响力日趋增大。在这样的现实背景下,青年群体也表现出许多新的特征,表现出价值取向多样化、职业分布广泛化、利益诉求多元化、日常生活网络化、意识形态斗争复杂化等等。这对当前党推动青年工作的健康发展产生了新的问题、提出了新的挑战。这些问题与挑战，表现在当前党的青年工作的主要载体——共青团组织中存在着“机关化、行政化、贵族化、娱乐化”等现象。具体来说，部分团员光荣感不强，“团、青不分”，团组织对青年带动作用不够，团的先进性体现不明显，吸引力凝聚力不够，工作有效覆盖面不足等等。共青团作为党的青年群众工作的主要承担者、共产主义理想在青少年群体中的传播者、社会主义民主政治建设的参与者、广大青少年合法权益的维护者，在党的青年工作中发挥着重要作用。共青团工作的顺利健康发展，直接影响到党的青年工作的顺利健康发展。因此，党的青年工作在“四个全面”战略布局的重要历史阶段，应当以共青团工作作为实践的发端和理论的突破，以改革创新的实践气魄和“壮士断腕”的政治决心，推动党的青年工作的变革、改进与发展。

青年是祖国的未来、民族的希望，也是我们党的未来和希望，能否继续推动党的青年工作的发展，直接关系到社会主义现代化建设成败盛衰，关系到“两个一百年”的宏伟目标能否实现。因此，我们应当从历史经验中汲取营养，从历史发展中观照现实，增强青年工作的政治性、先进性、群众性，去除脱离青年的“四化”，为当前工作探寻到可供借鉴的重要启迪。

**(一)始终坚持中国共产党的领导，用马克思主义中国化的最新成果引领、化育和再造青年的思想体系**

青年作为国家的希望和民族的未来，在登上历史舞台之后就成了各个利益集团争相争取的对象。但是广大青年只有团结在中国共产党的周围，才能够真正实现为国家、为民族乃至为全人类奋斗的条件和基础。这首先是从中国共产党的性质来看，中国共产党既是无产阶级的先锋队，也是中国人民和中华民族的先锋队。中国共产党以其先进性所具有的宽广眼界和历史发展前景，成为了历史的必然选择。同时，党的青年工作的各个环节都离不开马克思主义科学理论的指导。在新民主主义革命和社会主义建设过程当中，党的历代领导集体坚持把马克思主义基本原理同中国革命实践以及社会主义建设实践相结合，形成了包括毛泽东思想和中国特色社会主义理论体系在内的一系列马克思主义中国化的理论成果。这些理论成果与马克思列宁主义是一脉相承的。而用马克思主义理论武装广大青年的头脑，使这些科学的理论为青年群体所掌握，以指导其更好地投身社会主义建设的实践，最直接的要求和目标就是引导大学生树立正确的世界观、人生观、价值观。青年的世界观、人生观、价值观教育，首先有利于青年恰当认识和正确分析形形色色的社会现象，以科学的分析问题的方法，正确对待政治、经济、文化以及社会各领域的问题；其次，有利于引导青年在社会中找到正确合适的个人定位，并正确处理好国家、集体和个人的关系，最终导向社会主义的集体主义价值观；再次，还有利于制定正确的人生目标和个人发展规划，帮助青年筑起一道坚固地抵制西方和平演变的思想防线。

**(二)始终围绕党在不同时期的奋斗目标，服务大局，把握青年工作的时代主题**

党的青年工作必须围绕党在各个历史时期的中心任务而展开。只有做到这一点，才能够正确把握住青年运动的主题和方向，才能够使党的青年工作的理论与实践密切贴近时代的要求。当前党的中心工作，是在深入推进“四个全面”战略布局的历史背景下继续推进社会主义现代化建设。现代化作为人类历史发展的必然趋势，是现代科技和大生产发展的必然结果。广大青年作为生产力中最活跃的主体性因素，对于现代化、现代科技以及大生产所带来的生产成果最具有敏感性。因此，党制定的一系列发展战略和发展策略，需要依靠共青团组织进一步把广大青年组织和发动起来，投身于社会主义现代化建设的具体实践当中。

此外，党的中心工作要得以实现一方面需要组织和发动广大青年，另一方面还要在实现的过程中促进青年自身的发展，从而实现一种双向的良性互动。党在不断进行社会主义现代化建设、充分组织和发动青年群体的时候，必须将青年思想政治工作与促进青年的成长发展结合起来，确定工作内容和方法，发挥党领导下的青年组织“共产主义学校”的积极作用，培养社会主义的建设者和接班人。培养建设者就是要通过对普通青年的引导让他们积极参与到社会主义建设的具体实践中去，施展自己的才能、贡献自己的力量，充分发挥国家事业的生力军和突击队的作用；培养接班人就是要通过对普通青年中思想上进、政治坚定的部分青年的引导，使他们进一步坚定共产主义理想信念、坚信马克思主义的理论主张、坚持中国共产党的领导，充分发挥党的事业的后备军和助手作用。

**(三)始终代表广大青年的根本利益，把服务青年作为党的青年工作的出发点和落脚点**

服务广大青年、始终代表最广大青年的利益，是党开展青年工作的内在要求和基本依据。党的青年工作作为党的群众工作的一部分，中国共产党及其领导下的青年组织在开展青年工作的过程中，从未忽视青年群体的特殊利益，并始终将实现这种利益作为青年工作发展的土壤和动力，永葆青年工作的意义和价值。服务青年，就是要从青年的具体情况和需求出发，针对青年的思维方式、行为方式以及价值取向具有选择性的特点，充分尊重青年的选择权，并努力为青年排忧解难；服务青年，为青年成长、成才和就业创造良好的环境，同时积极营造疏通与青年群体的沟通渠道，培养广大青年的参政意识，大力培养青年干部，为党和人民事业继往开来、薪火相传的根本大计做好青年人才储备工作。同时，相信广大青年、依靠广大青年，是正确认识青年、重视青年并服务青年、代表青年的必然结果，也是党和国家事业向前发展的不竭动力，是党和国家发展的根本希望所在。青年是值得党和人民相信和依靠的一支重要的生力军。

**（四）始终站在时代前列，在应对社会发展变化中不断推动党的青年工作的变革与创新**

党要实现对青年群众的领导，充分发挥青年群体作为党的后备军的作用，离不开与青年组织相关工作的开展。一直以来，青年组织在党的青年工作中既是联系青年和党的至关重要的桥梁和纽带，也是组织广大青年参与社会实践的重要媒介，加强青年组织建设和党的领导能力的建设成为当前增强党的青年工作领导能力的重要手段和主要途径。从中国共产党领导广大青年进行革命、建设和改革的历史过程与马克思主义青年理论和青年团理论的角度出发，我们可以看到中国共产主义青年团在中国共产党青年工作中所发挥的重要作用。

共青团是先进性与群众性相统一的政治团体，是党领导广大青年群众的重要桥梁和纽带，发挥着国家政权的社会支柱作用。因此，党在领导广大青年群众积极投身社会主义实践的历史进程中，充分依靠、借助和利用共青团发挥出组织青年、引导青年、服务青年、维护青年的重要作用。可以说，共青团工作的正确开展是党的青年工作能够取得胜利并向前发展的重要保障和基本条件。

在民主革命到社会主义革命再到社会主义建设和改革开放的历史发展过程中，共青团不断调整自身的工作思路、组织构架、活动方式与定位目标，始终按照历史发展的基本进程和具体特点来对自身的各个方面进行相应的调整与创新。当前中国社会的发展中，改革开放成为这个时代的最大特点，全面深化改革成为这个时期的重大战略举措，共青团也必须适应社会历史发展的基本方向和基本要求，以改革为动力、以发展为要义、以推动党的青年工作为核心，不断实现自身的变革。党的青年工作的变革与创新，必须具体体现在党所领导下的广大青年组织的变革与创新上。因为只有通过青年组织的变革与创新，才能够把党的青年工作扩展的新的范围和领域，提升到新的高度和层次。共青团作为党所领导的青年组织，是实现这一过程的重要物质、组织和活动载体。共青团在适应历史发展过程中，首先必须坚持其基本的阶级属性和组织特性，即政治性、先进性、群众性，将这“三性”作为自身改革的基本原则；其次，共青团的改革必须在党的领导下，紧密结合党、国家、社会发展的最新特点，巩固好、维护好、发展好广大青年的利益需要；再次，在变革创新的过程中要注意相应的方式和机制，注意改革系统性、整体性、关联性和平衡性，把中央与基层、管理与发展、团干与团员、工作与活动等有机协调、充分统一起来；最后，改革必须要有明确的目标，共青团的改革必须根据社会转型中自身面对的各种矛盾，努力应对各种挑战，在思想政治、组织体系、运行机制、工作方式、联系青年、彰显宗旨等各个方面都有明确的目标，从而能够以客观合理、准确明白的标准来对团的发展和改革工作做出具体的评判。此外，团的工作还必须融入中国特色社会主义改革开放的各项历史进程中，通过政治、经济、文化、宣传等部门的通力配合将党的发展、社会的发展、国家的发展和共青团事业的发展紧密统一起来。

除了重点发展共青团组织内部的工作之外，为了更全面地开展对青年的引导和培养工作，还应加强相关的共青团外围组织的工作。其中影响较大的青年外围组织如青年联合会、学生联合会、少先队工作委员会等等，以及常见的青年妇女团体、大学生社团等也属于青年外围组织，但是由于这些组织大多没有共青团那样鲜明的政治性和使命感，也没有形成严密的组织体系和行政架构，所以不同程度的存在管理不规范、硬件条件有限、发展不平衡等问题。因此，共青团组织在加强自己组织内部的思想建设和队伍建设的同时，还要发挥对其他青年外围组织的引导、示范作用。此外，中国共产党的青年工作还要将关注的视角不断扩展到国外青年组织的发展与变革方面，一方面研究国（境）外青年组织的发展历程、探讨相关组织的变革经验、学习他们的成功做法、反思其失败的教训；另一方面加强对国（境）外重要政党青年工作成败规律的比较研究,注意掌握国(境)外重要政党青年工作发展动向,在加强党与国(境)外青年组织、我国青年组织与他国青年组织的交流互动中,为我国青年工作的健康快速发展提供重要借鉴。

(课题组成员:段小龙、薛红萍、赵有奇、张帆、张勇、戴生岐)

# 外围组织探微：<br>大革命时期广东青年团与新学生社的关系研究

沈志刚

新学生社，原名广东新学生社，是广东青年团于1923年6月领导成立的一个外围学生组织。大革命时期，党在广东的学生工作主要通过新学生社开展。[①] 新学生社作为广东青年团的外围组织，在大革命时期的广东学生运动中扮演了重要的角色。1925年中共四大在《关于青年运动的决议案》中特别提到新学生社，并指示青年团应在各地组织类似的青年团体。[②] 国民党第一任青年部部长兼广东大学校长邹鲁，也在其回忆录中特别提到："这时在青年界里，共产党组织了一个新学生社，非常活动。"[③]这些都说明了新学生社在当时的影响力。

新学生社虽非无人知晓的历史空白[④]，但迄今为止学界对新学生社的专

---

① 曾庆榴：《中国共产党广东地方史》第1卷，广东人民出版社1999年版，第142页。

② 中央档案馆编：《建党以来重要文献选编（1921—1949）》第2册，中央文献出版社2011年版，第248页。

③ 邹鲁：《回顾录》，岳麓书社2000年版，第133页。

④ 在一些关于中共和青年团的通史或广东地方史中，对新学生社也有所涉及。其中，王宗华主编的《中国大革命史1924—1927》（人民出版社1990年版），在介绍广东学运时，也曾论及广东新学生社在非基督教运动中的活动。曾庆榴主编的《中国共产党广东地方史》第1卷，也将学生运动与妇女运动，并为独立一节略为提及。广东青年运动史研究委员会主编的《广东青年运动史（1919—1949）》（广东高等教育出版社1994年版）和广州青年运动史研究委员会主编的《广州学生运动史（1919—1949）》（华南理工大学出版社2002年版），是探讨新民主主义革命时期广东青运和学运的专著，内中对新学生社的介绍较为详细，但均属宏观铺陈史实，研究不够深入。此外，在一些相关具体事件和人物的研究中，也曾提到新学生社的活动，包括卜穗文：《新学生社与大革命时期广州平民教育运动》，《广州文博》（辑刊），2007年；杨天宏：《基督教与民国知识分子：1922年—1927年中国非基督教运动研究》，人民出版社2005年版；邓荣元：《广东区团委书记阮啸仙的贡献》，《广州社会主义学院学报》2008年第2期；窦春芳：《试析阮啸仙对广东社会主义青年团的历史贡献》，《广东省社会主义学院学报》2012年第3期；等等。

门研究还不多[①]。中国台湾的学者吕芳上，曾在其《从学生运动到运动学生（民国八年至十八年）》一书中提及新学生社，并从政党争夺学运领导权的角度作出如下论断："'广东新学生社'，原属 S. Y. 之外围组织；组织上、活动上酷似 S. Y.，形成重叠机关。十三年十一月改组后，名称取消'广东'二字，迳称'新学生社'，势力发展及于广西容县、福建厦门及福州等处，俨然成为中共独立庞大的青年组织，因为太出风头，夺走了 S. Y. 的光彩，该社乃被视为学联会、学生会与 S. Y. 学运中间的障碍物，导致十五年二月在少年共产国际代表及鲍罗廷的干涉下，取消了这一组织"[②]。

何为外围组织？民主革命时期党的外围组织具备怎样的特性？广东青年团为何要成立新学生社作为外围组织来开展学生工作？新学生社与广东青年团是怎样的关系？广东青年团能否和如何实现对新学生社的领导？该社是否如吕芳上所言，与青年团形成了重叠机关，甚至与青年团构成竞争关系？该社取消的原因究竟为何？本文即尝试对上述问题展开探讨，以尽力澄清疑问。

## 一、关于民主革命时期中共外围组织的理论探讨

目前，学界对中共外围组织已有一些研究成果，但多是从现代政党政治尤其是党建的角度出发[③]，对民主革命时期的中共外围组织尚缺乏理论的探

① 目前，关于新学生社的专门研究也有一些。谢颖铿、叶创昌的《试论新学生社的历史作用》（中共广东省委党史研究室编：《广东党史研究文集》第 1 册，中共党史资料出版社 1991 年版）一文，以新学生社的历史活动和新学生社社员的情况为考察中心，探讨了新学生社的历史作用及其对中共革命的贡献。王震的《"新学生社"研究》（历史学系中国近现代史专业，硕士学位论文，中山大学，2005 年）一文，立足于社员的论述和活动，对新学生社的发起缘由、组织结构、运行机制等都有所提及。但是，该文以新学生社为独立的研究对象，对其背后的广东青年团的领导作用探讨不足，虽得出该社奉行民主集中制，有较强的组织纪律性，从而使之强于一般社团的结论，但对其民主集中制的由来与组织纪律性何以实现的原因没有深入探究。

② 吕芳上：《从学生运动到运动学生（民国八年至十八年）》，台湾《"中央研究院"近代史研究所专刊》第 71 集，1994 年，第 294 页。

③ 参见林尚立：《中国共产党与国家建设》，天津人民出版社 2009 年版，第 196—210 页；胡献忠：《社会变革中的共青团》，中国社会出版社 2013 年版，第 11—12 页；陆皓：《外围组织与治理模式的重构——以共青团组织为研究对象》，MPA 硕士学位论文，复旦大学，2004 年；齐凌云：《政党、工会与阶级基础——对 1978 年以来工会改革的政治学研究》，国际关系与公共事务管理学院政治学理论专业，博士学位论文，复旦大学，2005 年；弓联兵：《政治吸纳与组织嵌入——执政党统合私营企业的逻辑与路径分析》，国际关系与公共事务管理学院政治学理论专业，博士学位论文，复旦大学，2012 年等。

讨[①]。外围组织的设立与运用，在民主革命时期中共各条战线并不少见，尤其多见于学生工作中。外围组织是与核心组织相对的概念，一般而言，政党主要依靠核心组织与外围组织这两种组织形式来实现其政治目标，发挥其政治功能。[②] 核心组织（又称主组织）主要指政党自身的组织系统，包括其下级党组织、党组等，外围组织是“靠近党的非党组织”[③]，泛指“围绕在党的周围、与党关系密切、接受党的领导的群众性政治组织，包括党领导下的工会、青年团、妇女组织等”[④]，其功能是在某一特定领域中辅助核心组织实现奋斗目标[⑤]。与民主革命时期不同，现代社会党的外围组织与核心组织的附属关系是公开的。

中共外围组织在不同的历史时期有不同的组织形态和功能。在民主革命时期，中共的组织和活动都处于秘密状态，外围组织是“党在秘密工作时期所采用的联系群众和扩大党的影响的一种组织形式”[⑥]。这时，外围组织扮演的是核心组织的代理角色，在后者不便直接出面时，代替其开展工作。因此，这一时期的外围组织，也称为秘密外围组织，外围组织与核心组织的附属关系是秘密的。民主革命时期，中共外围组织的建立一般有两条途径：一是由党派出成员新创一个组织，并领导其开展工作；二是改造已存在的组织，获得领导权，使之成为外围组织。

与当前中共的外围组织不同，民主革命时期中共的外围组织承担的不一定都是辅助性工作。例如，中共领导成立青年团和劳动组合书记部并作为外围组织来公开活动，分别承担在青年和工人中的工作。这一时期，青运、工运是党的核心工作，但主要由外围组织负责开展。这就是特定历史时期下外围组织核心化的现象[⑦]。另外，有些外围组织与核心组织相似，也设有组织层级，这使得处于下级的外围组织既要服从其同级的核心组织领导，也要接受其

---

① 关于党在各阶段外围组织的介绍，散见于很多地方史、革命回忆录以及关于学生运动的著述中，但大多是对其历史的简单梳理，对其理论探讨尚不多见。

② 陆皓：《外围组织与治理模式的重构——以共青团组织为研究对象》，第 4 页。

③ 《列宁选集》第 1 卷，人民出版社 1995 年版，第 473 页。

④ 徐艳红，肖铁肩：《马克思主义政党外围组织思想及中共外围组织研究综述》，《宁夏党校学报》2016 年第 5 期。

⑤ 参见胡献忠：《社会变革中的共青团》，第 11 页。

⑥ 贺明：《外围组织——地下生活拾零》，《红岩春秋》1996 年第 2 期。

⑦ 参见黄金凤：《从“第二党”到后备军：共产党与青年团早期关系的演变》，《近代史研究》2011 年第 3 期。

自身上级组织的领导，这种多头领导有时也会造成外围组织与核心组织的纠纷[①]。

民主革命时期，中共的外围组织主要呈现如下特征：第一，兼有政治性与群众性。外围组织虽受政党领导，带有政治倾向性，但其公开活动时多表现其群众性的一面，代表其所在群体的利益，不主动流露政党色彩。但是，它除了要帮助政党实现政治目标外，也有自身发展的诉求。而且，在特定情况下，政党为了使外围组织更好地发展，有时也会让其策略性地暂时偏离甚至背离政党的政治目标，如公开发声否认该组织与党的关系等。第二，组织公开性。外围组织的设立，就是在政党不便出面时为政党开展工作。因此，外围组织的公开性是其基本特征。外围组织的办公机关、联络方式、组织设置、出版物都向公众开放，甚至是广而告之，以求社会影响力的扩大。其组织开展活动，也多半亮明自己的旗号公开进行。第三，组织多重性。“多重性”即指外围之外还有外围。例如，社会主义青年团是中共的外围组织，但当青年团的政治色彩逐渐暴露后，其外围组织的功能便被消解，而青年团又具有十分重要的地位，不能轻易取消。于是，中共便决定以青年团为次级核心组织，再成立青年团的外围组织。例如，广东新学生社就是广东青年团领导成立的外围组织。由于同样的原因，当青年团的外围组织暴露了政治倾向后，便又以该外围组织为次次级核心，再成立外围组织。例如，新学生社的政治色彩逐渐暴露以后，又成立了新青年社作为新学生社的外围组织。[②] 第四，组织暂设性。外围组织的暂设性是相对于核心组织的常设性而言的。中共的外围组织共青团、工会、妇联等虽已存在很久，甚至有的与党同寿，但这种“长设”的事实并不等同笔者所言的“常设”的性质。外围组织的暂设性是指当其组织功能弱化或被消解后，它就会被核心组织废弃、改造或停止其活动，使其自行消亡。同时，新的外围组织也会很快建立。因此，所有的外围组织都是暂设的，其或存或亡，视核心组织的需要而定。

---

① 参见何志明：《早期中共与青年团之间的组织纠纷及其调适》，《党史研究与教学》2014 年第 5 期。

② 广东省档案馆等编：《新学生社史料》，1983 年，第 251—252 页。

## 二、新学生社是在广东青年团直接领导下成立的外围组织

在广东青年团的领导下，广东新学生社于1923年6月17日正式成立，由团广东区委书记阮啸仙（亦为中共党员）担任第一任社长[①]。从外围组织的多重性特征来看，新学生社既是广东青年团的外围组织，同时也是广东党组织的第二层外围组织。但是，在这一时期，广东党、团组织之间，职权交叉、人事重叠。正如少共国际代表达林在观察广东党、团情况时所言："党员几乎全部加入了青年团……团和党的工作不可能区分开来"。[②] 因此，这种组织层级体现得并不明显。也可以说，新学生社是由广东区党、团共同领导的，只是名义上归属青年团旗下。那么，广东区党、团为何要成立新学生社作为外围组织开展学生工作呢？从两封团粤区委给团中央的信中，我们可以一窥广东区党团成立新学生社的动因。

1923年6月4日，团粤委书记阮啸仙在给团中央书记施存统的信中说：

在粤，目前仍在青年学生，因粤手工业多，工厂青年工人甚小[③]……而于本团活动范围，目前需[④]要工作，为国民革命运动、民权运动。暂时决定，于本区根本上整理以前，一方面做学生普遍的运动——组织"新学生社"；……"新学生社"将近成立，其性质与活动范围，详见纲领及章程（附呈），并拟办一《新学生周刊》，为国民革命的推进，并议决本区学生部同志全体加入活动。……我现在搬至广州司后街四十五号"新学生社"，以后来函请寄此。[⑤]

1924年4月，阮啸仙到上海参加团中央扩大会议，在其所作的关于广东青年团工作的汇报中也提到：

我们因见广州学生联合会精神涣散，无组织无训练，不能担任各种青年工作，同时又以产业幼稚的中国，在已成半殖民地的经济政治状况之下，不好拿

---

① 《新学生社史料》，第249页。另外，1923年11月新学生社改组为集体领导制，阮啸仙继续当选委员。

② 〔苏〕C. A. 达林著，侯均初等译：《中国回忆录（1921—1927）》，中国社会科学出版社1981年版，第83页。

③ "小"应为"少"。

④ "需"应为"重"。

⑤ 广东省档案馆等编：《广东区党、团研究史料（1921—1926）》，广东人民出版社1983年版，第32—33页。

S. Y. 名义做公开运动，且势已不能。粤区议决以 S. Y. 学生同志作中坚，组织“广东新学生社”，纠合各校革新分子，来做学生运动——组织法与 S. Y. 同，纲领主张国民青年革命。进行计划，在各校多找社员，做学校革新及学生自治运动，为学生本身利益而奋斗。该社并组织有粗[①]具规模的体育运动会、白话剧社、旅行团、阅书报社。先整理或组织本校学生会，进而整理广州学联会。关于活动便利上，以各校支部会议决定为系统，以谋学生利益为口号，拿学生政党的精神，不露政党的色彩，冀得群众，并收实效。[②]

从以上两则材料可知，广东青年团成立新学生社的原因有二：

第一，成立新学生社是为“做学生普遍的运动”。所谓“普遍的运动”即区别于之前一党、一团的“特殊”运动而言。1922 年，中共二大制定了“两步走”的革命战略，提出：在开展社会主义革命之前，要首先实现国民革命。青年共产国际代表达林也指出：“我们的目的是在建设社会主义的社会制度，而按中国的现状，都只要求资产阶级的国民革命”，“所以纯粹的社会主义、纯粹的阶级斗争、纯粹的无产阶级专政等等口号，一时都用不着”，“现时群众对于国民革命的口号比较社会主义的口号要易于明白些”。[③] 陈独秀也坦承：“根据经济条件和中国的文明程度只能进行国民革命……现代化工人的数量很少，尽管在这些工人中政治觉悟开始发展，但他们的要求充其量只是直接改善他们的状况和本组织的自由。如果我们想同他们谈论社会主义和共产主义，他们就会害怕而离开我们。只有极少数人加入我们的党，即便这样也是通过友好关系”。[④]

青年团本是一个群众性组织，处于半公开的状态。由于历史的原因，早期团的组织和影响力都强于党，党的许多工作都由青年团出面执行[⑤]，这反过来却造成“这一年来本团几乎绝对没有做自己独立的青年工作”[⑥]。并且，由于党、团之间关系亲密，职权交叉，人事重叠，使得青年团带有强烈的政治色彩，

---

① “粗”应为“初”。

② 《广东区党、团研究史料（1921—1926）》，第 83—84 页。

③ 中国新民主主义青年团中央委员会办公厅编：《中国青年运动历史资料（1915—1924）》，1957 年，第 478 页。

④ 中共中央党史研究室第一研究部译：《共产国际、联共（布）与中国革命档案资料丛书》第 1 册，北京图书馆出版社 1997 年版，第 261 页。

⑤ 共青团中央青运研究室编：《中国青年运动史》，中国青年出版社 1984 年版，第 34 页。

⑥ 《中国青年运动历史资料（1915—1924）》，第 357 页。

并一度被反对者攻击为“中国共产党的机械”，甚至导致一些人退出青年团[①]。故而，团中央机关刊物《先驱》发文疾呼：“我们尤其不宜使我们政治色彩太浓，使青年望而生畏。”[②]而且，广东学生多半为资本家或中产阶级子弟，广大贫苦青年很少有机会接受教育。[③] 在这样的学生群体中，以中共或者青年团的名义直接开展工作会有很大阻力。因此，“不好拿 S. Y. 名义做公开运动，且势已不能”。于是，广东区党、团决定成立外围组织来开展学生工作。

第二，成立新学生社也与广州学生联合会不堪大用有关。前文已经提到，在民主革命时期，政党外围组织的建立有两条途径：一是重新创建；二是在旧有基础上改造。一般而言，政党会优先选择改造，因为旧组织已经有了一定的基础，容易开展工作。而且，学生联合会也是中共党、团优先争取的对象。正如团中央所指出的：“学生联合会为学生的结合，为我们在学生中宣传主义的最好场合。”[④]

广东学生响应五四运动较早，并在之前就已成立了一个名为“省会学联”的组织。但是，当京津沪学生南下串联时，广东学生在是否要采取罢课方式来声援京津沪学生运动的问题上，产生了分歧，并很快造成广东学运的分裂。[⑤]这也与当时南北两个政府对立的政治格局大有关联[⑥]。此后，广东学生便分为两派。其中，学生罢课、游行、检查日货、对抗军警等激烈活动都是由“中上

---

① 光亮：《本团与中国共产党之关系——政策、工作、组织》，《先驱》第 23 号，1923 年 7 月 15 日。

② 敬云：《二次全国大会的几个实际问题》，《先驱》第 24 号，1923 年 8 月 1 日。

③ 《彭湃文集》，人民出版社 2013 年版，第 1 页。

④ 《中国社会主义青年团与中国各团体关系之决议案》，《先驱》第 8 号，1922 年 5 月 15 日。

⑤ 针对是否采取罢课的方式开展学生运动，“省会学联”发生了分裂。以广东高师为首的学校，主张学生应和平行事，不宜过激，力学救国才是根本。但公立法政、公立医药学校、第一甲种工业学校等，认为所谓“力学救国”，只是“表面响应，内里和平妥协”。于是，“和平”和“激烈”两派反复争论，相持不下。1919 年 6 月 17 日，公立法政、甲工、光华医药、公立医药、私立法政、广雅等校联合成立“中上学联”，并推举张启荣为会长。

⑥ 1919 年 6 月 6 日，京津沪地区学生代表到粤，介绍北方爱国运动情况，请广东学界一致行动，并得到一部分学生的赞同。当时的省长翟汪认为“学校一经罢课则学业之损失先蒙，诚恐吾粤学子亦因此潮流，要求罢课”，故于次日邀请各校校长开会，谋商“免荒学业”之法。是日会上，公立法政的与会代表认为广东尚在“自主时代”，与北京政府莫不闻问，纵相率罢学，“北庭对之不过如秦越人之视肥瘠而已，无济于事也”，故主张粤省“今日似不必取同一之行动”。各校长的劝说起到很大成效，省立女子师范学校学生“初感罢课潮流，心意不无骚动”，嗣经校长及职教员等向学生详为解释后，已觉得不能轻易附和，“刻已安心攻学矣”。9 日，广东省会学生联合会在高师开会商讨是否响应上海天津罢课学生，“多数反对罢课”，他们认为“京沪罢课目的，系要求排除曹章”，而“我粤系自主省份经已脱离京政府关系，曹章二贼非我西南护法政府之外交部长及日公使，我学生等毋庸罢学向京政府要求”。《本会维持罢课之会议》，《广东省教育会季刊》第 2 期，第 57 页。

学联”组织领导。[①]

1920年1月25日,“中上学联”更名为“广东省学生联合会广州分会”[②],但学生会分裂的局面仍然如故。有鉴于此,2月,“省会学联”主席李朴生曾在广东高师主办的《新学生》上发表《广东学生应该觉悟的》一文,对在广州一个小的范围内,“同时却有两个学生联合会之成立”的现象表示担忧,并质疑说:当北京、天津学生因提出拒绝对日直接交涉而遭到北京政府军警镇压时,“广州的学生为什么一声不响,沉沉寂寂的坐着?”他进而呼吁:广州学生要联合起来。[③] 同年4月,上海学联实行罢课,希望广东学生共同行动。[④] 两个学生组织遂在当月底开会商讨合作事宜,但未能达成一致意见。[⑤] 1920年陈炯明回粤后,广东革命形势暂时好转。这时,高师的郭天林、林卓夫等人希望能够调和两个学生会的差异,共组广州学生联合会,[⑥]并起草了组织章程[⑦]。

广州学联具体何时成立,目前尚无确切资料证明。不过,在1921年6月18日,曾有报道称:广州学联会根据章程召集评议会,但是因为人数不足而流产。[⑧] 之后,直至1923年8月全国学联在广州开会时,广州学联才有了列名报刊欢迎的消息。[⑨] 不过,从广东青年团的报告中得知,这也是由于团组织积极活动的结果。但是,广州学联敷衍过后,“复呈死状态”。而且,该会一直以“联络感情,切磋学问”为宗旨,屡次开会都不足人数,会务无法进行。因此,广东区党团领导认为:“该会实不能成为学生群众团体,且缺乏指挥能力,毫无用处”[⑩]。在这种情况下,团粤区委不得不成立新的组织来开展学生工作。

---

① 《中校以上学生联合会来函》,《广东中华新报》,1919年6月26日;广东青运史研究委员会办公室编:《广东青年运动回忆录》,广东人民出版社1986年版,第5页。

② 《拘去法校已革学生续文》,《香港华字日报》,1920年1月27日。

③ 李朴生:《广东学生应该觉悟的》(1920年2月29日),《新学生》第1卷第4号,1920年4月1日。1920年广东高等师范学校也存在一个新学生社,办有《新学生》杂志,后来短暂负责过广东党组织领导责任的冯菊坡,当时是广东育才英文书院的学生,就曾在该杂志上发表过《记忆术》(《新学生》第1卷第3号,1920年2月15日)、《小学改用女教师教授问题》(《新学生》第1卷第4号,1920年4月1日)、《偏见之研究》(《新学生》第1卷第5号,1920年4月15日)等文。1923年广东区党团议决成立新学生社时,广东高师的新学生社已经不复存在。

④ 《广东学生会函询对待鲁案法》,《香港华字日报》,1920年4月23日。

⑤ 《广州学生讨论罢课事》,《香港华字日报》,1920年4月30日。

⑥ 《省会学生联合会举定会长》,《广东群报》,1921年1月10日。

⑦ 《两学生会联合近讯》,《广东群报》,1921年3月4日。

⑧ 《市学生联合会进行近状》,《香港华字日报》,1921年6月18日。

⑨ 《全国学生总会消息》,《广州民国日报》,1923年8月15日。

⑩ 广东青年运动史委员会编:《广东学生运动史料选编(1923—1927)》,第10页。

新学生社成立后，团粤区委学生部的同志全体加入该社。在初始时，该社的社员基本是青年团成员，“非 S. Y. 成员不甚多”。随着各校学生领袖陆续被争取加入，该社才慢慢发展起来。由于广东新学生社是由团广东区委直接领导成立的，其组织架构的模板就来自于青年团。因此，新学生社也设有组织层级，下设支社、分社、支部或小组。其中，在广州有总社，在广州其他党、团工作基础较好的学校里设有支部，其他各地则有支社、分社；支部设有支书，小组设有组长。[①] 全体社员大会是新学生社的最高权力机关。根据《新学生社组织大纲》的规定，每半年由执行委员会召集开会一次。但是，由于社员太过分散，来往、组织均有不便，全体大会召开次数不多。为弥补这一缺陷，由每学校或数学校联合有社员 5 人者便结合为 1 个小组，每组举代表 1 人负责组织该社小组代表大会，并在社员大会闭会期间充任最高机关。[②] 同时，新学生社也建立了严格的汇报、会议制度。根据《新学生社组织大纲》的规定，各小组代表每星期须报告执行委员会一次，并具体规定了报告事项。[③]

新学生社的社团经费，有社员的入社费、月费[④]、募捐[⑤]、《新学生》（半月刊）销售款等来源，但是这些收入要么杯水车薪，要么很不稳定。实际上，新学生社的活动经费主要由广东青年团提供。1924 年底，团广东区委曾向团中央递交过一份有关经费问题的报告。从其内容中可知，团广东区的经费除自筹外，主要靠团中央补助，“团费至多不过十元（就广州言）”，“粤区经费仍不敷二百元”，无法满足每月 266 元的预算，“至于新学生社的社费收入只敷该社的纸笔墨及邮费，所以出版费仍要由我们负担”。[⑥]

鉴于其外围组织的工作职能和性质，新学生社在公开场合，并不流露出政

---

① 《新学生社史料》，第 244 页。

② 《新学生社史料》，第 4—5 页。

③ 《新学生社史料》，第 4—5 页。

④ 按新学生社纲领，新入社的社员要交社费 5 角，并要缴纳月费。

⑤ 1923 年 9 月 1 日，《新学生》半月刊第 5 期的“本社启事”一栏曾提到：“本社经费除社员常费外，其余皆赖热心同志及表同情于本社者之赞助。”内中并列有冯菊坡、罗绮园、杨匏庵、郭瘦真、阮啸仙、刘季岳（尔崧）、张善铭等“每人月捐二元”者的名字，这些人当时大多是广东党、团的成员。第 6 期及此后该刊部分期次的“本社启事”又续登了一些捐赠者的姓名及捐款数额，但已不限于党、团成员。1923 年 12 月 25 日，新学生社召开成立半周年游艺大会，邹鲁、谭平山、冯自由、许志澄、陈树人、谢英伯等各界人士都有出席并发表演讲，该社利用此次大会发起募捐，并在 1924 年 1 月 1 日，《新学生》半月刊第 12 期，登出捐赠名录及款额，其中邹鲁捐 50 元，谭、冯、许、陈、谢各捐 20 元，还有不少 2 元、1 元，乃至几毫几毛者。

⑥ 《广东区党、团研究史料（1921—1926）》，第 126 页。

党色彩，而一再声明自己是“主张国民革命的一个纯粹学生团体”，“完全具独立的性质”[①]。它颁布的纲领和征求社员通启，以及以新学生社的名义参加的各种社会活动，都是以国民革命为号召。新学生社在公开场合主要展示其作为学生社团的一面，避免与政党扯上关系。对于国民党，新学生社极力撇清与其的关系，避免学生误会“本社是国民党当中或分支的一个团体”而避而远之。[②] 对于共产党、青年团，新学生社更是屡次澄清与它们并无关系，最多只承认自己是一个左派学生组织[③]。

## 三、广东青年团以“团组”的形式领导新学生社

新学生社作为广东青年团的外围组织，与后者的关系并非公开。赖先声（即赖玉润）曾回忆：“普通学生先吸收入社，经过一时期考察和锻炼后，够条件的再吸收入团，确实进步的学生，亦有直接吸收入团的……入团以后，则进行新团员的初步教育，分配团的工作。”[④]由此可见，大部分社员并不清楚该社与广东青年团的关系，只有思想进步，可以被争取吸收的社员，在经过团组织的考察和锻炼后，才会对其开诚布公，亮明身份。社员在进入团组织后，还要进一步被培养教育。因此，新学生社是广东青年团的外围组织这一情况，只是被社内的广东区党、团成员所掌握，但不为普通社员所知晓。那么，广东青年团如何确保对新学生社的领导？新学生社作为一个学生社团，社员的组织纪律性又是怎样得到保证呢？据笔者浅见，广东青年团主要是通过“团组”的形式来领导新学生社，社内对下级组织和社员的领导主要是通过社内团员为纽带来间接得以实现。

“团组”这一组织形态引申自国共两党在群众团体中所设置的“党团”[⑤]。

---

① 落英：《本社在国民革命当众所负的使命》，《新学生》半月刊第28期，1925年1月1日。

② 落英：《本社在国民革命当众所负的使命》，《新学生》半月刊第28期，1925年1月1日。

③ 赖先声：《反帝国主义运动中的广州青年》，《中国青年》第98、99期，1925年9月28日。文中提到，“因为他们（指新学生社）主张比较激进，与接近工农的缘故，有一部分右派学生竟攻击他是共产党，其实这未免太无识了……该社不过是革命学生中的左派”。

④ 《新学生社史料》，第256页。

⑤ 本文在其他地方提到的“党团”指的是中国共产党与青年团的并称缩略语，此处的“党团”指一种设置在非党组织中的组织机构和工作制度，中共七大以后改称“党组”。

近年来，学界对党团的研究已陆续取得一些成果[①]。据相关学者的研究，党团这一组织，“不仅中国共产党取法俄共，对国民党而言同样是以俄为师的产物”[②]；国民党一大制定的党章就是以俄共 1919 年的党章为蓝本的[③]。虽然，中共运用党团开展工作很早，但直到五大，中共才第一次将党团写入党章，其中规定：“在所有一切非党群众会议及执行的机关（国民党，国民政府，工会，农民协会等）中，有党员三人以上，均须组织党团”；而目的“是在各方面加紧党的影响，实行党的政策于非党的群众中”。[④]

团组与党团的工作原理大致相同，只是党团的成员构成以党员为主，而团组的构成主要以团员为主。在大革命前期，青年团的组织力量强于党，党的很多工作都不得不倚仗青年团来施行。1923 年团广东区委成立以后，广东青年团除了青年工作外，还负责领导农民运动。直到 1924 年底，农民运动才转由党接手。[⑤] 鉴于青年团在当时的历史地位，团组在群众组织中的设置与运用，对于当时党、团的工作起到了重要的作用。但是，目前似乎尚未见学界有关团组的研究。此处，笔者据相关资料，对历史上团组的设立与运用，仅作一简单介绍。

1922 年 1 月，莫斯科少年革命党会议指示：“使人加入那些不属于政党的团体——如学生联合会及抵制日货同志会等……找出一些同志来，组织在这些团体中的社会主义青年团小组，设法占到这些团体的领袖地位，以指挥一切”。[⑥] 这一指示虽未明确提出团组的名称（也有可能是翻译的问题），但已有所涉及。1923 年 5 月，青年共产国际执委会给团中央发来指示信，要求青年团“在每个学生组织中建立我们的团组，并在学生会的一切机构中占据领导地位”。[⑦] 1924 年 3 月，青年共产国际代表达林进一步要求：“在每个俱乐部和每

---

① 参见李蓉：《民主革命时期党团历史的初步考察》，《中共党史研究》2007 年第 2 期；徐秀丽：《中国国民党党团述论（1921—1949）》，《历史研究》2012 年第 1 期；王亚红：《试论第一次国共合作时期中共党团的作用》，《理论学刊》2009 年第 4 期；王奇生：《党员、党权与党争（修订增补本）》，华文出版社，2010 年，第 14—15、89—90 页。

② 徐秀丽：《中国国民党党团述论（1921—1949）》，《历史研究》2012 年第 1 期。

③ 王奇生：《党员、党权与党争（修订增补本）》，华文出版社 2010 年版，第 14—15、89—90 页。

④ 中央档案馆编：《中共中央文件选集》第 3 册，中共中央党校出版社 1989 年版，第 153 页。

⑤ 元邦建：《大革命时期广东党、团组织关系的变化》，中国革命博物馆党史研究室编：《党史研究资料》第 4 集，四川人民出版社 1983 年版，第 214—215 页。

⑥ 《中国青年运动历史资料（1915—1924）》，第 107 页。

⑦ 《共产国际、联共（布）与中国革命档案资料丛书》第 1 册，第 260 页。

个青年农民联合会中组织秘密的小组，本团的小组”。[①] 这里所提到的“本团的小组”也是指团组。1925 年 1 月，中国共产主义青年团[②]三大作出关于一般被压迫青年运动的决议案，明确规定：“在学生会中设立 C. Y. 团组”，“在学生会会议未讨论各种问题之先，C. Y. 团组应先讨论”。[③] 这就进一步明确指出了团组的功能和作用。到 1925 年 4 月，团广州地委在其组织部报告中又提到：“新地委成立后，取消一个原有之地方政治团组，并组织个临时活动之政治团组”。其中，被取消的是岭东团组，新组织的是慰劳会团组。该慰劳会的全称为“慰劳前敌革命军人会”，是青年团发起，由很多团体共同组成的一个群众性组织。但是，慰劳会内的重要工作均由团员及新学生社社员负责。慰劳会成立后，会内的团员便成立了团组，“以便同志之工作上，行动上，言论上能够一致”，而且团组成员的所有会议，其召开“均在慰劳会执委常会之前，以便将该决议案提出该会通过”。[④] 由此，我们基本可以看清团组在群众性团体中的设置及运作情况。

前面提到，新学生社是团的外围组织。但是，遍阅当时有关新学生社的党、团文件，均未发现广东区党、团曾经在新学生社内设立团组的直接文字记载，也没有见诸各当事人的相关回忆材料。笔者认为，这个现象并非是由历史资料的佚失或者当事人回忆的疏漏所造成的。事实上，新学生社中确实没有团组的设置。个中缘由也不难解释。由于新学生社不同于一般的群众性组织，因此在广东区党团领导人的认识中，它是团的外围组织，是由青年团直接领导创建的，不是严格意义上的群众组织，自然不必在该社内再专门成立“团组”。虽然该社之内没有设立团组，但实际上广东青年团对新学生社的领导就是表现为团组的形式，社内的团员就起着团组的作用。

1923 年 12 月底，新学生社进行了改组，选出第二届执委会。在选出的 7

① 共青团中央青运史研究室等编：《青年共产国际与中国青年运动》，中国青年出版社 1985 年版，第 135 页。

② 青年团三大正式决定青年团改名为中国共产主义青年团，英文缩略语为 C. Y.，按照恽代英的说法，中国此前之所以用社会主义青年团的名字，本只是因为防着许多人对于共产主义有很多误会的缘故。现在人人都知道社会主义青年团成员，都是共产主义者。因此现在必须勇敢的改正共产主义的名字，应当勇敢的揭示我们共产主义者真面目。见 F. M.（即恽代英）：《中国共产主义青年团》《中国青年》第 63、64 期合刊，1925 年 1 月 3 日。

③ 中国新民主主义青年团中央委员会办公厅编：《中国青年运动历史资料（1925）》，1957 年，第 49 页。

④ 《新学生社史料》，第 87 页。

名委员中，“同志五人——啸仙、善铭与赖玉润（高师）、杨石魂（工程）、卢季循（一中，新入），非同志二人——郑尘（法大）、沈学修（女师），俱是女生”。[①] 1924 年 11 月，新学生社又召开了扩大的改组会议。在改组后的执委会中，“同志（S. Y.）在中可以完全指挥，并实际指导工作”[②]。这里不难看出，在执委会中的青年团成员，不仅占多数，而且相对资历深厚，因此团粤区委对于新学生社的执委会完全可以发挥领导作用。

不单总社如此，下面各县区的分社、支部一般也都由当地团组织领导成立。总社对下属分社、支部的领导权威则是通过社中团员为纽带而实现的。换句话说，如果分社或支部内没有团员作为桥梁，或者团员不能发挥核心领导作用，则总社对分社、支部的领导作用便很难得到实现。例如，由于海丰新学生社分社是由海丰地区原来的新生社[③]改组成立的，海丰的学运领导权便一直握在后者手中。新生社虽然已经改组为新学生社分社，但却不受总社的指使，反而经常“被校长及长辈先生所利用还不自觉”[④]。这样，新学生社总社对海丰分社就不能发挥实际领导作用。再如，中山县的新学生社支部，由于“没有 C. Y. 做中心指导，其结果大不好，极阻碍中山的青年运动”[⑤]。总之，原有的学生社团若没有团员居间领导，而只是改换门庭，那么即使有总社、分社的隶属名义，也不能保证总社对分社的领导权威。由此可见，新学生社作为一个学生社团，其组织纪律主要是通过青年团的组织纪律来间接得到保证的。

## 四、结论

广东青年团成立新学生社，并将其作为外围组织，其目的是为了适应革命形势，更好地开展学生工作。新学生社虽然有自己的组织架构和纪律，却并不是青年团的重叠机关，也没有像早期党、团关系那样出现组织上的纠纷，更没有成为团组织的竞争对手而“俨然独立”。它作为一个学生社团，本身并没有很强的组织能力，之所以具有强于当时一般学生社团的活动能力，主要凭借的

① 《新学生社史料》，第 23 页。

② 《广东区党、团研究史料（1921—1926）》，第 135 页。

③ 新生社是海丰陆安师范学校的学生组织，1925 年 5 月 3 日，该社改组为新学生社。参见《新学生社史料》，第 104 页。

④ 《新学生社史料》，第 115 页。

⑤ 《新学生社史料》，第 204 页。

是广东青年团为其提供的组织策略、组织纪律和经费支撑，而且它内部的组织纪律是靠青年团的组织纪律得以保证的。广东青年团通过新学生社中的团员为纽带，对后者发挥了实质性的领导作用。

在新学生社的后期，其政治色彩逐渐显明，作为青年团外围组织的价值和作用被消解。而且，由于它在广东学运中影响力太大，风头太盛，招致了其他“想出风头而无可出”的学生和社团的敌意。如吕芳上所言，此时它确已成为“学联会、学生会与 S. Y. 学运中间的障碍物”，于是党、团一致决定对其停止发展。但是，背后的缘故绝非是它占尽了青年团的风光，而是因为在革命形势发生变化，中共随之提出“统一学生运动”口号的情况下[①]，它已经不利于统一学运策略的执行。但是，它也并没有被公开取消，因为党、团认为：它“自有本身的存在，不能用一张命令便可取消”，而且它“本身并没有妨害统一学生运动”，这是“我们从前专做新学生社一部分的工作，没有注力一般学生运动的工作错误”[②]。有鉴于此，广东区党、团一方面尝试成立新的群众性外围组织；一方面决定改正从前专做一派学生运动的错误，而是开始回到学生中间，去做一般的学生运动，并开展各校的学生会工作。到 1926 年 6 月，经过数次讨论，党、团联席会议最终决定停止新学生社的一切工作，虽不公开取消，但也不再发展。[③] 自此，新学生社作为广东青年团外围组织的使命宣告终结。由于广东青年团不再提供帮助与指导，社中的团员也被另调他岗，其他进步社员也被加紧发展入团并继而被调离，广州新学生社的组织很快便销声匿迹了[④]。

本文以新学生社为个案，尝试通过对广东青年团与其外围组织新学生社的关系展开研究，进而对大革命时期中共在学生工作中的外围组织的设立与运作，以及中共对其外围组织的领导方式一探其微。同时，关于中共外围组织工作策略的探析，也可为当下的相关工作提供一定的借鉴。

（作者系中山大学历史学系博士研究生）

---

① 关于中共学运策略的调整以及“统一学生运动”的情况，参见黄金凤：《中共与二十世纪二十年代的学生运动》，《中共党史研究》2016 年第 4 期。

② 《新学生社史料》，第 213 页。

③ 参见《广东区党、团研究史料（1921—1926）》，第 372 页。

④ 下面县区的新学生社分社由于特殊原因，有一些仍被短暂维持，但已不成气候了。

# 知识青年上山下乡动员结构变迁考察

胡献忠

任何社会运动从条件转为现实，都需要大量群众的加入才能实现。而大众是在什么样的场合下或者说是通过什么机制被动员或卷入一场社会运动，取决于国家或地区主导性力量的强弱，表现为对民众言论行为导控能力的大小，同时还取决于动员方式与内容是否为相当数量的民众所接受，即动员结构是否与社会结构相契合并合理有效。新中国成立后兴起的多次社会运动，其动员时序无一不是自上而下，动员表象无一不是“轰轰烈烈”，组织性力量及网络状关系充当了成功动员的重要基础。需要说明的是，本文叙述的发生在中国大陆的社会运动，其内涵与西方社会运动并不完全等同，而是具有诸多中国社会独有的特征。或可以说，知识青年上山下乡作为一场能够持续20多年的社会运动，在中华人民共和国历史上相当少见，其动员结构值得深度考察。这种尘埃落定后的探究，需要回归到历史的深处。

## 一、知识青年上山下乡的社会环境态势：综合性动因与阶段性特征

同世界上很多发展中国家一样，中国长期以来存在典型的城乡二元结构，这种结构又在工业化前期会呈现不断加强的态势。新民主主义革命时期的中共领导层，是基于政治斗争、军事斗争而不是经济发展角度来认知城乡二元结构。除了探索出“农村包围城市”的军事战略之外，他们还认为，走与工人、农民相结合的道路，尤其是到农村去，是青年知识分子实现自我改造的根本途径。而且，很多老一辈无产阶级革命家就是这样走过来的。从土地革命，到抗日战争，再到解放战争，都是开辟并依托农村根据地来迎击外部挑战、不断发展壮大的。在这一过程中，不论在整个革命事业的宏观层面，还是在个人成长

的微观层面，都形成了一套比较成功的经验。因此，即使成为执政党，在决策层的主流意识中，对农村还是情有独钟的。这抑或是执政党发起知识青年上山下乡运动一个深层的基本认知，这种认识使运动一开始就拥有道德的制高点。当时运动中翻来覆去的口号之一就是"农村也是大学"。但是，工业化、现代化发展规律是城市吸纳众多农村流动人口，只有进入后现代才可能出现逆城市化现象，而且从人性本能上讲，尚未温饱的普通民众大多有向优质生存环境迁移的内在欲望，这自然会在很大程度上增加动员的工作量和难度，以至于在上山下乡运动的中后期，不可避免地出现了某些强制性动员。

追根溯源，上山下乡的前奏始于20世纪50年代初，最初的提法是组织青年学生参加农业生产劳动。第一次明确提出"下乡上山"的概念，则是1957年10月中共中央发布的《一九五六年到一九六七年全国农业发展纲要修正草案》，文件指出：城市的中小学毕业的青年"应当积极响应国家的号召，下乡上山去参加农业生产"[①]，主要是到郊区、到农村、到农垦区或者山区。1965年，国务院副总理兼中央安置领导小组组长谭震林强调："下乡上山，上山应该是主要的，从长远看，上山发展生产的潜力很大"。1967年7月9日《人民日报》社论就是以"坚持知识青年上山下乡的正确方向"为题的，自此全国范围内逐渐通用"上山下乡"这个提法。

今天反观这场运动，不论名称如何、提法怎样，其主要的形式与内容始终是组织动员受过一定教育的知识青年到第一产业的区域去"就业"。按照研究界比较通行的观点，知识青年上山下乡运动滥觞于20世纪50年代初期，结束于80年代初期。基于动员的角度，其间经历了四个阶段：(1)初始阶段。又可细分为一前一后两个源头。新中国成立后，中小学教育得到迅猛发展，到1953年不能升学的人数达到213.4万人。为了缓解城镇的容纳压力，1953年12月，《人民日报》发表社论《组织高小毕业生参加农业生产劳动》，首次提出由政府出面动员组织一部分青年学生到农村就业的设想。这可以视为日后波澜壮阔的上山下乡运动的最初源头。1955年8月至1956年上半年，为落实中共中央批转中央农村工作部《关于垦荒、移民、扩大耕地、增产粮食的初步意见》，且受到中共中央转发团中央书记处《关于苏联开垦荒地的一些情况的报

① 中共中央文献研究室：《建国以来重要文献选编》(第10册)，中央文献出版社2011年版，第579页。

告》的政治鼓舞，向有“开风气之先”传统的青年团发起青年志愿垦荒运动，从而成为知识青年上山下乡的又一直接源头。而毛泽东在1955年9月所题写的组织青年学生参加农村合作化的按语，则成为知识青年自愿向下流动的重要动力源。(2)20世纪50年代后期开始的下乡插队及60年代中期的突出上山为发展阶段。1958年开始的违背经济规律的“大跃进”造成工农业生产大滑坡，促使1962年初中共中央果断提出压缩2000万城镇人口，直接推动了城镇知识青年大规模下乡插队；1960年8月，中共中央提出“大办农业、大办粮食”，动员知识青年下乡又被提上日程；稍后，中共中央、国务院把“下乡上山”确立为城镇知识青年就业的一项长远方针。(3)“文革”开始后的一段时间里，大学不招生，工厂不招工，商业和服务业处于停滞状态，城镇初、高中毕业生既不能升学，也无法就业。1968年11月毛泽东发出“知识青年到农村去”的号召后，知青上山下乡在随后的一年内达到高潮。(4)20世纪70年代初全民所有制工人总数、工资支出总额、粮食消费总量都突出了国家供应的底线，于是在毛泽东给知青家长李庆霖复信之后，在国务院研究落实的推动下，1973年到1975年知识青年上山下乡运动再掀高潮。

多数社会结构理论家都认为，一个良性的社会应该是三层结构：政治精英中层组织——社会大众。建立在组织和网络关系上的人与人之间的凝聚力，是人们加入某一社会运动的关键；而精英与民众的直接接触，则极易发起大规模社会运动。1949年新中国成立后，党的意志和主张能够通过组织网络直达社会基层，覆盖各个角落。新中国成立后的历次社会运动的动员时序，都是自上而下。由于知识青年上山下乡运动时间跨度大，动员的经济环境、政治环境、社会环境一直在持续发生变化，因此动员方式必然会随之发生一些变迁。

## 二、政治总动员：从“广阔天地大有作为”到“接受贫下中农再教育”

新中国成立后，中国共产党建立了一个由上而下的垂直分层的社会运作机制。而超凡魅力型领导人更具有超强的号召力、影响力和支配力，往往能够一呼百应。“东方红，太阳升，中国出了个毛泽东。”这首从陕北黄土高坡一直唱遍长城内外、大江南北的信天游，唱出了毛泽东在人民群众心目中至高无上的政治地位。从知识青年上山下乡运动各个阶段的动员起因来看，作为党的最高领袖，毛泽东的指示在其中一直发挥着直接的巨大推动作用。换句话说，也只有长期以来备受民众衷心拥戴的党的最高领袖，才具备实施政治总动员的资格和魄力。

根据马克思主义基本原理和具体国情，中国共产党成为执政党之后一再强调，要变“落后的农业国为先进的工业国”。1955年，由毛泽东从调整生产关系的视角领导和发动起来的农业合作化运动在全国范围内迅速发展起来。为解决农业合作化过程中的问题，毛泽东在当年9月至12月主持编辑《中国农村的社会主义高潮》一书，并亲自加写许多按语。当看到河南省郏县大李庄乡《在一个乡里进行合作化规划的经验》后，他兴奋地写道：“其中提出组织中学生和高小毕业生参加合作化的工作，值得特别注意。一切可以到农村中去工作的这样的知识分子，应当高兴地到那里去。农村是一个广阔天地，在那里是可以大有作为的”[①]。在强政治性结构社会中，毛泽东这一按语，作为中共高层对知识分子与工农相结合路径的最新研判，在社会上、青年中产生了广泛持久的号召力。甚至可以说，越到后期影响越大，乃至在相当长的时间段，这句按语成为各地政府开展动员工作的指导思想，也激励着数以万计的城镇知识青年主动融入上山下乡的大潮之中。13年后，即1968年7月15日，经河南省革委会、许昌革委会批准，郏县革委会整合原属大李庄乡的部分村队，单独成立“广阔天地大有作为人民公社”。在20世纪六七十年代，“广阔天地大有作为人民公社”的公章仿佛是道“御赐金关令”，走到哪里都一路畅通，此地也成为“中国知青运动的圣地”。

事实上，中国自1957年之后，执政党的工作理念逐渐开始偏“左”，期间虽然也有一些纠正的努力，却没有彻底解决，反而变本加厉，经济问题逐渐被政治问题所取代，最终导致“文化大革命”爆发和“红卫兵运动”兴起。鉴于“文革”爆发后城市红卫兵们焕发出的过剩热情所造成的混乱无序的社会局面，以及城市青年学生无法正常升学、就业的现状，1968年12月22日，《人民日报》以转引的形式向全社会公开发布了毛泽东的最新指示：“知识青年到农村去，接受贫下中农的再教育，很有必要。要说服城里干部和其他人，把自己初中、高中、大学毕业的子女，送到乡下去，来一个动员。各地农村的同志应当欢迎他们去”[②]。在那个特定的时代，毛泽东的话常常被奉为“放之四海而皆准的

① 中共中央文献研究室编：《毛泽东文集》（第6册），中央文献出版社1999年版，第462页。

② 中共中央文献研究室编：《毛泽东年谱（1949—1976）》（第6册），中央文献出版社2013年版，第223页。

真理”和最新、最高指示。此次“最高指示”实际上是动员令，它明确了上山下乡的对象是初中、高中、大学毕业生，目的是“接受贫下中农再教育”。它向涉及知识青年上山下乡的方方面面都打了招呼：“要说服城里干部和其他人”，还要求各地农村的同志“欢迎他们去”[①]。“最高指示”一经发表，各地群众连夜敲锣打鼓游行庆祝，各级党政更是闻风而动。比如，广东省革委会于同日发出通知，号召广大知识青年上山下乡，接受贫下中农再教育。北京市之前即开始动员高初中毕业生去山西插队落户，“最高指示”发表后三天内就有近 4 万人报名参加。1969 年一二月间，全国下乡落户的知青达到 155.6 万人。

知识青年上山下乡运动历经起伏，之所以能在 1973 到 1975 年再掀高潮，直接起因在于毛泽东给知青家长李庆霖的复信。1972 年 12 月 20 日，福建莆田县小学教师李庆霖给毛泽东写信反映下乡知青的困境、自己家庭的难处和干部子女“走后门”的不正之风。1973 年 4 月 25 日，毛泽东复信李庆霖“全国此类事甚多，容当统筹解决”[②]，并寄上 300 元钱。4 月 26 日，周恩来主持召开中共中央政治局会议，专题研究统筹解决知识青年上山下乡中的问题。会议强调一定把上山下乡工作做好，“不能再让毛主席操心”。6 月 10 日，中共中央发出 21 号文件，将李庆霖的上书、毛泽东的复信等一并传达到下乡知青和广大群众中。6 月 22 日，自“文革”开始后的第一次全国知识青年上山下乡会议在北京召开，会期长达 47 天，最终形成《关于全国知识青年上山下乡会议的报告》和两个附件，并以中央 30 号文件的形式转发全国。会后大批工作组或检查组被派往基层，宣传落实知青政策。由此，知识青年上山下乡被社会各阶层普遍关注，这场运动也因此很快摆脱了萎靡状态，1974 年到 1977 年下乡人数达到 769.05 万人，平均每年 192.27 万人，大大超出预想，再次掀起知识青年上山下乡的又一波高潮。

## 三、从青年团到各级党政再到学校街道工厂：举国体制下的网格状组织动员

在西方社会运动理论中，组织动员一般是指社会中层组织的动员。本文

① 顾洪章主编：《中国知识青年上山下乡始末》，人民日报出版社 2009 年版，第 89 页。

② 中共中央文献研究室编：《毛泽东年谱（1949—1976）》（第 6 册），中央文献出版社 2013 年版，第 476 页。

所论及的组织，是指国家、执政党与民众之间的中介，如政府部门、群众组织、学校、企业、街道等。1949年中国共产党在全国取得执政地位后，为实现国家战略目标，在宏观层面实施“举国动员”，中观层面发起“系统动员”，微观层面进行“单位动员”，而且是由上而下逐级传导。这是中国社会主义革命和建设时期的动员又一重要特色。

由于上山下乡的动员对象是城市青年学生，因此，从20世纪50年代到“文革”之前，青年团在在其中发挥了举足轻重的作用。50年代初，国家倡导在农村的中小学毕业生回乡参加农业生产的同时，开始尝试动员城市少数中、小学毕业生下乡务农。青年团一方面开展宣传鼓动，一方面实施组织策划。1955年8月，团中央书记处根据党中央指示，借鉴苏联的经验，决定在全国范围内有重点地组织青年志愿垦荒队，从而掀起一波小高潮。1956年9月，团中央在批转共青团湖南省委关于青年垦荒队问题的报告中指出，垦荒是国家移民的一部分，它的工作应当由各地党委和政府统一管理起来。当然，有关地区的团委也需要采取负责到底的精神，加以关心和帮助，及时地把情况和问题反映给党和政府①。

此后，各级团组织依然关注上山下乡问题，积极开展针对城市青年的动员工作。1960年10月，团中央书记处就关于动员青年投入农业生产第一线和广泛开展热爱农业劳动教育问题向中共中央作了请示报告。认为，抽调大批劳力加强农业生产第一线，是全党正抓的一件大事，也是当前青年团工作中一项中心任务，需要突出地抓一抓②。1962年，在中共上海市委提议下，共青团上海市委组织“青年农业建设队”，专门招收高中毕业生，参加为期一到两年的农业劳动，作为以后长期下乡务农的准备。在动员青年下乡过程中，团中央就动员方式提出五个结合：轰轰烈烈的宣传运动和精雕细刻的个别发动相结合，以个别发动为主；临时的集中动员和经常的教育相结合，以经常教育为主；自上而下的教育和群众的自我教育相结合，以自我教育为主；动员青年和说服家庭相结合，以动员青年为主；政治动员与必要的物质保证相结合，以政治动员为主③。

20世纪50年代时断时续的知青上山下乡运动，是在各级青年团、学校、

① 共青团中央办公编：《团的文件汇编(1956)》，1958年内部印行，第256页。

② 共青团中央办公厅编：《团的文件汇编(1960)》，1962年内部印行，第451页。

③ 共青团中央办公厅编：《团的文件汇编(1964)》(上册)，1965年内部印行，第263页。

劳动管理部门，以及农村基层领导的共同努力和配合下进行的[①]。进入60年代，中共中央、国务院和有关部门采取了一系列重要措施，制定出相应的方针和政策。从中央到各省、市、自治区，再到相关专区、县，建立起专门的领导机构；中央编制详细规划，再将动员人数和经费层层落实到各省、市、自治区、专区、县，以及城市教育局、学校、街道；国家还充分调动舆论工具，不断提高宣传调门，通过召开动员知识青年上山下乡有线广播大会，组织数以万计的职工群众和学生欢送毕业生下乡，以营造令城市学校的毕业生毋庸置疑甚至别无选择的社会氛围。

各类学校是动员毕业生上山下乡的第一关口和主要阵地，首先在课堂教学和师生集会上大讲上山下乡的伟大意义，鼓励学生们当好无产阶级革命事业的接班人；而且通过举办毛泽东思想学习班，进行诸如忆苦思甜、“斗私批修”等思想教育；同时，根据下乡标准要求，确定具体人选，有针对性地开展工作；还组织之前带头下乡的知青骨干回来现身说教，动员宣传。在大城市，街道是最低一级行政组织，下面又编有若干居民委员会。每年中学生即将分配时，街道干部就要集中对应下乡的毕业生进行摸底排队，主动向学校和有关部门介绍毕业生和家长的思想动态，提出相应措施，同时举办各种学习班，进行上山下乡教育，积极配合学校和有关部门做好动员准备工作。在动员过程中，学生家长的所在单位（主要是工厂）也发挥了应有的作用。厂党委经常与街道、学校沟通，及时了解全厂职工子女的毕业时间和成长情况，登记造册，并把工厂掌握的情况介绍给学校和街道，共同做好职工及子女的动员工作。

也就是说，后来的上山下乡运动是全国、全党乃至整个社会的任务，已经超出了青年团的自身能力和职责范围，但团组织仍然是不可或缺的辅助力量。对于青年团在上山下乡运动中应有的角色担当，党和国家领导人给予了明确指示。1963年10月，周恩来在《中国青年》创刊40周年晚会上提出，《中国青年》杂志的方针应该是“面向农村，兼顾城市”，整个青年团工作也应当如此[②]。随即，团中央组织调研组分赴各地调研，并召开动员城市青年下乡工作的汇报会；还准备于1964年五四青年节召开全国城市知识青年上山下乡积极分子代表大会，以便在夏秋时掀起一个热潮；同时集中力量，保证国营农场和集中插

---

① 刘小萌：《中国知青史：大潮（1966—1980）》，当代中国出版社2009版，第14页。

② 共青团中央青运史工作指导委员会办公室编：《中华人民共和国青年工作编年纪事（1949.10—1994.12）》，天津人民出版社1996年版，第169页。

队地区的团支部，都有一份《中国青年报》和《中国青年》杂志。1965 年 2 月，周恩来在知识青年安置报告中又特别提到青年团。指出，安置工作总要有一个青年团做助手，青年团是党的帮手，对青年的安置工作，负责任最大。要使下乡青年有政治、有经济、有文化、有军事这四项主要的精神食粮。这是一个伟大光荣的任务，青年团要担负起来[①]。

总的来看，举国体制的动员范围，上至领导机关，下至基层单位，中间还有各级党委政府、青年团组织、教育部门、宣传部门等，各司其职，共同编织成纵横交错的强大的动员网络。在当时被总结为："人人动口，个个上阵，处处重视，八方支持，打了一场知识青年上山下乡的人民战争"[②]。从青年团到各级党政再到学校、街道、工厂，通过正面教育和细致的思想工作，坚持做到"四通"：即本人通、家长通、亲邻朋友通、老师同学通，举国体制下的网格状组织动员在当时的社会环境中取得了很好的效果。

### 四、口号与报纸：充满英雄气概和理想主义的舆论宣传

中共中央做出决策之后，如何更加有效地将决策变成更多民众的意志和行动，除了以上的政治总动员、组织动员之外，还需要舆论动员，即通过标语口号、报纸、杂志、广播、宣传画、歌曲、电影等文字、声音、画面载体，以期营造一个浓厚的社会氛围，使动员对象在最大程度上、最大范围内受感染、被触动，自愿乃至竞相融入执政党所倡导的集体行动之中。本文主要分析标语口号动员与报纸新闻动员。

在中国共产党奋斗的历史过程中，标语口号的宣传鼓动一直被经常采用。在知识青年上山下乡运动的全过程，最著名的口号当属毛泽东所做的指示，如前所述，在 1955 年和 1968 年各有一次。领袖指示传达到基层，往往被简化为更易口口相传的动员口号，"广阔天地，大有作为"和"接受贫下中农再教育"就是如此。前者的影响和作用随着时代推移和形势发展愈发突出；后者一经传播，则随即转化为人们对上山下乡理解、支持和参与的精神动力。实际上，从"广阔天地，大有作为"到"接受贫下中农再教育"，时间相差 13 年，中国社会场

① 共青团中央青运史工作指导委员会办公室编：《中华人民共和国青年工作编年纪事(1949.10—1994.12)》，天津人民出版社 1996 年版，第 197 页。

② 刘小萌：《中国知青史：大潮(1966—1980)》，当代中国出版社 2009 年版，第 108 页。

景已经发生了巨大的变迁,作为上山下乡运动的主体——知识青年的角色也悄然发生了转变。剖析这两个著名的动员口号,前者立足于青年"最积极最有生气"的优势,从其成长发展的角度发出号召;后者着眼于青年的短板,就其全面成长而提出要求。上山下乡运动的领导人真诚地希望,通过对下乡知识青年的教育培养,将造就出一支庞大的生力军,他们同贫下中农结合在一起,使农村起个翻天覆地的大变化。农业的发展将带动工业的发展,整个国家的面貌就会发生极大的变化①。

青年群体是充满朝气和梦想的,要激发青年的内在冲动,往往需要大尺度、"重口味"的醒世警句。当时鼓动知识青年上山下乡的标语口号大概有这么几类:一是抒发豪情壮志类,如"好儿女志在四方""到农村去,到边疆去,到祖国最需要的地方去""为有牺牲多壮志,敢教日月换新天""越是艰险越向前";二是立志改变面貌类,如"向三荒进军""向三荒要万宝""上山下乡,改天换地,建设社会主义新农村""安家落户新农村,改造山河抒豪情";三是表明身份转换类,如"农村也是大学""与资产阶级思想决裂,做贫下中农忠实朋友""当社会主义新农民,做贫下中农好朋友""向贫下中农学习,向贫下中农致敬"广阔天地炼红心,扎根农村志不移";四是提升政治境界类,如"服从祖国需要,接受人民挑选""滚一身泥巴,炼一颗红心,干一辈子革命,做一辈子毛主席的好学生""战天斗地炼红心,排除万难干革命"。这些激情满怀的标语口号在城市街道、大中学校、广大农村以及各种公共场所铺天盖地,在视觉和听觉上产生了强大的冲击力,已经足以让年轻的城市学生热血沸腾、眩晕无比了。

在平面媒体时代,各级党报极具影响力,尤其是《人民日报》传递出的是党的最高领导层的声音和政策走向。知识青年上山下乡运动每到关键时刻,总能听到《人民日报》的声音。1953 年 12 月 3 日《人民日报》的一篇社论《组织高小毕业生参加农业生产劳动》,拉开了上山下乡的序幕。1955 年 8 月 11 日,《人民日报》又发表重要社论《必须做好动员组织小学毕业从事生产劳动的工作》,为发动知识青年下乡务农大造舆论。1963 年 3 月 20 日,《人民日报》发表题为《知识青年上山下乡是移风易俗的革命行动》。1968 年 12 月 12 日,《人民日报》在头版头条的显要位置以大字标题刊登了《我们也有两只手,不在城里吃闲饭》的报道,在编者按语中特别转引了毛泽东的"最新最高指示",给

① 刘小萌:《中国知青史:大潮(1966—1980)》,当代中国出版社 2009 年版,第 294 页。

上山下乡运动带来一股强劲“东风”。第二天,《人民日报》又以《亿万军民热烈响应毛主席伟大号召,掀起了知识青年到农村去的新高潮》为题,做了更为热烈的报道。此后,《人民日报》接连几天以大量篇幅报道全国各地军民热烈响应毛主席“最新指示”,组织知识青年上山下乡的情况。其他各地大小报纸也纷纷报道人们积极响应毛主席号召的热烈场景。

从知识青年上山下乡的全过程来看,尽管每个阶段的发动都有其经济层面的直接原因,试图解决城镇就业压力也好,探索改变农村面貌也好,其中包含的核心问题是,青年群体走向何方,青年的作用怎么发挥,以及铸炼什么样的一代新人。从这个意义上讲,很显然,意识形态动机将贯穿始终,而且在逐渐加强。20 世纪 60 年代,动员青年上山下乡被说成是帮助他们实现革命化、发展农业生产,消灭城乡差别、工农差别、脑力劳动和体力劳动的差别,防止产生修正主义,防止资本主义复辟,培养坚强的无产阶级革命事业接班人的重要制度和措施,甚至“为将来实现共产主义创造条件,也将产生深远的影响”[①]。周恩来在 1965 年 2 月讲过,通过这批下乡青年,又可以把农村的文化提高、政治提高。这样,就使我们的“三大差别”逐步接近。1968 年掀起的高潮,则在“缩小三大差别”的基础上,又赋予了培养“接班人”的政治任务。这一政治命题又是与当时在青年学生中深入开展的旨在确保“党不变修,国不变色”的教育交相辉映,促使青年学生政治抱负与对社会责任感的紧密嵌入,并成为一些富于革命激情的青年主动投身上山下乡洪流的重要动机。

## 五、选树典型与干部带头:榜样的行动更是无声的动员

众所周知,榜样的力量是无穷的。中国共产党从普通人中选树楷模并形成动员民众的力量,大约始于延安时期的张思德。在社会运动的动员中选树典型,其实就能通过各种样板、榜样、楷模、先进代表、模范、标兵,以“他行我也行”的朴素理念来激发被动员对象的内在驱动力。

徐建春,知识青年上山下乡比较早的明星。作为山东省掖县后吕村的农家女,1951 年在本村完小毕业,也曾做过继续读书的梦,由于家中缺乏劳动力,母亲不允许继续上学,于是 17 岁的她留在村里参加农村劳动。1952 年 10

① 社论:《热情关怀上山下乡的知识青年》,《人民日报》1965 年 5 月 5 日。

月,《山东青年》刊登《前年她是个女学生,现在成了模范的互助组组长——模范团员徐建春访问记》的文章,后来《大众日报》发表《徐建春——农村知识青年的好榜样》,此文1954年3月12日被《人民日报》转载后,徐建春就成为党报为全国知识青年树立的第一个先进典型。1957年5月,毛泽东接见青年团三大代表时,徐建春独享为毛泽东点燃香烟的殊荣。仅此一幕,足以让当年对领袖顶礼膜拜的青年们羡慕。

青年团选树的典型群像是三支著名的青年志愿垦荒队。1955年8月,团中央书记处书记胡耀邦说:开荒的大风暴还没有来,但大风暴之前必有闪电。北京可以带头,榜样的作用是很重要的。只有我们首先把垦荒队搞起来,就能带动许多城市青年下乡[①]。随后,北京组建了60名有一定农业经验的青年参加的全国第一支青年志愿垦荒队,开赴黑龙江萝北县,成为中国青年向荒原进军的第一声号角。这个消息传开后,上海市的青年也活跃起来,以青年团员陈家楼为首的一批青年给陈毅市长写信,要求到边疆去建设中国的共青城。上海青年志愿垦荒队由98名没有农业经历的城市青年组成,最后选择在江西鄱阳湖畔扎根创业。第三支是温州青年志愿垦荒队,他们登上荒凉的大陈岛,开垦荒地,进行渔业和畜牧业生产。《中国青年报》对青年垦荒队不遗余力进行宣传报道,胡耀邦号召青年的讲话被谱成"青年们,向荒地进军"的歌曲,到处传唱,将这场运动推向高潮。

在20世纪50年代后期和60年代前期的回乡、下乡知识青年中,涌现出一大批先进个体,最为知名的有三人:一是在天津市宝坻县城读完初中却毅然回到本县农村老家,立志做有文化新农民的女青年邢燕子;二是江苏盐城市龙岗中学毕业,品学兼优却回乡务农,立志耕耘的男青年董加耕;三是北京市良乡中学高中毕业却放弃高考,自愿下乡到河北宝坻县窦家桥大队插队落户的北京女青年侯隽。1960年9月17日,《中国青年报》发表长篇通讯,介绍邢燕子立志改变家乡面貌的事迹,在青年中产生热烈反响。一个多月内,上海等18个省市就有600多知识青年以她为榜样,奔赴农业第一线。1963年3月20日,《人民日报》集中报道了董加耕、邢燕子、侯隽等一批先进人物事迹。董加耕在几个月内就收到数百封来信,很多知识青年纷纷表示要向他学习。

中国历来有"以吏为师"的传统。党的各级领导干部以身作则,常常是打

① 顾洪章主编:《中国知识青年上山下乡始末》,人民日报出版社2009年版,第16页。

开工作局面、推动运动发展的重磅措施。1957 年解放军女少将李贞亲自送侄女下乡;1963 年全国妇联主席康克清亲自送孙女上火车。1968 年 12 月,毛泽东的动员令发出后,周恩来勉励侄女周秉建扎根内蒙;中共元老董必武让最小的儿子董良翮到河北农村插队,并叮嘱他要"和群众同甘苦,决不能高人一等";国务院副总理华国锋步行到北京一六六中学参加学生家长会,支持即将毕业的女儿华小莉到远郊区平谷县插队。在下乡知青中,为数不多的干部子女确实发挥另类的典型示范作用,这之中包括老将军、老红军、部长、省市领导、大学教授、民主人士的子孙。在基层也是如此,干部以身作则,坚持带头学,带头用,带头送子女下乡。

## 六、哄诱与强制:组织动员中的不和谐音符

知识青年上山下乡运动前后持续 20 多年,涉及近 2000 万青年个体。在这样大跨度、大范围的动员过程中,难免有不周全之处。虽然中央一再强调动员城市青年下乡要坚持自愿原则,不能强迫命令,既要充分讲清楚下乡的有利条件和农村的美好远景,又要充分地讲清楚可能遇到的困难,切不可片面夸大任何一面。但在具体工作展开的过程中,由于动员下乡的人数是按计划指标逐级下拨的,如果完全坚持自愿原则,动员计划就有可能落空,因此对既定原则的辩证把握往往会出现一些偏差。

在这种复杂甚至两难的处境中,一些地方和单位在动员青年下乡时,往往刻意夸大当地的有利条件和"美景",对困难条件却轻描淡写或干脆略去不提。比如,动员北京青年去宁夏农垦时,宣传为:"宁夏风景好,空气好,吃得好,黄河大鲤鱼多得很"。又如,动员青年去东北,把北大荒描绘成"风景优美,四季如画"的人间仙境。似乎青年去边疆并不是去吃苦,而是去旅游、疗养。而新疆生产建设兵团到上海招知青时,则宣传进兵团就是参军,发军装。动员报告后放电影《军垦战歌》,一首主题歌《边疆处处赛江南》,吸引打动了很多年轻幼稚的青年学生。而青年学生一到实地,满目荒凉,头脑中的海市蜃楼顿时破灭,加之缺乏艰苦奋斗的心理准备,往往自认上当受骗。1964 年 4 月,中共中央批转《团中央书记处关于组织城市知识青年参加农村社会主义建设的报告》,其中指出:"有的地方,用物质引诱和欺骗的办法,到处许愿,又不能兑现。

结果引起青年的反感，给以后的动员和巩固工作带来麻烦”[①]。

当上山下乡运动越来越被政治化之后，一些地方开始频频采用政治的强制手段来“动员”不愿下乡上山的城市青年毕业生。1968 年下半年，北京市革委会主任谢富治就公开说：“我告诉你们，等到什么时候也得走，十年不招工，十年不招兵，等也是白等”[②]。北京市的具体做法是，抓落后典型，组织大家来批判这些不听话的中学毕业生；强制毕业生参加某种学习班，彻底认识自己的错误思想，并表示愿意服从组织分配到祖国最需要最艰苦的地方去。有的地方或单位为了完成动员任务，变相对青年及家长施加压力。比如，规定对不报名上山下乡的青年，不给安排工作；对阻碍子女上山下乡的职工要与单位联系，是党员的要考虑党籍问题。还有一些地方从动员毕业生下乡时起，就宣布一切厂矿不得招工，违反规定的招工必须辞退；对长期不到校的毕业生，不再列入分配对象。这就使得毕业生除下乡外无他路可走。有些学校工宣队将因各种正当理由（体弱多病、年龄未满 16 周岁、家庭有困难等）暂时留城的毕业生集中一起办“学习班”，并声明“只要你一天不‘自愿’报名，这种‘学习班’就一天不结束”，甚至发出警告：“你们如果再赖在城里不走，就通知街道，连破烂都不让你们捡到！”[③]

客观地讲，哄诱和强制性动员，在知识青年上山下乡的全过程不同程度地以不同形式存在，而在运动的中后期则更为突出和明显。也就是说，当动员城市青年下乡基于“再教育”的政治目的，乃至把愿不愿意上山下乡、走不走与工农相结合的道路，看成是“忠不忠于毛主席、忠不忠于毛泽东思想、忠不忠于毛主席革命路线的试金石”时，采取政治运动的方式进行强制动员就在所难免了。此时知识青年的被动员下乡，更多的可能并非完全出于自愿，而是被裹挟于大潮之中，虽然短期内取得了“辉煌战果”，却为日后发生知青返城风波以及所引发的社会震荡埋下了伏笔。

## 七、结语

任何社会运动要取得进展乃至成功，都离不开有效的动员。在一个发展

---

① 共青团中央办公厅编：《团的文件汇编（1964）》，1965 年内部印行，第 264 页。

② 周亚平：《知识青年上山下乡运动纪实》，东方出版社 2014 年版，第 75 页。

③ 刘小萌：《中国知青史：大潮（1966—1980）》，当代中国出版社 2009 年版，第 99 页。

中国家迈向现代化的初期(农业国启动工业化进程),通过举国动员体制和体制内组织动员,可以集中力量办大事,加速经济变革和社会变革。这种体制内动员一开始就处于政治高点之上,既有政治精英的直接动员,又有中层组织的网络动员。随着动员目标越来越被扩大,动员结构呈现出不同于西方理论模型的变迁特征:动员基调由从"广阔天地大有作为"到"接受贫下中农再教育",动员范围由局部发起到举国体制,动员主体由单体独进到人民战争,动员方式由舆论宣传到政策引导,动员典型由普通青年到领导子女。整个动员过程在相当程度上体现了高层鼓动号召与基层自发自愿相结合,改变农村面貌与青年成长路径相结合,城乡现实需要与革命理想主义相结合。当然,体制内难以彻底根绝的官僚主义所导致的哄诱与强制,成为政治动员中不和谐的音符。

"殷鉴不远,在夏后之世"。反思整场运动的动员模式,第一,发起一场涉及千家万户而且时长跨度大的社会运动,其决策过程需要更加注重科学依据与合理性,使得社会运动的走势符合人类文明发展的基本规律。第二,对于体制内动员来说,政策是社会运动的生命线。良性政策于动员对象的终极目的不是强制,而是吸引。第三,在社会运动发起时恰如其分地辅之以政治抱负、社会责任感等意识形态成分,可以有效地调动激发优秀青年的无限热情而使其走在运动前列,但如果片面夸大精神层面的作用,则会过犹不及。第四,动员向度的公平与否,直接影响着民众接受动员的绩效。公平程度越高,动员对象的认可度就越高,动员阻力和社会震荡就越小。

(作者系中国青少年研究中心青运史学科首席专家)

# 改革开放40年浙江青年结社行为变迁

徐峻蔚

青年结社可以视为以年龄为标志而划分的一种结社类型。青年结社是青年的结群行为，是不同青年个体间彼此进行联合的一种结合体活动或活动方式，基于青年结社行为可以形成相应的群体形态，如现代社会中常作为研究对象的青年社团、青年自组织或青年社会组织等。重现改革开放以来浙江青年结社"结"之行为演进，"社"之功能变迁的真实情境，能激发我们追昔抚今，砥砺前行，擘画时代青年的发展图景。

## 一、改革开放40年浙江青年结社行为掠影

### 1.浙江社会组织发展脉络爬梳

浙江省地处中国东南沿海长江三角洲南翼，作为民营经济强省，在自然资源相对匮乏、优惠政策相对缺乏条件下，实现了经济高速增长和社会稳定繁荣。改革大潮中的"浙江现象"涵盖了社会转型期全面构建的与全省经济社会发展水平相协调的现代大民政发展格局。

从1978年开始，伴随改革开放脚步，我国公民结社现象逐渐从"文革"中断后恢复出现，渐为社会潮流，成为引人瞩目的社会现象之一。我国社会组织发展及管理逐步进入稳定时期，与全国步伐一致，浙江社会组织管理体制基本上沿着分散管理、归口管理和双重管理、规范管理及分类管理的路线演进。浙江社会组织"成体系，成建制，成规模"蓬勃发展。广义上社会组织包含社会团体、民办非企业单位、基金会、社区活动团队及社会中介组织等，民政系统相关公报一般包含前三类社会组织的数据。据统计，截至2017年底，全省共有登记社会组织51368个，每万人拥有社会组织数8.9个，吸纳社会各类人员就业

45.57 万人。据不完全统计，全省共有备案的社会组织（含以上五类）超过 13 万个。浙江省社会组织总量每年以近 10%的比例增长，社会组织数量和每万人拥有数均居全国前列。

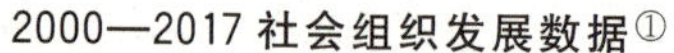

2000—2017 社会组织发展数据①

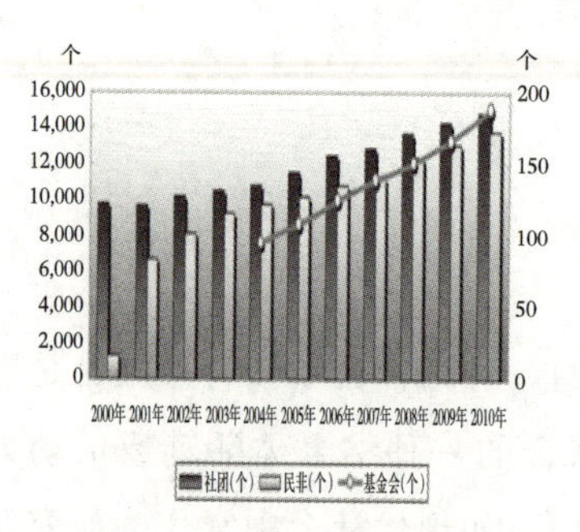


表1 2000—2010年社会组织

| 指标 | 2000年 | 2001年 | 2002年 | 2003年 | 2004年 | 2005年 | 2006年 | 2007年 | 2008年 | 2009年 | 2010年 |
|---|---|---|---|---|---|---|---|---|---|---|---|
| 社团(个) | 9,803 | 9,738 | 10,1731 | 10,549 | 10,862 | 11,555 | 12,470 | 12,915 | 13,743 | 14,352 | 14,870 |
| 民非(个) | 1,388 | 6,681 | 8,192 | 9,279 | 9,760 | 10,189 | 10,810 | 11,290 | 12,383 | 13,061 | 13,878 |
| 基金会(个) |  |  |  |  | 95 | 109 | 125 | 140 | 151 | 167 | 189 |

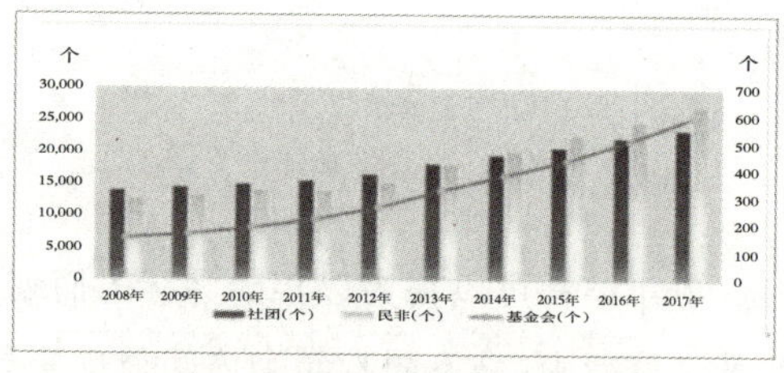


表7 2000—2010年社会组织

| 指标 | 2008年 | 2009年 | 2010年 | 2011年 | 2012年 | 2013年 | 2014年 | 2015年 | 2016年 | 2017年 |
|---|---|---|---|---|---|---|---|---|---|---|
| 社团（个） | 13743 | 14352 | 14870 | 15456 | 16452 | 18108 | 19430 | 20745 | 22266 | 23592 |
| 民非（个） | 12383 | 13061 | 13878 | 13770 | 15163 | 17992 | 20033 | 22603 | 24759 | 27183 |
| 基金会（个） | 151 | 167 | 189 | 222 | 265 | 326 | 381 | 436 | 511 | 593 |

在现代社会组织体制建设的征程上，浙江实践为社会领域的改革提供浙江样板。多年来，浙江在社会组织登记管理体制改革、培育扶持、监督管理等方面率先出台系列规范性制度、政策，体系谋划先行，服务监管并重，发展环境不断优化，组织活力持续增强。

梳理 2000 年以来系列文件，突出的有 2000 年《浙江省社会团体管理办法》，2002 年《浙江省社会团体组织活动规则》《浙江省社会团体登记业务规程》，2003 年《浙江省民间组织管理工作领导小组关于加强社区民间组织培育与管理的意见》，2009 年《浙江省民政厅、浙江省财政厅、浙江省物价局关于进一步加强社会团体财务管理的通知》《浙江省民政厅关于印发〈全省性社会组织评估实施办法〉的通知》，2010 年《〈社会组织常见违法行为行政处罚裁量细化标准（试行）〉》，2013 年《浙江省民政厅关于开展四类社会组织直接登记工作的通知》《浙江省民政厅、浙江省发展和改革委员会关于加强社会组织信用

① 《浙江省民政事业发展统计公报》2010《浙江省民政事业发展统计公报》2017。

体系建设的通知》，2014 年《浙江省民政厅关于社会团体登记管理制度改革的试行意见》《浙江省民政厅关于加快推进"三社联动"完善基层社会治理的意见》《〈浙江省社会组织评估工作规程〉的通知》《浙江省社会组织信用信息管理暂行办法》《全省性社会组织承接政府转移职能和购买服务推荐性目录（2014）》，2015 年《关于加快推进现代社会组织建设的意见》《浙江省民政厅关于进一步加强社会组织信用信息应用的通知》，2016 年《关于全面推进社会组织统一社会信用代码制度改革的通知》（浙民民〔2016〕20 号）《浙江省民政厅关于进一步加强社区社会组织建设的指导意见》，2018 年《浙江省民政厅关于进一步规范提升社会组织参与社会治理工作的实施意见》等。

这些文件为改革持续深化保驾护航。全省各级社会组织管理创新示范工作有序铺开，积累了宝贵的浙江经验。温州市、杭州市上城区和宁波市海曙区、北仑区、鄞州区"全国社会组织建设创新示范区"建设；"全省现代社会组织体制建设创新示范观察点"建设等，有力激发社会组织有序参与社会治理的活力。

聚焦 2008 年至今，浙江社会组织管理体制创新先行先试，亮点纷呈：持续深化行业协会改革；全力推动社会组织登记管理体制改革；率先实现非公募基金会管理权限下放；率先试行部分社会组织直接登记；率先编制社会组织承接政府职能目录，开展社会组织承接政府转移职能和购买服务工作；完善公益创投机制，吸引政府和社会资金投入；率先启动社会组织等级评估，率先启动社会组织信用体系建设，率先成立两新组织党工委指导社会组织党建，创造性开展"三社联动"基层治理体系工作等。鲜活的社会治理浙江模式进一步深化了现代大民政发展战略。

改革大军中的迭代浙江青年，是一支最积极、最活跃的中坚力量，是浙江社会组织建设与发展的重要组成部分。他们秉承"浙江精神"天然基因，见证，亲历，参与，创造，一路奔走。在民政体系社团管理中，没有明确以青年类社会团体的分类管理，没有特别严格的界定当下什么是青年社会组织的概念，没有准确的数字和变化曲线精确反映青年社会组织的发展轨迹。以"青年社会组织一是以青年为主体的社会组织；二是以青年为主要服务对象的社会组织"[①]为参照系，据浙江民政专业人士估计，浙江青年社会组织占全省社会组织（含

① 中国青少年研究中心：《青年与青年社会组织》，中国青年出版社 2014 年版，第 3 页。

登记、备案及未备案等)60%以上。在浙江社会经济飞跃发展40年的进程中，考察浙江青年结社行为特点、发展轨迹和演进规律，自有积极的现实意义。

**2.浙江青年结社行动演展与演进轨迹**

总体而言，改革开放以来浙江青年结社或行为越来越显现社会性结社特点。依全国青年社团发展类型考察，浙江青年社团大致有以下三大类：由党政机关发起和创办、经民政部门登记注册并具有法人资格的青年社团(省级、地市级)，如共青团相关外围组织；未经注册、但有备案的存在于单位内部、社区或民间的青年组织，如学生社团、经社区备案的青年社会组织；未经注册或备案的自发性青年实体组织或青年网络社团(占绝大比例)。

浙江青年社团普遍具有组织性、民间性、非营利性、自治性和志愿性等特点，而在浙江大地上青年社团及青年结社行为在40年风雨历程中又有其显著的演进特征。

一是青年结社动因随浙江社会经济改革脉搏律动，有来自群体本能的心理渴求，更呈现出浙江青年结社行为的敏感、务实、事功与创新。

经济自主空间的孕育和民间结社文化迸发的创新活力，在浙江大地上得到了淋漓尽致体现。改革开放预示着蓬勃结社高潮来临，青年是社会中最容易结群的年龄群体。

概莫能外，浙江青年对“社团”渴望，首先来自于青年自身具有结群需求：交往与归属的需要，尊重与自尊的需要。相比于其他年龄段的社会群体，青年的人际交往需求达到高峰。他们渴求自然融入社会群体。因为具有广泛交友精力和时间、共同的爱好和追求，所以同辈青年很容易聚合在一起。青年结群首选同辈群体，或结群的目标服务同辈群体。同时，为了寻求社会及各辈认同与支持，“社”成为青年需求的心理和物理空间，青年寄托自然产生了“结社行为”。

其次，一部40年浙江改革开放进行曲，就是一部浙江创业先行者(青年占大比重)“走遍千山万水、说遍千言万语、想尽千方百计、历经千辛万苦”敢为人先的交响乐。在“浙江精神”践行和承继路上，生存方式蕴涵的世俗化和功利化元素，已成为当代浙江青年无法抹灭的标签之一。浙江青年“结社”即为“地缘”“趣缘”“业缘”而集，更为“利缘”(利益诉求与权益维护)而聚。浙江一方水土遍地机会，也遍布竞争。青年结社可以“志趣相投”，也可以“抱团取暖”，以全国率先成长发展的温州行业协会为例，历史上“八大王事件(1982)”“经济发展温州模式(1985)”“以打击假冒伪劣为主题的整顿活动(1990)”“温州烟具行业协会组织应诉的‘反倾销第一案’:以民间的力量推动公正的世界贸易秩序(2002)”“温州金融综合改革省12条(2012)”等,温州改革发展一路走来,惊心动魄,越战越勇。与温州个体私营经济发展如影随形、上世纪80年代萌发、1988年成立的第一批民间行业协会(鞋业协会、服装协会等)是温州最早的社会组织(青年社会组织),各色各样的行业协会(含烟具、锁具、服装、印刷、编织、纽扣等)一度占领全市社会组织的“半壁江山”,也成为社会组织的“温州特色”。这些行业协会组织在捕捉商机、抢占先机、品牌宣传、利益维护等方面发挥了重要的作用。时至今日,温州社会组织(青年)社团运作逐步规范有序化,新兴领域应时应势层出不穷,孵化空间、服务平台创建日趋成熟,成为“全国社会组织建设创新示范区”试点工作中的温州样本。

再次,适应新的存在方式和发展需求。与传统“单位制”青年个体存在状态完全不同,当前青年结社或其结社行为最关键的作用是可以通过信任、责任等,团结和整合分离的、液态或原子式的青年个体,或学习研究,或公益救助,或协调管理,或利益维护,形成各类型的“共同体”。浙江青年广布各地,各地青年汇聚浙江。在开放大气的社会发展土壤中,青年参与公共活动和社会治理过程,增强对社区、社会的认识和粘合度,强化社会公共关系的横向联系。当代浙江青年具有更加敏锐的洞察力,更加开放的思想意识,更加有包容性的价值取向、自我实现需求、参与意识和表达诉求。尤其是新世纪以来,随着浙江经济社会高水平发展模式创新,作为新兴实践者的浙江青年比以往任何一代青年更向往自由、创新、公益、时尚等。他们选择不再遵循上一辈的规则设计未来。在更为规范有序与包容开放相统一的社会格局创新环境中,浙江青年面向形式新颖的各类创意、公益项目,在传统的娱乐、交友、体育、旅游、车迷等社会生活领域之外,逐步涉及环保、矫治、扶贫、慈善、教育等诸多社会公共服务领域,努力实现自我的新兴梦想。

二是青年网络结社因浙江信息化发展高位起步,方兴未艾,青年结社行为的网络化表达多元与理性并存。

信息化极大改变人类生活,日益成为社会发展主推手。结社作为人类的交往方式,受到信息技术深刻影响。“网络社团是依一定的志愿,由其成员自愿组成,可独立处理其事务的非政府、非营利的组织。”[①]在传统社会组织的组

① 姜宇:《论网络社团及其法律规制基准》,《行政科学论坛》2014年第10期,第39页。

织性、民间性、非营利性、自治性和志愿性之上，网络社团更有其网络表达性。信息化时代，青年网民是网群的主体。毫无疑问，青年网络结社是青年社会组织在互联网时代的新发展，是青年现实结社行为在网络空间中一种新的结盟方式。

浙江省处于全国信息化发展高地，是中国首个国家信息经济示范区，在“互联网+”、大数据产业发展、电子商务等方面走在全国前列。以浙江省信息化发展指数(2013—2017)为参照样本，浙江省的信息化水平快速提升，均衡化趋势明显，溢出效益显著。以青年为参与主体的信息化发展进程中，作为一个虚拟平台和交流工具，一种生活方式，网络成为青年集聚的微系统，青年自然可以自发构建、参与各种“活”的组织为自己找到慰藉和支持的“社”，进行各种角色的扮演。这种虚拟带安全感、开放自由的结社方式吸引了一大批流动着的自愿者和志愿者。网络组织因为虚拟和开放提供发展的张力。以浙江“舟山网络义工”为例。“舟山网络义工”成立于 2006 年 12 月，2012 年 7 月正式注册登记。它以“奉献爱心、陶冶自我”为宗旨，成立舟山网络义工理事会为管理机构。迄今拥有 20 多个 QQ 群与微信群、3000 余名成员，每月不定期开展敬老、助学、助困等义工服务活动，共组织各类义工公益活动 400 余次。成员“舟山群岛新星的天空”感言：“网络义工带动了青年人奉献爱心的气氛，让舟山这个城市里更多的外来青年找到归属感”“网络里许多人自发走到一起，让我们对人间的真情有了更深的体验和关爱，又有大量的青年朋友从网上走进现实的生活，让我们强烈感受到，虚拟的网络世界里也有着春天温暖的气息”。同时，舟山“爱的奉献群”“青春有约”“舟山创意青年聚会”等大量青年网络组织开展的特色联谊性或服务性活动，侧面映射当代浙江青年在结社取向上一个积极健康发展趋势。此外，青年学子作为标准化的网络原住民，浙江高校各类网络社团(涉及兴趣、专业、创业等内容)因为有了他们的参与，成为校园一抹靓丽的风景。当然，青年网络社团的隐秘性、虚拟性和鱼龙混杂性或让管理者产生一些担忧与焦虑。比如作为改革开放前沿阵地以及悠久的历史文化传统，浙江宗教有其独特的发展轨迹和特点，宗教青年网络结社及行为研究与跟踪成为当下一个紧迫和必要的话题和主题。

三是青年结社及其行动演展与浙江团组织引导演进相伴相生，“伙伴式成长”关系在新时期蕴藏着新的内涵。

改革开放 40 年，浙江青年着力扮演改革“爆破手”角色，青年社会组织发育发展缺少不了青年群体“结社为用”的创新实践。站在40年这个历史标点回溯征程，共青团和青年社会组织引领关系脉络发展可概为三个阶段：加强对“青年社团”的管理（2006年以前），关注“青年自组织”发展（2007年至2013年间），以及联系、服务和引导“青年社会组织”（2013年至今）[①]。

第一阶段，加强对“青年社团”的管理（2006年以前）阶段。浙江共青团及其外围组织积极吸纳社会资源并拓展其社会功能，组织青年开展社团活动，对渐次出现和逐步成熟的青年社团加强管理。

改革开放之初，浙江共青团创设各种俱乐部、图书室和青年之家等小型活动场所，组织青年参与活动，“为了丰富业余文体生活，积极举办夏令营、音乐会、文艺汇演和各种展览、讲座，开展体育竞赛活动（1982）”[②]。1986年，团省委书记茅临生在团省委七届五次全委扩大会议上指出：“各地目前都有不少青年学会、社团等，这些组织满足青年多层次的需要，为社会的科技经济、文学艺术、体育事业的发展起了促进作用，在青年中有影响力和凝聚力。各级团组织要重视这股力量，加以扶持引导，要把它看成共青团的外围组织，用以教育和团结更广大的青年，使共青团许多组织青年的活动、许多教育青年的任务通过他们去实现。”“我们还要扶持、引导各地涌现的各种青年社团和各种兴趣小组，使之发挥更大的作用”。他敏锐地把青年社团管理纳入共青团工作全局。

进入20世纪90年代，随着全省新经济组织迅速发展，新经济组织从业人员（以青年为主）剧增，社会化体系建设成为新的时代课题。1993年年，团省委书记沈跃跃在团省委九届三次全委扩大会议上指出：“根据众多新兴青年群体的出现和青年流向多元、流量多变、兴趣分散的新情况，探索社区联合、社团配合的新路子，形成工作对象遍布全社会、工作手段借助全社会、工作力量依托全社会的工作社会化体系。”青年社团呼之欲出。1996年，团省委书记楼阳生在省第十次团代会上明确指出：“要进一步发挥青联、学联、少先队组织在服务青少年中的作用，加强对全省性和地区新的青年社团组织的工作指导和共青团核心作用的发挥，充分利用青年社区组织广泛联系社会各个阶层的优势，及时掌握各类信

① 康晓强：《改革开放以来共青团对青年社会组织的政策取向及启示》，《科学社会主义》2017年第3期。

② 《浙江省青年运动志》编纂委员会：《浙江省青年运动志》，浙江人民出版社2011年版，第1024页。

息，努力为青年服务。”[①]为加强对青年社团管理，1999 年 10 月 18 日，团省委、省民政厅《关于加强全省性青年社会团体管理有关问题的通知》，对青年社团的体制、经费来源、活动等做了相应规定，明确全省性青年社团由省民政厅统一审批。2001 年，团省委书记葛慧君在省第十一次团代会上指出：“扩大团组织对青年有效覆盖……构建以共青团为核心，以青联、学联、少先队等组织为骨干，以各类青年社团和青年中介组织为延伸的组织网络。”[②]

2003 年之后，浙江共青团工作以青年中心建设为重点创新基层组织形式，使青年中心成为青年信息交汇枢纽、青年社团集中展示平台和青年精神家园，成为健全完善青年组织体系的基础工程。

第二阶段，关注“青年自组织”发展（2007 年至 2013 年间）阶段。青年结社自发自主性与日俱增，浙江共青团积极采取多种方式把青年自组织纳入团的整体工作格局。

2006 年，团省委书记赵一德在共青团浙江省第十二次代表大会上作的报告中指出：“通过创新基层组织形式以扩大有效覆盖。高度关注青年社团的发展，尤其要针对各类专业性、新区新和区域性自发成立的青年社团蓬勃兴起的实际，依照法律法规，加强管理引导，充分发挥共青团在其中的核心作用。”[③]2007 年，团省委书记鲁俊在团省委十二届二次全委扩大会议报告中指出：“特别要主动解答对各类青年协会和青年社团的培育管理和引导力度，发展一批真正由共青团主导的青年社团组织，充分发挥青年社团在整合资源、凝聚人才、直接联系青年方面的优势。”[④]2010 年，团省委书记周柳军在团省委十二届五次全委扩大会议报告中指出：“按照区域共青团整体化建设思路……开展基层组织分类试点工作，在城市、学校、农村、少先队以及统筹城乡、青年自组织、互联网等新兴领域开展团建创新试点探索，研究探索各个领域、各类群体提高团组织有效覆盖、增强活力的有效途径、方式方法。”[⑤]2011 年，团省委书记周艳在共青团浙江省第十三次代表大会上作的报告中指出：“积极探索加强对青年自组织的引导和服务，通过凝聚骨干、开展合作、提供扶持、评价激励等方

① 《浙江省青年运动志》编纂委员会：《浙江省青年运动志》，浙江人民出版社 2011 年版，第 1084 页。
② 《浙江省青年运动志》编纂委员会：《浙江省青年运动志》，浙江人民出版社 2011 年版，第 1100 页。
③ 《浙江省青年运动志》编纂委员会：《浙江省青年运动志》，浙江人民出版社 2011 年版，第 1113 页。
④ 《浙江省青年运动志》编纂委员会：《浙江省青年运动志》，浙江人民出版社 2011 年版，第 1124 页。
⑤ 《浙江省青年运动志》编纂委员会：《浙江省青年运动志》，浙江人民出版社 2011 年版，第 1130 页。

式，充分发挥青年自组织的优势，把更多的青年团结在党的周围”。2008年，团省委课题组对浙江青年自组织情况进行专题调研[①]。

这一时期，浙江共青团实践与研究并重，在高度关注浙江青年自组织成长态势和特征同时，迅速将青年自组织融入团工作的整体发展格局，在浙江全域尤其是杭州、宁波、舟山、台州等地区持续谋划与研究，不断实践与总结，积累了丰富的实践经验和理论成果。

第三阶段，联系、服务和引导“青年社会组织”(2013年至今)阶段。青年结社呈现新时代演进趋势和发展特点，浙江共青团理性认识“青年社会组织发展壮大的挤出效应”，在实施“浙江共青团青春伙伴行动”中及时卡位，精准发力。

新时期浙江青年结社以网为媒，聚会交友，践行公益，参与社会事务，活动充满创意，组织日益强大。浙江青年社会组织在发现需求、创设项目、跟踪服务、小微管理等方面形成了特定优势。群团改革背景下的浙江共青团主动应对挑战，探索建立与青年社会组织伙伴式发展的新关系新格局。持续跟踪研究浙江青年社会组织参与社会治理作用发挥与趋势性发展特点，持之以恒每年举办“全省青年社会组织负责人培训班”，通过人才培养、项目扶持等，进一步整合资源向青年社会组织倾斜，通过各类青年社会组织回应满足青年需求。

近两年来，浙江共青团实施“青春伙伴行动”具体化——“抓青年社会组织凝聚吸引。适应青年社会组织蓬勃发展的趋势，加大推动政策优化、推进组织协调、推行风采展示、推选发展智库等方面的力度，加强对青年社会组织的联系、服务和引导，激发青年社会组织的内在活力，使之成为凝聚青年的重要依托和有力补充。”团十八大以来，浙江共青团正在实践中探寻解决“团的工作如何与青年社会组织发展壮大的速度赛跑”这一问题的浙江答案。

## 二、浙江青年结社行为趋向研判与服务引导

纵观浙江青年结社行为实践与发展路径，青年社会组织在参与浙江社会建设行动中呈持续普遍性增长趋势，且逐步趋于定型的现代性发展模式。浙江青年结社构成新的社会实体结构和功能结构，影响着浙江社会结构的现代

① 共青团浙江省委课题组:《论我国青年自组织状况与发展》,《中国青年政治学院学报》,2011年第1期。

化变迁。

在浙江现代社会组织管理创新发展之路上，浙江青年结社行为将更为理性和主动；青年社会组织运行将更为规范与专业；青年社群将更为联动与合作。40 年发展历程，青年社会组织正从社会体系的边缘、角落趋向中心区域移动，扮演社会治理中举足轻重的角色。因此，在现代社会组织管理创新发展之路上，对青年社会组织的全面关注关爱有更为直接和深广的现代化意义。

**第一，进一步完善青年社会组织的管理与引导政策。**要加强青年社会组织的登记、备案、分类监管和行为管理，引导社会力量支持青年社会组织的发展，让大量“体制外、未备案、未登记”青年社会组织提高自身建设能力，增加成长发展概率，体现“结社为用”的社会功能。

**第二，进一步提高青年社会组织的扶持和支持力度。**扶持推动较为成熟、信用度高、专业性强、规范有序发展的青年社会组织优先参与购买服务、优先享受税收优惠或财政补贴；将更多、合适的微观层面的事务性服务职能、社区公共服务职能、社会公益慈善等职能转移给青年社会组织；加强青年社会组织人才培养政策激励导向，形成一支稳定的人才队伍。

**第三，进一步推动青年社会组织良性运行和内生性成长。**加强青年社会组织信用评估和结果运用，提高青年社会组织的专业化能力建设要求，创设服务平台促进青年社会组织成长活力。

**第四，进一步建立青年社会组织互动与合作机制。**探讨共青团与青年社会组织伙伴合作关系，探索社会组织间的功能性关联和良性互动运行机制；推荐青年社会组织负责人加入各级组织，积极地民主参与、建言献策、协商互动，接受监督。

**第五，进一步加大青年社会组织党建与团建步伐。**以党建带团建，把党建、团建工作逐步融入青年社会组织领域，引领青年社会组织健康有序发展。

（作者系浙江省团校副校长、副教授）

# 二　史实研究

# 说团史,话共青团的改革

李玉琦

自从党的群团工作会议闭幕以后,关于共青团改革的话题经常被人们提起。这里既有主流媒体的宣传和报道,又有博客、微博和微信中的言论,更有网络大咖参与。真可谓好不热闹。但是笔者认为其中的许多言论和主张,既缺乏对共青团历史的了解,又缺乏对共青团性质的准确认识和理解,所以想从这样一个角度谈一下个人的观点,以有助于共青团的改革。

## 一、党的第一代领导集体为什么要建团

中国共青团在中国这块土地上产生和发展已经经历了90余年的历史,在这个相对漫长的岁月中,这个青年组织曾经几经演变。这个演变的实践既构成了中国共青团的历史,也是中国共产党开展青年工作实践经验的积累和党的青年工作理论形成的过程。这个过程是个扬弃的过程,既有继承和发展,也有批判和抛弃。鉴于民主革命时期团的大部分历史因为发生的环境不同,与现在团的工作有较大的差别,所以就想从1946年到1949年中国新民主主义青年团建立的过程谈起。这是因为到1949年中国的青年团组织已经有27年的历史了,这时的党也已经成熟了,已经形成了独立和成熟的指导思想和相对完备的组织体系,堪当承担民族复兴的大任了,并且准备引领中华民族探索和走上当时世界上崭新和充满希望的民族复兴之路。而中国新民主主义青年团也恰在这时成立和跟随党走上了这个新的奋斗的历程。

了解党史和团史的人都知道,遵照共产国际和青年共产国际的有关决议,1936年11月,中共中央发布《关于青年工作的决定》,开始了共青团改造工作,把原来“第二党”式的先进青年组织改造成为群众性的抗日青年组织。这

实际是共产党领导下的青年组织在性质上发生的一次变革，也可以说是一次改革。对于这次改革，在治史者和青年工作者中，有不同的看法和认识。有人认为这是取消了共青团，在抗日战争时期没有了青年团组织，是团的历史的中断；有人认为这是团的历史发展进程中的一个过程，既是党遵从共产国际和青年共产国际有关决议的一个行为，也是党探索领导青年组织方式方法的一次尝试，是团史中不能或缺的一段历史。笔者持后一种观点，并且认为正是因为有了共青团的改造，才会产生使得青年团有了“先进青年的群众组织”这样一个性质，才有了青年团必须采取群众性的工作方式和方法的认识和原则。

在经历了共青团改造以后，青年团的名称消失在整个抗日战争时期中，代之在党的青年工作范畴中发挥作用的是各级党的青年工作委员会和以青救会为代表的抗日青年群众组织。但是，在抗日战争进入中后期时，党的这种青年工作体制日渐不能适应当时青年工作的实际需要，同时党的青年工作者也生出一些困惑甚至出现不安心工作的情况。这种情况在抗日战争胜利后，表现得更为突出。据有关文件记载：抗战胜利后，“各解放区的青年工作的状况是很不正常的，有些地区在 1942 年反青年主义、先锋主义以后，根本就把青年团体（青救会）取消了，青年工作也近乎没有了，只由政府系统搞些识字班、读报组之类，甚至学校里的学生会也变成了死塌塌空洞洞的半行政式的机关，青年人都变得很老成，很早熟，而缺乏蓬蓬勃勃的火热的朝气。像陕甘宁今天，通共只有三四个作青年工作的这么几个人，只能坐在机关里愁眉苦脸，一筹莫展。而太行，据山东来延（安）的同志说，一路上找不到他们一个作青年工作的人。”“另一种地区，一直保持很庞大的青年团体（青救会），但在 1942 年后，一方面青年领导工作干部纷纷转行，不干了，另一方面又因一元化领导，青救组织系统上下关系就很淡漠很隔阂，于是青年工作陷于自流，缺乏领导。青年工作干部摸不着作青年工作，所以大家都不愿意干下去，不安心，不愿作青年工作是从上到下所有各解放区十分普遍的现象。这之中包括晋察冀、晋绥、华中，最好的是山东，而山东也是这种情况。”①

面对党的青年工作出现的这种困境，1946 年 1 月 9 日，中共中央青委分别致电中共华东局、中共晋冀鲁豫中央局等，要他们派熟悉本地区青年工作的

---

① 《关于成立新民主主义青年团的建议（草案）》，共青团中央青运史工作指导委员会、中国青少年研究中心、中央档案馆利用部编：《中国青年运动历史资料》（1942－1946），中国青年出版社 2002 年版，第 505 页。

人到延安汇报青年工作情况。5月，这些人到了延安后，就在中共中央书记处书记任弼时的领导下，和中央青委的人员一起座谈青年工作方面的情况和问题，探索加强青年工作的办法和措施。这个座谈讨论，从5月上旬开始一直到6月末结束，用了近两个月时间。

在这两个月里，他们在中央青委的一间窑洞里，终日讨论、思考，每隔几天便去向任弼时汇报一次。通过认真地商讨，他们形成了这样一个共识："现在的问题是，青年工作机构没有一定的任务，青年工作干部弄不清楚青年工作该干什么，因而普遍不安心。有的地区已取消了青年团体，所以说，要嘛干脆明令取消现有的这些青年组织，以便使这些工作人员去作党的其他工作，要嘛就从根本上采取措施，加强青年工作。"[①]

5月的一天，"任弼时同志默默地听完汇报，在思考趋于成熟之后，缓缓地说道：'你们研究一下看，是否可以搞青年团？过去，在七大的时候，文彬[②]他们曾经提议要重新建立青年团。那时，中央没同意。现在，你们可以再研究一下，看是否可以建立青年团。好不好？就这样吧！你们去好好研究研究吧！'弼时同志的倡议，他未用肯定的语气，作为指示，是用商量的口吻。"[③]

任弼时的这个用商量的口吻提出的建议，让在中央青委参加青年工作讨论的人感到"眼前豁然开朗，讨论更为热烈和深入"。[④] 在1946年初夏的一天，中共中央青委的工作人员何启君再次到延安枣园向任弼时汇报多日来讨论的情况时，任弼时"对青委的讨论表示了赞许和嘉勉，鼓励继续研究下去。他说道：'既然没有别的路可以走下去，既然你们大家都主张重新建立青年团，那么，我个人是同意的！我想，是不是就叫民主青年团？你们想想看，再去讨论一下，想想应该是怎样的青年团才好？"[⑤]

根据任弼时的这个意见，参加这个讨论的人便围绕建立什么样的青年团问题，展开了热烈而又认真地研究和探讨。讨论的内容有中国共青团的历史，重新建立的团用什么名称，团的性质、任务和纪律，团的组织建设，团和党、政、各群众团体等的关系，甚至还涉及了苏联青年团的情况。最后，归纳了所有讨

---

① 何启君：《青年团重建史料集萃》，中国青年出版社1996年版，第3页。

② 即冯文彬，时任中共中央青委书记，此时不在延安，正在国民党统治区的重庆考察青年运动情况。

③ 何启君：《青年团重建史料集萃》，中国青年出版社1996年版，第3页。

④ 何启君：《青年团重建史料集萃》，中国青年出版社1996年版，第3页。

⑤ 何启君：《青年团重建史料集萃》，中国青年出版社1996年版，第26页。

论的文字，由何启君执笔，经青委讨论会的修改，在1946年6月25日形成了《关于成立新民主主义青年团的建议（草案）》后，便报送给中共中央书记处书记任弼时。

1946年6月26日，国民党军队开始围攻鄂豫皖边宣化店为中心的中原解放区，全面内战爆发了。这时，国民党军气势汹汹，战争形势严峻，敌我力量对比悬殊。国民党军参谋总长陈诚在当年10月曾说："也许三个月至多五个月便能解决"[①]中共军队。由此可见战争局势之一斑。

就是在这样一种形势和背景下，1946年8月26日，中共中央第一次讨论建立青年团的会议在延安枣园窑洞前的小厅堂举行。这个小厅堂是中央政治局的小会议厅。会议由任弼时主持，参加人有朱德、胡乔木、康生、饶漱石以及来自解放区的青年工作者和中央青委的工作人员。会议开始，任弼时指定中央青委工作人员和解放区青年工作者代表，口头汇报青年工作情况和谈成立青年团的设想，然后是与会者发言。

在与会者的发言中，朱德的发言很有代表性。一则他是中共第一代领导核心的成员，二则他从没有直接从事过青年工作，不存在所谓"帮派"的嫌疑，三则他的发言颇有见地，能够清晰表明建团的必要性。现将他在会上的发言记录稿摘录如下：

"我看可以组织青年团。

"青年积极分子的组织，一定要讲究工作的方式方法。要研究如何使这一代青年受到教育。青年团的经常工作内容，主要是教育，是进行新民主主义教育。要教育出新民主主义的人。对青年的教育，除了学校以外，就是实际行动的教育。例如，动员他们努力参加生产，参加土地改革等等，都是教育，不能单纯认为只有学校才搞教育。

"青年团要以教育为主。教育，要根据青年的需要，要合乎农村的特点和实际情况。在乡村，教育方法要到青年群众中去寻找。时时刻刻都可以进行教育。随时随地都可以进行教育。兄教弟，弟教兄。在床沿上，在耕地里，在一切日常生活中，用拉家常话的方式，进行不拘形式的教育。

"青年团的工作，要使青年得到利益，要使青年不断进步。在乡村，青年搞好生产，要能使青年自己得到利益。教育也要根据青年的需要。他要的，你去

① 陈诚1946年10月17日对记者的谈话，《中央日报》，1946年1月18日。

帮助他，那就好得很了。青年团教育青年努力参加生产劳动，使青年得到生产知识，受到生产运动的教育，这在乡村是需要的。教育青年积极参加土地改革，参加打仗，使其懂得阶级斗争的知识，参加一切革命运动，这都是实际教育。这样，把工作一变化，就提高了。要是青年团组织青年参加土改、参加军队打仗，这样一来，政府也好，军队也好，各方就高兴。这些运动，使青年得到了进步，也都教育了青年。

“一揽子会，党的领导的一揽子方法，是要首长负责，还要有个大家动手嘛！所以，青年要组织！现在需要青年组织，以后还要青年组织，就是到了社会主义，也少不了青年组织。组织青年团，也可以说是革命的基础。

“青年团的工作方法，不能千篇一律，不能到处一般模样。青年工作的组织形式也不能强求一致。有城市的、有乡村的。这就不同，要加以区分。你要去迁就它，不能要它迁就你。在农村，不能按照脱离生产的方式去做工作，你想搞‘轰轰烈烈’，是不可能的。而是需要深入实际地去工作。在城市，可以时常召集一些青年集会。城市青年受教育快。在报上登个教育材料，念出来，大家听听，就是开大会念念也行，也是联系青年、教育青年的形式。但乡村不同。它比较分散、落后，不能照搬城市的一套活动形式与工作方法。

“青年团要做的工作多得很。……青年团应当抓着别人不敢干的好事去带头干。

“成立青年团，团员不要图多，要办好。青年们加入团的，受到教育；没有入的也要受到教育。过去的青救会，是每个青年都参加，这就不能充分起作用。要把青年积极分子组织起来！青年的作用，就带有先锋的作用，但加上‘主义’就不好，就讨人嫌。青年先锋主义，就是城市知识分子到农村去搞起来的。一般农村青年，政治上是热情的。可是有许多地方的农村，与城市究竟是很不相同。在农村，不能像在城市。农民怎么会去搞什么‘轰轰烈烈’的呢？学校要按学校的规律搞好工作，农村按农村的规律搞好工作。建立积极分子组织，只要他愿意学习，愿意参加青年团，那个力量就大得不得了。青年团有建立的必要。青年中的积极分子，比一般青年的觉悟要高一点。组织起来，才好领导他们。现在的青年党员，要把他们中的一部分，划到青年团中去，好把青年团领导起来。

“在工厂里，由青年党员负责，可以组织青年工人去建立青年团。在军队，也可以组织青年团！现在就可以去做。只有好处，没有害处！”①

朱德在70年前的这些讲话，对于我们今天认识和理解“为什么要建立青年团”“青年团应该如何工作”这样一类的问题，依然有深刻的指导意义。

1946年8月26日的会议结束后，任弼时向毛泽东说了会议上的发言情况，毛泽东表示，“搞青年团是好的，可以征求一下各解放区的意见”。② 此后，任弼时又于9月13日再次主持召开了关于建立青年团的会议。会议参加人是朱德、林伯渠、徐特立、蔡畅、陆定一、习仲勋、马明芳、安子文、胡乔木、黄静、刘宁一、李颉伯等。会议主要讨论发给各解放区关于建立青年团问题的电报草稿，但是会议实际是围绕如何建团，建立一个什么样的团，团如何工作等问题进行。会议决定先“择地试建”青年团，以取得经验。

这次会议结束后，中央青委立即在延安地区选取冯庄、丰足火柴厂、行知中学作为试点单位，开始了试建青年团工作。经过一个多月的试建，收到了良好的效果。于是在1946年11月5日，中共中央用电报向各中央局、中央分局发出了《中共中央关于建立民主青年团的提议》。提议指出：“历史的经验证明，青年积极分子的组织虽有过若干缺点，但他对于党与军队曾是一个有价值的后备军；在协助党与政府的工作尤其是动员性与改革性的工作中，具有突击作用；在贯彻由下而上的群众工作方法以配合由上而下的行政方法方面，具有加强民主的作用；在残酷的国内战争中，是英勇的支持力量。”同时明确指出，“鉴于这些经验”，“今天应该成立新的青年积极分子组织”，“各局各分局接到此项提议后，望召集会议讨论（吸收青年工作干部参加），总结过去的经验，研究此项提议是否可行，有无其他办法，并望择地试建，将研究与试验结果报告中央，以便作最后决定”③。这个提议发出后，各解放区在反击国民党军队军事进攻的同时，也开展了择地试建青年团工作。

从1946年7月到1947年6月，人民解放军在第一年度作战中粉碎国民党军队对解放区的全面进攻后，又挫败了其对山东、陕北的重点进攻，并且在晋冀鲁豫、晋察冀、东北等战场转入了局部反攻。与此同时，解放区的建设工作也得到了进一步的加强，到1947年2月，各解放区约有三分之二的地区解

---

① 以上引文均见于：何启君：《青年团重建史料集萃》，中国青年出版社1996年版，第52—57页。

② 何启君：《青年团重建史料集萃》，中国青年出版社1996年版，第64页。

③ 《中央关于建立民主青年团的提议》，《中共中央青年工作文件选编》，中国青年出版社1988年版，第633—635页。

决了土地问题，实现了“耕者有其田”。

在人民解放战争的胜利发展的局势下，为了总结前一段土改工作的经验，推动解放区土改运动的进一步发展，中共中央工作委员会于1947年7月17日至9月13日，在河北省建屏县(今属平山县)西柏坡召开了全国土地会议。在土地会议后期中共中央青委还组织召开了解放区青年工作会议。在土地会议期间，主持土地会议的中共中央工作委员会书记刘少奇，于8月28日专门安排中共中央青委书记冯文彬在会议上发言，讲在土改中建团问题。冯文彬在发言中说：“鉴于过去的经验教训以及目前各地的情况，根据在陕甘宁、晋绥、山东较大规模的试建青年团之后，证明中央关于建立青年团的建议是正确的。建立一个青年团是需要的，特别是因为在伟大的土地改革和自卫战争中，以及行将到来的全国革命高潮中，为了争取与全国青年在党的周围，就迫切需要创立一个旗帜鲜明而强有力的统一的青年团”。[①] 刘少奇于9月13日则在全国土地会议上作结论时说：“青年团问题，由中央决定后就着手去办。头一步要选择和训练一批干部。在土改中把青年团下层组织形成起来，选择积极分子加以训练。中央局、区党委要选择一批有群众工作作风的、虚心的、能接近群众而没有官僚主义毛病的青年干部去做青年团的工作”。[②]

全国土地会议一结束，刘少奇立即于9月16日代表中共中央工作委员会起草给中共中央的工作报告。在这份报告中，他全面报告了全国土地会议的情况，同时向中央建议适时召开全国青年工作会议，成立青年团。接着，刘少奇又于9月19日出席了解放区青年工作会议并讲话。他说：“要踏踏实实准备一年，再开党内青年工作会议或青年团代表大会……今年和明春，青年干部要先参加土改，在土改中组织青年，总结经验。”[③]

9月20日解放区青年工作会议闭幕，9月22日刘少奇、朱德和冯文彬联名致电中共中央，报告青年工作会议情况，建议在全国解放区内正式建立青年团，同时提出了开展建团工作的计划。10月2日，中共中央复电，批准了这个建议和计划。此后重建青年团工作正式被纳入了全党的工作日程，使建立青年团工作由试建转入了正式普遍建立的发展阶段。一年后，在西柏坡召开的

---

① 《在全国土地会议上的发言》(节录)，《冯文彬纪念文集》，中共党史出版社2001年版，第25页。

② 《在全国土地会议上的结论》，《刘少奇选集》(上卷)，人民出版社1981年版，第393页。

③ 《刘少奇年谱》(下卷)，中央文献出版社1996年版，第97—98页。

中共中央政治局扩大会议作出决定：在1949年上半年正式建立中国新民主主义青年团。1949年1月1日，《中共中央关于建立新民主主义青年团的决议》正式发出，4月11日至18日，中国新民主主义青年团第一次全国代表大会在刚刚和平解放的北平胜利召开，中国的青年团组织重新正式诞生。

## 二、共青团应该是什么样子

对于1949年重建的中国青年团，中共中央是通过认真总结历史经验和经过十分扎实的试建实践后才决定建立的，可以说是经过深思熟虑的。中共中央对于建立青年团组织的思考成果，集中体现在《中共中央关于建立新民主主义青年团的决议》（下文简称《建团决议》）中，认真学习和理解这个高屋建瓴，内涵丰富的决议，我们就可以对共青团应该是什么样子这个问题有一个总体上的认识和把握。

这个《建团决议》首先回顾了中国青年在民主革命时期的历史作用和历史功绩，进而阐述了重建青年团的原因和试建青年团的成果，然后进一步指出"各地区试办青年团的结果证明：凡是根据中央提议的精神所建立起来的青年团，都受到广大青年群众与成年人民群众的爱护，它在领导和团结广大青年参军、参战、发展生产、土地改革及民主建设和文化事业中表现了极大的作用。事实证明，建立新民主主义青年团是完全可能的与必要的。根据此种需要，并为着团结教育整个青年的一代，以及更大地发挥青年群众在人民解放战争中与新民主主义国家建设中的积极性与创造性，中央正式决定在中国普遍建立新民主主义青年团的组织。"[①]这实际上是在用历史事实展示中国青年团组织在社会生活中应该发挥的作用，同时也是为重建的青年团指示了发展的目标和方向，也可以说是党对青年团的期望和要求。

为了能够让全党和全国青年全面认识和了解青年团，《建团决议》对即将建立的青年团的性质和任务进行了明确的阐述。《建团决议》指出："中国新民主主义青年团，是在中国共产党的政治领导之下坚决地为新民主主义而斗争的先进青年们的群众性的组织，是党去团结与领导广大青年群众的核心，是党

① 《中国共产党中央委员会关于建立中国新民主主义青年团的决议》，《中共中央青年运动文件选编》，中国青年出版社1988年版，第707—708页。

以马克思列宁主义教育青年的学校。它的任务,就是首先要团结和组织先进青年的积极分子,再经过这种青年积极分子的组织去团结和教育广大的青年群众,和中国人民一道,为了彻底推翻帝国主义、封建主义与官僚资本主义在中国的统治,为了建立新民主主义的中华人民民主共和国,为了全中国和全人类的彻底解放事业而奋斗到底,并在这种实践的奋斗中不断地教育中国的青年。"[①]

这段话实际上是对重建的青年团的性质进行了具体的阐述,明确指出青年团是中国共产党领导下的群众团体,组成这个团体的成员的社会群体属性是青年群体,但是并不是青年的群体的全部,而是青年群体中的先进群体,是中国青年中坚定跟党一道为民族复兴大业奋斗的积极分子。中国共产党通过青年团这个组织把这些积极分子组织起来,发挥青年群体的核心作用,用这些积极分子的模范行为带动和影响全国青年为实现党的任务而奋斗。此外,这段话还指出,青年团的本质属性是"党以马克思列宁主义教育青年的学校","新民主主义青年团的基本任务,在于有系统地学习马克思列宁主义,从革命实践中不断地教育自己的团员和青年群众,同时应当以马克思列宁主义的精神组织广大青年群众积极地参加我党和人民民主政府所号召的各种运动"[②]。这也就是说,用党的指导思想把先进青年组织起来,通过他们教育和引导全国广大青年群众参加到实现民族复兴事业的实践中,并且通过这个实践过程让全国各族青年都能够接受先进科学的思想理论的指导,从而健康成长,成为能够推进人类社会进步的合格力量乃至积极力量。因此,教育和引导青年是青年团的基本任务和青年团性质的要求,这应该成为青年团一切工作的出发点和落脚点。

为了能让广大青年团员和团干部明确自身的工作目标和方向,《建团决议》还明确指出了青年团完成团的基本任务时所要做的具体工作:

"第一,当前中国人民的两大战略任务,为争取人民解放战争的彻底胜利,和恢复与发展一切解放区的生产事业。青年团必须领导青年群众参军、参战、支前以及发展农业与工业生产,作为自己工作的中心。

---

① 《中国共产党中央委员会关于建立中国新民主主义青年团的决议》,《中共中央青年运动文件选编》,中国青年出版社 1988 年版,第 708 页。

② 《中国共产党中央委员会关于建立中国新民主主义青年团的决议》,《中共中央青年运动文件选编》,中国青年出版社 1988 年版,第 709 页。

第二，青年团应在最大多数人民的最大利益的基础上，经常地注意和努力为青年群众的特殊利益与切身需要而服务，并在这种努力中逐步地引导广大青年群众去参加人民民主国家的军事的政治的经济的文化的各种建设工作，和国际青年的反帝国主义的民主和平运动。

第三，在青年团团员与团外青年群众中，广泛地有系统地进行马克思列宁主义的理论和中国革命实践之统一的思想教育工作，使他们逐步地学会使用马克思列宁主义的辩证唯物观点，去认识社会发展进程，认识中国革命发展的规律；学习文化、科学、生产与军事知识，学习业务与技能，使每个团员在思想上、政治上、文化上与工作上，不断地提高自己。一切青年团员应该把宣传马克思列宁主义思想和新民主主义的各种政策作为自己的光荣责任。青年团并应帮助政府教育机关，去改进学校教育与社会教育。

第四，领导少年与儿童工作……青年团应选派最好的干部领导这一工作，并在各级团委之下设立少年儿童部，或少年儿童委员会，作为儿童团和少年先锋队的领导机关。"[①]

对于青年团的工作方式和方法，《建团决议》指出："应在为人民大众与青年服务的基础上创造适合环境特点与青年兴趣的各种方法"[②]，去团结和领导广大青年群众投身民族复兴大业，并通过这个实践让广大青年群众能够在思想、精神、知识和能力得到提高，成长为合格的新社会、新生活的建设者，民族复兴事业的接班人。

以上规定，十分明确地为青年团指出了工作范畴和工作项目，虽然其具体表述具有时代性，但是其精神内涵却对青年团工作有长远的指导意义。

青年团与共产党的关系在1949年以前出过不少问题，无论对于青年工作者还是党务工作者都是一个不大容易搞清楚的问题。因此《建团决议》通过总结历史上的经验和教训，明确指出："应当特别注意防止在青年团工作中和作风上产生狭隘的关门主义、青年先锋主义或宗派主义的倾向。中国新民主主义青年团在政治上接受中国共产党的领导，但在组织上应当保持自己的独立系统，党无权直接命令青年团。青年团内的党员，必须服从党的一切决议，并以不疲

---

① 《中国共产党中央委员会关于建立中国新民主主义青年团的决议》，《中共中央青年运动文件选编》，中国青年出版社1988年版，第709—710页。

② 《中国共产党中央委员会关于建立中国新民主主义青年团的决议》，《中共中央青年运动文件选编》，中国青年出版社1988年版，第709页。

倦的说服教育工作和自己的模范行动，来巩固党在青年团中的领导。”[①]同时《建团决议》还指出，“两年来建团的经验证明，掌握中央建团方针，训练和配备足够数量的青年工作干部，乃是建团所必须的基本条件”，所以《建团决议》明确要求“各地党的组织必须将现有青年工作干部加以审查，并慎重与迅速地提拔、抽调一批思想正确、联系群众的青年男女党员干部，经过短期训练，使他们能够正确地掌握建团的方针。各级团委负责人应由相当于同级党委委员与下一级党委书记的干部充任。”[②]“建立全国性的和各地方的新民主主义青年团，是当前青年运动的中心环节，是党在目前革命形势胜利发展下的极重要的工作之一，各地党委必须予以重视。各中央局、分局、省委、区党委、县委和市委，人民解放军的各级党委（关于在军队中如何建团另行规定通告）接到此项决议以后，应即召开会议，订出具体工作计划，并切实督促执行。”[③]

对于青年团员的条件，《建团决议》也作了原则的规定，这就是：“中国新民主主义青年团应当吸收一切坚决拥护中国共产党的主张、愿为新民主主义的事业而积极奋斗，愿为劳动人民忠诚服务的男女青年为团员，其年龄一般地应为十五岁至二十五岁。”还指出，新民主主义青年团“应该比较过去的共产主义青年团，更为广泛地吸收各民主阶层中的青年积极分子入团，以扩大自己的群众性，但是它仍然是中国青年群众中的先进积极分子的组织，而不是普通的一般的青年团体。只有很好地组织中国青年中的积极分子，才能使中国广大的青年群众有一个巩固的核心，在全国青年群众中进行坚持不懈的工作。否则，就不能很好地团结全中国的青年群众。团员成份应以青年工人、青年农民和一般劳动青年中的积极分子和其他阶层出身的革命的青年知识分子为基础，同时也应当吸收其他阶层中的进步的觉悟的愿为新民主主义而积极奋斗的青年人参加”。

关于青年团的组织建设，《建团决议》指出，“团内生活，应在民主集中制的基础上，充分地发挥民主的与群众化的生动活泼的作风，培养团员的积极性与创造性，并训练他们的组织性与纪律性。应当特别注意防止在青年团的工作

① 《中国共产党中央委员会关于建立中国新民主主义青年团的决议》，《中共中央青年运动文件选编》，中国青年出版社 1988 年版，第 709 页。

② 《中国共产党中央委员会关于建立中国新民主主义青年团的决议》，《中共中央青年运动文件选编》，中国青年出版社 1988 年版，第 710—711 页。

③ 《中国共产党中央委员会关于建立中国新民主主义青年团的决议》，《中共中央青年运动文件选编》，中国青年出版社 1988 年版，第 712 页。

中和作风上产生狭隘的关门主义、青年先锋主义或宗派主义的倾向。”同时《决议》还指出，“为了有计划地训练青年团的干部，除中央已经责成中央青年工作委员会举办团校外，各中央局、区党委、省委、地委、县委和市委并应在各该地区举办团的学校或训练班。为了指导全国青年团的工作和组织广大青年学习，中央决定由中央青年工作委员会负责出版《中国青年》定期刊物。”

对于如何发展团员，《建团决议》指出：“中国新民主主义青年团应当吸收一切坚决拥护中国共产党的主张、愿为新民主主义的事业而积极奋斗，愿为劳动人民忠诚服务的男女青年为团员。……正因为它是新民主主义青年团，就应该比过去的共产主义青年团，更为广泛地吸收各民主阶层的青年积极分子入团，以扩大自己的群众性，但是它仍然是中国青年群众中的先进积极分子的组织，而不是普通的一般的青年团体。只有很好地组织中国青年中的积极分子，才能使中国广大的青年群众有一个巩固的核心，在全国青年群众中进行坚持不懈的工作。否则，就不能很好地团结全中国的青年群众。”“新民主主义青年团要建立在青年群众的自愿的和自觉的基础之上，要在群众运动与各种工作中公开地进行建团。因此，应在人民群众和青年群众中进行经常的关于新民主主义青年团的宣传工作，在人民群众和青年群众中树立对于青年团的正确的认识。在开始建团时，尤须深入宣传与充分酝酿，然后根据本人自愿，经过入团手续正式入团。应当绝对防止在发展团员的工作中采用强迫办法，随便拉人入团的办法和简单地追求团员人数众多等项错误的作法与急性病。在建团工作中，一方面必须保持团在政治上的纯洁性，同时也要防止狭隘性，将一些先进青年拒绝于团的大门之外，妨碍团与广大群众的联系。”

总之，这个《建团决议》对青年团的性质、任务、党团关系及青年团工作的方式、方法都进行了深刻的阐述，应该说这个决议已经为重建的青年团工作指出了明确的方向，为新中国的青年团工作设计和规划了蓝图，做好了中国青年团组织的形象设计。尽管新中国已经走过了60余年的发展历程，尽管我们的国家现今正处于一个新的历史发展起点上，但是党的第一代领导集体为中国青年团组织作的这个形象设计，依旧没有过时，依旧有其指导意义。当今国内与国际的形势和任务要求共青团在工作体制和机制上进行必要的调整和改革。但是在实际工作中必须明确，改革必须建立在准确全面地了解和认识中国共青团历史的基础上，要吃透党建立青年团组织的目的，切实明确党对共青团的要求，进而准确地理解和把握共青团的性质，真正了解共青团的本源，真正搞清楚共青团应该是个什么样子。

## 三、新中国成立后团在现实工作中的发展和演变

新中国的共青团组织走到今天，也是一个历史过程，它的发展和演变不可能完全按照预先设计的规划进行，因为在它的发展进程中要受到社会多方面因素的影响和制约，其发展的趋势和方向也是综合因素作用的结果。为了准确地反映这个现象，我们不妨回顾一下新中国共青团工作的历程。

新中国成立后，在头三年团的工作主要是围绕社会民主改革和恢复、发展国民经济、抗美援朝战争进行。青年团团结带领广大青年努力发展生产，积极参加社会改革，动员了几十万知识青年深入农村工作，动员了绝大多数的农村青年积极参加土地改革运动。青年团响应党和政府的号召，团结广大青年职工投入爱国主义劳动竞赛，组织农村的团员青年参加临时的和经常的各种形式的劳动互助和生产合作组织，组织广大青年努力地参加恢复交通和发展水利的工作。与此同时，青年团在党的领导下，还团结广大的青年学生和知识青年参加知识分子的思想改造运动，动员组织广大青年参加抗美援朝斗争和一些地区的剿匪斗争。

在新中国开始有计划的经济建设以后，1953 年青年团向青年广泛地进行了划清社会主义道路和资本主义道路的教育；1954 年青年团在广大青年中，首先是在知识青年中广泛地进行了劳动教育；1955 年青年团着重在城市青年中进行了道德教育；1956 年底青年团在全国青年中进行了继承艰苦奋斗的革命传统教育。为了发挥青年建设社会主义的积极性，青年团认真贯彻毛泽东《青年团的工作要照顾青年的特点》的谈话精神，各地团委用了很大的力量通过先进人物的先进事迹去教育青年，通过积极分子的会议来推广优秀青年的先进经验和传播他们的先进思想。在青年团的领导和组织下，各地青年在劳动竞赛中，创造了以青年突击队、青年志愿垦荒队、青年监督岗为代表的许多有青年特点的组织形式，并开展了一系列的生产竞赛活动、新生产技术推广活动以及绿化祖国的植树造林活动。此外，还在文化科技领域开展了向科学进军及青年扫盲活动、青年业余文化和体育活动等。这些青年组织和活动扩大了团的影响和活动阵地，极大地调动了广大青年建设社会主义的积极性，并且得到社会各界的一致好评。

1958年6月2日至8月13日，共青团中央召开了三届三中全会。由于这次会议错误地开展了对团中央书记处书记项南的所谓“严重右倾机会主义和资产阶级个人主义错误”的揭发和批判，并要求全会以整风的精神，从思想上解决团进一步“保证党的绝对领导”问题，给后来的共青团工作带来了不良影响。会后，共青团内正在形成的较好的民主生活气息受到了严重破坏，造成团干部不敢在团的会议上发表自己的意见，团的各级组织不敢开展有青年特点的独立活动，更有甚者在个别地方甚至出现团不管团的问题，认为青年团没有多少工作可做。这类现象虽然在经过1959年3月召开的共青团三届四中全会后，得到了一定程度的纠正，但是随后国内出现的全国范围的“反右倾”斗争以及政治和思想文化领域“左”倾错误的日益发展，共青团的主要工作逐渐转入了政治思想和意识形态领域。在这段时间里，共青团主要开展的工作是发动和组织青年开展学习毛泽东著作活动、学雷锋等青年英雄活动、阶级教育活动以及宣传和动员城市知识青年上山下乡等。由于这些活动实际上也是全党和全民的工作，所以共青团工作逐渐失去了青年的特色和特点。及至“文化大革命”的发动，共青团先被停止了工作，后来经过整团建团，虽然恢复了省级团委的工作，但是由于前17年的工作被完全否定，工作环境“左”的迷误严重，九大通过的团章被批判，新团章又没出现，所以毫无生气和章法，一切工作与党政工作几乎完全相同，共青团根本不能体现自身的性质，按照青年的特点工作。

1976年10月粉碎“四人帮”后，在1978年5月中共中央决定召开共青团第十次全国代表大会。10月团十大召开，共青团全面恢复了工作。12月党的十一届三中全会召开，开始了中国拨乱反正和改革开放的新历程。在这种新形势下，共青团提出“以四化为中心把团的工作活跃起来”的口号，纠正了过去团的工作以阶级斗争为纲、青年教育以阶级斗争为主课的方针，克服教条主义和简单、生硬的做法，实行疏导的方针，采取灵活的方法，寓教育于各种活动之中。共青团组织团员青年学习《关于建国以来党的若干历史问题的决议》，引导团员青年接受和拥护党在十一届三中全会以来的路线、方针和政策，跟上时代的步伐。同时通过开展学习雷锋和同时代的先进模范人物，组织团员青年开展“五讲四美”“三热爱”活动，建立青年服务队或“学雷锋”小组等医治十年动乱带来的心灵创伤，澄清思想上的混乱，重新点燃精神文明之火，向全社会传播努力转变社会风气的信息。在经济建设领域，共青团发动开展新长征突击手活动、学科学用科学、植树造林和多种“能手”竞赛活动以及“创一流竞赛”

优质服务活动，响应“为伟大的新长征贡献青春”的号召，带领和组织青年以“振兴中华”为己任，干四化“从我做起，从现在做起”。通过开展“创先进团支部”活动和“做合格共青团员”教育使基层团组织逐步加强，在十年动乱中被迫中断12年的团的系统领导得到了全面恢复和健全起来。

1982年9月，中共十二大召开。大会提出了全面开创社会主义建设新局面的奋斗纲领，开始了建设中国特色社会主义的历史进程。12月，共青团十一大召开，大会动员全国团员青年紧跟党的战略部署，承担新形势下的新任务。为此，共青团确立了“以四化为中心全面活跃团的工作”的指导思想，坚持在四化建设实践中培育四有新人，主动在改革全局中探索自身发展的新途径，多方筹资，艰苦创业积极拓展青少年活动阵地。用深入开展争当新长征突击手活动，广泛开展“五小”①活动和重点建设中承建青年突击工程活动，组织工业战线的青年积极参加国家的经济建设。用“一团两户”及“两户一体”②、实用技术培训、东西互助活动，青年种树种草、重点绿化工程等活动，组织农业战线的青年为改变贫困落后地区农村面貌、推动农村商品经济发展做贡献。用学习张海迪活动、大学生社会实践、读书讲演、立志达标、学史建碑、普法教育活动等，组织动员团员青年做建设社会主义精神文明的先锋力量。鉴于改革开放环境对团的基层组织建设带来的新情况和新问题，团中央狠抓“下基层抓落实”工作，切实加强团的基层组织建设，同时研究共青团体制改革问题，组织人起草《共青团体制改革的基本设想》。

1987年10月，中共十三大召开，正式提出社会主义初级阶段理论，作出了国家经济发展三步走的战略部署。经过充分地准备后，1988年5月共青团十二大召开，以迎接新时代和新任务。可是此后国内和国际局势接连发生重大事件，共青团面对复杂的形势，坚持“以四化为中心全面活跃团的工作”的指导思想，带领青年劳动、学习、创新风，团的工作在适应中继承、探索、创新。在工业战线主要开展“为重点工程建设献青春”、技术练兵比武、争当岗位能手等活动，在农村开展培养星火带头人、脱贫致富小开发活动，深入开展“一团两

① 1983年4月20日，共青团中央与国家经委、全国总工会联合发出了《关于在全国职工中开展“五小”智慧杯竞赛活动的通知》，启动了这项活动。“五小”是指小发明、小革新、小改造、小设计、小建议。

② “一团两户”指勤劳致富报告团和青年专业户及青年科技示范户，“两户一体”是在开展“一团两户”活动的基础上，演变出来的新项目，指共青团组织在扶持青年专业户和青年科技示范户的同时，倡导建立青年经济联合体。

户”及“两户一体”活动，鼓励青年带头实行家庭联产承包责任制，带头勤劳致富。在青年思想道德建设方面通过创建青年文明岗活动，兴办青字号绿化工程、开创希望工程，开展“全国十大杰出青年评选活动”，青年科技标兵评选活动，锤炼青少年思想，树立青少年学习标兵，激发当代青年成长成才的热情，使广大青少年在参与社会生活的过程中在思想道德方面得到提高。为了加强团的思想建设和组织建设，团开展了推优入党工作，进行了团的体制改革的初步探索和尝试，实施了“团员证”制度，提出结合党建加强团建的主张，并且继续抓“下基层抓落实”工作，同时提出“团要管团与团结青年”理论。积极推进维护青少年权益的立法工作，以保证维护青少年权益工作能够有法可依，进而得到切实地加强。

1992年初，邓小平视察南方时发表了重要谈话，10月中共十四大召开，把邓小平建设中国特色社会主义理论确定为全党的指导思想，明确中国经济体制改革的目标是建立社会主义市场经济，要求全党和全国人民集中精力把经济建设搞上去。1993年5月，动员全团和全国青年全面贯彻和落实中共十四大会议决议精神的共青团十三大召开。会议提出建设富强、民主、文明的社会主义现代化国家，是一项宏伟艰巨的跨世纪工程，需要跨世纪的一代青年去奋斗、去完成，这是历史赋予跨世纪一代青年不容推卸的责任。“改革开放中成长起来的当代青年生逢其时，要坚定信心，艰苦创业，发愤成才，报效祖国，发扬老一辈的光荣传统，用我们的双手去实现中华民族的全面振兴。”①根据团十三大的会议决议，共青团积极探索服务大局、服务社会、服务青年的有效途径，全面开展团的工作，不失时机地实施了跨世纪青年文明工程、青年人才工程和共青团服务万村脱贫致富奔小康行动，全团工作有了新发展。在工作中，坚持把用邓小平理论武装全团、教育青年放在首位。围绕深化国有企业改革，广泛开展了青年岗位能手活动、振兴千家中小企业和下岗青工创业行动，围绕促进农业和农村经济发展，大力实施服务万村行动，围绕科技兴国战略，组织中国青年科技发展论坛，开展中国青年科学家奖评审、中国青年科技创业奖评选活动。着眼于提高青少年思想道德素质，促进社会公德建设，开展青年志愿者行动、青年文明号创建活动、少年儿童手拉手互助活动和大力推进希望工

① 《高举建设有中国特色社会主义的伟大旗帜团结带领各族青年为加快改革开放和现代化建设而奋斗——李克强在共青团第十三次全国代表大会上的报告》。

程。通过实施服务万村行动，按照以党支部为核心的村级组织配套建设的要求，开展了农村基层团组织三年集中整顿和建设。

1997 年 9 月，中共十五大召开，会议高举邓小平理论的旗帜，对跨世纪的社会主义现代化建设事业作出了战略部署。1998 年 6 月，共青团十四大召开。会议贯彻中共十五大精神，共议共青团面向新世纪的发展大计。按照团十四大确定的方向，共青团始终坚持以邓小平理论和"三个代表"重要思想为指导，紧紧围绕全党全国工作大局，努力把握当代青年特点和青年工作规律，坚持不懈地用邓小平理论和"三个代表"重要思想武装全团、教育青年；紧紧围绕党和国家的工作大局，以开发青年人力资源为着力点，大力推动青年创新创业，为经济建设作贡献。围绕农业和农村经济发展，以服务农村青年增收成才为主线，广泛开展青年农民科技培训，积极实施示范推广科技项目，带动大批农村青年增收致富。围绕科技兴国战略，深入实施中国青年科技创新行动，通过青年专家科技服务团、科技创新论坛、大学生"挑战杯"科技竞赛、海外学人回国创业等形式，充分发挥青年人在科技进步和经济发展中的作用。围绕可持续发展战略，大力实施保护母亲河行动，动员组织青少年参与生态保护和建设。围绕西部大开发战略，开展博士服务团、青年企业家西部行、少数民族团干部培训等活动。开展青少年新世纪读书计划、大学生素质拓展计划、千宫百万培训、新世纪我能行体验教育活动，广泛开展青年文化广场、青年文化节等活动，积极开辟网上青少年服务阵地。不断深化党建带团建工作，扎实开展创建五四红旗团委活动，着力推进非公有制经济组织、社区、民办高校等新领域的团组织建设，团的建设迈出新步伐。

2002 年 11 月，中共十六大召开。这次会议确立全面建设小康社会的宏伟目标，部署了改革发展的各项战略任务，并把"三个代表"重要思想同马克思列宁主义、毛泽东思想、邓小平理论一并确定为党的指导思想。2003 年 7 月，共青团十五大召开，对新世纪的共青团工作作了部署。根据团十五大的决议，共青团组织以理想信念教育为核心，加强青少年思想道德建设，开展和推进"我与祖国共奋进"主题教育实践活动、实施未成年人思想道德建设工程和青年马克思主义者培养工程、开展网上思想道德教育活动、举办青年群英会，引导广大青少年坚定跟党走中国特色社会主义道路的信念，提高青少年的思想道德素养。着力开发人力资源，充分发挥青年在经济发展中的生力军作用。实施青春建功新农村行动、开展科技培训和技能培训，帮助农村青年增收成才。深化科技创新行动、推进“挑战杯”大学生科技竞赛活动、举办“博士服务团”活动、发动保护母亲河行动,激励广大团员青年在社会实践中成长成才,培育文明新风。此外还深入推进青年志愿者行动,扎实推进青年就业创业行动,深入开展大中学生素质拓展、雏鹰争章等工作,扩展共青团品牌活动项目的影响和作用。为拓展与港澳台青少年交流,举办了“中华龙腾”、两岸青年联欢节、两岸青年论坛、“同心同根万里行”等一系列大型活动。坚持党建带团建,进一步加强自身建设,扎实开展增强共青团员意识主题教育活动。

2007 年 10 月,中共十七大召开,大会提出了实现全面建设小康社会奋斗目标的新要求,描绘了在新的历史条件下全面建设小康社会、加快推进社会主义现代化的宏伟蓝图。2008 年 6 月,共青团十六大召开。会议全面贯彻中共十七大精神,决心以邓小平理论和“三个代表”重要思想为指导,深入贯彻落实科学发展观,团结带领广大青年为夺取全面建设小康社会新胜利而奋斗。在会后的 5 年中,共青团着力创新载体、贴近青年,全面深化对广大青少年的思想引导工作,在继续开展“我与祖国共奋进”活动的同时,又开展了“学党史、知党情、跟党走”、青年马克思主义者培养工程、“红领巾心向党”等主题宣传教育活动,在广大青年官兵中开展当代革命军人核心价值观教育,引导广大青少年坚定跟党走中国特色社会主义道路的理想信念。通过开展学雷锋等多种形式的道德实践活动,组织引导青少年从小事做起、从身边做起,践行基本道德规范,养成良好道德品质,弘扬社会文明新风。积极运用新媒体和文化手段,用微博及动漫、微电影、电视等文化产品载体开展对广大青少年的思想引导工作。加强组织化动员,强化共青团原有活动品牌的引领作用、示范带动,服务经济社会发展。扎实推进服务青少年工作,把促进青年就业创业作为工作中的重中之重,成立青年创业就业基金会,兴办就业创业见习基地,帮助青年就业创业。实施共青团关爱农民工子女志愿服务行动,解决进城务工青年及其子女面临的实际困难。在县以上行政机构普遍开展“共青团与人大代表、政协委员面对面”活动,反映青少年普遍性利益诉求,深化青少年普法教育、开展青少年自护教育,配合有关部门净化社会文化环境,营造全社会关心、维护青少年合法权益的氛围。将组织建设工作重心下移,切实开展团的基层组织建设,大力推进乡镇街道团组织格局和乡镇实体化“大团委”建设,扎实推进非公企业和新社会组织中的团组织建设和行业团组织建设,扩大团组织的覆盖面。开展学习科学发展观和创先争优活动,加强团干部队伍建设。

纵览新中国成立后中国共青团发展的历史，阅读历年来共青团的工作项目名称，可以有助于我们认识和理解今天的共青团，同时也可以思索今天的共青团与1949年《建团决议》中设计的共青团是否存在差异。历史就是这样走过来的，今天是历史上社会综合因素作用的结果，这是不以人的意志为转移的。但是，我们可以思索历史上诸多的因素是这样作用和左右事物发展的，哪些是正能量，哪些是负能量，从而在今后的实践中加以发扬或规避，通过改革增强正能量，减少负能量，避免重蹈历史的覆辙。也许这就是历史的魅力。

## 四、关于当前共青团改革的粗浅想法

今天的中国正站在一个新的历史发展起点上，同时正面临着十分复杂的国际和国内形势，百年来民族复兴中国梦的目标正在日益接近，但是前进的道路上却布满了艰难险阻。中国共产党是实现“中国梦”的引领者，当代中国青年是实现“中国梦”的生力军和践行者，而中国共青团即是中国共产党的助手和后备军，也是中国共产党联系中国青年的桥梁和纽带，使命艰巨，责任重大。共青团能否不辱使命、堪当重任则完全取决于自身的状况。今年党的群团工作会议已经向共青团提出了新的要求，并且明确指出了共青团存在的问题，所以贯彻党的群团工作会议精神，推进共青团工作的改革是共青团走出目前境况，完善自身的唯一出路。但是，任何事物的发展都要遵循自身发展的规律，都不能割断历史。追寻事物发展的来踪去迹，既能获得推进事物发展的启迪，也能了解事物发展必须遵循的规律，这样才能避免弯路和错误。我们通过回顾共青团的发展历程，思考当前共青团改革问题时，下面所述的四个方面的问题，值得认真对待。

**一是共青团的改革不是改变团的性质。**

现行《团章》关于团的性质的表述文字是中国青年团组织多年历史的总结，是几代老共青团工作者辛劳实践的智慧结晶，虽然在新中国成立后的几次团代会上作过修改，但是其基础文字从来没有改变。正因为如此，20世纪80年代初在探索关于共青团体制改革时，时任团中央书记处第一书记的宋德福曾说过一段颇有见地的话，今天想来依旧值得我们深思。宋德福讲这段话时，正值中国的改革开放事业行进在第一个10年期间。那时共青团的改革就已经进入了人们关注的视野，并且也已经开始了改革的探索。那时改革开放的大潮刚刚兴起，各种各样的社会思潮纷至沓来，令人目不暇接，对青年人的思想造成了巨大的冲击，青年人的思想也十分活跃，所以对于共青团改革问题团内外有各种议论和主张。面对这种情况，宋德福于1987年底在团十一届六中全会上讲了如下一段话："目前讲的团的体制改革，是调整和完善团的各种制度，而不是改变团的性质；是明确团组织的社会职能而不是取消团的根本任务；是理顺党团关系，而不是摆脱党的领导。"①

尽管这些话是在近30年前讲的，但是至今依然值得人们去体会、去思索。联系青年团重建的历史，结合《建团决议》对青年团性质的阐述，我们能够掂量出这段话的分量。

此外，如果思考当前共青团的改革问题，老书记宋德福在团十二大作工作报告时讲的一些话，也值得我们认真玩味体会，或许对于今天团的改革问题能够得到一些启发。

宋德福在团十二大会议上说："中国共产主义青年团是我国政治体制中一个不可缺少的组成部分，团的体制改革在我国政治体制改革的总体部署中占有一定的位置。把共青团的社会职能和法律地位明确，民主生活健全，基层充满活力，能够代表青年利益，真正赢得青年信任的先进青年的群众团体，是共青团体制改革的目标。当前，团的体制改革应着重围绕扩大团内民主、改革组织制度、克服行政化倾向、转变活动方式、增强基层活力、参与民主政治等方面来进行，更好地发挥共青团在社会生活中的积极作用。""我们应该认识到，改革离不开对新事物的探索，否则就会止步不前；改革离不开社会实践、科学态度，否则就会事与愿违。改革是一个艰巨、复杂、渐进的过程。因此，我们要在共青团体制改革的过程中，坚持解放思想、大胆创新的原则，坚持实事求是、积极稳妥的原则，坚持精心设计、有序施工的原则，唯此才能达到预期的目的。"②

**二是切实凸显共青团工作的"政治性、先进性、群众性"，应作为当前共青团改革的着力点。**

党的群团工作会议要求群团组织要坚持"政治性、先进性、群众性"。这是

---

① 宋德福：《胆子要大步子要稳——再谈团干部在全面改革中成熟起来》，《共青团体制改革的思考与实践》，中国青年出版社2007年版，第144页。

② 宋德福：《在建设有中国特色的社会主义的伟大事业中继往开来艰苦奋斗——在共青团第十二次全国代表大会上的工作报告》，《共青团体制改革的思考与实践》，中国青年出版社2007年版，第170—171页、第173页。

一种普遍性的要求。可是对于共青团则一定要通过改革切实在工作实践中体现。因为这“三性”是共青团存在和发展的基础，是共青团必须具备的特性，同时也是开展共青团工作的一个基本原则。就“政治性”而言，共青团是全国群团组织中唯一纳入党章条文的群团组织，仅凭这一点就足以显示其政治性，所以才说“政治性”是共青团的特性。而“先进性”和“群众性”是共青团性质的组成部分，是共青团性质的要求。将这“二性”有机地组合在组织性质之中，也是在全国群团组织中，共青团所独有的。仅从上述原因着眼，共青团在工作中必须体现“政治性、先进性、群众性”也应该是顺理成章的事情。因此，共青团工作要坚持“三性”，不仅不是现在党中央提出的新要求，而且应该视为是共青团丝毫不能动摇的基石。因为这一点不管是党的第一代领导集体在重建青年团时的设计，还是《建团决议》中的规定，都是十分明确的。

对于现实的共青团工作，需要解决的问题不是要不要坚持“三性”的问题，而是如何在工作中充分体现“三性”的问题，如何把“三性”化作共青团工作之魂。对于团的“政治性”绝不是言必称“政治”，行必有政治效果，而是要在实际工作中具有政治意识和政治原则，不能出现忽视政治的问题，更不要出现政治错误。至于“先进性”和“群众性”本来就是团的性质的组成部分，它要求共青团组织的成员要表现出居于时代和历史发展趋势的前列，对广大青年要具有一定的引领作用，同时又不能脱离青年群众。这种引领作用不能用行政命令的方式进行，而要通过群众性的工作方式进行，要通过组织成员的模范行动带动青年群众，把能够代表时代和历史发展趋势的观念和主张转化为广大青年群众的自觉行动。更为重要的是根据群众性要求，共青团要始终牢牢把握共青团群众团体这一原则，坚决不能把自身的言论和行为演化成“第二党”一样的组织，一定要明确共青团没有独立的纲领，一定要以中国共产党的纲领为纲领，一定要坚定不移地在政治上服从共产党的领导。正是基于以上认识，我们才说“政治性、先进性、群众性”是共青团组织的灵魂，是共青团工作的基本点。因此，在共青团改革中，对于体现“政治性、先进性、群众性”方面不能有丝毫的动摇，相反要通过改革使得共青团组织能够更加充分地、切实地落实在实际工作之中，并且做到不是刻意表现而是自然地具备。于无形中自觉地凸显“三性”，应该是当前共青团改革需着力解决的问题。

**三是改变共青团的工作方式和方法是共青团改革的当务之急。**

党的群团会议明确指出共青团存在“行政化、机关化、贵族化、娱乐化”的问题，虽然用词尖刻，但是切中当前共青团工作的弊端。“行政化”问题是讲共青团工作背离了群团的性质，“机关化”是讲共青团工作脱离基层工作，“贵族化”是讲共青团工作脱离广大青年群众，“娱乐化”是讲共青团工作存在忽视政治的问题。这“四化”的问题应该都属于在工作方式、工作方法方面出现的问题，所以共青团要通过改进工作方式和工作方法加以切实、认真地解决。当然这类问题的出现，并非一日之功，许多问题是历史积累下的，并且形成了一种“惯性”，解决起来并非易事，非要花大功夫，才能真正脱胎换骨。

关于共青团工作存在“行政化”和“机关化”的问题，1987 年党的十三大就已经明确指出来了，共青团也曾就此问题作了改革的考虑，但是 1989 年后共青团体制改革的中断，使得这个问题没能得到解决。至于“贵族化”和“娱乐化”的问题则是始终伴随“行政化”和“机关化”的出现和延续而演化出来的。对于共青团的这“四化”问题，认真阅览共青团在新中国成立后的所有工作项目，结合我们自身在开展类似工作时的所思、所想，以及在实际工作中的出发点和着力点，不难悟出产生“四化”问题的原因。这些原因就是共青团改革的重点，也是共青团改革的当务之急。

**四是共青团是在实践中学习的“学校”，这个性质必须在工作实践中得到强化。**

现行的《党章》和《团章》条文中，在阐述共青团是个什么组织时，都明确写道：共青团“是广大青年在实践中学习中国特色社会主义和共产主义的学校”。现如今可能是因为“学校”两个字前面定语的原因，人们对共青团是个“学校”这样一个本质属性不甚注意甚至可以说有所忽视，也可能认为这句话是“虚”的，不是务“实”，团就是“助手”和“后备军”。其实这种理解是错误的。

“助手”和“后备军”只是共青团的功能属性，要在工作实践中发挥和起到这种作用，而并非党建团的根本目的。党建团的根本目的是培养人，造就党在各种工作岗位及各条战线上的新生力量和后备力量，这一点朱德主张建团的发言中有清晰的表述，在 1949 年《建团决议》中也有明确的阐述。只要我们认真地去体会和理解就能够搞明白。为什么说团的根本任务是“育人”，就是因为团在“本质”上是学校。加入团组织和从事共青团工作，不是为了当“助手”和“后备军”，而是要通过共青团在实践中学习，使自己成为适应未来社会发展需要的、能够坚定跟党走的社会主义建设事业的人才。共青团不是行政或事业机关，而是一个学习型的青年群众组织。这个组织虽然在广大青年中要发挥先进引领的作用，但是不是靠行政级别和外部赋予的权威，而是靠其成员的模范带头作用。因此，广大共青团干部和共青团员在开展工作、组织和参加共青团活动时要意识到“学习”这个任务，从事共青团工作的人不能要求领导分给一件什么“专门”的任务去完成，而要从团的性质和根本任务出发，主动开展工作，通过协助党政组织完成某项工作或围绕党的中心工作而开展有青年特点的工作，提高团员和青年思想、道德水平，培育他们形成良好的作风，切实提高他们的实际工作的能力，从而达到在实践中教育引导广大青年成为一支有知识、有良好思想作风的实现民族复兴大业后备力量的目标。

现在提出强化共青团的“学校”功能，也许有人会误解为我们忽视了为青年服务和代表青年利益工作。其实这种理解是错误的。我们强调要强化共青团的“学校”功能，恰恰是为了更好地服务青年和代表青年利益。因为成长是青年人最大的利益要求，而强化共青团的“学校”功能，正是为了更好地代表青年利益和为青年服务。在这个问题上，我们共青团工作者一定要明确，代表青年利益和服务青年是“授人以鱼”，还是“授人以渔”。

近年来，有一批从共青团干部岗位走出的党政官员成为贪官，在共青团工作岗位上也确有一些思想作风不良、心术不正的人，并且因此引起社会上一些人对共青团说三道四。其实这不足为怪，学校固然是育人的场所，但是“师傅领进门修行在个人”，任何学校都无法保证毕业生一生的发展走向，在毕业生中有人可以成为社会的栋梁之才，有人也许会成为罪犯，这是自然法则。当然一所学校的管理和校风，跟学生能否成才有极大的关系。正因为如此，共青团改革就要在管理和校风方面下功夫。我们讲要强化共青团的“学校”功能，也有共青团要认真总结育人工作的经验和教训，在管理和校风方面加强改革，以利于共青团能够更好地发挥“学校”的功能，同时挽回共青团的声誉。

以上是笔者通过回顾共青团的历史产生的一些想法。这些想法不能具体指出共青团的改革怎么做，但是能够为共青团提供一些思考改革问题的出发点，打开思维的视角和视野。历史工作是能够服务现实工作的，尽管不能直接给人以具体的方式和方法，但是能够给人以智慧和启发，这也许就是历史科学的作用。

（作者系中央团校特聘教授、中国青少年研究中心研究员，
团中央青运史档案馆原副馆长）

# 有关团一大召开前后五个问题的考辨

冯铁金

《党的文献》2010年第5期，刊登了郑洸先生《“团先于党而诞生”辨析》（以下简称《辨析》）一文。文中讲了“上海早期团组织成立的经过”“上海团临时中央局成立的时间”“中国社会主义青年团正式成立的时间”“‘团先于党而诞生’的说法为何流行”等四个问题，读后颇受教益。同时笔者认为，除对团临时中央局成立的时间需作辨析外，还应增加对团一大的与会者是多少人、团一大前有多少地方团、出席团一大的代表来自哪些代表团、第一届团中央执委会书记除施存统外是否还有他人也担任过此职的研究。因为在党史、团史界，对笔者所说的这五个问题，并没有形成共识。

有这样一种观点说得很对：“随着有关档案资料的不断公布和发掘，已有的观点也要不断被修正，只有这样，才能愈来愈接近历史的真实。”[①]

《辨析》发表以后，《党的文献》2012年第1期公布了《中国社会主义青年团一大及其筹备会议和第一届团中央执委会会议记录》（一九二二年五月至一九二三年八月）（以下简称《会议记录》）。随着《会议记录》的公布，笔者认为上述有些问题的以往观点，将要被修正（《会议记录》没有涉及“团临时中央局”成立时间、团一大与会者是多少人的问题）。

## 一、团一大前的团临时中央局成立的时间是1922年2月

团一大前的团临时中央局成立日期不是1920年11月，1921年4月、11月，1922年4月，而是1922年2月。

① 姚金果：《“共产国际与中国革命”等命题的思考》，《百年潮》2005年第1期。

据《辨析》考证，团临时中央局成立于1920年11月，源于《李达谈1920年—1923年的社会主义青年团》；成立于1921年4月，源于苏联K·B·舍维廖夫《中国共产党成立史》，成立于1921年11月，是《辨析》的观点；成立于1922年4月，源于中共中央三部门编辑的《中国共产党组织史资料》——“1922年4月，中共中央局决定，上海地方社会主义青年团代理中国社会主义青年团临时中央局的职权，施存统任代理书记”[①]。“从1922年4月至5月中国社会主义青年团第一次全国代表大会召开前，上海地方社会主义青年团同时代理临时中央局的职权，两个机构合在一起办公。”[②]

笔者之所以否定前三种说法，依据为1922年5月的文献资料《中国社会主义青年团第一次全国大会》（以下简称《团一大》）对团的历史的回顾。《团一大》记载：1920年8月某日，上海地方团成立。接着，北京、广州、长沙、武昌地方团成立，于是中国社会主义青年团成立。后来，各团之间常常彼此冲突，到了1921年5月，看着实在办不下去了，只得宣告暂时解散。后来，张椿年（张太雷）从俄国回来，受了国际少年共产党（即青年共产国际）的命令，要在中国建立青年团，大众也都以为不如将社会主义青年团恢复，结果在1921年11月正式恢复。首先恢复的是上海地方团，后来各处地方团统先后恢复了。[③]

通过以上记载可以看出，先前建立的上海、北京、广州、长沙、武昌5个地方团[本文以1922年7月7日召开的第一届团中央执委会第十二次会议记录载“议决本团各区各地方名称，应归一律：地方名为中国社会主义青年团某某地方团（例如上海地方团）”为依据，行文均用“地方团”称之]，都在1921年6月之前解散了。1921年11月，中共中央局才决定恢复各地方团。可以肯定，上海地方团首先在11月恢复。但其余4个地方团却未必是11月恢复的。最起码，广州地方团在1922年2月还未正式组建。

1922年3月14日，广东地方团书记谭平山《在广东社会主义青年团成立会上的答词》中说：“故去年十月向上海总团提出改组，标明以马克思主义为中心思想，并且设七种委员会，分途联络，研究与实行并重，这是本团改组的目

---

① 中共中央组织部、中共中央党史研究室、中央档案馆：《中国共产党组织史资料》第1卷，中共党史出版社2000年版，第50页。

② 中共中央组织部、中共中央党史研究室、中央档案馆：《中国共产党组织史资料》第1卷，中共党史出版社2000年版，第53—54页。

③ 中国新民主主义青年团中央委员会办公厅编：《中国青年运动历史资料》第1册，1957年内部发行，第124—125页。

的。我当时受了上海总团的委托，再在粤组织分团，十二月间先行联络同志，至今年一月开第一次筹备会。当时到会者有五十八人，修正章程，分途联络，至二月开第二次联络会，人数已经达一百四十人，到现在已有五百余人。”[①]

虽然广东地方团到1922年3月14日前团员“已有五百余人”，但“十二月间先行联络同志，至今年一月开第一次筹备会。当时到会者有五十八人”这句话，肯定是指广州地方团的组建过程。也就是说，直到1922年1月，广州地方团还未正式恢复。换句话说，此时，全国恢复的地方团最多是4个。

再从《中国社会主义青年团临时章程》的规定——“有五个地方团成立时，即召集全国代表大会，通过正式章程及组织中央机关。正式中央机关未组成时，以上海机关代理中央职权”，《中国青年运动史》的记载——“一九二二年二月二十二日，临时中央局以‘中国社会主义青年团代理书记’名义，发出召开全国代表大会的通知”[②]来看，团临时中央局在1921年11月尚未成立，1920年11月、1921年4月成立是不可能的。

笔者认为，“1922年4月，中共中央局决定，上海地方社会主义青年团代理中国社会主义青年团临时中央局的职权，施存统任代理书记”解释不了上说“一九二二年二月二十二日，临时中央局‘以社会主义青年团代理书记’名义，发出召开全国代表大会的通知”和有的地方团于1922年3月就在请示、汇报中称“上海青年团总部代理中央机构诸君”的问题。

除上说1922年2月22日临时中央局发出召开团一大的通知外，“1922年2月22日，广东《青年周刊》第2号刊登的《中国社会主义青年团的重要通讯》署名是‘中国社会主义青年团代理书记’”。[③] 这里虽然亦写的是“1922年2月22日”，但比上说下发召开团一大通知的1922年2月22日要早，因为这是刊登在杂志上的，投稿要早于登稿时间。

1922年3月27日，唐山青年团代理书记舒意代表唐山社会主义青年团《给代理团中央的信报告建团情况》的开头说：“上海青年团总部代理中央机关诸君”，“函悉一切，派代表赴广出席，本团常会尚未议决。一因团员很少，一因旅费无着(由唐赴京的费用可以筹得)究应派否，尚希速为示知。”[④](原件存中

---

① 《“一大”前后》，人民出版社1984年版，第54页。

② 共青团中央青运史研究室：《中国青年运动史》，中国青年出版社1984年版，第41页。

③ 郑洸：《“团先于党而诞生”辨析》，《党的文献》2010年第5期。

④ 中共唐山市委党史办公室编：《唐山革命史资料汇编》第六辑，内部资料，1987年，第55页。

央档案馆）

从“函悉一切，派代表赴广出席”这十余字看，此处的“函”，即1922年2月22日，团临时中央局以“社会主义青年团代理书记”名义，发出召开全国代表大会的通知；“派代表赴广出席”，即指唐山地方团派代表出席在广州召开的团一大。上说“唐山青年团代理书记舒意”，即李树彝。李树彝生于1899年，1921年冬或1922年春加入中国共产党，1922年5月，代表唐山地区工会和青年团参加在广州召开的第一次全国劳动大会和团一大，1927年12月，跟随毛泽东在井冈山开展工农武装斗争，后任中共湘赣边界特委委员，1932年6月被捕就义。“3月28日，天津青年团在要求补贴出席团一大代表路费的一封信中，直截了当地说：‘不知中央能不能代筹40余元’”[①]。

从上述几段引语可以看出，最迟在1922年2月21日团临时中央局已经成立，因此，团临时中央局不可能是1922年4月成立的。

小结这个问题的以上论证，笔者的结论也就出来了，团临时中央局成立的时间是1922年2月中旬。施存统在1922年2月22日，以“中国社会主义青年团代理书记”名义下发召开团一大的通知，说明此前他已被中共中央实际上是陈独秀任命为此职务，否则，他不会甚至也可以说是不敢下发这个通知。陈独秀、张国焘均参加了团一大的开幕式。在《会议记录》“中国S.Y.第一次全国大会开幕”条目里分别记有他俩的演说。陈的演说共980字，主旨是“马克思的学说和行为有两大精神……第一，实际研究的精神。……第二，……实际运动的精神。”张的演说430字，中心意思是：“希望社会主义青年团诸君，为我们（指工人——笔者注）解除实际的痛苦。”

把团临时中央局成立的时间确定为1922年2月中旬，是因为，上面已论证了广州地方团直到当年2月（这里的2月只能是2月上旬，不可能是中旬，到中旬团临时中央局已经成立了）还在开筹备会。故确定为1922年2月中旬，误差不会超过2月上旬这10天。

## 二、团一大的与会者有可能是不足50人

团一大的与会者不会是1500余人、500余人，有可能是不足50人。

---

① 郑洸：《“团先于党而诞生”辨析》，《党的文献》2010年第5期。

《团一大》说："与会者除本团各处代表外，达一千五百余人"[①]。《中国青年运动史》沿用了这种说法：在上引该书说的出席团一大的21名代表名单后，接着说："还有少共国际代表、全国劳动大会代表和来宾，共一千五百余人。"[②]出席团一大并在会上作发言的青年共产国际代表达林说："代表大会在广州的一个公园里隆重开幕，由张太雷致开幕词。第一天是纪念卡尔·马克思。""到处都可以感到节日气氛，喜气洋洋，男人们穿着洁净的、刚刚熨平的长衫，妇女们，主要是大学生，穿着短裙，工人们穿上了新的蓝布裤褂。总共约五百人"[③]。《中国共产党组织史资料》则未提及与会者有多少人[④]。

说团一大的与会者有1500余人、500余人，其根据是团一大开幕式是在"公园"举行，这点也得到了《会议记录》"中国S.Y.第一次全国大会开幕"记录的证明："五月五日下午一时在广州东园"。

严格地说，团一大开幕那天下午在"东园"游园的1500余人或500余人，是不能称为团一大与会者的，他们只不过是恰好赶上的游客而已。

从上面所引的资料可以证明，出席团一大的代表有25名，青年共产国际代表有2名，还有全国劳动大会代表及来宾。应该说，代表总数不会超过50人，即除25名代表以外，其他与会者不会超过25名，超过这个数字就是"喧宾夺主"了。

## 三、团一大前有18个地方团

团一大前有18个地方团而不是17个地方团。

团一大前有多少地方团，最权威的说法是《团一大》的记载："从恢复到现在，不到六个月期间，地方团成立者有十七处（上海、北京、南京、天津、保定、唐山、塘沽、武昌、长沙、杭州、安庆、广州、潮州、梧州、佛山、新会、肇庆），全国团员达五千余（大多数为工人，次之则学生）。"[⑤]《中国青年运动史》采用了这个

---

① 中国新民主主义青年团中央委员会办公厅编：《中国青年运动历史资料》第1册，1957年内部发行，第126页。

② 共青团中央青运史研究室：《中国青年运动史》，中国青年出版社1984年版，第42页。

③ 〔苏〕C. A. 达林：《中国回忆录》（1921－1927），中国社会科学出版社1981年版，第94页。

④ 《中国共产党组织史资料》第1卷，第50页（在论述团一大召开时未提到与会者人数）。

⑤ 中国新民主主义青年团中央委员会办公厅编：《中国青年运动历史资料》第1册，1957年内部发行，第125页。

说法，在引用了上述 17 个地方团名称以后说："分布在江苏、河北、湖南、广东、安徽、浙江、广西等地。"[①]此处的"河北"有误，应为直隶。河北省是 1928 年 10 月由直隶省改称而来，在这 17 个地方团中，广东占 5 个(广州、潮州、佛山、新会、肇庆)，居第一位；直隶占 4 个(天津、保定、唐山、塘沽)，居第二位。也就是说，这两省的地方团居总数的 50%强。

不过，《中国共产党组织史资料》则认为团一大前有 18 个地方团："在中国共产党的领导和帮助下，青年团组织得到较快的发展，到 1922 年 5 月，全国有上海、北京、南京、天津、太原、保定、唐山、塘沽、武昌、长沙、杭州、安庆、广州、潮州、梧州、佛山、新会、肇庆等 18 个地方团建立了青年团组织。"[②]其中增加了太原地方团。应该说，这是一个正确的结论，但由于未注明为什么要增加"太原"的理由，就会使读者产生疑问：团一大刚刚结束就写的《团一大》记载还会有错吗，增加"太原"地方团的依据是什么，两个说法哪个对？

《会议记录》公布后，就可以解决这个问题。团一大前有 18 个地方团的说法是正确的。《会议记录》开篇就是出席团一大中央部和 13 个地方团、代表名单。其中就包括"太原王振翼"，排序在各地方团的第 7 位，居 13 个地方团的中间。

## 四、出席团一大的代表来自 1 个中央部 13 个地方团

出席团一大的代表来自 1 个中央部 13 个地方团，而不是来自 15 个地方团。

出席团一大的代表，来自 15 个地方团最早出自《团一大》，该文说："这次大会，代表到者有二十五名，代表十五处地方团，又外国代表二名"。[③] 但未列这 15 个地方团、代表名单。《中国青年运动史》采用了这个说法，并列有 9 个地方团 21 名代表的名单："出席大会的……来自上海、长沙、武昌、南京、北京、唐山、天津、保定、杭州等十五个地方团的二十五名代表：蔡和森、邓仲澥(邓中

① 共青团中央青运史研究室：《中国青年运动史》，中国青年出版社 1984 年版，第 41 页。

② 中共中央组织部、中共中央党史研究室、中央档案馆：《中国共产党组织史资料》第 1 卷，中共党史出版社 2000 年版，第 50 页。

③ 中国新民主主义青年团中央委员会办公厅编：《中国青年运动历史资料》第 1 册，1957 年内部发行，第 126 页。

夏)、张椿年(张太雷)、方国昌(施存统)、俞秀松、易礼容、许白昊、谭平山、谭植棠、王振翼、陈子博、莫耀明、树彝、吕一鸣、王仲强、金家凤、张仲毅、张继武、张绍康、梁复燃、陈公博等”。[①]《中国共产党组织史资料》采用了上述说法,21 名代表名单亦同上,但地方团增加了“太原”地方团,同时将“邓仲澥(邓中夏)、张椿年(张太雷)、方国昌(施存统)”分别改为“邓中夏、张太雷、施存统”。[②]

上述三说中都提到出席团一大的代表来自 15 个地方团是不正确的;后两说的 21 人名单,未在人名后注明是代表哪个地方团也留下了遗憾;第三说将第二说 3 处“()”中的名字写为“邓中夏、张椿年、施存统”亦为不妥。笔者这样说的依据是《会议记录》开篇列的出席团一大的中央部和 13 个地方团、代表名单。

| 所代表的地方 | 姓名 |
|---|---|
| 中央部 | 方国昌(施存统)　张椿年　张继武 |
| 上海 | 蔡和森(沪　生)　许白昊 |
| 南京 | 莫耀明 |
| 北京 | 金家凤(乃　谦)　邓仲澥(重　远) |
| 天津 | 吕一鸣　李峙山 |
| 保定 | 张仲毅　王仲强 |
| 唐山 | 树　彝(舒　意) |
| 太原 | 王振翼 |
| 武昌 | 张绍康 |
| 长沙 | 易礼容(里　宁)　陈子博(冷　红) |
| 杭州 | 秀　松(俞秀嵩) |
| 广州 | 谭平山　陈公博　谭植棠　谢英伯 |
| 潮州 | 叶纫芳 |
| 佛山 | 梁复然　梁桂华 |

从以上所录来看,这份档案资料非常珍贵、很有价值,它仅仅用 120 余字,

① 共青团中央青运史研究室:《中国青年运动史》,中国青年出版社 1984 年版,第 42 页。

② 中共中央组织部、中共中央党史研究室、中央档案馆:《中国共产党组织史资料》第 1 卷,中共党史出版社 2000 年版,第 54 页。

就将出席团一大有多少代表团、每个代表团有哪些代表、每位代表是否有别名等说得一清二楚。从中我们可以得知，出席团一大的是中央部和13个地方团（共25名代表），并不是15个地方团。且各地方团代表人数并不相同，南京、唐山、太原、武昌、杭州、潮州地方团各为1人；上海、北京、天津、保定、长沙、佛山各为2人；广州4人（如果加上潮州1人、佛山2人，广东地方团共7人）。以上计22人，加上中央部3人，共25人。广东地方团代表人数最多，是因为当时该地方团所辖下一级地方团最多，共5个；团员人数最多，达500余人，占全国团员的十分之一。另外，还弄清楚长期以来遗漏的4位代表的所在地方团及姓名，他们是：天津李峙山、广州谢英伯、潮州叶纫芳、佛山梁桂华。

## 五、第一届团中央执委会书记除施存统外还有高尚德、俞秀松

以往权威的说法是，第一届团中央执委会只有施存统一人任书记。《会议记录》的公布，推翻了这个观点。真实情况是，除施存统外，高尚德、俞秀松亦担任过书记。

先说结论，再讲依据。

书记方国昌（1922.5.11－1922.8.5）

高尚德（1922.8.5－1922.9.2）

俞秀松（1922.9.2－1922.10.30）

方国昌（1922.10.30－1923.8.19）

1922年5月11日，第一届团中央执委会第一次会议载："书记推选方国昌担任。"

1922年8月5日，第一届团中央执委会第十五次会议记录载："准存统辞书记职，改选委员高尚德为书记。""委员存统因病请假，议决准其请假三个月，从八月五日算起。在此假期中，所遗委员职务，由候补委员冯菊坡代理。"

1922年9月2日，第一届团中央执委会第十六次会议记录载："改选秀松同志为E.C.书记"。"E.C."全称为Executive，义项之一为"执行委员会"[①]。这里指团一届中央执行委员会。

---

① 霍恩比（AsHornby）著李北达编译：《牛津高阶双解词典》第四版增补本，商务印书馆牛津大学出版社2002年版，第500页。

1922年10月30日，第一届团中央执委会第二十一次会议记录载："秀松委员因要赴福州军队里去活动，提出辞职，议决准其辞职。""改选方国昌为书记，并暂兼先驱总编辑。"

以上4条记载，不但把施存统、高尚德、俞秀松担任第一届团中央执委会书记的任职时间精确到"日"，而且把他们分别任、免此职的原因写得清清楚楚。

当然，《会议记录》的价值并不仅仅是笔者上说的三点，从事团史、党史研究的专家学者，都可以从中找到自己需要的资料。

（作者系中共河北省唐山市丰南区委党校原副校长）

# 对新民主主义青年团三大若干问题的梳理

郑 洸

随着年事渐高，自己青年时期经历的一些事情反而历历在目。1957 年，中国新民主主义青年团第三次全国代表大会召开，这是团史上一次非常重要的大会。那年我刚好 28 岁，在中央团校团课教研室(后改称青年工作教研室青运史组)工作，作为列席代表参加了团代会。近日翻看当年的会议记录与有关文件，心潮澎湃，总有一些话想说，于是围绕"三大"理出了六个问题，详加记述并加以评说，算是对亲历的那段历史有一个负责任的交代吧。

## 一、大会筹备工作问题

### 1. 团中央书记处向党中央请示召开团三大

1956 年 7 月 19 日，团中央书记处向党中央请示召开团三大的报告写道："按照团章的规定，全国团代大会是三年召开一次，现在时间已届；在这个时期内，青年团工作有了一个发展，出现了一些新的经验和新的问题，需要很好地加以总结；关于团改名为共产主义青年团和制定新团章的问题，各地青年纷纷催促，也需要团代大会讨论通过。同时鉴于党的八大召开以后，青年团应当更好地动员和组织青年为实现八大的号召而斗争。因此，我们拟于今年 12 月举行团的第三次全国代表大会。"

请示报告还说道："此次团代表大会的议题是：工作报告；修改团章；选举新的中央委员会。在大会上我们准备提出下列报告和发言：关于青年的劳动问题、关于青年的学习问题、关于青年的生活问题、关于团的建设问题、关于少年儿童的教育问题。此外，还拟组织一些有关具体问题的发言。这些报告和发言都应在调查研究、总结典型经验和开展批评和自我批评的精神下进行准备。”

邓小平同志在8月25日即予批复：“澜涛（即刘澜涛——笔者注）、颉伯（即李颉伯——笔者注）阅转耀邦同志：现在中央集中精力搞八大文件，对其他问题暂时无法仔细考虑。对青年团大会，请按请示报告作准备。时间暂不最后确定，等到各项准备工作差不多的时候再定，十二月开不成，明年一、二月也可以。”

根据小平同志批示，团中央书记处正式启动团三大的筹备工作。

**2.团中央书记处召开四次座谈会讨论团三大筹备工作**

团中央书记处为听取团中央各单位对召开团三大的意见和建议，在10月30日和11月1、6、8日召开四次座谈会，会上发言的有：项南、梁步庭、路金栋、黄天祥、钟沛璋、陈模、吴学谦、曾德林、杨海波、章泽、胡克实、罗毅。现将座谈会发言（摘要）记载如下：

1956年10月30日，座谈会发言者四人：项南、梁步庭、路金栋、黄天祥。

**项南发言：**

我认为“三大”应充分总结“二大”以来的经验，像过去一样积极动员青年为党的总路线，各个时期的中心任务而斗争。这里我主要是讲工作中的问题。目前青年团工作主要有以下四个问题：群众化不够，独立性不够，思想教育工作做的不够，活跃不够。下面我分成十个问题来说，我认为“三大”应当切实解决这十个问题。

第一，群众化问题。青年团不同于一般的群众团体，但仍然是个群众团体。它除了动员自己的成员，贯彻党和政府的政策之外，还应当反映青年的意见，同时，把国家各个方面的真实情况告诉青年，给青年提供自由发表意见的场所，使青年的意见充分地表达出来。现在青年团组织是不是都那么息息相通，真正的了解呢？不见得。现在往往是发生一些问题后，上面很久不了解情况，还得派人去调查了解才能知道。从团员来说，团员是群众的一部分，他们应该和周围的群众密切联系。但歧视落后、脱离群众的现象还很严重。青年团中央和省市团委干部存在很严重的行政化、官僚化的作风，县区团委则忙于党的“中心”，很少有机会去做青年工作。现在青年团上下级之间关系不少是这样的：上级怎样布置，下级就怎样做，上面要什么，下面就给什么。什么都是由上而下的“贯”，很少自下而上的反映青年的问题和要求，甚至上面不布置，下面就觉得没有事情可做了。这次会议还应该强调切实地关心青年生活。纠正青年团"管生产是经常的,管学习是临时的,管生活是偶然的"毛病。新团章应该写得更灵活,更群众一点。

第二,民主化问题。民主化问题包括两个方面:一是团内民主,包括团委应当实行真正的自下而上的选举;二是青年团有自由批评下一级党委和国家机关的权力。中宣部曾经作过不能批评党委的规定。我想各个企业、学校和农村党的组织都有可能产生缺点和错误,青年团就不能因为爱护党而掩饰党的缺点和错误,而应当帮助党来消除缺点和错误。可能有人有这样的顾虑,发动青年干预国家的生活,会脱离党的领导,我想是不会的,协助党来消除各种工作的缺点,同样也是青年团的责任。特别是基层里没有民主党派的组织,也就是没有唱对台戏的组织,即使有,它仍一般只代表少数人的意见,工会、青年团应当是代表多数人的意见的。团章上规定了要同坏人坏事作斗争,党章也要我们协助党去消除缺点,但我们实际上并没有这样做。压制青年不让青年充分发表意见,压制批评的现象还不少,甚至是比较严重的。

第三,思想教育工作问题。过去我们强调在实际工作中进行共产主义教育,这是对的。问题是,过去进行得很不够,对文化、艺术等方面教育青年的,我们青年团直到现在也没有写出多少震动人心的文章。从团中央来说,一是放在思想教育工作上的力量太少了,我们认真研究青年的思想问题很不够;二是充分运用报刊来教育青年,树立起共产主义的道德风尚做得很差;三是地方还存在粗暴、行政命令的现象,缺少吸引的、启发的、说理的、有色彩的、形象化的方法。现在还有一个很大的问题就是学习政治理论的问题。对那些不是做政治工作而是作技术工作的干部,是否可以完全采取自愿原则,有些人可以多学一点,有些人可以少学一点,有些人可以慢一点学。不要硬性规定。

第四,提高青年文化科学技术水平的问题。过去我们在这方面也做了一些工作,但是还做得不多。

第五,建立青年活动的中心场所问题。我想应当在城市里,首先是在10万人以上的100多个城市中,逐步地建立起青年活动的场所。现在我们招待外宾都是住北京饭店,别人一看,就晓得我们是官办团体,不然怎么会这么阔呢!我们去西欧时,他们招待我们住的房子都很普通。招待工作也是由青年义务来搞的。其实我们也可办点青年旅行社。今后在体育文化活动方面,需要我们用更大精神去做。

第六,加强基层组织的建设问题。我们的一切工作都是通过基层组织去做的。加强基层组织建设不能再迟缓了。

第七,团的自治权的问题。团的工作应该采取自下而上的方法,即根据当地的具体情况和青年的要求去做,主要不是根据上级团委的要求布置。团中央除对全国重大的政治事件发出号召和作出决议外,对生产和行政工作一般地都不去布置。党也不要去干涉团的日常工作,包括把团的干部调光。

第八,干部管理问题。现在是管工作不管干部,这种情况是不正常的。我们的干部是自上而下派下去的。今后团的干部应该自下而上的逐级选举出来。干部的来源和任免权是否应请党考虑交给青年团。这样青年团才有组织上的独立性。团管了干部,并不妨碍党在管干部上的统一性。如果青年团能把自己的干部管起来,可以发现干部,可以密切团和群众的联系,确实好处很大。现在各部门都自己管理干部,我觉得群众团体更应该自己管,让群众真正喜欢的人来做这个工作。

第九,经费独立问题。经费是否可以由国家补助的独立的办法。

第十,精简机构,充分运用积极分子的问题。现在组织机构的人太多,层次也太多。方群同志同我说,青年团应当多做思想工作,开风气之先,而代替行政、代替生产部门的"卖苦力"的事情,可少做一点。我认为这个意见应当重视。现在全国团的专职干部有7.74万多人,南斯拉夫只有82人,我们在这一点上可以说是世界第一。虽然不好同南斯拉夫比,但我们应该如何不用这么多干部,我认为应当采取逐步减少的办法,在两三年内减掉三分之一至二分之一,如果能减掉二分之一,广泛运用积极分子,那么不但经费可以大大节省,减少国家的补助,团的工作可能会做得更好一点,并且会更密切地联系群众。减少人员,减少部门,减少层次,这三方面,我认为应三管齐下。

**梁步庭发言:**

基本上同意项南同志的意见。再补充说明几点。在团的组织建设方面,希望"三大"主要解决三个问题:

第一,独立和自治的问题。青年团是一个独立的青年组织。但我们总怕人家讲"独立",这岂不是一个很大的矛盾。青年团的独立性不仅表现在组织上,也表现在工作上和其他方面。耀邦同志在八大发言里提到青年团解决了一个半问题。我们认为剩下半个问题也是很重要的。这半个问题中,就应该包括使青年团有更大的自治权这个问题,所谓团的自治权,现在看来应该解决的有四点,即人权、财权、发言权和活动权。

人权问题。团过去是不管干部的，或者说是名管实不管的。这对团的工作是十分不利的。现在团的干部的提拔和输送很不合理，干部的成长和流动的情况也不正常，不是由下而上地成长干部，而是“横流”。干部问题应该解决一下，就是采取一种过渡办法也好。总之，团自己要真管起来。

财权问题。财政部已提出，从1957年起团的经费要部分自治，团中央的行政费、事业费、团省市委以下的事业费，财政不管了；企业收入归国有。我们的收入一是企业，二是团费，总计不超过1500万。我们每年的开支要6000万。用包干补贴的办法比较好，如果管得好，可以多办许多事情。

发言权问题。我们报纸刊物要大胆发言，要敢于提出青年生活和教育方面的合理要求，不要官办报纸，也不要只是上级或干部办报纸，要吸取广大青年办报纸。要用青年的语言办报纸，为青年说话。报社和团委的关系，也应该有适当的独立性。

活动权问题。现在农村仍然是一揽子领导，一切工作都由干部的工作队摆布，这是农村命令主义的组织上的根源。如果实行了合作社自治，再放手让青年团和其他群众组织搞些独立活动，农村工作可以更活跃些。

上述四个问题如能加以解决，团的干部的积极性会进一步提高，青年运动会更前进一步。当然，在加强自治性的同时，还应该加强党对团的政治教导。团的主要领导干部的年龄问题不要过分强调。

第二，扩大团内民主生活问题。一是各级领导机关的自治权问题。现在要特别强调“独立负责，因地制宜，眼睛向下”。一些团委的工作报告却是“上面的架子，本地的例子”，对本地情况很少深入地分析研究和独立思考。今后上面对下面的工作不要强求一律，下面则要发扬自主精神；二是领导机关的机构庞大，层次太多，人员不精干问题。这是民主的障碍，是官僚主义的温床。团中央可以考虑减掉三分之一左右；三是领导体制问题。实际上常委会并没有发挥它的领导作用。今后要加强各级常委会，常委会的成员应广泛些，包括做青联、学联等方面工作的人。可考虑在国内设立监察委员会；四是在团内发展自由讨论问题。在团内总是自上而下的报告、传达、贯彻，自下而上提意见却很少，自由争论也很少，以后应研究改进团的报刊和团的会议，使之可以自由地展开对团的工作的讨论，活跃干部的思想；五是基层自治的问题。基层组织的自治权和各级团委应有不同，要更大一些。

第三，树立群众化作风的问题。现在有的干部坐汽车下乡，跟警卫，由“秘书专政”。一些负责干部经常跑“衙门”，很少到群众中去，外国人说我们青年团是“官办的”，老百姓说我们是“办公事”的。在团内生活上过分“政治化”。团的生活一方面要帮助同志们政治上进步，另一方面也要讨论青年自身的问题，如婚姻、家庭、修养等，使团员在团内生活中过得愉快。

我们认为只有解决了上述问题，团才像个群众团体的样子，工作才会做得更活跃一些。最后，青年团同青联、学联的关系问题也要注意。现在，青年团把青联、学联的工作包起来了。我们认为青联和学联应该成为一个独立的组织。除此之外，是否还可以多发展些青年组织，如华侨青年组织等等。

**路金栋发言：**

第一，团的独立性问题。青年团是党的助手，也是青年群众组织，要在群众中贯彻党的主张，同时又要反映群众的意见。现在过多地强调了与党的特殊关系，忽视了与群众的关系，束缚了自己。要转变这种认识才能使我们的工作放得开。

第二，组织青年参加实际斗争和思想教育工作的关系问题。

第三，思想教育和文化技术教育的关系问题。耀邦同志在党的八大上的发言，有些同志是有意见的，认为没有把他们想说的话说出来。我认为这是一方面，另一方面讲了思想教育和文化技术学习，是十分必要的。在过去的革命时期，我们主要是对青年进行政治思想工作，是必要的，正确的。今天要搞建设，文化技术很重要，与过去相比较我们应当把对青年的文化技术教育提到一定地位上来。思想教育和科学文化技术教育二者的比重，应该与过去有所不同。目前在实际工作中并没有把文化技术教育放在应有的地位。经过几年的工作，青年对共产主义必然实现及愿为实现这一远大目标而斗争的问题基本解决了，现在的问题是需要有本领。这在当前来说是应该强调的，现在，在这方面却做得很差，是与认识不足有关的。

第四，干部年龄问题。对领导干部来说，不要过分强调年龄问题。一般干部的年龄仍然需要小些。

第五，群众化问题。这一时期青年团和政府联合发出的指示很多，这会在群众中造成错觉，认为青年团和政府部门差不多。这种做法今后应当尽量避免。

**黄天祥发言(缺)**

1956年11月1日，座谈会发言者四人：钟沛璋、陈模、吴学谦、曾德林。

**钟沛璋发言：**

我觉得“三大”应该根据“八大”精神，根据苏联二十次党代会后世界共产主义运动所发生一些事情给我们思想上的启发下决心，使我们青年团的工作来一个革新。因此，“三大”的报告应该充分体现革新的精神，能够真正有力地推动革新工作，而不仅仅是一篇写得漂亮、动听，能收编入册的大文章而已。

我非常拥护项南同志发言的精神，要使青年团群众化和民主化，但是还要补充一点，要从全体青年出发来考虑这个问题。就是说，青年团进行种种改革的目的是为了要解决怎样使青年在建设社会主义斗争中发挥比现在更大的作用，怎样才能培养出社会主义所需要的坚强能干的接班人。回顾一下历史，我国青年在中国革命斗争中的作用是非常大的。不论是五四运动、一二九运动、解放前白区的学生运动，都在我国革命中占着极重要的位置。青年是新思想的最热情的宣传者，是对旧事物最勇猛的斗争者。那时候青年思想非常活跃，以天下为己任，思考各种问题，对许多都有自己的意见。但是解放之后，我觉得青年在革命中那种极其可贵的冲击作用，似乎在逐渐减弱了。青年变得娇嫩了。青年不像过去那样对各种事情都有自己的意见，而变得没声音了。他们说：“上有毛主席，下有党、团员”，有党代他们思考一切，安排一切，他们可以高枕无忧了；或者是有意见也不敢提，怕“犯错误”。而我们这些领导青年、教育青年的人，所关心青年的，似乎也只有积极带动青年带头干，吃饱穿好，身体好。除此之外，对青年也无要求了。相反的还总在担心青年会出什么乱子。因此，对青年管教很严，批评指责很多，使许多青年谨小慎微，不敢有什么大的作为。

因此，使我不能不想到一个问题，青年的革命作用是否在逐渐衰退呢？我们知道随着社会的发展，国家和党的作用要逐渐消失，这当然不是指目前而言。群众的自觉、自治要逐渐加强。而不是国家、党的作用越来越大，代替了群众思想和意志，群众则只知道干活和吃饭。细细想一想，这实在是一个根本性的问题。我们培养青年的方向，是否跟社会发展的方向相符合呢！当然现在的情况跟解放前已经大不相同：政权已掌握在人民手里，不需要青年再去推翻什么了，建设已经成为我们根本任务，因此，青年参加革命的主要内容也就是劳动。

附带说一句，我不赞同项南同志在这一点上的说法：今后青年团领导的重点应该放在文化活动方面。我觉得组织青年参加劳动仍旧应该是今后青年团活动的中心内容。只是领导的方式和活动的方式需要改进而已。而不能把青年团变成一个文化娱乐性的团体。但是能不能说今后就不需要青年发挥革命的冲击作用了呢？显然不是。从波匈事件中，从最近听到的关于苏联的一些情况中，我们不禁要想一个问题，当我们消灭了阶级，生活逐渐改善之后，或者说，过了一二十年之后，我们群众现在的奋发图强的革命热情会不会逐渐衰退而变得好逸恶劳、懒惰起来呢？看来我们现在有些情况要比苏联和东欧好，但是我们革命成功才六七年，劲头当然比他们大些。同时我们不是看到已经有越来越多的令人不能容忍的蜕化、腐败和官僚化的现象吗？

显然在阶级消灭之后，开展经常的全民性的批评和自我批评，对克服蜕化、腐化倾向，保持和发扬昌盛的奋发图强的革命精神，推动我们社会前进就具有极其重要的意义。那么依靠谁来推动这种批评与自我批评呢？要依靠群众中的先进部分。这里，我们就不能不特别想到对新事物抱有高度热情，而又是"初生之犊不怕虎"的青年。这就是说，社会主义时期的青年，跟解放前的青年一样，在推动社会前进，追求新的推翻旧的这点上，依旧可以发挥很大作用，或者说，可以发挥更大作用。社会主义时期的青年有没有这种要求呢？波匈事件中青年起来带头"造反"，给了我们很好的回答，青年是不甘寂寞的。毛主席说波兰青年团工作搞得好，就是波兰青年团领导认识了青年的这种要求，并且及时正确地领导了青年而作出了重大的贡献。匈牙利青年团吃了亏，就是他们领导没有及时认识这一点主动地去进行领导，结果是青年完全抛弃了青年团，走上了反苏反共的道路，造成共产主义青年运动历史中令人痛心的一页。

因此，我们必须下决心改变过去对青年管教过严、限制过死的做法。要放手地启发和引导青年大胆地思考各种问题、关心国家大事，大胆地干预国家生活、经济生活和社会生活，大胆地跟各种不良现象进行坚决的斗争，充分地发挥青年革命的冲击作用，并且从中真正地培养起青年主人翁感，锻炼他们管理国家的能力，使他们成为社会主义的坚强能干的接班人。

从这一点来要求，我们目前的青年团显然是不能够适应这个任务的。大家已经谈了，我们目前的青年团更多地像个官方组织。它的作用更多的是自上而下控制青年，而不是自下而上地反映青年的意见、要求；是更多地在限制青年干预各方面生活对不良现象斗争的积极性，而不是支持发挥青年这种积极性，因此极有必要使青年团群众化和民主化，使它成为独立的、密切联系群众的组织。如要有效地做到这一点，我极力赞成把团中央干部精减三分之一放到下面去。如果团中央带头这样做，我们报纸上也就可以振振有词地揭露和批评目前许多机关人员臃肿的官僚化的现象。

要使青年更勇敢些，我觉得团中央自己也要更勇敢些。对如何领导青年、培养青年这一问题，要更主动地向党中央提出自己的看法。同时也不要一有风吹草动，就赶忙收兵。近年似乎连“独立活动”这个词也要回避不谈了。

我非常赞同今后要加强对报纸的领导，发挥报纸更大的作用。我曾建议把目前报头上“中国新民主主义青年团中央委员会机关报”的字样取消。加上这几个字原来也是向苏联学来的。但是仅仅以这几个字来说明报纸的性质是不全面的，因为报纸不仅仅要代表团中央，还要代表广大青年群众。报纸是联系群众的纽带。因此，今后报纸的言论应该更加丰富多彩些。除了以团中央名义发表的文件、文章和社论，是代表团中央或基本上代表团中央的以外，还应该允许有不代表团中央的各种言论。同时，报纸还要扩大题材，干预多方面的生活。这样，我希望今后报纸在进一步加强政治领导的前提下，能有更多独立性。

**陈模发言：**

建团已经六年多了，我们做了许多工作，但建团初期办法不多，忙于社会改革和恢复经济工作，很难要求青年团发挥更多的作用，把工作做得更全面些。二次团代会以来，三年半时间内，是青年团工作最活跃、最丰富的时期，也积累了相当多的工作经验，团员的质量也大大提高了。在这种情况下，就要求青年发挥更大的作用。现在有2000万团员，工会只不过有1200万会员，这么大的团究竟向哪方面使劲的确是个很大的问题。现在青年的劲头是不是都使出来呢？没有。过去青年在劳动方面起了相当大的作用，从总的方面看，青年在国家生活中的作用是明显的，主要是劳动生产方面。这是对的，但在学习科学文化技术上，劲头还不够足，组织得还不够好，至于在推动整个社会前进，改变社会风气，向坏人坏事作斗争方面就做得更差一些。因此青年团的战斗作用还很不够，和党的要求还有距离。我们过去对发挥青年在社会主义建设中的积极性有片面的了解。其实除了劳动积极性外，在学习上、干预国家社会生活上，何尝不需要发挥青年人的积极性呢？只不过后两者我们过去做得较少或没有做罢了。

关于青年干预国家生活和团的群众化问题，这是有时代意义的大问题。

苏共二十次大会后我们是提出防止无产阶级专政阴暗面的工作。党中央和“八大”在这方面已采取了许多措施。可是我们青年团的动静还不大。不论从国家生活来说，还是从团内情况来说，民主不是多，而是太不够。党从报刊上、会议上了解问题是不行的，实际生活中毛病远非如此。官僚主义、骄横跋扈多得很，不敢讲话的青年人处处皆是，我国人民和青年还很缺乏民主习惯。青年团如果不用民主精神去教育青年，不去发动他们向官僚主义、贪污腐化、坏人坏事挑战，这许多毛病将会更多些。我们做好了这个工作，就将给党在防止无产阶级专政阴暗面工作上最大的帮助。要使青年积极地干预国家社会生活，必须使团内充分的民主，使团真正群众化。发扬团内民主和团的群众化的重要目的，是吸引青年干预国家和社会生活。这是两个不可分割的方面。现在团确实一不太像群众团体；二不太像青年团体，官办气味太重了。在群众化作风方面，现在比起过去民先、救国青年团、青救会、青抗先都差得多。希望这次大会之后，彻头彻尾把这个问题加以解决，订出一套办法来。

关于团的独立活动，党中央、毛主席为我们说了话，现在的问题是需要系统化、理论化，直到现在还有人不敢说，或反对提独立活动。对独立活动的看法很不一致，有的认为独立活动就是搞突击队、节约队等等；有的认为只要是为了社会主义的活动什么都是，就没有青年团的特点了。我们做了许多工作，常常由于没有统一的语言，弄得下面干部莫衷一是。最突出的是青年生产队问题。我们到下面去，有的干部对我说，团中央和团报对这个问题很暧昧。现在对于已创造的各种组织形式，都不应该轻易地加以否定，应该说所有这几年创造的东西，都很宝贵，问题在于如何去做，下面希望团中央讲明这些组织形式的作用和意义，在什么情况下可以或不可以运用。

关于干部管理和经费独立问题，我想只要我们把现在的情况反映给党中央，党中央会同意的。这个问题如不能解决，要完成上述任务是不可能的。团中央还是要起党中央青委的作用，现在经常发生一些不良现象，好像没有人管。团中央对下面的支持也很不够，如关于一揽子领导的问题，只要我们把情况综合一下，党中央就可解决。

关于青年活动的场所问题。今后在大中城市里是否可以逐渐普遍地建立青年宫，在小城镇和农村里建立俱乐部。运用这些场所来开展各种各样的活动。

现在在团的干部里有一种离心倾向，对团的工作不感兴趣，总想去做党委和其他的工作。很多干部对自己的业务不大了解。由于干部的流动性过大，工作经验的积累是很差的。因此团中央要经常管这些八九万个专职干部，多多支持和关心他们，多做一些思想工作，逐渐把他们的情绪鼓舞起来。

**吴学谦发言：**

青年团是群众团体，但实际上好像是个政府团体。这就很容易脱离群众，过去依靠群众办事情是很不够的。我们要考虑一下如何使青年团真正变成群众团体。各级团干部的选举都是由党委指定的，选举也只是履行一下手续而已。

如何保证青年团像一个群众团体，真正能够反映群众的意见；团的经费是否采取独立自主，不够向国家申请补助的办法，这些问题团三大应予研究。同时青年团应重视青年的文化体育活动，如在各城市搞青年旅行社等。今后是否可以只要群众团体自己有能力办的事情，就可以办。

关于民主化的问题。包括团内民主和群众民主的问题。现在有些青年知识很贫乏，不会分析一些很复杂的现象，很难独立思考。这次来我国访问的挪威同志反映中国青年好是好，就是社会知识太少了。

**曾德林发言：**

第一，关于培养青年的思想作风和精神面貌的问题。在捷克和南斯拉夫停留的一段时间内，和他们的青年有些接触并且从我国留学生的介绍中知道一些情况。比较起来，我觉得，中国青年思想觉悟是很高的，组织性、纪律性是很强的。这是多年来在青年中进行爱国主义、集体主义教育的结果，而在今后也还要继续加强而不是削弱这种教育。但是现在我们的青年的确存在着思想不活跃，独立思考和独立生活能力差，缺乏勇敢的斗争精神、有话不敢说和知识面过于狭窄的缺点。为了解决这个问题，我觉得，应当更完整地、明确地说明共产主义的教育内容，在加强集体主义、爱国主义教育的同时，应当注意到培养青年刚毅坚强的意志性格，敢说敢为的作风和善于独立思考、独立生活的能力。要打破许多清规戒律，使青年有更多机会去接触更多的事物，扩大知识领域。团中央已注意到了这个问题，报刊也作了一些宣传，但刚一提出这个问题，就遇到了各种保守思想的抵抗，保守思想最主要的根源：一是封建残余思想的影响；二是政治思想工作的教条主义习气。青年团提出了发展个性、培养意志性格、发挥独立思考和主动创造精神的问题，当然要估计到青年中可能产生片面偏激的理解，注意积极引导，但是在当前的情况下提出这一问题，还是正确的。现在的问题是在于领导能不能坚持下去。

第二，关于团的群众化和民主化问题。我是赞成项南同志意见的。但与此相连的，我觉得需要解决以下几个问题：一是应该明确我们青年团的工作内容，与党政如何分工，究竟应该做些什么事，否则工作上同党和行政完全一样，群众化问题就很难解决；二是如何正确地理解党的领导问题。现在下面的干部在工作上经常担心，是不是犯了先锋主义和违反了党的领导？我以为正确地理解党的领导，应该是能够根据党的方针政策，结合青年特点和工作的具体情况放手地去办事情，而不是凭当地党委某一个人的一言一语去办事就算保证了党的领导。在这里，需要团的领导干部有较高的政策水平、敢于坚持方向正确的团的独立活动。对于一揽子的领导，团的干部有很大的苦闷，搞了一揽子，团的系统工作和独立活动都没有了，不一揽子又不行，因为“不服从党的领导”的帽子谁能受得了，不正确地解决如何保证党的领导的问题，群众化和民主化都会落空；三是干部问题，现在干部是数量多、质量差。现在不是干部的水平高低的问题，而是如何从团内认真培养新生力量的问题。我觉得有必要认真总结一下“二大”以来全团究竟发现和提拔了多少甘罗和周瑜？现在年龄大，太老气，脱离群众的现象，在各级团委的干部中仍然是普遍的。当然各个省市保持一定的骨干是需要的，但是骨干也不应单纯以年龄多大党龄多长作标准，而应该是只要他能够比较正确地掌握党的政策，能够实行群众化的工作方法，能够把工作担当起来，就可以算是骨干。既然叫作青年干部，年龄太大了，实在有些尴尬。除了家属孩子等问题外，最主要的是和青年生活、思想格格不入，作风上很少生动活泼，思想上也不免迟钝一些，考虑问题虽较全面，但也容易变成瞻前顾后，畏首畏尾。我认为团的作风民主化和群众化，亟需吸收新鲜血液来充实团的领导机构，包括团中央在内，年龄太大和已不适宜做青年工作的干部，应该慷慨地向党输送一批。这对于工作有好处，对干部本身也是各得其所。

1956年11月6日，座谈会发言者四人：杨海波、章泽、项南、胡克实。

**杨海波发言：**

项南同志提的十个问题是很重要的。为了改团的名称，进一步提高团的战斗力，需要把团的群众化问题解决一下。解决了这个问题，团的活动形式和活动内容会更加丰富，才能从根本上来提高团的战斗力。在工作报告中应该把这个问题突出地提出来。关于口号究竟怎么提，是否提群众化、民主化还可以考虑。的确，群众团体脱离群众，这是最大的危险。解决了这个问题，民主化的问题也就解决了。总结联系群众的经验是需要的，但是现在主要是要从领导思想上加以解决。现在领导接触的面太窄了，仅仅限于开干部会议，干部的思想问题没有解决。在基层组织里也有这些问题，团委书记连支部书记都认不全。因此我同意各级团委精简一些干部，对工作是会有好处的。

**章泽发言：**

“三大”报告的中心思想应该是如何更好的进一步联系青年、动员青年参加社会主义建设。

第一，关于加强对青年的思想教育问题。

第二，关于组织青年参加生产活动的问题。关于干预国家的政治生活和青年团是代表多数的，民主党派是代表少数的提法问题还是应该研究的。这里包含着青年究竟是主人还是客人的问题。中国青年是中国的主人，如果只是站在一边对国家的工作进行批评、揭露、发议论，这种干预就不对了。我认为青年干预国家的政治生活，首先是参加进去的问题。这几年青年参加了国家的政治生活，这是真正的，直接的干预了国家的政治生活。其次，是支持的问题，我们国家办了这么多事情，我们青年应该给予支持。再次，是站在主人翁的地位来批评和揭露我们国家工作中的阴暗面。关于代表多数和代表少数的问题，我认为青年团就不能和民主党派做比较，因为两个阶级的基础不同，同党的关系也不同。共产党是代表多数的，青年团是帮助党的，如果青年团是代表多数，民主党派是代表少数，那么共产党是代表什么的呢？

第三，关于团内外群众的关系问题。从“二大”以来，团结群众的面更宽了，但我们群众化还不够，和群众的关系还不密切。我们只有把团的各方面工作都做好，才能更进一步去联系群众。从组织方面看，我们有以下几方面是做得不够的：一是团内的民主生活不够，团的许多会议缺乏民主风气，缺乏耐心地听取群众的意见的作风。团内的选举也是有问题的，每次选举都只是党内保证，不是真正的自下而上的酝酿后选举出来的。今后要使我们的干部更接近群众，更虚心一些为群众解决更多的问题；二是各级团的组织对干部的爱护不够，我们要求干部做很多工作，但是对他们关心很不够，这也就影响他们的积极性；三是团结多数青年，爱护少数积极分子不够；四是干部对群众负责不够，应当使干部认识对上负责和对下负责保持一致性，这样就会使我们的干部更能够联系群众；五是团的一切群众活动都应该贯彻自愿原则，只要我们能够贯彻这一原则，妨碍个性发展的问题也就可以解决一些了。青年活动应该适应群众的要求，而不是只要求群众适应我们的主观想法，听说五三工厂的活动开展得比较好，就是因为他们采取了自愿原则，参加的人很普遍。青年团是先进青年的群众组织，怎么使干部更接近群众呢？要少搞文件、少开会、多下去。另外要精简一些干部。

第四，关心青年的物质文化生活的问题。在这方面做过了，当前的实际可能是错误的，但是做得“不及”，也会犯错误。在关心青年生活的问题上可以想一些具体措施。

**项南发言：**

我不同意章泽同志说干预国家生活是错的。“干预生活”这四个字是否要写进青年团文件里还可以考虑。这个名词可能是外来的，不一定很适合我们的情感，但是青年团一定要向损害国家人民利益的贪污、违法乱纪、官僚主义、压制批评、漠视人民疾苦等不良现象作斗争，至于是否叫作干预国家生活，我认为关系不大。青年团能够把青年的意见表达出来，这是一件非常好的事情，我们不希望在我们国家里发生波兰和匈牙利那样的事件。但是如果没有充分的民主生活，难免不会发生这种事情，而且在我们国家里并不是没有发生过这种事情，只不过是局部的，规模很小罢了。像云南、四川有些地方不是发生工人罢工、学生罢课的事了吗？我们说干预国家生活的目的，就是为了使我们的青年更加密切地团结在党的周围，更好地发挥青年在建设社会主义中的积极作用，帮助青年更健康地成长。这有什么错误！从现在的情况来看，我们青年团在这方面是做得够了吗？我觉得是很不够的。我记得耀邦同志曾经传达过中央的意见，其中说到我们中央听不到一些共产党员、群众团体所反映的真实情况，有些意见往往是从民主党派方面来的。我不认为这种情况是正常的。我认为青年团应该比民主党派更了解群众的呼声。如果没有别的名词来代替这四个字的话，就讲“干预生活”也未尝不可。苏联作家协会开会的时候，苏联党中央给大会的贺电里说，作家应当勇敢地干预生活。今年三月我们开青年创作者会议的时候，中央的指示也是要作家干预生活，难道这个精神只适用于作家，不适用于青年团？难道干预生活就会有失主人翁的立场？

关于民主党派代表少数，工会、青年团代表多数的问题，我觉得一般地说，这句话是可以讲的，实际上也是如此，工会、青年团就代表多数。如果他不能代表多数，那就叫脱离群众，那就该叫饭桶了。章泽同志说，“青年团要团结多数”，我想别人不会因此就理解为党是团结少数。从过去情况来看，团的工作和其他机关、团体的工作恐怕没有多少区别，如果要团的工作有转变“三大”正是时机。我同意章泽同志关于“三大”总的精神的提法。这次会议要解决的主要问题是如何更紧密地联系青年群众，动员他们实现“八大”新规定的任务的问题，我认为只有这样才算尽了我们这次会议的责任。

**章泽发言：**

我不主张团“干预生活”四个字，多数少数的提法还是值得研究的。

**胡克实发言：**

这次“三大”总的精神应该是：更好地团结全体青年成为勤俭建国的先锋；充分地发挥这几年来的工作成绩和经验，改正缺点。今后青年团要解决三个问题：一是放手开展活动，改善工作方法。这几年我们着重领导青年为社会主义去战斗，主要搞了政治运动和生产运动。这是我国青年运动的好传统。这些活动也是我们领导联系群众教育青年的最大的方面，同时也是符合青年为祖国做一番事业，立一点功劳要求的。有许多活动我们还没有展开，今后需要继续开展。我们怎样组织青年参加社会主义建设呢？党中央已经有了指示，就是按照青年特点开展独立活动。这次“八大”的政治报告里也给青年团指出了活动问题和民主化说服教育问题。一般来说，党所指示的开展独立活动的方针，近年来在青年团的实际工作中是得到普遍执行的；二是共产主义教育和民主化的问题；三是代表群众和自治权利的问题。这是团没有解决好的问题，大家反映官办味行政味大了。反映在团内是民主生活不够，反映在团外是对群众正当要求的鼓励、研究、支持不够，很多罢课罢工就是这个原因，如果能及时代表群众，督促行政解决，问题不会闹大，也容易把群众引上正路，如西南师范学院的问题在《中国青年》杂志上登了一下，就促进了问题的解决。现在团的组织讨论群众意见和群众问题太少了，组织生活就是轮流检讨那一套，再就是行政任务负责保证，只有这些，大大不够，还应该讨论群众所提出的意见，反映群众的呼声，提出团的主张和向行政建议。其实这是一个提高团员思想水平和工作能力的好办法。今后，民主讨论的空气要更浓一点，尊重团员权利的东西要更多一点，如处分允许申诉，不同意见可以保留，投票可以自由，支部应按期报告执行团员意见的结果。从团外来说，青年团和几种人的关系是比较紧张的，一种是华侨青年、一种是宗教青年、一种是资产阶级青年和社会关系复杂的、一种是对某种现状不满爱发牢骚的人、一种是曾经犯过错误或历史上有些污点的人,他们反映青年团是很可敬可亲的。我们要采取一些措施来解决这个问题,如把召开代表会议、座谈会等形成制度。学联的作用过去看得消极了些,今后适当地加强一下还是有必要的。

另外,领导机关的问题。我们领导机关的工作方法不够群众化,不够生动活泼,青年团的工作应该是从青年的需要出发,主要抓青年团能够涉及的问题和应当负责的问题。有些要出主张的,有的只是反映情况的,有的要搞文件,有的不搞文件,登篇文章或者只讲讲就行。有的是解决根本问题的,有的是解决当前某些问题的,有大决议,也有小决议,有的是要拿半年一年时间搞成的,有的是马上动手,短期办好的。我们的工作不是一种规格而是几种规格,大大小小、形形色色、各得其所各有所用,这样劲头愈来愈大,好东西也会越多,青年团的特性就会显得更充足。自主权的问题。这是两方面的问题,一方面是独立工作和系统领导的问题,要求党委不要统得太死,什么都搞办公室,调干脱产,不是个好办法。另一方面是人和钱的问题。青年团分管干部是否还要有个过渡办法,我看不必要,要管就和宣传部、工业部一样地管起来。

1956年11月8日,座谈会发言者:罗毅。

**罗毅发言:**

大家发言中好像没有什么争论。项南同志提出的自治问题、民主化问题是否要在报告中就那样提还可以考虑,但从实际情况来讲,这是需要解决的问题。章泽同志的意见,我基本都同意。

工作报告如何写,克实同志提出的方向是对的,还是要讲讲形势和任务。青年团的改名,也是在新的形势和任务面前提出的,反映了形势对团的要求,也反映了青年觉悟的提高。青年团工作任务是什么,党章和"八大"报告已经写了,不外就是那些问题,也就是说在新形势下党要求青年团把工作做得更好,更好地组织青年、带领青年在国家建设事业中发挥更大的作用。为了迎接这个任务,青年团在各方面工作上应该继续发扬过去好的东西,克服不好的东西。同时,应该考虑,改名以后团的工作如何提高,如何在广大青年中产生更大的影响,如何更好地团结教育青年、引导青年参加社会主义建设;提高的结果是使青年团更能团结青年,更加群众化,更能反映广大青年的意志和要求,能帮助青年进步和组织青年建设祖国的行动。

一般地说,青年团是党的政策的宣传者和执行者,这一点我们过去是明确的,现在是明确的,今后也还要这样做。同时,青年团又是广大青年的意志和要求的代表者，应该充分地反映青年的意志和要求，这一点我们过去做了，但在实际工作中，注意反映来自青年的东西的观念在干部中是不够的。正如项南同志所说，我们的干部往往只知道自己的上司是党和上级团委，任务是党和上级团委提出的，而不知道自己的上司又是群众，任务同时又是群众中提出的，因此上级不指示自己就不知道应该干什么了。我们建立青年团，不仅仅是党的需要，同时也是青年的需要。过去党委对青年团的反映是好的，能够很好地执行、贯彻党提出的任务。青年对我们是否很满意呢？当前总的方面说也满意，因为党所提出的任务和政策也反映了青年的意志和要求，青年团很好地执行了党的政策。但是应该说，青年团与青年的关系并不是很密切了，在我们的活动中自上而下的东西多，自下而上的东西少，特别是听取群众意见、关心群众生活不够。这就产生了这样的问题，青年团的工作作风、工作内容同党委、政府部门的区别不大，青年特点不很显著。当然区别也有的，比如发展团员，也替青年做了一些事情，照顾了青年的一些特殊要求。现在的问题是，对号召青年搞生产、搞建设等大的问题是注意了，这是对的，今后还需继续注意，但在其他方面，比如关心青年长身体、长知识，照顾青年的特殊要求和解决青年的日常生活中的问题不够。

青年团的作风和工作方法问题，耀邦同志在“八大”的发言中解决了半个问题，也就是在一些比较重大的问题上做了一些工作，开展了一些独立活动。如果说我们的工作有进步，也就在这里。但是在开展独立活动方面还有问题，大家对独立活动的认识还不完全一致，有些同志把独立活动了解得很狭隘，认为就是搞大活动，甚至于感到没有这种形式青年团就没有特点了。我认为依靠青年的组织，主动根据当时当地的情况，按照青年的特点，进行的各项为青年所需要，而又有益于社会主义建设的活动都是独立活动。独立活动应包括多方面，不仅包括经济、政治方面的活动，也包括文化、体育、思想教育，青年生活等方面。各地青年起来支援埃及反对英法发动侵略战争的游行示威也是独立活动。当然今天的问题主要是劳动问题，亦就是建设社会主义的问题，抓这个问题是对的，但是我们的活动应该是多方面的。独立活动的规模也应该是大大小小的，有全国的、省的、县的、基层的、小组的。这就回答了省市没有团中央的号召就好像没有活动的问题。我们的报纸宣传报道中除了注意大的、全国性的活动以外，也要注意大大小小的活动。同时独立活动也不仅仅是突击性的，我们除了注意在重大紧急任务来时向青年号召以外，还应该注意经常的活动，而且应该用最大的力量去搞。过去我们也提过这个问题，但是实际上我们只注意了大的活动，而对经常的、一般的活动不大注意。比如小组不开会讨论问题，不研究解决当时当地青年中的问题不是少数。许多地方用一揽子的干部会代替了一切，团支部三个月，甚至半年不开会的也不是少数。但是不搞经常工作，我们的突击作用也很难充分发挥出来。虽然突击活动能影响、推动经常活动，但对经常活动也应该加强。比如一个自然村有几十个青年，原来生产都很积极，后来有些青年不积极了，团小组就应该解决这个问题。这个工作对团组织发挥更大的突击作用，领导青年参加建设和教育青年都是很重要的。

还有不仅要注意青年中的先进部分，更重要的是通过先进带动广大青年前进。过去我们总是用对待先进分子的一套办法去对待中间分子和落后分子，因而就行不通，就常常出现强迫命令。青年团要注意先进分子的工作，但积极分子怎样起模范作用和桥梁作用是需要解决的。另外，基层组织的问题也需要好好解决一下。

团的组织机构是可以考虑，我大体上同意项南同志的意见。青年团管干部的问题需要与中央谈一下。《中国青年报》几年来做了许多工作，有进步，但更好地反映青年的实际要求，指导青年的生活、斗争还是差一些。项南同志提出青年的活动场所问题，我看可以解决，可以用团费搞一些。

团中央将这四次座谈会的发言记录汇编成册，1956 年 12 月 3 日以团中央办公厅名义下发给团省市委并附通知，通知中写道：团中央书记处最近连续举行了四次会议讨论全国第三次团代会的准备工作。团中央书记及各部的许多同志都发表了意见。现将团中央书记处讨论“三大”准备工作的会议记录发给你们。请你们在团省委各书记之间传阅，不再下达。另外，你们对“三大”的准备工作有何意见，也请随时告诉我们。

对团中央书记处召开的四次讨论团三大筹备工作座谈会的发言情况，笔者作了实录式的介绍，笔者深信读者会从中得到宝贵的启迪。我们读后深感每篇发言都是经过发言者深思熟虑，认真准备的，他们勇于创新，充满责任感和事业心，大家畅所欲言，即使遇到有不同意见时，如对团的独立活动的认识不一，对“干预国家生活”问题有分歧，但都能平心静气地说理和辨析。这就是当年那一代团中央书记和各部门负责人的政治文化素养和品格的表现，同时，也使人看到青年团中央机关良好的政治生态和团内民主生活状态，特别是批评和自我批评蔚然成风。例如,他们提到看到青年优点而忽视青年的不足,重视青年马列主义毛泽东思想的学习和教育,而轻视对青年科学、文化技术的学习与教育;在动员青年为祖国人民利益而奋斗的同时,却对青年的疾苦和特殊而合理要求关心不够等等,都是值得我们学习、继承和发扬的。最后笔者还要说的一点是,后来这份四次座谈会发言记录使一些发言者受到伤害,特别是1958年召开团的三届三中全会进行“服从党的领导”的整风中,项南、梁步庭受到重点批判,项南同志还受到撤职降级处理,这个错案直到党的十一届三中全会之后,才得到平反。

**3.关于团三大代表名额和选举办法问题**

代表选举是筹备团三大的重要问题,也是开好团三大的根本任务。1956年3月7日,团中央就专门对团三大代表名额分配选举办法做规定,并发了文件。

文件指出,团三大代表总名额为1500人,代表名额计算方法:每1.2万名团员选代表一人;在一个选举单位,团员不足1.2万人者,也选代表一人;鉴于团员分布不平衡的情况,团员数量较少的选举单位分别增选代表9至20人;团员数量较多的选举单位分别减少代表名额10至18人,一个代表团的代表名额最多不超过100人。

按照上面规定的原则,团中央对各选举单位的代表名额分配如下:北京27人,天津23人,上海40人,河北100人,山西45人,内蒙古30人,辽宁67人,吉林36人,黑龙江46人,陕西36人,甘肃30人,青海10人,新疆26人,山东100人,江苏88人,安徽64人,浙江44人,福建39人,河南100人,湖北55人,湖南66人,江西43人,广东60人,广西37人,四川100人,贵州32人,云南35人,西藏5人,台湾3人,部队100人,中共中央直属机关5人,中央国家机关8人。

对代表的要求,文件指出,代表中应有各级团委的干部和适当数量的各方面的英雄模范人物;除部队以外,妇女代表不得少于20%。代表如何产生,团中央要求出席团三大代表,要分别由各省、自治区、直辖市、中央国家机关、中共中央直属机关团的代表大会选举产生。部队的代表产生办法,由部队的政治机关规定。团中央还提出,各选举单位可以选举候补代表一至五人。候补代表在没有递补为正式代表的时候,不出席会议。团三大代表何时选出?团中央要求,应在9月底以前选出并报团中央。

当团三大1957年5月在北京全国政协礼堂召开时，实际出席大会的团的代表为1493人。

## 二、团三大决定将中国新民主主义青年团改名为中国共产主义青年团问题

团的改名是团三大会议的一个重要议程。但会前团要改名这件事，在全团和在青年中已是公开的几乎是人人皆知。为什么这样说呢？因为提出这个问题是在1955年9月召开团的二届三中全会的时候。团的二届三中全会通过了《关于召开青年团第三次代表大会和建议更改中国新民主主义青年团的名称为中国共产主义青年团的决议》。关于改名问题，决议说："鉴于我们国家的新民主主义革命时期已经终结，全国人民在党的领导下已进入了伟大的社会主义革命的新时期，党和国家所制定的社会主义建设和社会主义改革的总任务，已经给青年团提出了新的任务和新的要求，因而中国新民主主义青年团这一名称已不能确切地体现青年团组织的性质和任务。广大团员和青年由于社会主义觉悟的不断提高，也十分希望更改团的名称。为此，青年团第二届中央委员会第三次全体会议建议，在第三次全国代表大会上将'中国新民主主义青年团'改为'中国共产主义青年团'，并责成常委会组织专门委员会负责修改团章的工作。修改后的团章草案必须于1956年上半年公布，经过全国的广泛讨论之后，提交第三次全国代表大会讨论通过。"

这份团要改名的决议得到党中央领导的重视和批准，集中表现在1956年9月召开的党的八大上。刘少奇在党的八大作的政治报告中明确宣示："已经拥有二千万团员的中国新民主主义青年团，最近即将改名中国共产主义青年团。"邓小平在党的八大作修改党的章程的报告中说道："青年团中央委员会已经决定向即将召开的青年团全国代表大会建议，把它的名称改为中国共产主义青年团。党中央认为这个决定是正确的。"

在这次大会上，我们党把"党同共产主义青年团的关系"作为第八章写进新的党章："中国共产主义青年团在中国共产党领导下进行自己的工作。青年团中央委员会受党中央委员会的领导。青年团的地方各级组织同时受同级党组织和青年团上级组织的领导。""共产主义青年团是党的助手。在社会主义事业的各方面，青年团组织都应当是党的政策和决议的积极的宣传者和执行

者。在发展生产、改进工作、揭露和消除工作中的缺点和错误的斗争中，青年团组织应当给党以有力的帮助，并且有责任向有关的党组织提出建议。”“各级党组织应当密切地关怀青年团的思想工作和组织工作，领导青年团用共产主义精神和马克思列宁主义的理论教育全体团员，注意保持青年团同广大青年群众的密切的联系，并且经常注意青年团领导骨干的选拔。”“共产主义青年团团员在被接收入党并转为正式党员以后，如果在青年团的组织内没有担任领导工作和专门职务，应当脱离共产主义青年团。”

邓小平在党的八大作关于党的章程的报告中，特别讲到：“党章草案指明了党同青年团的关系，要求各级党组织密切地关怀青年团的思想工作和组织工作，领导青年团用共产主义精神和马克思列宁主义的理论教育全体团员，注意保持青年团同广大青年群众的密切的联系，并且经常注意青年团领导骨干的选拔。青年是我们的未来，我们一切事业的继承者。因此，我们相信，各级党组织一定不会在执行这些任务的时候，吝惜自己的精力。”

党章是全党最高的法规，全党都要遵守的，可谓崇高又神圣。我们党在团三大召开之前把共产主义青年团载入新党章中，是令人鼓舞和自豪的。

虽说团要改名已为人所共知，但在 1957 年 5 月在北京举行新民主主义青年团全国代表大会时，团的改名仍是引人注目的一个重要议程，因为团的全国代表大会是全团最高的权力机关，团的改名毕竟是件大事，必须经过代表大会的审议和批准，才算最后完成了它不可缺少的正式的法律程序。经过大会认真讨论和审议，5 月 24 日，通过了《关于将中国新民主主义青年团改名为中国共产主义青年团的决议》。决议中说：“大会在认真讨论了团的二届中央委员会提交大会审议的更改团的名称的建议以后，认为：由于新民主主义革命在我国绝大部分地区早已完成，社会主义革命已经取得决定性的胜利，中国新民主主义青年团已经完成自己的历史任务。广大团员正在为把我国建设成为一个伟大的社会主义工业强国而辛勤劳动着，并且把在将来实现共产主义当作自己崇高的理想，在这种情况下，再把我们团的名称继续叫作中国新民主主义青年团已经不合适了。为了确切地反映我们团所担负的政治任务和广大团员的意志，大家一致通过将中国新民主主义青年团改名为中国共产主义青年团。”“大会认为，为了继承和发扬我国青年运动的光荣传统，应该将改名以后的全国代表大会和过去的中国社会主义青年团，中国共产主义青年团以及中国新民主主义青年团历次全国代表大会相衔接，依照次序加以排列，把下一次团的全国代表大会定名为中国共产主义青年团第九次全国代表大会。”按这样推算，这次团三大应为团八大。

团的改名，大家都很高兴，感到荣耀，但对改名为中国共产主义青年团，究竟意味着什么却想得不多。

写到这里，笔者想到了邓小平在团三大祝词中一段语重心长的话：“用共产主义青年团作为我们这支青年先进队伍的名称，不只是给全体青年团员带来了巨大的光荣，而且也在中国青年的肩上放上更为繁重的任务。这个任务，就是在党的领导下，用共产主义的精神教育青年一代，团结全体青年积极参加建设社会主义的劳动，以便尽快地把我国建设成为一个伟大的社会主义工业国，为将来实现共产主义准备条件。”让我们牢记这个忠告吧！

团在重建时，团的名称为什么叫中国新民主主义青年团，现在又为什么改名为中国共产主义青年团？罗毅在团三大上团章修改情况的报告中，对此有全面的历史回顾和精准的回答。他说：“1949 年当我们青年团开始建立的时候，我国人民正在伟大的中国共产党的领导下，同国民党反动派进行着最后的决战，中华人民共和国还没有成立”，“到 1953 年举行团的第二次全国代表大会的时候，我国民主改革已经完成，党向全国人民推行社会主义改造和社会主义建设的任务”。“在短短的八年中，我国青年在中国共产党的领导下，经过了两次革命斗争的锻炼，精神面貌已经有了显著变化，社会主义觉悟大大地提高了。我国青年正在为把我们伟大的祖国建设成为一个社会主义工业强国而辛勤地劳动着，并且把进一步实现共产主义当作自己崇高的理想，中国新民主主义青年团已经完成了自己的历史任务。很显然，在这种情况下，再把我们团的名称继续叫作中国新民主主义青年团，已经不合适了。我们应当根据广大团员和青年的热烈愿望，把团的名称改为中国共产主义青年团。”

在团的历史上有两次改名，第一次改名是由中国社会主义青年团改名为中国共产主义青年团。那是 1925 年 1 月召开社会主义青年团三大时决定的。为改名，大会在发表的宣言中称：“共产主义是帝国主义、军阀以及一切反革命派所最恐怖的名词，我们正应当很勇敢地揭示我们共产主义者的真面目，让他们在我们的面前发抖。”当年，团的前辈们坚持共产主义理想信念的勇气和胆略，令人钦佩。第二次改名，就是这次由中国新民主主义青年团改名为中国共产主义青年团。两次改名的历史背景、时代环境和面临的任务有很大的不同，但坚持共产主义的理想信念仍血脉相连，没有变。至今 60 多年过去了，还叫中国共产主义青年团，仍高举共产主义的旗帜，不忘初心，团结带领全国各族青年，跟党走，继续前进！现在虽然进入了新时代，仇视共产主义的敌对势力仍十分猖狂，我们应学习革命前辈，像他们那样坚定地反击敌人的任何进攻。我们深信，只要在党的领导下，努力做好我们自己的事，胜利一定属于共产主义。记得一位哲人曾说过一句名言：让他们狂吠去吧！走自己的路！今年，我们亲爱的党，就要召开党的第十九次全国代表大会，这是全国人民政治生活中的一件大事。接着，共青团也要召开第十八次全国代表大会，让我们动员起来，用实际行动来迎接这两个大会的召开。

## 三、关于取消后备军提法的问题

团三大正式开幕前的 1957 年 5 月 11 日，党中央政治局讨论团三大文件时，刘少奇提出取消后备军的提法，他说，“后备军问题，还是不许这个愿好。组织上都成为共产党员是不可能的，也是不适合的。有些口号讲开了也要审查一下，我们有许多口号是可以改的。但是也要和他们讲清楚，组织上不一定都成为共产党员，但思想上、品质上和共产党员一样是可做到的，是应当努力的。有党外的布尔什维克，有党外的共产主义者。在这里，要给他们讲点道理，只要我们信仰共产主义，只要和群众的关系很好，有马克思主义世界观，不入党也可以起到共产党员的作用。”①

关于后备军的提法，出于刘少奇代表党中央在 1953 年 6 月 23 日召开的团的第二次全国代表大会开幕式上的祝词。当年他这样说：“作为党的助手和后备军，中国新民主主义青年团的全体团员就要努力学习马克思列宁主义，提高自己的共产主义觉悟程度”。“作为党的助手和后备军，中国新民主主义青年团的全体团员就要巩固自己的组织，为自己组织的纯洁性和严肃性而斗争”。“作为党的助手和后备军，中国新民主主义青年团的全体团员就要高度地发扬爱国主义和国际主义的精神，把保卫祖国、建设祖国的伟大事业与保卫世界和平的伟大事业紧密地联系起来。”

现在刘少奇却提出不提后备军了。由于刘少奇是党内公认的毛泽东主席

① 团中央办公厅编：《毛主席和中央负责同志关于青年工作的指示》（第三部分），内部资料 1963 年 1 月，第 45 页。

的接班人，在党的八大选出的几位副主席中排在第一位，所以他的意见一定是得到尊重的。

在这次政治局会上邓小平最后作结论时，首先发表了对团中央草拟的几个团三大文件的意见，他说："这个报告稿子（即工作报告——笔者注）基本上是好的，建议中央政治局会议通过这个稿子。现在看来，篇幅小了点，当然好，不能再扩大了。现在的数目字也可以。这个稿子的某些地方对实际材料的总结差一点，可以通过预备会议议论一下，可能的话就加一点。""团章是比较好的，听说你们在讨论中有一个反映，觉得团章总则写得不太过瘾。总则不要过多，分量要恰当，不要像党章总则那么多。"最后，说到后备军问题，邓小平说："后备军问题，团员入党只能是一部分，不可能大部分入党。'后备军'可以不要了，但是要说清楚。"当参加会议的胡耀邦提出，大家对这个名字很亲切、有感情时，邓小平回应说："大家一定要加上，就提请政治局考虑"。但最后还是取消了"后备军"这三个字。

事隔多年后，"后备军"三个字又出现在1982年9月召开的党的十二大通过的新党章中。在"十二大"党章第十章《党和共产主义青年团的关系》中这样写道："中国共产主义青年团是中国共产党领导的先进青年的群众组织，是广大青年在实践中学习共产主义的学校，是党的助手和后备军。"接着，12月召开团的第十一次全国代表大会通过的团章中也就恢复了"后备军"三个字，为此，在《关于修改团的章程的说明》中特别对"后备军"作了一个说明，全文如下：

"我们党历来把共青团作为自己的助手和后备军。1949年4月，任弼时同志代表党中央在中国新民主主义青年团第一次全国代表大会上所做的工作报告中，就向青年提出了'培养出千千万万有高度政治觉悟又有坚强的实际工作能力的优秀的革命后备军'的任务。1953年6月，中国新民主主义青年团第二次全国代表大会将'后备军'正式载入团章。后来，出于团员不可能全部入党的考虑，没有再把'后备军'再载入团章。这次重新把'后备军'写进团章，其主要根据是：第一，党的'十二大'通过的新党章，增写了'党和共产主义青年团的关系'一章，明确规定共青团'是党的助手和后备军'。胡耀邦同志在党的'十二大'政治报告中还指出：要使共青团'充分发挥党的助手和后备军作用'。这些，说明新的历史时期，党十分需要共青团发挥后备军作用。第二，建团以来，共青团始终担负着为党培养新生力量和向党输送新鲜血液的任务，事实上已经发挥着党的后备军作用。正如邓小平同志在党的八大修改党章的报告中所指出的:‘共产主义青年团的整个历史表明,它是党的可靠的后备军和有力助手。’第三,广大共青团员和团的干部对‘后备军’的称号很有感情,十分亲切。在近几届团的代表大会上,代表们屡次要求把‘后备军’载入新的团章,在筹备团的十一大过程中,这种愿望更加强烈。第四,‘后备军’称号同助手联在一起,可以更为完整地体现党和团的亲密关系,使团的性质的阐述更为完备。至于可能被误解为所有的团员都要入党的问题,只要我们做出正确的解释,是可以避免的。我们相信,将‘后备军’重新写入团章,必将使全团的各级组织,更为自觉地担负起为党输送新鲜血液,为党和国家培养输送年轻干部,为共产主义青年团事业培养接班人的重任;必将使广大团员更为严格地要求自己,自觉地接受团内的教育和训练。”

笔者认为关于后备军提法的变化,从上面所引述的历史文件摘录中已很清楚了,笔者的梳理也到此结束。

## 四、团代会上搞不搞整风问题

1957 年 5 月 15 日至 25 日,团三大在北京召开期间正值中国共产党开展整风,正动员各民主党派、无党派人士、工商界、教育界等向党提出批评与建议,帮助党整风,纠正党的主观主义、官僚主义和宗派主义的脱离群众的现象。

在这之前,4 月 27 日中共中央《关于整风运动的指示》指出:为了适应我国由革命时期转入建设时期的新形势,为了克服近几年来党内新滋长的脱离群众和脱离实际的官僚主义、宗派主义和主观主义,有必要在全党进行一次普遍深入的整风运动,以提高全党的马克思主义的思想水平,改进作风,适应社会主义改造和社会主义建设的需要,更好调动一切积极力量,团结一切可能团结的人。为建设一个伟大的社会主义国家而奋斗。《指示》还强调,整风以 2 月毛泽东在扩大的最高国务会议上和 3 月中央宣传工作会议上的两个报告为指导思想,以正确处理人民内部矛盾为主题,按照“从团结的愿望出发,经过批评和自我批评,在新的基础上达到新的团结”的方针,进行既严肃认真又和风细雨的思想教育和恰如其分的批评和自我批评,达到“惩前毖后,治病救人”的目的。

4 月 30 日,毛泽东邀集民主党派负责人和无党派民主人士进行座谈,讲明整风的意义,表明共产党的真诚态度,欢迎民主党派和无党派民主人士帮助共产党整风。5月1日，《人民日报》发表中共中央《关于整风运动的指示》，5月2日，发表题为《为什么要整风》的社论，广泛开展整风运动的宣传动员，广大群众和爱国人士积极响应号召，向各级党组织和党员干部提出大量批评和建议。5月4日，中共中央发出《继续组织党外人士对党政所犯错误和缺点开展批评的指示》特别提到“最近两个月，各种党外人士对党政所犯错误和缺点的批评，大多数是中肯的，对于党和人民政府改正错误，改善工作，提高威信，加强团结，极为有益。应当继续展开对我党错误的批评，不要停顿和间断，以利我党整风。对于一些不正确的批评和不正确的观点，应当予以反批评，不应当听任错误思想流行，而不予回答。”

在党中央一再指导和动员下，社会各界纷纷向各级党政人员进行批评，有的还十分尖锐，报刊也大量报道。在这种社会舆论和气氛的影响下，团三大发生了两件事：一是黑龙江代表团几位代表受社会鸣放整风的影响，不满大会的气氛，写信给党的总书记邓小平提出改变大会开法，开展鸣放整风；二是《中国青年报》派到团三大的报道组负责人、记者部副主任王亚生写了题为《团代会离整风精神十万八千里》的大字报，批评团三大没有贯彻党的整风精神，开展批评不够，不合乎“鸣放精神”，与社会上的气氛，距整风精神有“十万八千里”之遥。

关于这张大字报，笔者拟多说几句。这张大字报出笼时，虽吸引人的眼球，但并未出现代表们“无不驻足观看”的程度，因它的敏感度是显而易见的，周围不知有多少双眼睛盯着呢！以至当年见过大字报的人，都无法细说大字报内容，更没有把大字报抄录下来，甚至大会文档中也未见抄件保存下来。另外，有人说这篇大字报“打头签名”的是《中国青年报》记者部主任丁望，笔者对此表示质疑。因为这张大字报，笔者和许多参会老同志都知道执笔者是王亚生。笔者在1990年岁末，收到老友《中国青年报》著名高级摄影记者铁矛为纪念中国共产党成立80周年和中国青年报社成立50周年选编的《影像回望——青年报人》一书。该书有这样一段话可以为证：

1957年夏秋之交的反“右派”运动初期，我还在新疆采访，收到报社电报，命令我火速回京参加反“右派”运动。大约在6月底前后，我回到报社，即刻感到空气十分紧张，大字报贴出了许多，像张黎群同志在记协召开的大会上的发言已在新闻界引起了强烈反响和批判，对王亚生在团的“三大”放火（即指《团代会离整风精神十万八千里》的那张大字报——笔者注）的批判，特别是批判陈模、刘宾雁的大字报很多。

那么，丁望是否也参与此事了呢？笔者找过当年同丁望一起蒙冤、曾任中国青年报副主编的老友高炜查询。高炜听我说有人指认丁望是王亚生那张大字报“打头”签名人时，断然否认。我探询丁望的夫人孟岗是否还健在，可否问问她。高炜老友即通过微信同孟岗联系，高炜告诉我，孟岗只回复了三个字“不知道”。高炜又找当年曾任张黎群社长机要秘书的武芝莲。20 世纪 50 年代，笔者与武芝莲、罗征敬去中央秘书局抄录过党团文档。武芝莲说她曾看过丁望的有关档案，其中没有这一条。笔者在此衷心感谢这些老友的热心支持，同时也为自己能替老友丁望辨诬尽力而感高兴。丁望是一位很有才华和很有理性的人，但在反右运动中被错划为右派，20 世纪 80 年代得到彻底平反后，曾任《经济日报》副总编，后又任《中国工商日报》总编辑。有哲人说过，“是金子总会发光的”，在老友丁望身上亦获验证了！

另外，邓小平接到黑龙江代表团几位代表的信后，于 5 月 21 日给胡耀邦写了一封信。信全文如下：

耀邦同志：

黑龙江几位代表同志的信我看了，对于他们提出的意见，请你们大会主席团讨论并给予答复(我没有直接答复他们)。

我个人同意你们大会现在的开法，因为照顾到各方面的影响，把整风和大会分开一下是可以的。

但是，我认为各地同志应该有机会畅所欲言，把他们对领导上和工作上的意见讲出来，包括对党中央和对各级党委的意见在内，都讲出来，因此，我建议在大会闭幕之后，代表多留几天，以代表团或小组为单位，专门搜集代表们的批评和对工作的意见。届时，党中央将有一些工作人员参加，听取青年团的同志们对党的领导的意见。

上述建议是否可行，请你们主席团或新的团中央加以考虑。

此致

敬礼！

邓小平　五月二十一日

胡耀邦和团三大主席团得到邓小平同志信后，受到很大鼓舞，一切照办。由于邓小平同志的正确指引，排除了干扰，保证了团三大的圆满成功，很好完成了大会的使命。

团三大结束后，新选出的团中央书记处便召开了团省、市委书记会议，贯彻整风精神，请大家畅所欲言，提出意见，汇总有关对党中央、对团中央及团代会的意见简报，报送邓小平审阅。5 月 31 日，邓小平到会发表重要讲话时专门讲到团三大要不要搞整风，要不要鸣放的问题。

邓小平说，在大会期间我曾经写了一封信给你们大会的主席团，认为把大会和整风分开来是可以的。你们的主席团赞成了我这个意见。要在大会当中鸣放，是正确的还是错误的呢？肯定地说是错误的。你们的大会主席团没有接受这个意见我看是对的，即便是一般的大会也不应该这样做。请你们仔细想一想，如果团的机关整风提出鸣放，那是没有关系的，但如果以某一个团省委名义发表了谈话，那性质就不同了。团的代表大会就更加不同了。鸣和放的意见，无非是说你们“不民主”，说党对团的领导又如何如何。这些意见应该讲，我不是说这些意见不该讲，但这些话在会前和会后讲性质就不同。在代表大会上批评这、批评那，这是说明什么呢？这是什么样的代表大会呢？党是讲政治的，青年团也是讲政治的，这会形成一个什么情况呢？你们考虑过这个问题吗？我说这是不利的。

邓小平又说，我在信里所说的“各方面的影响”，不仅指对外国人的影响，当然这个大会在国际上是有影响的。特别是中国的党，中国的团，不能不照顾到这个影响。讲这种话的人没有把问题想周到。这些同志提意见是好意，觉得外面搞得这么厉害，我们一点民主也没有，但是他没有想得更宽一点，没有看形势，看大会本身的形势，看国际的形势。如果你们在大会鸣放，《中国青年报》整篇整篇地登。那么有的报是最高兴登你们消息的。有些同志没有想到这一点，你们不是总结大会的经验吗？我就给你们总结一条，就是这么做是不正确的。是不是提的意见不正确呢？不是的。意见提得也对，但是应该找另外一个时机提出来，在那样的情况下提出来就是不对的。是不是会乱呢？也不会，是不是就不得了了呢？也不是的。无非是到处做文章，无非是法新社、美联社登这些文章。这样做对你们共青团并不光彩。在座的同志要注意这个问题，不要凭一时的感情冲动。你们刚才不是说青年干部有弱点吗？这就是一个弱点。这一点要说对你们的批评也可以，不过我觉得把这一点提出来，可以提高大家的水平。①

① 共青团中央办公厅编《毛主席和中央负责同志关于青年工作的指示》（第三部分），内部资料 1963 年 1 月，第 239—241 页。

邓小平怀着一个老一辈无产阶级革命家对年轻一代共青团干部的无比关怀之情，循循善诱，语重心长地分析事情的是非曲直，目的是吸取教训，“提高大家的水平”。

笔者作为过来人，在梳理这件事的过程中，重温邓小平50多年前的讲话，仍感到亲切、启迪、警醒。首先，笔者牢记邓小平说的“党是讲政治的，青年团也是讲政治的”这句分量很重的话。我们说一个年轻干部成熟了，成长起来了，主要表现在政治上既有坚定的政治理想和信念，又有鲜明的政治立场，关心国内外形势和大事，顾大局、争奉献，坚决和党中央保持一致。为此，笔者期盼全团倡导和形成一个人人关心政治、讲政治的风尚，这也是党要求团“政治性、先进性”的应有内涵。其次，应该重视邓小平对青年干部弱点的批评。笔者认为邓小平指出的年轻干部的这个弱点，是带普遍性和本质性的，是十分准确的。邓小平是长期在我军担任政治工作的高级领导人，而我军中百分之七八十是青年，在这个青年群体中有各式各样的青年。他对自己的工作对象了如指掌，所以在讲话中着重指出青年团干部普遍存在缺乏政治社会经验，不善观察形势，说话办事对其后果和影响考虑不周全，容易“凭一时感情冲动”行事等政治上、思想上不成熟的表现，是语重心长而中肯的。对此，我们年轻的共青团干部在成长中一定要努力克服和解决才好。再次，遇事重视总结，善于吸取有关的经验教训。邓小平通过这件事，帮助年轻的青年团干部细致地进行总结，以吸取经验教训，达到“吃一堑长一智”的目的。笔者认为，年轻干部的成长，不可能都一帆风顺，总会遇到各种的挑战、挫折。怎么办？学会自觉地进行反省，化消极因素为积极因素，把坏事变为好事。笔者深信，年轻干部如果学会和掌握了这一点，必然会很好、很快地成长成熟起来。

## 五、关于团三大提出“劳动、学习、团结”六字方针问题

“劳动、学习、团结”是团三大的主题，工作报告以这六个字为中心展开阐述是贯彻了党中央指示的。这也是邓小平十分看重的。1957年5月11日，党中央政治局讨论和审定团三大文件，邓小平说：“报告总的精神是六个字：劳动、学习、团结。这作为团的一个时期的方针，特别是劳动，是中心的中心；学习上强调向老一辈学习；团结上强调反对宗派，组织建设方面强调紧一点。这就是报告的精神。”但是，在团三大会上讨论时，议论纷纷，认识不一。有的认

为对这六个字并不陌生，读过毛泽东 1939 年 5 月 4 日发表的《青年运动的方向》一文便见过。毛泽东在赞扬延安的青年运动是全国青年运动的模范时说："延安的青年们是团结的，是统一的。""延安青年在干些什么呢？他们在学习革命的理论，研究抗日救国的理论和方法。他们在实行生产运动，开发了千万亩的荒地。""中国古代在圣人那里读书的青年们，不但没有学过革命的理论，而且不实行劳动。"①现在党已执政，祖国已进入社会主义革命和建设的新时期，为什么还确定"劳动、学习、团结"为新历史时期的任务？有的认为，从团的二大到现在，团按照青年特点，开展团独立活动，取得了很大成绩，也创造了许多新经验，把"劳动、学习、团结"作为根本经验来总结，感到不满足等等。

后来，邓小平看到有关的会议简报，便在 1957 年 5 月 31 日同团省、市委书记的谈话中，特地详细地说到这个问题：

"你们这次大会提出的'劳动、学习、团结'六个字的方针，我看是提得好。这个六个字的方针就是总结了工作。你们不是说总结经验不够吗？什么叫总结经验呢？这六个字就是总结了主要的经验。你们可以仔细的想一想'劳动'这两个字，实际上党也在总结这个经验，在整风指示中讲了这个问题。另外，还发了一个领导干部参加劳动的指示。你们也讲了这个问题，而且专门规定以后要逐步做到很多干部都要是参加过劳动的。这是一个根本性的问题。为什么要提这个问题呢？党的指示里已经讲得清清楚楚。脱离生产有危险性。现在的青年，一些成年人也是一样，都喜欢进学校、进大学。然后去当干部。当然没有人当干部是不行的。然而都要去当干部，就是个危险，这个危险的本身，就是脱离群众的倾向。如果这个思想发展下去，是不是将来还要搞一次革命，那就很难说了。这是一个根本性的问题。这是从哪里来的呢？是从这几年我们脱离群众的现象发展来的。当然不止是这一方面，但是这是主要方面。

劳动是决定人们意识的，现在党外有些人攻击我们，骂我们是'特殊阶级'。新阶级是没有的，生产资料并没有归我们私有。但是如果不从这方面着眼是有危险的，就会自然地形成一种特殊性，就觉得自己比别人高一等，不以平等的态度对待别人。这一点对青年来说，是很重要的。

过去，我们一般地还接近劳动者，抗日战争时期如此，解放战争时期也如此，上溯到以前就更是如此。这几年脱离劳动者了，这是很危险的。这就叫总

---

① 《毛泽东选集》四卷合订本，人民出版社 1966 年版，第 555—556 页。

结经验,这就叫带根本性的经验总结。这比体育活动的经验总结、延安造林大会经验总结更重要。当然那些经验的总结也是重要的。但是这个总结就更重要,这个影响要长远的多。这个问题对青年团来说,从今年1957年先管一千年再说。下一步再管一万年。这是一个很大的总结。有些同志觉得这个总结似乎和当前不大联系得起来,其实要仔细想一想,特别是要想一想现在的青年,他们没有经历过艰苦的日子,父母不愿叫自己的子女劳动,自己也以为'唯有读书高',认为当干部好,无非是认为穿蓝衣服的、穿黄衣服的、穿黑衣服的好。因此这是很重要的总结,代表大会应当总结这样的问题。

关于学习问题。现在和过去的学习内容不同了,大会也总结了。团结问题,大会也总结了。主要是反对宗派主义,脱离了两亿青少年是不行的,这也是一个根本的总结。党也是这样总结的。为什么整风,为什么提出反对宗派主义呢?现在提出和过去也有不同。党现在是执政的党,团是执政党的助手。他和党是穿连裆裤的,青年团不能离开共产党,并且应当同党'有福同享,有难同当'。要说挨骂的话,第一是骂党,第二是骂团,青年团的许多东西是同党有关系的,有许多东西主要是来自党的。'执政',对党的影响很大,对团影响也很大。

提出'劳动、学习、团结'的方针,作为思想和行动的指针,正是根据这样的总结提出来的。这一点要说清楚。现在大家总觉得总结的不够,如果团中央委员会把所有的东西都放进报告里,那么这个报告是要不得的。现在这个报告是不是就好得不得了呢?不是的,但至少也是个中等水平的报告。在大会上组织一些发言是对的,有些问题要在发言里加以补充。我不是说其他的经验不应该总结,而是说其他经验可以用其他的方式加以总结。

总之,这次大会是不是总结了经验呢?我看是总结了,而且总结的好。其他没有总结的经验有些是不应该在这个报告里总结的,报告搞得复杂了不好,代表大会应该总结什么问题呢?不要开'杂货铺',大会不是开'杂货铺','杂货铺'是不能解决问题的。这次大会总结出来的方针,如果你们真正好好钻进去,会钻出东西来的。"①

笔者数十年来为教学和研究的需要许多次阅读过邓小平这个讲话,而这

① 团中央办公厅编:《毛主席和中央负责同志关于青年工作的指示》(第三部分),内部资料1963年3月,第237—239页。

次重读，则感触甚多。

首先，对团三大，人们讲得最多，最为乐道的是两件事：一是改名；二是大会整不整风。而对大会的主题"劳动、学习、团结"六字方针，没有像邓小平说的那样去"仔细想一想"。邓小平还说："如果你们真正好好的钻进去，会钻出东西来的。"可是我们让邓小平失望了，回想起来真是惭愧！

其次，对这六字方针只从字面上看，总觉得似乎和当前不太联系得起来。其实正如邓小平指出的，随着形势、任务的变化，不论劳动还是学习、团结的内容都同以前不同了，有它新的意义，有着很强的现实针对性。

再次，团代会要总结什么样的经验才对呢？代表们不是都清楚。总觉得这六个字经验的总结是不够完整的，没有充分地把许多新经验包括进来。而邓小平同志却一针见血地指出，"大会应该总结什么问题呢？不要开'杂货铺'，大会不是开'杂货铺'，'杂货铺'是不能解决问题的。"总之，对这个问题的想法、看法，再一次暴露了我们政治上的不成熟。

## 六、对团三大的评估问题

团三大开得怎么样？这个问题，毛泽东在接见团三大代表时说："你们的会议开得很好。""你们这个会议是一个团结的会议，在全中国青年中会有很大的影响。我对你们表示祝贺。"[①]但在私底下，似乎仍有不同的声音。为了统一认识，1957 年 5 月 28 日，胡耀邦在团中央常委扩大会议上谈了关于对团三大的评估问题。笔者查了团中央办公厅编的《团的文件汇编（1957）》，没有编入。笔者在 1979 年查阅团三大的档案，见到这个谈话记录稿，曾随手把它摘录在笔记本上。胡耀邦谈话摘录如下：

对这次大会的估价是否可以用两句话来概括：基本成功，但有缺点。为什么说大会开的是成功的呢？第一，分析了形势，正确地确定了今后一个时期青年运动的方向。

根据对形势的分析，我们提出了劳动的任务、学习的任务和团结的任务。劳动的问题在报告里虽讲得不充分，但是却讲出了最根本的问题，像参加体力

---

① 中国共产主义青年团中央委员会办公厅编：《团的文件汇编（1957）》，内部资料 1959 年 4 月，第 4 页。

劳动的重要性，特别是讲到现在以至于一个相当长的时期内参加农业劳动的重要性。这个根本方向是对的。我们讲到劳动同社会主义关系的问题，集体劳动和社会主义的关系问题，农业生产和国家工业化的关系问题，又讲到脑力劳动者抽出一定时间参加体力劳动的必要性。当然有些问题还没有写上去，如工厂里的节约问题等。我们还谈到学习问题，在这个问题里，我们强调了人生观问题，也就是政治问题，实际上也就是批评了曾有一个时期忽视政治学习的做法。我们还谈到团结问题，强调了现在团结全国青年的可能性。社会主义革命已基本完成，反革命分子已基本肃清，这就有了团结全国青年的可能性。讲清了青年团宗派主义问题，先进部分宗派主义的问题。也讲清了团结的标准问题，团结不是无原则的，既要承认一致性，又要承认在一些主要问题上的差别性。除此以外，还讲到群众路线问题。提到反对两种错误的作法，即强迫命令和说假话的问题。最后提到建团问题，我们是按照毛主席的指示写的，即在思想上严一点，组织上紧一点。

第二，团的改名满足了广大青年政治上的要求，因而进一步激发了广大青年的积极性。这个意义是不能低估的。

第三，反映了几年来团的工作的根本经验。虽然反映的不充分，但有了反映。许多发言补充了不足。不管是劳动、学习、团结，还是群众路线、建团等方面都谈了些根本经验。

第四，开展了一些批评和自我批评。虽然还不够充分，但是开展了。在会议的后半段开展得比较好一些。

第五，又一次吸收了举行全国性大会的经验教训。

会议所以开得成功，其原因有：党中央直接的大力的帮助。《报告》党中央书记处讨论过三次，政治局会议讨论过一次。后来，少奇同志、周总理、小平同志、彭真同志又边听边审稿。《团章》党中央书记处讨论过两次，团章报告也讨论过两次，连开幕词中央都做了修改。在会议中间党中央也做了指导，后来主席又接见，讲了话。这也是一种帮助；中央各部门的支持和帮助。这主要是指陆定一和李富春的报告；代表们提出了不少好意见。对《报告》提出了两百多处意见，许多意见我们都吸收进来了。《团章》的修改主要是吸收了各个代表团所提出的意见。因此，可以说，我们的报告是集体创作的。

对团三大，笔者梳理了以上这6个问题。在梳理过程中，笔者深有体会，如何开好全国代表大会确实是很有讲究的一门学问。笔者认为：一是要把握好大会的政治方向。正如邓小平同志指示的，党是讲政治的，团也是讲政治的。对违背政治原则的任何意见和行动，要敢于开展批评和斗争。二是要根据党中央确定好的大会主题，努力予以贯彻和坚持这个主题。三是要总结经验，这是大会的一个主要内容。问题是要总结好根本的经验，而不能开“杂货铺”。除根本经验要总结好之外，其他经验的总结，可采取大会发言的方式予以补充。四是要坚持民主集中制。一方面要充分发扬民主，让代表畅所欲言，履行好代表的民主权利；另一方面大会主席团要广纳各种意见，尽可能地把好意见和创新的意见，吸纳和体现到大会的各种文件中，特别是《报告》和《团章》及团章修改报告中。五是在选拔中央委员会、常委会、书记处的领导机构人员时，要把自下而上与自上而下相结合的做法真正贯彻在选举的全过程。六是做好会前的准备工作，特别是各种文件的起草工作。这是开好大会的基础，但会后认真的总结，也是必须的。胡耀邦会后对大会评估的谈话，虽只是谈个要点，但这种做法是应肯定的，过去毛主席讲在战争中学习战争，就是说在实践中学习，不断积累经验。

（作者系中央团校研究员，原团中央青运史研究室副主任）

# “党有号召，团有行动”史略

胡献忠

90多年来，在中国共产党领导下，中国共青团团结带领一代又一代青年用青春和热血书写了彪炳史册的壮丽篇章。其间也经历了风风雨雨，不同时期面临着不同的挑战。全团上下在党的领导下，在危机中转型，在困境中奋起，在变革中创新。今天，我们一起来回顾波澜壮阔的奋斗历程，考察政治组织结构性联动的历史细节，进一步增强自觉坚持党的领导的主动性，团结带领广大青年为实现中华民族伟大复兴的中国梦而不懈努力。

## 一、中国共青团在中国共产党领导的新民主主义革命中奋发作为，百炼成钢

今天我们来看中国共青团的历史，至少要从五四运动讲起。实际上自清代晚期以降，传统的儒家文化思想体系被质疑，虚弱的中央政府无力组织民众整合社会，帝国政治体系与制度走向没落。中国的仁人志士就开始探索现代化道路，面对“一盘散沙”的社会生态，要完成民族独立、国家统一和现代化建设这三大任务，“组织起来”成为深谙国情的政治力量的不二选择①。五四运动前后出现马克思主义研究会（上海）、马克思主义学说研究会（北京）、少年中国学会（北京）、新民学会（长沙）、觉悟社（天津）等，以青年知识分子为主体的

① 1919年7月，26岁的新民学会领袖毛泽东就在《〈湘江评论〉创刊宣言》大声疾呼：“世界上什么力量最强，民众联合的力量最强。”（中共中央文献研究室等编：《毛泽东早期文稿》，湖南人民出版社2008年版，第270页）1921年中共一大通过的党章明确提出：“本党承认苏维埃管理制度，把工农劳动者和士兵组织起来”。1943年11月，已饱有革命经验的毛泽东在延安做了题为“组织起来”的讲话。（《毛泽东选集》第三卷，人民出版社1991年版，第928页）

研究性、思想性组织蓬勃而起，成为新型政治组织之发端。经历了五四运动的洗礼，以李大钊、陈独秀、毛泽东、周恩来、邓中夏等为代表的初步具有共产主义思想的革命知识分子，认识到无产阶级的历史使命和强大的力量，他们到工人群众中宣传马克思主义和进行组织工作，开始把马克思主义同中国工人运动结合起来，为创建新型政党准备了条件。

### （一）年轻的中国共产党创建了更为年轻的中国共青团

之所以提出这样的观点，缘于三个基本史实：一是1920年8月中国最早成立的共产党组织——上海的共产党早期组织成立后，随即就委派党组织中最年轻的成员组建起中国最早的青年团组织，8月22日上海社会主义青年团成立时，党的早期组织尚未满月；二是1921年7月中国共产党成立后，随即指导中国社会主义青年团的创建，青年团一大在1922年5月召开时，党还不满周岁；三是当时党的成员大多数是青年人，中共一大12名正式代表平均年龄28岁，而青年团成员的年龄更为年轻，青年团一大选出五位执委平均年龄才24.6岁。

**1. 南陈北李相约建党，并相继建立青年团。**李大钊性格沉静，对马克思主义的研究更为精深，而陈独秀有着烈火一样的脾气，往往更急于行动。五四运动前后，在《新青年》杂志周围，聚集着一大批有志于改造社会的青年人。1920年8月，根据共产国际代表吴廷康（俄文名维经斯基）提供的俄国经验，陈独秀在上海环龙路老渔阳里2号（《新青年》编辑部）创建了中国第一个共产党组织。早期成员有陈独秀、俞秀松、李汉俊、陈公培、陈望道、沈玄庐、袁振英、施存统、李中、沈泽民等。随后，根据俄共（布）的党团制度架构，陈独秀提出要组织一个社会主义青年团，作为中共的后备军，或者可以说是共产主义预备学校。8月22日，受党的负责人陈独秀委派，年轻的党员俞秀松等出面组建了上海社会主义青年团。

李大钊是依托北京大学中的五四积极分子建党建团。1920年10月，北京“共产党小组”成立，成员有李大钊、张申府、张国焘、邓中夏、罗章龙、刘仁静、高君宇、何孟雄、陈为人等。11月，在北京大学学生会办公室举行了青年团成立大会，高君宇、邓中夏、张国焘、罗章龙、刘仁静、何孟雄、缪伯英、朱务善、黄日葵、李骏、范鸿劼等，大多数人都是北京早期共产党组织的成员。李大钊经常参加团的活动，而且在处理重大事件时常常起到主脑的作用。

这里不厌其烦地罗列出早期党组织和早期团组织成员的具体名单，是想陈述这样一个事实：早期党组织的成员不论年龄大小（多数早期党员都是20几岁，俞秀松、施存统等才21岁；少数年龄稍长，如陈独秀41岁、李大钊31岁、李达30岁），几乎都参加了团的创建或团的工作。也就是说，党的成员与团的成员是相互交叉的。

**2. 毛泽东依托新民学会建党建团。**1918年4月，毛泽东、蔡和森等在长沙组建新民学会，"以革新学术、砥砺品行，改良人心风俗为宗旨"，后来成为湖南革命运动的核心，中共长沙早期组织的策源地，也是组织长沙社会主义青年团的重要依托。1920年10月，毛泽东收到陈独秀、李达来信，受委托成立长沙马克思主义小组，同时毛分别收到上海和北京寄来的社会主义青年团章程。据张文亮日记载，毛"嘱青年团此时宜注重找真同志；只宜从缓，不可急进"[①]。经过对议程的充分准备和成员的稳步发展，1921年1月长沙社会主义青年团成立，毛泽东任书记。

正是因为"找真同志"，使长沙社会主义青年团成为一个信仰明确且坚定的青年团体。由于因为社会主义是一个相当宽泛的概念，包括很多思潮在内，各地的早期团员信仰并不统一，有的甚至互起冲突，最终成为导致队伍涣散、工作停顿的重要原因。而长沙社会主义青年团是唯一一个没有中断的组织。这说明坚持信仰是一个过程，也是需要付出代价的。

**3. 中国共产党成立后加大对青年团的指导。**1921年7月，党的一大召开，专门研究了在各地建立和发展社会主义青年团作为党的预备学校的问题，还研究决定了吸收优秀青年团员加入共产党的办法。1921年8月，张太雷从苏联回国，带回了青年共产国际要求中国完成创建青年团工作的指示。于是中共中央局决定由张太雷、施存统等人负责整顿和恢复中国社会主义青年团。在具体工作中，张太雷等吸取了1920年建团的经验教训，明确规定了"社会主义青年团为信奉马克思主义的团体"，以"使分子不至于复杂"。

各地恢复青年团的工作都是在党组织的领导下进行的。从1921年11月到1922年5月，全国有17个城市恢复或新建了社会主义青年团。建立全国性组织的时机就逐渐成熟了。1922年4月，中共中央局在广州召开会议，讨论中共在即将召开的第一次全国劳动大会和社会主义青年团第一次全国大会上应遵循的路线。陈独秀作为中共中央局书记，亲自起草团一大文件——《中

① 高菊村等：《青年毛泽东》，中央文献出版社2008年版，第211页。

国青年工人之经济状况及改良之奋斗》。

1922 年 5 月 5 日，中国社会主义青年团第一次全国代表大会在广州召开，会议选择在 5 月 5 日马克思诞生 104 周年纪念日召开，表明中国社会主义青年团是信仰马克思主义的革命组织。中共中央局书记陈独秀在会上作了《马克思主义的两大精神》的演讲，他希望青年们“能以马克思的实际研究精神，研究社会上各种情形，最重要的是现社会的政治及经济状况”；“发挥马克思实际运动的精神，把马克思学说当作社会革命的原动力”[①]。这样，在中共的直接指导下，中国社会主义青年团终于把马克思主义写在了自己的旗帜上。

**（二）有“群众党”必有“群众团”**

中国共产党是无产阶级的先锋队，中国共青团是青年无产阶级的先锋队。两个政治组织的早期成员大多是青年知识分子。据李一氓回忆，直到北伐前后，整个中国共产党都还很“学生气”。当时共产党员互称为“大学同学”，而把青年团员称作“中学同学”。就连中共中央通告，也不称“同志们”，而称“各级同学们”；团中央转发党中央的通告，则称“转发大学讲义”（某某号）。[②] 要按照马克思列宁主义理论开展社会革命乃至夺取政权，就必须实行党的群众化转型。

**1. 中国共产党由“精英党”向“群众党”转变，深深影响了青年团。**中国共产党最初是由少数知识分子组织的精英团体，可以说是“精英党”。但党一开始就认识到劳苦大众的重要性。1923 年 7 月，中共二大强调：“我们共产党，不是‘知识者所组织的马克思学会’，也不是‘少数共产主义者离开群众之空想的团体’”，“我们既然是为无产群众奋斗的政党，我们便要‘到群众中去’，要组成一个大的‘群众党’”。[③] 1925 年五卅运动后，中共对动员民众的信心骤增，并发展基层党员，向“群众党”转变。同年 10 月，中共中央总结领导大革命时期群众运动的经验，明确指出：“中国革命运动的将来命运，全看中国共产党会不会组织群众，引导群众”。[④]

---

① 胡献忠主编、共青团中央青运史档案馆编：《中国共青团历次全国代表大会概览》，中国青年出版社 2012 年版，第 6—7 页。

② 《李一氓回忆录》，人民出版社 2001 年版，第 45 页。

③ 中共中央文献研究室、中央档案馆编：《建党以来重要文献选编（1921—1949）》第 1 册，中央文献出版社 2011 年版，第 162 页。

④ 中共中央文献研究室、中央档案馆编：《建党以来重要文献选编（1921—1949）》第 2 册，中央文献出版社 2011 年版，第 522 页。

1922年团一大通过的纲领指出，青年团成立的目的，一是改良青年工人、农人生活现状，为青年妇女、青年学生利益而奋斗；二是养成青年的革命精神。早期团员多是怀抱改造社会理想的学生和青年知识分子。光有理想和热情不行，如何遵从社会运作机理，融入群众之中，确实是一个重要问题。尽管当时的团组织要求团员“常和工人农人接近、谈话”，“每个团员，至少要担任唤醒三四个工人或农人，来加入本团”。[①] 但1923年青年团的一份总结中写道：“我们一年来运动的成绩除去得着一部分学生同情外，千千万万的青年工人几不知有我们团体的名字。我们与群众隔离，不能在民群中伸张势力，不能引导民众”。[②]

1923年8月，毛泽东以中共代表的身份参加在南京举行的团二大。他在致辞中剖析了团的特点，并提出明确要求：“青年团一年来的缺点就是不与群众接近，而又自露色彩太甚，令人望而生畏。今后应训练团员到群众间去。青年团以前的运动太空洞，不合实际生活的要求。希望今后由空想进于实际，注意民众痛苦症结之所在，而从事于脚踏实地的工作。”[③]这比较充分地体现了年轻的中国共产党对青年团相当深切的期许和倚重。

**2. 党、团都高度重视在社会运动中深入群众、发动群众。**1925年的上海，对中国革命来说是一个非常重要的历史时空。1月11日至22日，中共四大在上海闸北一幢三层石库门建筑内举行。大会通过的《对于青年运动之议决案》指出：“少年共产团在政治上要绝对的受党的指导，而在青年工作范围以内是须有自由活动的可能。”[④]1月26日至30日，团的三大也在上海召开，中国社会主义青年团改名为“中国共产主义青年团”。张太雷当选为团中央局总书记，任弼时当选为团中央局组织部主任（5月代理团中央总书记，7月担任总书记）。

当时，中国共产党中央局、共青团中央局均设在上海。5月末，在中共中央的直接指挥下，共青团参与领导了自五四运动以来，最大规模的社会运动——五卅运动。这也是中国共青团自1922年成立以来遇到的较大规模的

① 樵子：《对于青年团的意见》，《先驱》第六号，1922年4月15日出版。

② 敬云：《青年共产主义在中国的意义》，《先驱》第十九号，1923年6月1日出版

③ 胡献忠主编：《中国共青团历次全国代表大会概览》，中国青年出版社2012年版，第28页。

④ 中共中央文献研究室、中央档案馆编：《建党以来重要文献选编（1921—1949）》第2册，中央文献出版社2011年版，第245。

革命风暴。党、团都经受重要考验和锻炼。党的领导人陈独秀、瞿秋白、蔡和森、李立三等集体领导整个运动，工运高手刘少奇也被紧急调来指导罢工，住在团中央局办公处的任弼时与恽代英领导学生运动。在五卅运动中，学生实际发挥了先锋作用。正是学生的斗争和牺牲，更加引发了社会各阶层的同情和支持。诚如邓中夏总结的那样，“在资产阶级眼中，学生是被他们所比较重视的，此次南京路的屠杀，假使是工人而不是学生，资产阶级一定是漠不关心，一屁不放（譬如资产阶级对顾正红的冷淡，便是眼前的证据）。”①

在五卅运动中，团中央总书记任弼时签发通告，要求每个团员在团组织的分配下，参加实际斗争，使团的工作“有系统地发展而能深入群众”，特别是“代表一般受苦青年的利益”而奋斗，团员要认清责任。这是共青团第一次明确提出“深入群众”的口号。任弼时在《上海五卅惨案及中国青年的责任》中对如何向群众学习作了阐述，“革命事业的成功绝非纸上宣传的力量可以做到，少不了亲自深入群众，与革命的群众接触而明白他们的心理和需要，且指导他们应进行的组织和活动的工作，注意取得民众的大多数”。②

1925 年 10 月，任弼时主持共青团第三届中央执委第一次扩大会议，指出团组织的任务是深入群众，关心群众的切身利益，成为真正“能指挥引导广大的青年工农和学生群众”的组织。1926 年 7 月，任弼时主持召开的共青团中央扩大会议指出：“C. Y. 是 C. P. 在青年群众中的一只手”，“团的组织是群众的组织，团要在大多数青年群众中发生影响”。团组织当时的主要任务是“如何获得青年工农、学生及一切被压迫的青年群众，从思想上、组织上、行动上去领导他们从自己的利益斗争去参加党所领导的一切政治运动”。③

1927 年在团的四大上，任弼时总结了五四运动以来的青年运动，特别是五卅运动中国工农青年的作用后指出：“今后中国学生群众在革命运动中已不能有以前同样的作用，但是在革命运动发展中仍是具有参加工农运动，到工农群众中服务，以谋革命完成及学生自身解放之伟大使命。”④

在中国共产党的指导和影响下，共青团各级组织努力深入群众，积极动员

---

① 上海社会科学院历史研究编：《五卅运动史料》第 1 卷，上海人民出版社 1981 年版，第 43 页。

② 《任弼时选集》，人民出版社 1987 年版，第 12 页。

③ 中国新民主主义青年团中央委员会办公厅编：《中国青年运动历史资料（1926－1927）》第 3 集，内部资料 1957 年印行，第 191 页。

④ 《任弼时选集》，人民出版社 1987 年版，第 27 页。

青年。团中央局成员恽代英常常身披旧短衫，到车间、棚户、宿舍与工人、市民、学生推心交谈，被称为“最善于联系青年和劳动群众的领导人”。

**3. 任弼时特别强调实现青年利益以取得其信仰。**1926年年初，任弼时专门撰写《怎样使团的工作青年化群众化》，分析中国青年运动虽然有了很好的下层基础而未能使其深入的根本原因，在于“没有能注意到学生本身利益的斗争及文化运动，以致使学生群众不能坚固地团结在学生团体之下，反而不满于自己的团体，不觉得学生团体是他们利益的保护者。在工人方面，因为我们未能注意青工利益的斗争和宣传，很难取得他们的信仰。换言之，就是我们在过去各方面工作中，未能使青年群众感觉到本团是为他们的利益而斗争的领导者”[①]。他接着批评道：“一般同志还没有明白关于青年本身利益斗争（尤其是关于经济斗争工作）与本团发展的关系。”[②]“只要实际领导青年学生与工人为他们本身利益而斗争，我们自然会得到活动的经验，明白其中关系之重要”。[③]这些观点，至今仍有较强的现实意义。

1928年，任弼时在《无产青年》第四期发表《对于暴动问题的意见》，要求城乡党团组织和每个党团员，“应当时刻注意自己周围的群众，应当很详细地去调查研究群众生活，替他们（就是替自己）提出很实际的极切身的要求，领导他们为这些要求而争斗”。[④]

2014年笔者参加中央文献研究室举办的“纪念任弼时诞辰110周年学术研讨会”时，提交了一篇论文，大会发言时讲了其中的主要观点——“起于利益，收于信仰”。

**（三）党团关系在革命洪流中磨合理顺**

中共成立早期，由于党员人数太少，分布不广，而且处于秘密状态，此时青年团人数较多，所以很多工作由青年团出面执行，在一些因条件不成熟未创建党组织的地方更是如此。比如在武汉，党、团职责没有明晰之前，国民运动、农民运动、青年运动等工作都由团领导。在梧州，党、团工作混合，工农运动、国共合作等工作均由团地委执行。所以，党与团的组织边界（如成员结构、工作范围）等时有交错，加之斗争的复杂性，青年团工作具有比较多的独立性。

① 《任弼时选集》，人民出版社1987年版，第20页。

② 《任弼时选集》，人民出版社1987年版，第20页。

③ 《任弼时选集》，人民出版社1987年版，第22页。

④ 《任弼时选集》，人民出版社1987年版，第40页。

在中共二大的决议案中，党与团是“协定”关系，为方便了解情况、协同行动“互派代表”；中共三大的决议案则强调了对青年团施以“组织上指导上之援助”；中共四大决议案又进一步强调“少年共产团在政治上是要绝对的受党指导”。中共五大决议案中也提出“今后党应处处积极指导团的工作”，但在中共五大党章中并没有明确强调这一点，只是指明要互派代表，强调的是“平行性”。我们也可以认为，从党“派中央委员任青年团员在执行委员会，各级青年团执行委员会书记应为当地党的委员会委员”的规定中，透露出了党对团的指导关系。党的五大闭幕后，中共中央政治局对党章进行了修订，第一次把党与青年团的关系列为专章。1928 年党的六大通过的党章也有“与共产主义青年团的互相关系”一章，同时通过《共产主义青年工作决议案》，提出“建立正确的党团关系”的基本原则和路径。

大革命后期，有些地方的共青团出现了“先锋主义”倾向。任弼时作为团中央局总书记，坚决反对这种错误倾向。在 1927 年 11 月团中央扩大会议上，他清醒地指出，先锋主义是一种极端的主张，其结果只能是削弱无产阶级青年在革命中的作用，共青团应该毫不动摇地集合在党的旗帜下，坚决贯彻党的八七会议精神，开展土地革命和武装斗争，跟着党把革命进行到底。同年 12 月，任弼时起草以党中央、团中央名义联合发出的通告，进一步明确了党团关系，要坚决反对不顾共产党的领导，而企图代替党的领导的错误倾向，坚持认为团“是帮助党获得青年工农群众参加革命斗争的组织”①。任弼时后来告诫全党全团要理性地辨析青年在斗争中“打先锋”与“先锋主义”的区别。他指出，青年在斗争中的“带头作用，打先锋，不仅是可以的，而且要去提倡”②。任弼时还区分了青年组织的独立性与“闹独立性”这两个概念，指出：“青年组织在组织上应有的独立性”是我们应当“注意尊重”的，这和“闹独立性”是不同的，“闹独立性”是不要党的领导，必须加以反对。

查阅现存文献，从建党建团初期到大革命时期，青年团领导人施存统、张太雷、恽代英尤其是任弼时，都对党的青年工作有相当深入的研究和思考。《任弼时选集》共收录关于青年运动的文献 12 篇（包括大革命时期 9 篇，解放战争初期 1 篇，1949 年团一大政治报告 1 篇，建国后 1 篇），占全书总篇数（47

---

① 《任弼时选集》，人民出版社 1987 年版，第 33 页。

② 《任弼时选集》，人民出版社 1987 年版，第 491 页。

篇)的1/4。

**(四)共青团在中共局部执政的红色苏区中当好党的助手**

大革命失败后,同中国共产党一样,中国共青团也分为两支,一支留在白色恐怖的城市坚持地下斗争,一支在工农武装割据的红色苏区开创新局面。据统计,1930年苏区共青团员有10万人。主要任务是配合党组织、苏维埃政府和主力红军建设苏区、保卫苏区。具体来说,“(一)动员一切力量来巩固红军、参加红军,吸引广大的劳动青年参加拥护苏维埃政权的革命战争。(二)积极参加一切苏维埃法令的实现(土地法、劳动法、租税法等等)。积极的参加苏维埃建设,实现工农青年的要求纲领。(三)以共产主义的精神教育广大的劳动青年群众”①。当时有的文件(如1933年5月少共中央局发布的《关于创立“少共国际师”的决定》)曾称“团是党的第一个助手”。

1931年3月,党的六届四中全会后,中共中央派任弼时、王稼祥、顾作霖组成中央代表团到江西中央苏区,成立少共苏区中央局,顾作霖任书记,同时担任中共苏区中央局委员,参加党的领导工作。1933年1月,共青团中央局随中共临时中央局从上海迁至江西中央苏区,与少共苏区中央局会合后合署办公,对外称少共中央局(亦称共青团中央局),机关驻地在瑞金沙洲坝。这一时期,新一茬知名的青运人物如顾作霖、凯丰、陆定一、张爱萍、冯文彬、胡耀邦、陈丕显、刘英、王盛荣、赖大超等开始登场了。

苏区共青团最著名的工作莫过于组建“少共国际师”了。为打破国民党对红色根据地的军事“围剿”,团中央局根据工农红军政治部提议,决定创立“少共国际师”,经过三个多月的紧急动员和征调,1933年9月宣布成立。全师由一万多名青年组成,团员占70%以上,战士平均年龄只有18岁左右,第二任师政委肖华年仅17岁。他们与红军主力一起,抗击国民党“围剿”,保卫中央苏区。红军长征到达遵义后被拆编到红一军团。“少共国际师”虽仅存一年半时间,但经受了残酷战争的考验,那些“红小鬼”们经过血与火的洗礼,大多成了我军的骨干,并有23人成长为开国将军。其中包括两位上将(肖华、第四任师长彭绍辉)、两位中将(第三任师长曹里怀、团长陈正湘)和19位少将。此外,还有两个重要人物,第一任政委冯文彬(后曾任团中央局书记、中央青委副

① 中国共产主义青年团中央委员会办公厅编:《中国青年运动历史资料(1931)》第9册,内部资料1960年印行,第54页。

书记、书记，中国新民主主义青年团中央书记），第一任师长陈光（后曾任红一军团代理军团长、八路军 115 师代理师长）。当然，这些都是党派去的军政干部。

### （五）中共要求共青团适应抗日民族统一战线接受改造

红军长征到达陕北后，共青团的工作随着国际、国内形势的变化，正面临着历史性转变。第一次世界大战后，德、意、日等国发展很快，要求重新划分势力范围，不惜通过战争来改变世界格局，共产国际指示建立世界青年反战统一战线。青年共产国际提出对共青团进行改造。同时，日本军国主义加快侵华步伐，团结一切抗日青年抗击侵略者成为当务之急。要完成这一任务，少数“先进”“英勇”的、狭隘的青年团是不能成功的，时代呼唤广泛的民族解放性质的青年抗日组织的出现。1935 年一二九运动之后，平津学生的抗日救亡运动影响越来越大，越来越多的爱国学生参与其中，已经突破了共青团的组织范围。1936 年 2 月，北平学生成立“中华民族解放先锋队”，得到中共中央北方局的肯定。这些组织的出现，为共青团的改造提供了契机。

1936 年 11 月 1 日，中共中央作出《关于青年工作的决定》，指出“使团变成广大非常的青年组织形式”，“创立各种各样的工人的、农民的、学生的、妇女的、文化的、教育的、体育的与军事的青年群众组织”，“应该彻底改变在青年运动中的工作方式，抛弃一切第二党的关门主义的工作方式，采取青年的、群众的、民主的、公开的工作方式”①。

为使各级党、团组织在贯彻党中央决定中统一认识，消除疑虑和抵触情绪，时任团中央局书记的冯文彬撰文②论述了共青团改造的目的、意义，以及建立新的青年组织的性质、形式、工作方法，回答了各种疑问和改造过程中有关的具体问题。冯文彬在分析改造原因和必然性之后，指出，“在将来，中国民主共和国实现以至转变到社会主义之时，则组织形式必随之而变更的。”③

经党中央批准，在团中央机关组建了西北青年救国联合会筹委会，在省、县两级也成立类似机构。1937 年 2 月以后，根据地各级团的领导机关基本结

---

① 团中央青运史研究室、中央档案馆编：《中共中央青年运动文件选编》，中国青年出版社 1988 年版，第 441—442 页。

② 冯文彬撰写的《使青年运动成为一个巨大的力量》和《关于改造团的几个问题》，分别发表在中共中央机关刊《党的工作》1936 年第 19 期和 20 期上。

③ 《冯文彬纪念文集》，中共党史出版社 2001 年版，第 13 页。

束了工作，转为建立和发展青救会的工会。1937 年 4 月，西北青年救国会第一次代表大会在延安召开。从此，西北青年救国会正式承担起原来共青团的各方面任务，努力团结教育广大青年为抗日救亡而英勇奋斗。从后来的情况看，中国共产党为了建立抗日民族统一战线，改“抗日反蒋”为“逼蒋抗日”，再到“联蒋抗日”，红军改编为八路军，“打土豪，分田地”改为“减租减息”，道理是一样的。

同时，为了适应政治形势变化，切实加强对青年抗日救亡运动的领导，1938 年 5 月，中共中央发出《关于组织青年工作委员会的决定》，规定中共的“县委以上地方党部直至中央，成立青年工作委员会”。[①] 中央青委随即成立，中共中央书记处书记、中组部部长陈云兼任书记，冯文彬为副书记。1941 年 2 月，中共中央政治局会议决定由中宣部部长凯丰兼任青委书记，冯文彬仍为副书记。1943 年 3 月，中共中央机构调整，青委、妇委等合并为中共中央民运工作委员会，冯文彬为青年组组长。1945 年 8 月 23 日，中共中央政治局扩大会议决定重新组建中央青年工作委员会，任命冯文彬担任中央青委书记。虽然中央青委的机构和人事有过调整，但作为党的青年工作部门，一直在指导全国青年运动中发挥着重要的核心作用。

**(六)中共为整合先进力量创立新中国而重建青年团**

孙中山有一句名言：“世界潮流，浩浩荡荡，顺之者昌，逆之者亡”。共青团的发展也是这样，总是紧扣时代脉搏，与党同呼吸、共命运。青年团的改造是顺势而为，青年团的重建也是应势而生。一切立足于如何组织青年，整合青年。前者是为了突出广泛性，后者是为了张显先进性。

抗战胜利后，中国面临着两种前途、两种命运的抉择。而此时青年救国会已经完成了历史使命，为了吸纳在抗日战争中涌现出来的积极分子，组织动员解放区青年参加土地改革，保卫胜利果实，1946 年八九月间，在延安枣园中央书记处小礼堂，任弼时两次主持召开中央书记处会议，讨论重新建立青年团的会议。参加讨论的是，除毛泽东、刘少奇之外的在延安的所有政治局委员和中央委员，朱德、康生、林伯渠、徐特立、蔡畅、陆定一、习仲勋、胡乔木等。通过讨论，达成了建立新民主主义青年团的共识。任弼时座谈会上指出，如果重建青

---

① 团中央青运史研究室、中央档案馆编：《中共中央青年运动文件选编》，中国青年出版社 1988 年版，第 453 页。

年团，要防止重犯“先锋主义”、第二党作风的错误，并着重强调：“团的性质，是带政治性的青年先进分子组织，是党的助手”[①]。现在要建立的青年团，比过去的青年团要广泛些，只有为新民主主义而奋斗的，包括国统区的进步青年都可以加入。朱德作为德高望重的军界元老，在讨论中力主重新建立青年团：“我看可以组织民主青年团。”“团的经常性工作内容，主要是教育，是进行新民主主义教育。”“青年要有组织，现在需要组织，就是到了社会主义，也少不了青年组织。”在农村、工厂、军队都可以组织青年团，“只有好处，没有害处！”[②]

整个建团过程是随着解放战争的隆隆炮声展开的。1946 年 11 月，中共中央发出建立民主青年团的提议，陕甘宁、晋察冀、晋绥、山东、东北等解放区陆续在工厂、学校尤其是广大农村试建青年团，发挥进步青年在土地改革中的先锋作用，动员团员青年参军参战。在山东广饶县广九区参军动员大会上，一次就有 1000 多名团员青年报名参军。试建中青年团所开展的各项工作，有力地支援了前方的战争。党的“五大书记”毛泽东、朱德、刘少奇、周恩来、任弼时都从不同方面给予支持和指导。1949 年 1 月 1 日，中共中央发布《关于建立中国新民主主义青年团的决议》，明确规定了团的性质、任务、建团方针与步骤，号召在全国普遍建立青年团。决议指出：“中国新民主主义青年团是在中国共产党政治领导之下坚决地为新民主主义而斗争的先进青年们的群众性的组织，是党去团结与领导广大青年群众的核心，是党以马克思列宁主义教育青年的学校”，“青年团应在最大多数人民的最大利益的基础上，经常地注意和努力为青年群众的特殊利益与切身需要而服务，并在这种努力中逐步地引导广大青年群众参加”[③]。

1949 年 4 月，中国新民主主义青年团第一次全国代表大会在北平隆重召开。3 月，中华全国学生第十四次代表大会召开，5 月，中华全国青年第一次代表大会召开。从此，在中国共产党领导下，中国青年运动基本上完成了争取民族独立和人民解放的历史使命，即将迎来建设新型国家、新型社会的新征程。

---

① 《任弼时选集》，人民出版社 1987 年版，第 404 页。

② 何启君编著：《青年团重建史实集萃》，中国青年出版社 1996 年版，第 52、53、55 页。

③ 中共中央文献研究室、中央档案馆编：《建党以来重要文献选编（1921—1949）》第 26 册，中央文献出版社 2011 年版，第 2—3 页。

## 二、中国共青团在中国共产党建设社会主义的探索中高歌猛进，经受考验

一个时代最为鲜明的特点，莫过于改天换地，辞旧迎新，按照中国传统的说法叫改朝换代。1949 年中华人民共和国的成立，标志着一个旧时代的结束，一个新的时代开始。中国是在后发态势下完成新民主主义革命、实施社会主义建设的，民族民主革命与社会主义革命相互交织，建设现代化与建设社会主义同步进行。相对于中华民国及其以前的封建王朝，新中国的政治组织形式、经济结构状况、社会阶级阶层、国家与社会的关系、人与人之间的关系等都必将展示出一个全新的面貌。简单地说，一方面要大规模开展工业化建设，另一方面要用共产主义意识形态整合民众、教育民众、培育新人格、塑造新青年，形成新的社会关系。而在任何一个急于破旧立新的时代，整个社会往往会充满浓浓的青年崇拜。这恰恰又成为青年团大有作为的重要外部因素。

### （一）党的领袖对青年工作无限关爱

从总体上看，20 世纪五六十年代，是共青团在党政格局中发挥作用最大、在青年中最有吸引力凝聚力、在社会上影响最为广泛的时期之一，很多工作内容和工作方法是具有开创性的。新中国成立最初的几年里（1949—1952 年），青年团工作也很有成绩，但是，团内存在着一种孤立的、形式主义的观点，这主要表现在脱离党的中心任务去孤立地、静止地进行团的工作和团的教育工作，以及用许多空洞的形式主义的东西去代替那些生动的、切实的工作。

**1. 毛泽东提出“两大命题”。**1952 年 8 月，由毛泽东亲自点将，胡耀邦从川北行署到团中央担任书记，在新岗位上不到两周，就参加 8 月 23 日、30 日由毛泽东亲自主持两次讨论青年团工作的党中央会议。毛泽东在会上指出，青年特点是英勇积极，知识不足。面对着一个新的时期，学习是更加特别突出的任务。接着他出了两个题目要大家研究：一是党委应如何领导青年团？二是青年团应如何工作？这两个问题构成了中共执政环境下党团关系框架的基本命题。

**2. 团中央交上思考性答卷。**1952 年 8 月 25 日至 9 月 4 日，胡耀邦主持召开青年团一届三中全会。刘少奇到会作政治报告。胡耀邦传达了毛泽东的批示和提出的两个问题。会后，胡耀邦等就团的一届三中全会的情况向中共

中央作了报告。报告对党委如何领导青年团、青年团如何服从党的领导问题，明确提出：(1)要经常地、认真地研究党的方针政策；(2)要绝对服从党委的整个工作部署并接受党交给团的具体任务；(3)要根据党所制定的中心任务，提出团的切实可行的计划；(4)上级团委要经常监督下级团委切实贯彻党委的指示。

关于青年团应如何工作的问题，提出各级团委：(1)不要过分强调团的系统领导，而要切实地尊重各级党委的统一领导；(2)政治上、工作上要有积极性、主动性，不懂的东西要大胆地向党委请示；(3)每个干部都要老老实实埋头苦干，要以切实的成绩来体现助手作用。各级团委必须警惕轰轰烈烈、空空洞洞的形式主义倾向，注意防止干部中华而不实、骄傲自大的倾向。

**3. 毛泽东传授青年工作方法。**1952 年 11 月，毛泽东向团中央书记处成员谈工作方法：(1)既要选择典型基层去总结经验，又要经常到下级团委去视察，把“蹲点”和“打圈”结合起来。(2)既经常下去跑跑，又有计划地调一些下面的同志(各种工作的、基层的)上来开调查会，把“下去”和“上来”结合起来。(3)既要重视总结先进经验，又要经常认真地检查坏人坏事。(4)既要埋头做切实的工作，又要学会写有内容的文章和作有教育意义的报告，与广大青年见面。

**4. 毛泽东批示青年工作。**1953 年 6 月，毛泽东对新民主主义青年团第二届中央委员会组成问题的批示：“德才兼备，这是我党选择干部的基本标准，但是对于青年团来说，首先就要思想作风好，要视野开阔，有发展前途，而不能过分强调有多大的‘才’，有多高的经验水平，有多大的领导能力。我们青年团的干部是流水，而不是死水，要保留一定的骨干，以资熟手，同时要注意提拔新干部。”①

**5. 毛泽东发表著名谈话。**团二大是 1953 年 6 月 23 日至 7 月 2 日在中南海怀仁堂召开的，这是青年团在祖国开始进入有计划的经济建设时期的誓师大会。6 月 30 日，毛泽东接见团二大主席团发表著名谈话《青年团的工作要照顾青年的特点》。一开篇便讲道：“青年团对党闹独立性的问题早已过去了。现在的问题是缺乏团的独立工作，而不是闹独立性。”“青年团要配合党的中心

---

① 胡献忠主编、共青团中央青运史档案馆编：《中国共青团历次全国代表大会概览》，中国青年出版社 2012 年版，第 240—241 页。

工作，但在配合中要有自己的独立工作，要照顾青年特点。”“青年就是青年，不然何必要搞青年团呢?”“重点要放在多数，不要只看到少数。”[①]毛泽东关于照顾青年特点、开展独立活动的指示，是青年团工作总的指导思想，从更深刻的意义上回答了“党委如何领导青年团、青年团如何工作”的命题。

从1952年8月到1953年6月，不到一年的时间里，作为党和国家的最高领袖，毛泽东多次专门研究共青团工作，与团的领导干部交流，既有方向性指示，又有具体方法的传授。这种高频度的关注，在党的历史上并不多见。

**6. 中共中央发出文件。**1953年10月，中共中央根据毛泽东对青年团工作的系列讲话精神，做出《关于加强党对青年团领导给各级党委的指示》。文件指出，“经验证明，青年团工作能否获得健康的发展，首先是取决于党委的领导。”文件要求各级党委“必须注意照顾青年的特点”，“必须在党的统一领导下建立团的独立活动和加强团的系统领导”，“必须注意加强团的组织建设”。这一文件进一步回答“党委如何领导青年团工作”的问题。

**(二)党要求青年团探索适合青年特点的工作模式**

从20世纪50年代到60年代前半期，中国社会呈现出独有的历史风采：帝国主义越是封锁，国民经济越是困难，人民却越是团结在党的周围。这是因为，人民群众坚信党所代表的是中国人民的根本利益。在党的领导下，全国人民万众一心，发展工农业生产，改变贫穷落后面貌，建设伟大的社会主义国家。这是一个艰苦奋斗的年代，乐于奉献的年代，理想闪光的年代，意气风发的年代。青年团围绕党的大局和中心工作，卓有成效地开展许多具有青年特点的工作和活动。比如，组织青年突击队、青年节约队、青年监督岗、青年志愿垦荒队、青年扫盲队，动员青年“向科学进军”等。其中最具典型意义的是青年突击队和青年垦荒队。

第一支青年突击队是1953年1月诞生在北京展览馆的建筑工地上，稍后比较著名的两支(成立于1954年的张百发钢筋工青年突击队，队长张百发当时不过19岁；李瑞环木工青年突击队1958年建队，他们都在人民大会堂建设工程中大显身手)都出自建筑行业，而且这三支队伍都属于北京建工集团。青年突击队是一个创举，作为合乎逻辑的非常态组织，既是共青团组织青年在经济建设中集中发挥作用的一种载体，又是在实践中培育青年人才的平台，从基

---

① 《毛泽东文集》第六卷，人民出版社1999年版，第276、279页。

层选拔青年才俊的制度通道。青年突击队的精神价值是永恒的,他们的口号是“困难面前有青年突击队员,青年突击队员面前无困难”。不论战争年代还是和平年代,不论计划经济还是市场经济,人总是需要精神的。突击队精神与铁人精神、垦荒精神、两弹一星精神、劳模精神、女排精神、抗洪精神、航天精神等都是相通的,任何组织、任何单位的发展都离不开这种精神,所以青年突击队至今仍有强大的生命力。

最著名的青年志愿垦荒队有三支,到北大荒的北京志愿垦荒队、去江西鄱阳湖畔的上海青年志愿垦荒队、上大陈岛的温州青年志愿垦荒队。他们集中体现了建国一代青年“向荒滩进军”“向困难进军”的大无畏气概,不计名利、不计报酬的奉献精神,他们胸中有祖国,有集体,不愧为社会主义新人的典范。而青年志愿垦荒无意之中也成为知识青年上山下乡运动的先声。

**(三)党要求青年团培育社会主义新人**

新中国成立之初,在中国民众的头脑中,有传统的与革命的两套观念体系。在执政党看来,要构建新型社会,必须用革命观念改造传统观念。一直以来,青年群体被中共视为充满生机活力、敢于破旧立新的新兴力量,党期待他们成为革新道德规范和建立新的社会秩序的角色担当者。

这一时期青年团在思想教育领域开展的主要工作有:1953—1954 年开展的过渡时期总路线的宣传教育活动,1954—1955 年开展的共产主义道德教育活动,1958 年开始的学习毛泽东著作活动,以及在社会主义改造和社会主义建设中的各种实践活动,都取得了较好的成效,为公而忘私、集体利益高于一切、助人为乐等方面的好人好事层出不穷,便是明证。我们认为,战争时代的思维惯性、大行其道的集体主义、强动员机制、单位制社会结构、建设新社会的激情、对未来的美好憧憬等因素,共同构成了共青团培育青少年价值观的有利条件,推动了共产主义教育的兴盛。

最为著名是 1963 年开始的学习雷锋活动,轰动全国且影响持久。“雷锋精神”影响塑造几代中国青年。一名普通的共产党员、年轻的解放军战士,能够受到亿万人民的热爱和崇敬,一项群众活动能够在这样长的、复杂的历史发展过程中坚持下来,在共和国的历史上并不多见。

但是,为什么自改革开放以来,社会一直存在质疑“雷锋精神”的声音呢?我们认为,在改革开放的年代,以经济建设为中心没有问题,但只讲挣钱,不讲道德底线、不讲社会责任,就有问题了。在个性化、多元化时代,对个人利益的合理追求没有问题，但心里如果只有自己，没有他人，没有集体，就有问题了。而且，越是利益多元化、思想多元化，越要反思一个大国到底还需不需要这么一个“小兵”，“雷锋精神”的当代价值究竟是什么？不是简单地助人为乐、大公无私，更重要的是甘当螺丝钉，在平凡岗位上做出不平凡的事业。

**（四）执政党的大视野：邓小平关于青年工作的主要观点**

新中国成立后，中共中央分管共青团的先后有任弼时、刘少奇、饶漱石、邓小平、刘澜涛、杨尚昆、彭真、李富春等。邓小平对青年工作讲得最多、最好、最透彻。《邓小平文集》中卷收录关于青年工作的文献共 10 篇，其中 1957 年就有 6 篇。现将一些主要观点列举如下：

——青年工作似乎比党更喜欢轰轰烈烈。我看，团的工作要提倡更踏实一些，观念上要改变一下。

——团总是在党的方针政策下，动员和教育青年参加斗争。现在你们要研究的不是这个问题，而是研究什么是适合动员青年的方法。这样的问题，要靠你们创造经验。

——青年团不站在青年中间不行，结果会脱离群众。

——青年团不要去追求团员人数多，不要以为多就好，稳步搞可能比较好。

——党现在是执政的党，团现在是执政党的助手，它和党是“穿连裆裤子”的。

——这个缺点主要责任在于党，党没有很好地发挥你们的助手作用。但你们就没有责任了吗？你们为什么不主动？你们有权利为什么不行使？

——只要跟党走，就不会犯大错。党对团的领导最重要的是同级党委的领导，离开同级党委还有什么党的领导？

——工作要踏实，什么工作都是一点一滴堆起来的。踏踏实实不会妨碍积极性，轰轰烈烈的局面是无数的人踏踏实实干出来的。我不反对必要的形式。有了形式才能鼓起气，才能有气氛，但是不要只注意形式方面，而工作不够踏实。

**（五）共青团的小视角：胡耀邦关于青年工作的主要观点**

胡耀邦在团中央任职时间是从 1952 年 8 月开始，到 1966 年“文化大革命”爆发团中央书记处被改组，长达 14 年，形成了很多有价值的观点。2015 年出版的《胡耀邦文选》收录关于青年工作文献 9 篇。

——上下请示，左右求援，自我奋斗。

——背靠党委，面向青年。

——青年团要像地球，既要围绕太阳公转，又要自转。

——坚持正确的建团路线，既反对把团变成狭隘的青年组织，又反对把团降为一般性的群众团体。

——六级团委办支部。

——“一个主义三个队”（党是先锋队，团是突击队，少年先锋队是预备队）。

——朝气勃勃，实事求是。

## 三、中国共青团在中国共产党主导的现代化进程中开拓进取，自我革新

自晚清以来，中国就开始了告别古典帝国、建构现代国家的进程。1978年由执政党启动的改革开放无疑大大加速了这一进程。但至今建构现代国家的任务尚未完成。中国走向现代化的过程，从经济学的维度看，是不断增加GDP总量，做大蛋糕，优化产业结构，提升科技贡献率的过程。从政治社会学的维度看，则是调节国家与社会关系、政府与市场关系的过程。对于共青团来讲，要注意调适多重关系：(1)团与政党的关系；(2)团与政府的关系；(3)团与青年的关系；(4)团与市场的关系；(5)团与社会的关系。对这些战略性关系的追寻，构成了共青团探索的基点。

### (一)1978—1991：共青团适应改革开放形势，承上启下开创新局面

自1978年中共十一届三中全会开始，执政党由侧重政治整合、重视精神的独特作用，回归马克思物质决定意识的基本教义。大乱初定之后，追求现代性的社会内生动力与致力于现代化建设的执政党政策选择上下呼应。当执政党重启现代化建设之际，基层岗位职业青年的工作热情和创造激情被共青团开发了出来。为了倡明社会风气、重构精神世界，共青团在青少年群体中发起一系列教育活动。在共青团影响下，一群群站在“希望田野”上的年轻人，被誉为“八十年代新一辈”。

这一时期适逢新老交替、代际转换，老一辈革命家对国家、民族未来极为关注，对青年发展寄予厚望，运用自己特有的影响，大力支持青年工作。

——1979年9月，邓颖超代表中共中央在全国新长征突击手命名表彰大会上讲话。

——1980年5月，邓小平为《中国少年报》《辅导员》杂志题词。

——1981年11月，习仲勋代表中共中央在全国新长征突击手、先进团支部代表会议上讲话。

——1981年7月，团十届三中全会、全国青联五届二次全会在北京同时召开，李先念、韦国清、习仲勋、宋任穷等老一辈革命家出席会议并作重要讲话。

——1982年9月，中共十二大报告对工会、共青团、妇联发挥作用有较多论述

——1982年12月，时任中共中央总书记的胡耀邦在团十一届一次会议上发表《你们应当胜过我们》的讲话，收录于《胡耀邦文选》。

——1983年5月4日，邓小平为学习张海迪活动题词；10月1日，为景山学校题词“三个面向”。

——1987年10月，中共十三大报告对工会、共青团、妇联的工作有大段论述。

——1987—1988年，中共中央政治体制改革研究室多次对《关于共青团体制改革的基本设想》提出指导性意见，此文件最后经党中央书记处原则同意。

——1988年5月团十二大召开前，彭真、徐向前、聂荣臻、薄一波等老一辈革命家分别为大会写来寄语。

——1989年12月，中共中央出台《关于加强和改善党对工会、共青团、妇联工作领导的通知》。

——1990年10月，邓小平为“希望工程”题字。

——1990年8月，江泽民、宋平等与全国青联七届一次会议、全国学联第21次大会的部分代表在中南海座谈。

——1991年4月，李先念、邓颖超、李鹏等题词祝贺《中国青年报》创刊40周年。

改革开放以来，经济建设和个人利益重新被肯定和认同，资本与劳动力开始活跃，现代国家建构又回到正确轨道。一方面，国家的政治体制和领导体制需要继续改革和完善，提出“实行党政分开”，国家主体性开始生成，团与政党

的关系需要理顺，团与国家关系的命题开始被提出。同时，组织与个体之间的政治联结开始受到来自社会的利益联结的冲击，单位制走向式微，青年开始流动，团的基层组织出现弱化。重构团与青年的关系也被提上日程。在此背景下，共青团走上了改革之路，并在1988年形成了《关于共青团体制改革的基本设想》。1989年12月，中共中央又出台了《关于加强和改善党对工会、共青团、妇联工作领导的通知》。

正如“文革”结束后中国经历了两年徘徊之后才实现历史性转折一样，“八九”政治风波之后，中国也经历了两年多的经济低迷才重新进入现代化建设的快车道。由于共青团更多的是在社会领域发力，依照“摸着石头过河”的路径惯性，共青团在这一低迷期中仍然能够探索出与社会链接、与青少年链接的新形式——实施希望工程、推出未成年人保护法。这实际上是共青团遵循现代国家与现代社会建构的逻辑来推动青年工作，开始突破传统青年工作的思维定式。

**（二）1992—2002：共青团带领广大青年搏击市场大潮，发挥突击队作用**

1992年之后，市场经济在中国迅速发育，社会成员的结社自由、流动自由再次受到鼓励。现代国家所需要的“政府—市场—社会”三维互动局面开始出现。青年的流动性、原子化、多元化开始加强，传统基层组织出现“空壳化”局面，共青团发展面临新的挑战和机遇。执政党高度重视市场经济条件下青年需求、发展以及青年工作的改革创新。

——1992年5月3日，中共中央致信共青团中央，热烈祝贺建团70周年。5月4日，纪念中国共青团建立70周年暨五四运动73周年盛会在北京人民大会堂举行，江泽民代表党中央向全国共青团员、青年和青少年工作者致以节日的祝贺。

——1993年5月，万里、宋平等老革命前辈分别与团十三大部分代表座谈。

——1994年4月，江泽民为“青年文明号”题字。

——1994年11月，中共中央政治局常委、书记处书记胡锦涛出席团十三届三中全会并做重要讲话。

——1996年11月，江泽民给荣获第一届“中国十大杰出青年农民”称号及提名奖的20位青年农民回信。

——1998年6月，江泽民与团中央新一届领导班子成员及团十四大部分代表在中南海座谈，提出“青年兴则国家兴，青年强则国家强”。

——1999年10月，江泽民为中国少年先锋队成立50周年题词：“星星火炬，代代相传”。

这一时期，共青团要发挥党联系社会的组织化载体功能，亟须处理两重关系，一是与市场的关系，二是与原子化青年的关系。经过不断探索形成两大创意：即通过开展培养青年技能、促进青年就业等项目以及对青年文明号的开发来调节青年与市场的关系，通过开展青年志愿行动来整合原子化青年。同时，1993年6月团中央专门设立维护青少年权益部，在社会各方利益调整过程中促进青少年合法权益的实现。通过加强团的建设，实施深化跨世纪青年文明工程、跨世纪人才工程，逐渐形成“品”字形工作格局。

**（三）2002—2012：共青团组织动员广大青年积极投身全面建设小康社会伟大实践**

2000年之后，现代国家建构进入新的阶段。中国加入WTO，全球化影响加剧；互联网开辟出广阔的社会空间，民间组织展示出强大的社会力量；市场经济持续深化，批量生产逐渐成为过去，个性产品成为制造业的前沿；新兴群体逐渐定型，群体化让位于“小众化”。执政党在2002年十六大上提出“三个代表”重要思想，标志着党为适应现代国家的发展而推动自身理论创新和制度创新。2004年十六届四中全会提出“和谐社会”建设，标志着现代社会开始生成。这一时期，党和国家领导人依然十分关爱青年工作，多次给青年回信，与青年座谈，对青年工作做出重要批示，发表重要讲话。

——2003年7月，胡锦涛在中南海与团中央新一届领导班子成员和团十五大部分代表及五四奖章获得者座谈，并发表重要讲话。

——2005年7月，胡锦涛在一份有关联合国将推广山东共青团促进青年就业模式的材料上作出重要批示；就实施大学生志愿服务西部计划作出批示。

——2007年3月7日，胡锦涛看望出席全国政协十届五次会议的工青妇代表，听取他们的意见并发表重要讲话。

——2007年5月4日，胡锦涛向中国青年群英会致信。

——2008年6月，胡锦涛在中南海同团中央新一届领导班子成员和团十六大部分代表座谈并发表重要讲话。

——2009年5月4日，胡锦涛等出席纪念五四运动90周年大会，李长春代表党中央发表重要讲话。

——2010 年 5 月 2 日，胡锦涛给中国农业大学师生回信，勉励他们在热情服务三农的实践中建功立业。

——2010 年 9 月，中组部、团中央联合召开全国基层党建带团建暨共青团系统深入开展创先争优活动座谈会。

——2012 年 5 月 4 日，胡锦涛在纪念中国共青团成立 90 周年大会上发表重要讲话。

进入 21 世纪以来，共青团在获得更为广阔的发展和作为空间的同时，也面临着三大挑战：一是面对党的历史方位转变和形势任务的新变化对共青团在社会生活中发挥作用的路径带来的挑战；二是面对青年政治意识表达方式的新变化，对共青团吸引凝聚青年带来的挑战；三是面对信息技术发展和工业化、城镇化进程对共青团组织方式带来的挑战。

为破解这些挑战，根据党中央的要求，在各级党委领导下，各级团组织围绕党政中心工作，适应社会经济成分、组织形式、就业方式、利益关系和分配方式日益多样化的新情况，适应社会结构发生的重大变化，努力创新工作思路、工作方式和自身建设，积极履行组织青年、引导青年、服务青年、维护青少年合法权益四项职能，坚持眼睛向下、重心下移，力争使团的基层组织网络覆盖全体青年，使团的各项工作和活动影响全体青年。

**(四)党的十八大以来：在“四个全面”战略布局中共青团进入改革时间**

党的十八大以来，从现代国家建构的维度看，为了进一步推动“政党—国家—市场—社会”之间的有机互动，执政党提出全面建成小康社会、全面深化改革、全面依法治国、全面从严治党的战略布局，在其中明确提出要推动国家治理体系和治理能力现代化。办好中国的事情，关键在党。这是符合历史逻辑和现实逻辑的重大命题。习近平总书记以构建人类命运共同体的国际视野，实现中华民族伟大复兴中国梦的家国情怀，立足于全面提升党的领导能力和执政建设的现实选择，对党的青年工作提出深刻而全面的政治要求，为当代共青团改革发展指明了方向。

——2013 年 5 月 2 日，给北京大学考古文博学院 2009 级本科团支部全体同学回信；

——2013 年 5 月 4 日，在中国空间技术研究院同各界优秀青年代表座谈并发表重要讲话；

——2013 年 5 月 29 日，同全国各族少年儿童代表共庆六一国际儿童节时发表重要讲话；

——2013 年 6 月 20 日，同团中央新一届领导班子集体谈话；

——2013 年 7 月 16 日，勉励中国科学院研究生自力更生勇攀高峰；

——2013 年 10 月 1 日，给中央民族大学附属中学全校学生回信；

——2013 年 11 月 26 日，向第二届中越青年大联欢活动致贺信；

——2013 年 12 月 5 日，给华中农业大学“本禹志愿服务队”回信；

——2014 年 1 月 28 日，给大学生村官张广秀复信；

——2014 年 5 月 3 日，给保定学院西部支教毕业生群体代表回信；

——2014 年 5 月 4 日，与北京大学师生座谈并发表重要讲话；

——2014 年 5 月 30 日，在北京市海淀区民族小学看望少年儿童，参加少先队员入队仪式；

——2014 年 7 月 16 日，给“南京青奥会志愿者”回信；

——2014 年 9 月 9 日，同北京师范大学师生代表座谈；

——2015 年 4 月 8 日，出席中越青年友好会见活动；

——2015 年 6 月 1 日，接见中国少年先锋队第七次全国代表大会全体代表，寄语全国青少年；

——2015 年 7 月 6 日，在中央党的群团工作会议发表重要讲话；

——2015 年 7 月 24 日，向全国青联十二届全委员和全国学联二十六大致贺信；

——2015 年 8 月 25 日，对纪念中国关心下一代工作委员会成立 25 周年暨全国关心下一代工作表彰大会作出重要指示；

——2015 年 10 月 26 日，在联合国教科文组织第九届青年论坛开幕式上致贺词；

——2016 年 4 月 26 日，在知识分子、劳动模范、青年代表座谈会上发表重要讲话；

——2016 年 7 月 1 日，在庆祝中国共产党成立 95 周年大会上的讲话中，专门对广大青年提出希望和要求；

——2016 年 12 月 7 日，在全国高校思想政治工作会议上发表讲话，首次点评 95 后大学生。

2015 年，共青团开始进入“改革时间”。共青团改革的小背景是群团改革，大背景是全面深化改革。共青团改革的关键不是改机构、减编制，重要的是转变工作方式,要去行政化、机关化。因此,要在破除路径依赖中增强独立性,在破解内卷化过程中释放适应性。而且,共青团改革对执政党有着特别重要的意义。因为执政党的根基在社会和民众之中,除了需要赢得社会的认同和信任外,党在基层社会的工作和活动,必须在机制上超越对政府行政一体化结构的依赖,在策略上要超越对政府行政资源的依赖。从大的战略上看,共青团改革要做的,也是在国家与原子化社会之间,不依赖于行政体系,而通过基层组织和骨干重建社会中间层网络,密切联系青年。在这个意义上讲,说"为党组织探路"也好,说"让党组织有获得感"也好,都不为过。

在某种意义上讲,共青团改革是实现自身的四个回归:一是回归初心。1922 年青年团正式成立时的主要功能有二,一为实现青年利益,二为塑造青年精神。此二项如鸟之两翼、车之两轮,构成了共青团吸引青年、凝聚青年的基本点。二是回归常识。当代青年都处于社会关系之中而并不必然处于政治关系之中的现实,要求共青团必须化政治功能于社会功能之中,通过社会功能的发挥来实现政治功能。三是回归理性。在传统政治走向世俗化、传统治理走向现代化的当代中国,任何工作要想形成社会影响,越来越需要依赖于扎扎实实的精雕细刻,逐步实现项目化、事业化而不是一味追求形式上的轰轰烈烈。四是回归梦想。共青团不是为青少年提供个性服务的普通社会组织,而是能够召唤青春梦想的七彩空间,是青年的精神家园。共青团既要服务青年、维护青少年合法权益,又要在价值理念、信仰追求更高层次上吸引青年、凝聚青年。青年为什么要与共青团相遇,因为有梦和未来。共青团要成为广大青年心中的"梦之队"。

## 四、历史的启示:共青团以适应性变革回应时代挑战

中国共青团作为党的青年群众工作的主要承担者,诞生锤炼于农业经济下的革命年代,蓬勃成长于国家开始工业化的建设年代,发展探索于现代化进程加速中的改革年代,转型求变于进入信息化的 21 世纪。在共青团由 1.0 版到 4.0 版[①]的升级换代历程中,党的政治纲领就是团的奋斗目标,党的指导思

---

① 胡献忠:《4.0 版共青团:群团改革语境下的"互联网+共青团"》,《中国青年社会科学》2016 年第 4 期。

想就是团的行动指南,党的中心任务就是团的光荣使命。

在推动共青团发展的历史合力中,有时代潮流的驱动、青年的发展趋势、来自社会多维度的支持、压力与需求、共青团自身的传统、机制,领导层的决策取向、各级团组织的执行力等。但最为关键的,是来自党的政治要求。因此,在推进国家治理现代化进程中,共青团改革的价值意义在于围绕执政党的战略选择,构建更为密切的团青关系,整合社会力量,参与多元治理,要在认真落实全面从严治党大力加强全面从严治团,使共青团真正成为凝聚青年、选拔精英的重要机制,既不被利益集团所捆绑,也不被裙带关系所异化。而共青团改革取得成效的重要标志,也恰恰在于走出"两个边缘化"(被党政边缘化、被青年边缘化),增强"两个获得感"(让党政有获得感,让青年有获得感)。

(作者系中国青少年研究中心青运史学科首席专家)

# 青年抗日救亡运动与中共广东地方党的重建(1931—1937)

杨新新

1927年广州起义与海陆丰“四月政权”后，中共在东江、琼崖、粤北等地实行武装割据，建立起数片农村革命根据地。[①] 由于稍后国际、国内形势发生变化，宁粤关系有所缓和，广东陈济棠当局开始加紧对本地中共组织的军事“围剿”与“渗透”。与此同时，受中共党内“左”倾盲动思潮影响，到1934年前后，中共广东党组织无论“苏区”的红军武装抑或“白区”的地下党，皆受到极大破坏，几乎损失殆尽。其剩余成员或隐蔽潜伏，停止活动，或被迫迁往香港等地，与中共中央失去直接联系。广东革命形势，一时间陷入“低谷期”。[②]

然而，到1937年10月，“中共南方工作委员会”(简称“南委”)成立之日，根据中共党内部统计，此时南委下属广东、香港等地党组织已基本得以恢复，党员发展至1000余人，并建立起60余个支部。[③] 那么在短短几年时间内，尤其因红军主力受反“围剿”失败影响被迫转移，中共中央处于“流动”状态下，中共广东地方党组织何以能够在革命的“边缘”地带迅速走出“悲壮的失落”，得

① 丁身尊主编:《广东民国史》下册，广东人民出版社2004年版，第692—703页。

② 中共广东省委党史研究室编:《中国共产党广东地方史》第一卷，广东人民出版社1999年版，第327—347页。

③ 张文彬:《南委报告》(1937年12月11日)，《中共广东省组织史资料》第一辑，中共广东省委组织部、中共广东省委党史资料征集委员会、广东省档案馆编印，1986年，第232—233页。

以恢复元气?[①] 其历史过程与内中的缘由又为何?[②] 值得后来者考虑。

## 一、左翼文艺思潮与广东青年抗日救亡运动的发轫

如前所述,尽管迟至1934年前后,中共在广东地区方才彻底停止活动。但实际上,早在1930年代初,华南等地共产主义运动即因中共党内"肃反"扩大化与"激进路线"影响,领导机关、城市地下党屡遭破坏,东江红军主力亦不断受到重挫,被迫退入大南山、潮澄饶等"省尾国角"地,基本处于式微状态。[③]就在中共广东党组织日益消沉,并最终步入停滞时,1931年九一八事变发生,广东青年学生抗日救亡运动随之自发而起。由中共主导之左翼文化运动,经由部分中共党员努力,输入广州等地。广东文化界人士与青年学生等纷纷行

① 大陆党史研究界已就抗战以来中共广东地方党组织之发展、演变历程以及中共如何借抗战之势逐步壮大等问题作了一定程度的讨论,参见中共广东省委党史研究室:《1936年广东党组织的重建和南方临时工委成立始末》,中共广东省委党史研究室编:《广东党史研究文集》第二册,中共党史出版社1993年版,第378—389页;曾庆榴:《走出历史的困谷——广东一二九青年的群体走向与党组织的重建》,中共党史出版社,2001年;以及《广东通史》《广东民国史》《中国共产党广东地方史》《中共广州地方史》等其中的有关章节。但有关此问题的专章讨论,目前尚不多见。另一方面,海外汉学家通过对抗战以来中共在华北、华中以及延安等不同区域"成功之道"的剖析,固然得出了"农民民族主义""延安模式"以及"制造革命"等数种不同的解释模式(关于海外汉学界上述解释模式的讨论,参见Wasserstrom, Jeffrey N. "Towards a Social History of the Chinese Revolution: A Review: Part I: The Evolution of a Field", Social History 17.1(1992):1—21; Wasserstrom, Jeffrey N. "Toward a Social History of the Chinese Revolution: A Review: Part II: The State of the Field", Social History 17.2(1992):289—317; Saich, Tony. "Introduction: The Chinese Communist Party and the Anti-Japanese War Base Areas", China Quarterly 140.140(1994):1000—1006;陈耀煌:《从中央到地方:三十年来西方中共农村革命史研究述评》,《"中央研究院"近代史研究所集刊》,2010年6月第68期,第143—180页)。然而,此类基于对不同区域乡村共产主义运动考察得出的结论,是否同样适用于解释抗战以来主要在广州等城市地区重建组织系统的中共广东地方党,似亦有可置喙的余地。

② 近年来,有学者从"革命史的社会史研究取向"入手,认识到学校、地缘关系以及与国民党方合作等"制度环境"之于大革命前后南昌等城市中共党组织发展的重要作用,不失为一种新的观察立场(应星:《学校、地缘与中国共产党早期组织网络的形成——以北伐前的江西为例》,《社会学研究》2015年第1期,第1—22页)。然而,如若注意到"大革命"以后,中共因与国民党方决裂,活动空间整体上遭到压制,但核心组织与领导层建制尚存。由于苏区根据地与红军的不断扩张,其各方面影响力不降反升。则1930年代以后,随着局势的变化,由"外来""南下"党员主导,依托本地学校与"进步青年"进行党组织重建的中共广东地方党势必面临着较之从前"同中有异"的境遇。换言之,这一时期,哪些"制度环境"因素又影响着逐步走向"复兴"的中共广东地方党组织,是为本文关注的焦点。

③ 曾庆榴:《走出历史的困谷——广东一二九青年的群体走向与党组织的重建》,第10—18页。

动并被组织起来，为困境中的广东地方党“东山再起”，预埋下了伏笔。[①]

从目前可知的情况来看，1927 年大革命失败以后，大批革命知识分子与进步青年相继转入上海，“在新的革命工作的要求下”，开始组织各类左翼科学文化团体，尝试用“笔的武器开始建立了阶级文学的新的阵地”。[②] 为加强对上海等大城市中“各种科学及新剧、文化等团体”的领导，以“扩大自己的宣传工作与利用一切公开可能的基础”。[③] 根据中共“六大”《宣传工作决议案》精神，1929 年 6 月中共六届二中全会以后，中共中央决定在上海设立文化工作委员会（简称“文委”），以“指导全国高级的社会科学的团体、杂志，及编辑公开发行的各种刊物书籍”。[④]

得益于中共“文委”对上海左翼文化界内部争议的干预，要求“文化工作者需要团结一致，共同对敌”。[⑤] 因“革命文学”争议，正处于“四分五裂”状态中的各左翼团体，最终“消除了相互之间的误会和隔阂”，逐步“走上了联合的道路”。[⑥] 在中共“文委”的“直接领导和具体筹备下”，1930 年 3 月，部分上海左翼作家、文教界人士，发起成立了中国左翼作家联盟（简称“左联”），[⑦]并于同年 10 月，建立起以“左联”为主体，包括中国社会科学家联盟（简称“社联”）、左翼戏剧家联盟（简称“剧联”）、左翼新闻记者联盟（简称“记联”）等团体在内的中国左翼文化界总同盟（简称“文总”）。此后，在中共“文委”与“文总”的引导下，上海左翼文化运动风起云涌，成为全国瞩目的焦点。[⑧]

---

① 需要注意的是，1930 年代初，与中共中央失去直接联系的中共两广临时工作委员会，曾在香港发起成立香港文艺研究会，出版左翼文艺刊物《前哨》。因不久后，两广临时工委、香港工委被破坏，《前哨》杂志亦被迫停办，故其对广东等地左翼文艺运动影响非常有限。参见丁身尊主编：《广东民国史》下册，第 789 页。

② 孟超：《我所知道的洪菲》，《洪菲选集》，人民文学出版社 1982 年版，第 36 页。

③ 《宣传工作的目前任务》（1928 年 7 月 10 日），中央档案馆编：《中共中央文件选集》第 4 册，中共中央党校出版社 1989 年版，第 419 页。

④ 《宣传工作决议案》，中央档案馆编：《中共中央文件选集》第 5 册，中共中央党校出版社 1990 年版，第 273 页。

⑤ 吴黎平：《长念文苑战红旗——我对左翼文化运动的点滴回忆》，中国社会科学院文学研究所《左联回忆录》编辑组编：《左联回忆录》（上），中国社会科学出版社，1982 年，第 128 页。

⑥ 冯乃超口述，蒋锡金笔录：《革命文学论争·鲁迅·左翼作家联盟——我的一些回忆》，《新文学史料》1986 年第 3 期，第 30 页。

⑦ 谭一青：《瞿秋白和三十年代左翼文艺运动的策略转变》，《中共党史研究》1988 年第 3 期，第 71 页。

⑧ 刘文军：《“左联”成立前党对文化工作的领导》，《中共党史研究》1991 年第 1 期，第 26－28 页。

相较于20世纪30年代初上海左翼思潮的日新月异，大革命失败后的广州文艺界，由于鲁迅、郭沫若等左翼作家的相继离去，局面一度相当消沉。[①]非但文坛上以文言、言情小说居多，绝少“清新的气息”，[②]且大中学校多数师生，因忧惧“四一五”以来的“白色恐怖”，埋首学问故纸堆，绝口不谈政治，对上海、北京等地颇具争议的“新文艺思潮”更是有所保留，缺乏积极的响应与行动。[③]

广州文化界此种相对“沉闷”局面的被打破，发生在1931年九一八事变爆发以后。事件后，一方面华北、上海等地学生抗日救亡运动兴起，波及南粤。一般青年学生认知发生了极大变化，“进步思想”开始“占据了优势”，[④]并自发走上街头，进行抗议、示威等行动，[⑤]一时间广州等地抗日救亡运动方兴未艾。另一方面，执掌广东军政大权的陈济棠等人，有意借“抗日”之名“促蒋（介石）下野”，相对放松对左翼文化活动的查禁。[⑥] 受益于上述诱因之影响，此后，部分中共党员以左翼文化人士的名义转往广州活动，广东等地左翼文化运动在抗日救亡背景下迅速推开。[⑦]

从1931年底始，大革命失败后，因“共党嫌疑”被迫流亡上海、日本等地的何干之、何思敬、温盛刚等人，陆续返回广州，分别任教于中山大学、国民大学、广州女师等学校。[⑧] 他们利用教师身份、同乡关系，[⑨]与部分大革命时代曾受中共政治主张影响的本地青年作家、学生等一道，发起成立各类左翼文化团

① 陈颂声、邓国伟：《鲁迅与广东新文学运动的历史评价》，《中山大学学报》（哲学社会科学版）1990年第1期，第79页。

② 曾庆榴：《走出历史的困谷——广东一二九青年的群体走向与党组织的重建》，第20页。

③ 方少逸：《忆学生运动片段》，广东青运史研究委员会办公室编：《广东青年运动回忆录》，广东人民出版社1986年版，第100页。

④ 刘添梅，陈锡添、罗可群：《饶彰风传》，中共广东省委党史研究委员会，中共广东省委党史资料征集委员会编：《回忆饶彰风》，三联书店（香港）有限公司，1989年，第227页。

⑤ 《抗日救国运动》，《申报》1931年9月28日。

⑥ 丁身尊主编：《广东民国史》下册，第786页。

⑦ 杜埃：《广州左联杂记》，中共广州市委党史研究室编：《广州革命回忆录选编（1928－1938）》，中共广州市委党史研究室编印，1990年，第110页。

⑧ 《连贯同志纪念文集》编写组编著：《贤者不朽：连贯同志纪念文集》，中国华侨出版社1995年版，第131－132页。

⑨ 《蔡北华自述——我参加“左联”和入党的经过》，中共广州市委党史研究室编：《中共东京支部（1935－1938）》，广州出版社，2013年，第162页。

体，[①]开展左翼文学艺术创作、演出等活动。[②] 并借“读书会”等形式，建立外围组织，通过编纂与阅读“进步文艺刊物”等形式，吸纳一般青年学生与社会青年参加，以求扩张与壮大声势。[③] 广州左翼文化运动遂与日俱进，在社会各界“产生极为广泛的影响”。[④]

而九一八事变后，由部分中共党员与“共党嫌疑份子”主导之左翼文化运动，之所以能在华南等地挟抗日救亡运动之势“蓬勃日盛”，除与上述国内政治形势遽变，国民党方内部派系倾轧，为左翼思潮传播提供一定空间外。[⑤] 亦与此时作为国内主要“反对政治力量”的中共，根据苏联与共产国际精神，部分调整其革命宣传策略有关。尤其中共公开提出武装抗日主张，呼吁社会各界共同行动，坚决反对“向日帝国主义投降”。[⑥] 在“民族主义”高涨时期，这样的激进态度，较之南京国民政府“攘外必先安内”的温和立场，无疑对青年学生与一般民众更具吸引力。[⑦]

更为关键的是，1931 年 10 月“永汉路事件”后，国民党西南政务委员会一反此前的“抗日反蒋”态度，对广州青年学生的自发“反日”罢课、游行等活动采取压制政策。[⑧] 广州学生与民众，对陈济棠等人失望之余，开始倒向中共一方。与此同时，在何思敬、何干之等人的引导下，广州学生与民众亦认识到，罢课、请愿这类大规模的街头民众行动，终非长久之计。代之以文学、戏剧等“为武器”的“文战”形式，同样可达成宣传抗日的目的，且效用更为持久。[⑨] 此后，青年学生与民众由街头“战场”转入相对温和的“文宣”领域，彻底与本地左翼

① 肖希明等：《“中大抗日剧社”“新兴读书会”“中国左翼剧联广州分盟”“苏维埃之友会”始末》，中共广州市委党史研究室编：《广州革命回忆录选编（1928—1938）》，第 34—35 页。

② 中共广州市委党史研究室编著：《中共广州地方史（新民主主义时期）》，广东人民出版社 1995 年版，第 186 页。

③ 伍乃茵：《回忆九一八事变后广州出现的一些进步文化团体和刊物》，中共广州市委党史研究室编：《广州革命回忆录选编（1928—1938）》，第 104—105 页。

④ 中共广东省委党史研究室编：《中国共产党广东地方史》第一卷，第 363 页。

⑤ 江穆：《1931—1935 年广州文化界地下革命组织的一些活动情况》，中共广州市委党史研究室编：《广州革命回忆录选编（1928—1938）》，第 71 页。

⑥ 《中国共产党为日本帝国主义强暴占领东三省事件宣言》（1931 年 9 月 20 日），中央档案馆编：《中共中央文件选集》第 7 册，中共中央党校出版社 1991 年版，第 399 页。

⑦ 杨奎松：《“中间地带”的革命：中国革命的策略在国际背景下的演变》，山西人民出版社 2010 年版，第 266 页。

⑧ 方志钦、蒋祖缘：《广东通史·现代史》上册，广东高等教育出版社 2014 年版，第 806—807 页。

⑨ 肖希明等：《“中大抗日剧社”“新兴读书会”“中国左翼剧联广州分盟”“苏维埃之友会”始末》，中共广州市委党史研究室编：《广州革命回忆录选编（1928—1938）》，第 33—34 页。

文化运动合流。

1933 年初，随着广州左翼文化运动的日新月异，为统一本地各文艺组织，扩大影响力，根据曾参加过北平左翼文化运动的中共党人温健公的建议，广州各左翼文化团体联合成立“中国左翼文化总同盟广州分盟”（简称“广州文总”），[①]并通过中共秘密党员何思敬等人的关系，与中共主导之上海“文总”等取得直接联系。[②] 尔后，上海“文总”以邮寄各种涵括中共中央指示与精神的“进步文艺刊物”的形式，对“广州文总”予以“通信指导”。[③] 广州等地的左翼文化运动遂纳入中共掌控之下，较之从前有了更大的声势。[④]

当然，需要注意的是，尽管 1933 年“广州文总”成立以后，左翼团体内部那些能够通过各种途径获取“进步刊物”、传播“新思潮”的领导者，已然被一般青年与民众视作中共“党员”乃至中共党“组织的化身”。[⑤] 而此时广州的左翼文化运动，多少亦非纯然的抗日救亡运动，某种程度上带有中共地方党组织重建的色彩。然而，诚如部分当事者后来之回忆，“广州文总”等左翼文化团体，毕竟并非正式的中共党组织，缺乏中共上级党的直接指导。因而其当日之各种活动，绝不能认作“恢复党组织”的行动，仅可视为部分中共党员领导下的“群众进步文化运动”。[⑥]

事实上，也正是因为“广州文总”等左翼团体，较之中共正式党组织有较大差别，尤其组织系统“纵横交错”，相互暴露，且成员行动散漫，缺乏必要的纪律约束与“秘密斗争”经验，以致其与中共“文委”、上海“左联”等关系，引起广东国民党当局注意。[⑦] 1933 年 7 月，“广州文总”下属“社联”部分成员，试图利用太古洋行工人罢工，在广州工人中发展组织时，为国民党当局所侦知。广东国民党当局遂将“广州文总”领导下的左翼文化运动视作中共在广东的“省委的

---

① 胡提春：《中国左翼文化总同盟广州分盟的始末》，《广州党史》1989 年第 2 期，第 16 页。

② 何思敬：《回答中共广州党史组提出的若干问题及补充情况》，中共广州市委党史研究室编：《广州革命回忆录选编（1928－1938）》，第 21 页。

③ 袁文殊：《从“广东戏剧研究所”到“广州左翼剧联”》，中共广州市委党史研究室编：《广州革命回忆录选编（1928－1938）》，第 141－142 页。

④ 曾庆榴：《走出历史的困谷——广东一二九青年的群体走向与党组织的重建》，第 42 页。

⑤ 伍乃茵：《回忆九一八事变后广州出现的一些进步文化团体和刊物》，中共广州市委党史研究室编：《广州革命回忆录选编（1928－1938）》，第 104－105 页。

⑥ 韩拓夫：《有关社联情况的一些回忆》，中共广州市委党史研究室编：《广州革命回忆录选编（1928－1938）》，第 102 页。

⑦ 黄韦文：《我所知道的广州文总的成立及其被破坏的经过》，中共广州市委党史研究室编：《广州革命回忆录选编（1928－1938）》，第 97 页。

活动”，开始准备有计划逮捕以公开职业、文化人士为掩护的中共地下党员与“共党嫌疑份子”。[①]

1934 年初，随着日本军方在华北等地加紧动作，国际、国内形势再度变化。陈济棠等一面坚持“抗日”，继续与国民党中央周旋，一面派代表赴南京交涉，就“剿共”等问题与蒋介石等尝试“合作”。[②] 宁粤双方关系再度缓和，广东西南当局随之逐步收紧对本地左翼文化活动的控制。[③] 是年 1 月，“广州文总”下属“社联”成员为纪念“一·二八”事件两周年，公演抗日剧目，在一般民众中作激进革命宣传。广东国民党当局乘机出动大批军警予以镇压，并展开搜捕行动。“广州文总”骨干、成员 60 余人被逮捕，温盛刚等核心成员“六君子”被杀。[④] 此后，“广州文总”及广州各左翼文化团体被迫停止公开活动。

遭此“劫难”，广州左翼文化运动虽转入“低谷”，但部分隐蔽较深，得以保存的左翼青年骨干却未全然停止“地下”活动。在经过一段时间沉静后，他们利用同学、同乡等社会关系，以“进步读书会”“读者会”等形式，继续在中山大学、勷勤大学等学校，传播左翼思潮与中共主张。[⑤] 同时，通过“订购书刊”的关系，他们亦与上海“文总”交通王均予保持通讯，由王秘密寄来各类中共发行的刊物，间接与中共方面发生联系。[⑥] 而这一切也为稍后王均予、薛尚实等人南下，以“中国青年同盟”“突进社”等青年秘密革命团体为核心进行广东地方党的重建打下了思想基础。

## 二、“中国青年同盟”“突进社”等之建立与广州一二九运动

根据“中国青年同盟”（以下简称“中青”）负责人王均予的回忆，早自 1933

---

① 欧阳山：《1931—1937 年广州文化活动组织的变化》，中共广州市委党史研究室编：《广州革命回忆录选编（1928—1938）》，第 122 页。

② 罗敏：《“剿共”背后国民党派系的较量——以西南地方势力与蒋介石矛盾斗争为中心的考察》，《军事历史研究》2016 年第 4 期，第 15—19 页。

③ 连贯：《回忆广州文总》，中共广州市委党史研究室编：《广州革命回忆录选编（1928—1938）》，第 63 页。

④ 中共广州市委党史研究室编著：《中共广州地方史（新民主主义时期）》，第 190 页。

⑤ 肖希明等：《“中大抗日剧社”“新兴读书会”“中国左翼剧联广州分盟”“苏维埃之友会”始末》，中共广州市委党史研究室编：《广州革命回忆录选编（1928—1938）》，第 55—56 页。

⑥ 黄韦文：《我所知道的广州文总的成立及其被破坏的经过》，中共广州市委党史研究室编：《广州革命回忆录选编（1928—1938）》，第 100 页。

年4月前后，广州左翼文化运动风起云涌之际，为加强与外地读者联系，解答青年学生对左翼文化运动中诸多问题的困惑，当时尚在上海中共中央出版部发行科工作的他，便自发编辑出版了一张名为《时代文化》的小报。并通过该报的发行路线以及出版部的销售渠道，与广州勷勤大学学生麦蒲费（邱萃藻）等建立起通信关系，组织创设了《时代文化》读者会，在广州青年学生中推销马列书籍与中共方面出版的《红旗》杂志、《红军捷报》等刊物。[①]

1934年秋，因“宣传赤化”，被迫转往上海的何干之，接手《时代文化》的编辑工作。由于认为该报“水平太低”，缺乏理论指导，何干之“工作拖延，只编了一期就不干了”，以致《时代文化》“自动停办了下来”。[②] 为“团结进步青年”，不使各地读者会组织因报纸停刊被迫解散，经中共出版部发行科党小组成员讨论，商定将广州等地《时代文化》读者会更名为“中国青年同盟”，[③]通过寄去马列书籍与中共方面报刊等形式，继续与之保持联系，并予以必要的指导。此后，广州“中青”成为上海中共出版部发行科领导下的重要“外围组织”。[④]

1935年7月，中共上海临时中央机关遭到破坏，中共出版部与上级党组织失去联系，遂通知发行科自行隐蔽，维持工作，以等待续接组织关系。因经费中断，“工作、生活发生困难”，根据发行科党小组决定，长期与各地青年读者保持通信联络的王均予，转往“群众基础”较好的广州，“开辟新的革命据点”，帮助广州“中青”开展工作；[⑤]同时继续与上海发行科党小组保持联系，接受他们的意见和寄来的报刊、书籍，并向其“报告工作情况”。[⑥]

7月底，抵达广州后，王均予以“中青”负责人身份，找到了当日在广州负责“中青”组织的麦蒲费，告知其希望在广州“中青”现有基础上，发动青年学

① 王均予：《回忆抗战爆发前后广州建党活动经过》，中共广州市委党史研究委员会编：《广州外县工委史料》，广东人民出版社1988年版，第18—19页。

② 王均予：《二战后期到抗战期间我在广东从事革命活动的情况》，中共广州市委党史研究室编：《王均予》，广东人民出版社1999年版，第50页。

③ 王均予：《历史自传》（1954年10月30日），未刊稿，原件存中共广东省委党史研究室。

④ 王均予：《回忆抗战爆发前后广州建党活动经过》，中共广州市委党史研究委员会编：《广州外县工委史料》，第19页。

⑤ 王均予：《二战后期到抗战期间我在广东从事革命活动的情况》，中共广州市委党史研究室编：《王均予》，第52页。

⑥ 王均予：《回忆“一二·九”运动前后广州建党活动经过》，中共广州市委党史研究室，广州青年运动史研究委员会，广州市教育学院编：《一二九运动在广州》，广东人民出版社1994年版，第204页。

生，开展“抗日救亡工作”。[1] 在得到麦蒲费的支持与资助后，王均予将原来处于少数思想激进青年学生“志愿结合状态中”的广州“中青”，改组为以宣传中共“抗日救亡”主张为中心，具有一定组织纪律性的青年秘密革命团体。[2] 并建立起以王均予、麦蒲费、钱兴三人为核心的领导层。同时通过此前《时代文化》读者会的地下发行网络以及麦蒲费、钱兴等在广州的同乡、同学关系，将改组后的“中青”组织，秘密发展至中山大学、勷勤大学等诸多学校。[3]

就在王均予等主导的“中青”在广州各学校“秘密扩张”的同时，曾在广州左翼文化运动期间参与过“社联”活动的中山大学学生张直心、杜埃等人，在中共秘密党员、中山大学教授何思敬的影响下，亦于 1935 年 10 月前后以部分“过去参加‘左联’和‘社联’读书会的成员”为骨干，发起成立了青年秘密革命团体“突进社”。尽管“突进社”同样以“团结进步青年”，拥护中共“抗日救亡”主张为要旨。[4] 然而，因其活动主要限于中山大学，加之成员中多数为大埔、兴宁等地的客家同学与同乡，故成立后虽发展迅速，但规模与影响力不及王均予等人领导下的“中青”组织。[5]

从上述情况来看，1935 年下半年，“中青”“突进社”等秘密抗日救亡革命团体，之所以能够在部分中共党员影响下改组、成立并有一定程度的进展，除与此时外患日深，中共顺应时势，根据共产国际指示与精神，结束“关门主义”态度，提出《八一宣言》等，要求建立全国性抗日民族统一战线，为一般青年与民众所瞩目外[6]，更与此前中共主导之左翼文化运动，已在青年学生中预埋下“革命的种子”不无关系。

事实上，广州左翼文化运动期间，凭借各类“进步文艺刊物”的传播，中共

---

① 王均予：《回忆抗战爆发前后广州建党活动经过》，中共广州市委党史研究委员会编：《广州外县工委史料》，第 20 页。

② 中共广州市委党史办：《广州外县工委概述》，中共广州市委党史研究委员会编：《广州外县工委史料》，第 2—3 页。

③ 王均予：《钱兴同志入党经过》，中共怀集县委党史办公室编：《怀念钱兴》，广东人民出版社 1988 年版，第 107 页。

④ 张直心，杜埃，刘天行，黄焕秋：中共广州市委党史研究室编：《广州革命回忆录选编（1928—1938）》，第 153 页。

⑤ 王均予：《二战后期到抗战期间我在广东从事革命活动的情况》，中共广州市委党史研究室编：《王均予》，第 57 页。

⑥ 杨康华：《杨康华回忆录》，广东人民出版社 2001 年版，第 34 页。

影响力挟抗日救亡运动之势，已在青年学生中不断提升。[①] 与此同时，左翼文化运动期间，何思敬、王均予等人，或透过言传身教或通过寄去相关报刊材料等形式，与部分青年学生建立联系，并予以指导。其中共党员身份虽未公布，但实际已被青年学生所默认。[②] 因而，当左翼文化运动失败后，何思敬、王均予等尝试建立青年秘密革命团体，吸纳青年学生，以继续宣传马列理论与中共主张，推进抗日救亡运动时，无疑得到了正在寻找中共党组织的青年学生们的认可与支持，并有益于此类组织的发展。[③]

当然，需要注意的是，尽管“中青”“突进社”等团体虽系经部分中共党员发起，创设后不但要求参加成员必须明确“拥护中国共产党，拥护中华苏维埃，拥护中共红军”，做好“为共产主义奋斗”的准备。[④] 且“中青”方面还引入中共地下党的秘密工作方式，“完全照抄党的一套”，具有较强的政治性。[⑤] 不过，考虑到一段时期内“中青”“突进社”与中共上级党组织并未发生直接联系，成员多数为在校青年学生，活动形式也主要限于通过同学、同乡关系在广州各学校建立秘密“进步读书会”，范围有限，较为松散。[⑥] 故其尚不可与认识统一、组织严密、纪律严明，完全由职业革命工作者组成的中共正式党组织等而视之。[⑦]

“中青”“突进社”等情况有所变化，出现在一二九运动发生之后。随着华北等地日军的步步紧逼，中共领导下的北平学生反日运动形势高涨，波及广州。原本缺乏交集的“中青”与“突进社”，根据何思敬、王均予等负责人的建

① 杜襟南：《人间世——陈嘉（杜襟南）日记初叶（1933－1950）》上册，中共广州市委党史研究室编印，2000 年，第 107 页。

② 曾生：《曾生回忆录》，解放军出版社 1991 年，第 20 页。

③ 《二战后期至抗战初期广州党史座谈会发言纪要》，中共广州市委党史研究室编：《广州革命回忆录选编（1928－1938）》，第 271 页。

④ 张直心，杜埃，刘天行，黄焕秋：《回忆突进社》，中共广州市委党史研究室编：《广州革命回忆录选编（1928－1938）》，第 154 页。

⑤ 《王均予自传》（1945 年 2 月 8 日），未刊稿，复印件存中共广东省委党史研究室。

⑥ 温焯华：《我与中国青年同盟》，中共广州市委党史研究室，共青团广州市委员会，广州青年运动史研究委员会，广州市中共党史学会编：《走向抗日：广州中国青年抗日同盟史录》，广州出版社 2015 年版，第 40 页。

⑦ 《二战后期至抗战初期广州党史座谈会发言纪要》，中共广州市委党史研究室编：《广州革命回忆录选编（1928－1938）》，第 265 页。

议，联合部分其他学生自发成立的青年秘密左翼团体，[①]在“中青”骨干曾生、钱兴等人组织下，以中山大学为“基地”，成立学生“抗日救国联合会”，号召广州各校青年学生走上街头，声援平津等地学运，反对华北自治，并呼吁“停止内战，一致抗日”，同时请求西南当局出师讨逆。[②]

此后，从1935年12月到1936年1月期间，广州全市学生发起数次抗日示威大游行。[③] 然而，因陈济棠、邹鲁等人，出于维持在蒋、日之间权势平衡的考虑，部分调整此前“反蒋抗日”的策略，要求全市各校停课、放假，以缓和局势，引发青年学生不满。[④] 1936年1月9日，广州学生第三次集会期间，曾生等人“领着大队”赴省教育厅请愿抗日，厅长黄麟书与各官员等避而不见，以致青年学生“群情汹涌”，发生“捣毁教育厅事情”，为广东国民政府侧目。[⑤] 1月13日，国民大学等校学生自发组织第四次全市游行示威，与西南军警当局授意成立的“民众锄奸团”爆发冲突。[⑥] 广东国民政府乘机以学生受人“挟持利用”“越出常规”为由，宣布全市学校立即放假，并下令逮捕何思敬与学运中较为活跃的曾生、钱兴等学生骨干。[⑦]

由于长期从事秘密地下活动，工作较为谨慎，学生运动期间，王均予对曾生等人的行动有所保留，并批评了部分“中青”成员的过激态度。事发后，其领导下的“中青”组织大部分成员也因此并未暴露，团体保存较为完好。[⑧] 在何思敬、曾生等人转往香港后，王均予一方面要求“中青”骨干蛰伏、隐蔽，以“五

---

① 王均予：《二战后期到抗战期间我在广东从事革命活动的情况》，中共广州市委党史研究室编：《王均予》，第65—66页。当日广州学生中除“中青”“突进社”两大主要左翼青年革命团体外，另有中山大学学生杨康华、李群杰等组织的“马列主义行动团”，中山大学学生冯道先、周力夫等人发起成立的“反帝反法西斯大同盟”等“秘密左翼小团体”。由于规模较小，影响力有限，此后这类左翼小团体中多数成员，陆续被吸收入“中青”与“突进社”等组织，成为广东地方党重建的骨干。有关“马列主义行动团”“反帝反法西斯大同盟”等团体相关情况的介绍可参见罗范群：《关于广州党组织恢复和重建的回忆》，中共广州市委党史研究委员会编：《广州外县工委史料》，第29页；李群杰：《一瓣心香祭康华》，中共广东省委党史研究室编：《回忆杨康华》，广东人民出版社1994年版，第47页。

② 《反对华北自治，中大学生游行示威》，《广州民国日报》1935年12月13日。

③ 曾建昭：《“一・二九”运动在广州》，曾建昭编著：《青运春秋・广东专辑》，中国青年出版社2006年版，第49—53页。

④ 邹鲁：《邹鲁回忆录》第二卷，东方出版社2010年版，第544—547页。

⑤ 穗芒：《荔湾惨案发生的前前后后》，一二九运动在广州，中共广州市委党史研究室，广州青年运动史研究委员会，广州市教育学院编：《一二九运动在广州》，第278页。

⑥ 《中大学生昨巡行与市民冲突》，《广州民国日报》1936年1月14日。

⑦ 《广州学生誓死救国》，《救国时报》1936年2月12日。

⑧ 王均予：《回忆抗战爆发前后广州建党活动经过》，中共广州市委党史研究委员会编：《广州外县工委史料》，第23—24页。

人团”“十人团”等形式继续秘密活动。[①] 另一方面，根据共青团中央将“反日救国运动”扩至工厂、农村等的指示，部分“中青”成员又借寒假返乡机会，组织宣传队，分赴广东各地开展抗日救亡宣传、发动工作。并通过同学、同乡关系“托管”部分其他青年自发左翼秘密团体等形式，将组织扩至广州以外地区。[②]

与此同时，转往香港的何思敬等人，一方面与在香港等地从事“反蒋”统战工作的中共秘密党员梅龚彬、宣侠父等人取得联系，发起成立“华南救国会”，继续开展抗日救亡活动。[③] 另一方面他又继续与中山大学“突进社”成员张直心等保持联系，予以指导。[④] 此后，“突进社”成员亦相继利用抗日歌咏热潮、“拉丁化文字运动”等，以公开合法形式，组织“民众歌咏团”“新文字广州分会”，并通过“中山大学乡村服务实验区”的成立，有计划地到广州周边农村，开办夜校、识字班，动员一般青年、民众投身抗日救亡运动。[⑤]

事实上，诚如学者所言，经由中共影响下的“中青”“突进社”等青年秘密左翼团体之努力，一二九学生运动在广州的爆发，非但有助于本地民众团结一致抗战共识的形成，亦为中共广东地方党组织的恢复、重建“作了思想上和干部上的准备”。[⑥] 然而，必须承认的是，由于一二九运动前后，中共中央尚在长征途中，无暇整体顾及白区工作。而“中青”“突进社”等组织自建立之初，便分受来路不一且失掉组织关系之中共秘密党员的影响，行事风格各不相同，呈现出“各自为政”的色彩。因而运动期间，双方虽有合作，但终因形势紧张，两方皆处地下秘密状态，彼此并未完全公开身份。事件后，又因双方分属广州、香港两地不同之领导关系，“各行其是”，再无更多交集。这为 1936 年以后主要依靠“中青”“突进社”成员进行组织重建的中共广东党，出现两条路径相争等问题种下了“怨根”。

---

① 王均予：《二战后期到抗战期间我在广东从事革命活动的情况》，中共广州市委党史研究室编：《王均予》，第 63－64 页。

② 东莞市政协编：《执着的追求——陈健自述》，广东人民出版社 2014 年版，第 12－14 页。

③ 梅龚彬：《梅龚彬回忆录》，团结出版社 1994 年版，第 90 页。

④ 张直心，杜埃，刘天行，黄焕秋：《回忆突进社》，中共广州市委党史研究室编：《广州革命回忆录选编(1928－1938)》，第 154 页。

⑤ 黄焕秋：《青年学生到农村去的新篇章——纪中山大学乡村服务实验区》，一二九运动在广州，中共广州市委党史研究室，广州青年运动史研究委员会，广州市教育学院编：《一二九运动在广州》，第 108－122 页。

⑥ 曾庆榴：《走出历史的困谷——广东一二九青年的群体走向与党组织的重建》，第 101 页。

## 三、青年秘密革命团体之争与广东地方党的重建

1935年底，中共中央红军主力经长途跋涉，抵达陕北，结束长征。在站稳脚跟后，为恢复并加强中共在白区的工作，1936年3月，中共中央派刘少奇赴天津，以中央代表身份主持中共北方局工作。在刘少奇等人的领导下，中共党组织非但在华北等地得到重建与发展，[①]同时，北方局还派出干部，赴上海、武汉、西南等地重建当地党组织，使1930年代以来上述地区几乎损失殆尽的中共地方党得以基本"恢复元气"。[②]

此后，就在中共北方局恢复上海等地党组织关系后不久，通过滞留上海，曾于中共中央出版部发行科工作过的易吉光之介绍，1936年5月前后，广州"中青"负责人王均予在天津与时任中共北方局宣传部部长的李大章会了面，并接上了组织关系。[③] 根据中共北方局指示，决定王均予返回广州，以广州"中青"成员为骨干，进行广东地方党组织的重建与恢复。同时，重建后的广东地方党组织隶属于中共北方局领导，由北方局发给经费，并通过寄去机关刊物《火线》予以通信指导。[④]

在同李大章的会谈中，王均予主动提出不懂广东话，工作不方便，请求派一名粤籍干部返回广州担任领导，协助打开局面。[⑤] 中共北方局遂决定另派此前已到过华南等地，并与在香港从事隐蔽统战工作的中共党员宣侠父、梅龚彬等取得联系的梅县籍广东干部薛尚实南下。[⑥] 一方面以"北上抗日"之名联络桂系实力派李宗仁、白崇禧等，介入"西南事件"的调停解决，并向其传达中

① 陈廉：《北方局与华北抗日根据地的创建》，《近代史研究》1984年第6期，第2—4页。

② 刘少奇：《六年华北华中工作经验的报告》（1943年3月），《刘少奇选集》上卷，人民出版社1985年版，第249—251页。

③ 王均予：《回忆抗战爆发前后广州建党活动经过》，中共广州市委党史研究委员会编：《广州外县工委史料》，第24页。

④ 王均予：《二战后期到抗战期间我在广东从事革命活动的情况》，中共广州市委党史研究室编：《王均予》，第67页。

⑤ 王均予：《回忆抗战爆发前后广州建党活动经过》，中共广州市委党史研究委员会编：《广州外县工委史料》，第24页。

⑥ 有关薛尚实这一时期详细活动情况的讨论，可参见曾庆榴：《走出历史的困谷——广东一二九青年的群体走向与党组织的重建》，第125—134页。

共方面意见。[①] 另一方面，领导并帮助王均予等人，[②]相机“在南方建立党的工作”。[③]

1936 年 7 月前后，在“找到北方局，接受党的指示之后”，王均予、薛尚实先后返回广州、香港，着手进行广东地方党组织的重建工作。而从王、薛二人返粤后分别创设的本地党组织之情况来看，先行回到广州的王均予，按照中共北方局要求，将“中青”更名为“中国抗日青年同盟”后，以原广州地区“中青”成员为主要建党对象，经他个别考察，陆续吸收入党。到 1936 年 9 月，在薛尚实批评了其“关门主义”倾向后，王均予加快了党员发展的速度。[④] 是年 12 月，中共广州市委成立后，王均予又通过“广东工作委员会”的名义，分批接纳东莞、中山等地“中青”盟员入党，将其领导下的党组织扩展至广州以外地区。[⑤]

与此同时，稍晚于王均予返回香港的薛尚实，一方面通过担任“全国各界救国联合会华南区”总务的中共地下党员何思敬的关系，结识了中山大学“突进社”负责人张直心。[⑥] 依靠梅县、大埔籍“客家”同乡、同学关系网络，薛尚实以“突进社”成员为核心，在广州“市内和郊区”等地开展秘密建党工作。[⑦] 另一方面，他又凭借其在香港与“西南事件”中从事统战工作建立起来的社会关系，陆续为部分在大革命时期失掉组织关系的党员恢复了党籍，[⑧]并积极联络南方各地抗日救亡团体中“信仰马克思主义”的“革命青年”，[⑨]由其吸纳入党，

① 薛尚实：《补充报告》，未刊稿，原件存广东省委党史研究室。

② 王均予：《回忆抗战爆发前后广州建党活动经过》，中共广州市委党史研究委员会编：《广州外县工委史料》，第 24 页。

③ 薛尚实，《薛尚实略历》(1945 年填写)，未刊稿，抄件存中共广东省委党史研究室。

④ 王均予：《二战后期到抗战期间我在广东从事革命活动的情况》，中共广州市委党史研究室编：《王均予》，第 69 页。

⑤ 《王均予关于广东救亡组织与发展情况、党的组织一般工作状况及对南委的意见》(1937 年 5 月 26 日)，《中共广东省组织史资料》第一辑，中共广东省委组织部、中共广东省委党史资料征集委员会、广东省档案馆编印，1986 年，第 227 页。而吊诡的是，也正是由于接受了薛尚实的批评意见，王均予以中共“广东工作委员会”名义加快党组织的发展速度，反成为此后薛、王二人公开冲突的诱因之一。参见《中共广州市委外县工作委员会报告》(1937 年 10 月 31 日)，《广东革命历史文件汇集》甲 39，中央档案馆、广东省档案馆编印，1987 年，第 51 页。

⑥ 《薛尚实关于中共南方临时工委和广东省委的回忆》(1960 年 12 月 22 日)，《中共广东省组织史资料》第一辑，第 350 页。

⑦ 赵树德整理：《访问张直心同志整理稿》，未刊稿，原件存中共广东省委党史研究室。

⑧ 连贯：《回忆广州文总》，中共广州市委党史研究室编：《广州革命回忆录选编(1928－1938)》，第 63 页。

⑨ 吴有恒：《作为书简中的“我”的萧殷》，《吴有恒文集》第二卷，花城出版社 1993 年版，第 221 页

组建中共党的基层支部。[①] 到 1936 年 9 月，“中共南方临时工作委员会”（简称“南临委”）成立后，[②]薛尚实更是将中共党组织由广东一地，发展至广西、福建、云南、贵州等多省，并与闽西南游击区、南洋等地的中共党组织建立起联系。[③]

正当广东等地中共党组织的重建与恢复工作渐入正轨，并取得一定成效的时候，问题却随之产生。如前所述，由于在广州地区的建党过程中，王均予、薛尚实分别倚重与之关系密切的青年抗日救亡团体“中青”与“突进社”成员展开，路径大相径庭。而从一二九运动时期，“中青”与“突进社”之关系来看，双方虽互知底细且有一定程度的合作，但终因中共党组织统一领导的长期缺失，成员仅视自己一方的革命“引路人”为党与组织的“化身”。因而，当王、薛二人奉命依靠各自熟悉的社会关系，恢复并重建地方党组织时，主要由“中青”与“突进社”成员而来的广州地区中共党两条不同的组织系统间，遂出现了“各自为政，甚至相互妨碍”等问题。[④]

更为关键的是，尽管中共北方局根据王均予的要求，曾指示广东等地的建党工作，归薛尚实统一负责，并在“南临委”成立后，默认了其作为广东地方党组织领导机关的事实。[⑤] 然而此后一段时期，由于薛尚实及其主导下的“南临委”与北方局失去了通信联系，北方局遂将事关中共中央指示精神的机关刊物《火花》转寄去王均予与广州市委处，并由王均予代向薛尚实传达。[⑥] 通信不甚发达时代，高度统一的革命政党结构中本不应轻易剥离的组织领导权与信息话语权分属异处，造成“南临委”与广州市委责权边界模糊，关系一度相当紧张，甚而出现了权力“双中心”等问题。这导致了双方就领导广州及其以外地区党组织恢复与发展等问题发生了激烈争执与冲突。[⑦]

---

① 吴有恒：《香港青年工作报告》（1941 年 1 月 26 日），《广东革命历史文件汇集》甲 44，中央档案馆、广东省档案馆编印，1987 年，第 133 页。

② 《薛尚实关于中共南方临时工委和广东省委的回忆》（1960 年 12 月 22 日），《中共广东省组织史资料》第一辑，第 350 页。

③ 中共广东省委党史研究室编：《中国共产党广东地方史》第一卷，第 381－383 页。

④ 王均予：《给中共中央的报告》，中共广州市委党史研究室编：《王均予》，第 44 页。

⑤ 薛尚实：《答侨委来访同志》（1967 年 9 月 13 日），未刊手稿，原件存中共广东省委党史研究室。

⑥ 《中共南方工作委员会给中央报告提纲》（1937 年 3 月 28 日），《广东革命历史文件汇集》甲 36，中央档案馆、广东省档案馆编印，1987 年，第 19 页。

⑦ 《中共广州市委外县工作委员会报告》（1937 年 11 月 7 日），《广东革命历史文件汇集》甲 39，第 51 页。

1937年4月，王均予接到北方局通知，要求其与薛尚实经天津赴延安参加白区工作会议。因双方矛盾日益激化，王均予本欲借此次北上机会，请中共上级组织出面协调解决双方关系。不想，薛尚实非但拒绝与王均予共同前往，[①]且在王均予离开广东后，将"亲信"吴有恒等调去广州，试图以"掺沙子"、"超党"等方式取得对王均予治下"广州市委的领导"。这导致香港"南临委"与广州市委两条系统一时间"大家互相攻击，闹得一塌糊涂"，各项工作无法正常展开。[②]

同年7月，延安白区工作会议结束后，王均予返回广东。根据时任中共中央总书记张闻天的秘密指示信，王均予派人到香港主动提出希望与薛尚实见面并"诚恳自行解决过去的纠纷"。[③] 然而，令王均予始料未及的是，薛尚实不但拒绝了他的提议，反倒在此之后，以"南临委"的名义上报中共中央，建议撤销王均予的工作，将他"调离广东"。同时派出"工作团"赴广州，向"广州党各支部"通报王均予等人的错误，要求广州市委交出"外县关系"，并准备"改组广州市委"。[④]

面对薛尚实与"南临委"的"咄咄紧逼"，王均予与广州市委在多次同其协商无效的情况下，[⑤]是年10月，广州市委决定王均予再赴延安"申诉"，请求中共中央出面予以解决。[⑥] 而事实上，就在王均予动身北上前一月，已洞悉王、薛之争轻易难以收拾的中共中央，决定派曾任毛泽东秘书的张文彬南下，[⑦]处理"南、市委纠纷"，以挽救危机，整理组织，建立南方党"巩固的基础"。[⑧]

1937年9月，张文彬抵达广东。经其一个月左右的调查与"相当说服双方"，1937年10月，中共广东党在香港召开"南(临委)、市(委)联席会"。会上

---

① 王均予:《二战后期到抗战期间我在广东从事革命活动的情况》，中共广州市委党史研究室编:《王均予》，第72页。

② 《吴有恒关于香港市委工作给中央的报告》(1941年2月16日)，《广东革命历史文件汇集》甲44，第255页。

③ 《中共广州市委对南委解散市委的意见》(1937年11月7日)，《广东革命历史文件汇集》甲38，中央档案馆、广东省档案馆编印，1987年，第39页。

④ 《中共南方工作委员会给中央的报告》(1937年9月1日)，《广东革命历史文件汇集》甲36，第44页。

⑤ 曾庆榴:《走出历史的困谷——广东一二九青年的群体走向与党组织的重建》，第188页。

⑥ 王均予:《历史自传》(1954年10月)，未刊稿，原件存中共广东省委党史研究室。

⑦ 尹林平:《纪念张文彬》，《广东党史通讯》1984年第3期，第32页。

⑧ 《中共南方工作委员会报告——关于政治形势、党组织概况、群众运动和目前重要工作》(1937年12月12日)，《广东革命历史文件汇集》甲36，第84页。

张文彬批评了“南、市委”此种无原则纠纷的错误，以正式组织决议的方式发布了《为纠正个别同志小资产阶级意气告同志书》，要求双方团结起来，共同战斗。[①] 此后，根据中共中央指示，撤销“中共南方临时工作委员会”，正式成立中共南方工作委员会，领导广东、广西、香港、澳门以及贵州、云南等地党组织。同时广州市委改组为广州市工作委员会，隶属“南委”直接领导。[②] 至此，为时一年左右的“王、薛之争”宣告结束。当事双方王均予、薛尚实之后被分别调离广东。[③] 以“中青”“突进社”等秘密青年革命团体为基础进行的中共广东地方党组织的恢复与重建工作，遂得以基本完成。

## 四、小结

大革命之后，中国共产主义运动重心北移。受国民党西南当局的围剿与党内“左”倾“盲动主义”的影响，中共广东地方党组织遭到重创，被迫终止活动，一度流于停滞状态。然而，经由大革命的“洗礼”与红色革命根据地的建成，中共已然成为1930年代前后中国国内政治格局中一股不可忽视的力量。中共“文委”主导下的左翼文化运动，遂在上海等地风起云涌，影响波及全国各大城市，为部分城市民众与青年学生所瞩目。

九一八事变后，国际、国内形势遽变，中共顺势而动，及时调整策略，呼吁共御外晦。同时利用国民党内部派系倾轧，部分中共党员返回广州等城市，依靠学校中的师生、同乡等社会关系，挟抗日救亡运动之势，将左翼文化思潮传入广东。尽管因自身条件的限制与外部形势的再度变化，方兴未艾的广东左翼文化运动最终流于失败，但其无疑却为陷入“低谷”中的中共广东地方党组织的未来“复兴”预埋下了种子。

1935年底，华北等地外患日炽。平津等地中共领导下的“一二·九”学生

---

① 《中共广东省委组织部报告》(1938年8月)，《广东革命历史文件汇集》甲36，第229页。

② 中共广东省委党史研究室编：《中国共产党广东地方史》第一卷，第387－388页。

③ 中共南方工作委员会成立后，薛尚实任“南委”组织部部长。1938年4月中共广东省委成立后，薛尚实又任省委组织部部长。1938年8月，广东地方党组织步入正轨后，薛尚实被调离广东。与此同时，根据张文彬建议，赴中共中央“告状”，实际被调离广东，在延安马列学院学习的王均予，被调回广东，任西江特委书记。王、薛二人的反复调离，表明此时中共中央在处理地方党内部纷争上的谨慎。参见王均予：《二战后期到抗战期间我在广东从事革命活动的情况》，中共广州市委党史研究室编：《王均予》，第77页。

反日爱国运动波及广州。部分左翼文化运动期间与广东等地青年学生关系密切的中共地下党员，遂再次借宣传“抗日救亡”之机，利用各自在广州诸学校中之“社会资本”，发起成立“中青”“突进社”等青年秘密革命团体，为中共广东地方党的恢复与重建“作了思想上和干部上的准备”。不过，由于这时的中共中央与红军主力尚在“长征”转移中，对“白区”工作缺乏统一领导。而此类青年秘密革命团体又分受来路不一、工作方式大相径庭之中共党员个体影响。是故，其彼此间虽相互认识且互有合作，但终因形势紧张，分处地下秘密状态工作，呈现出“各行其是”的特点。这为稍后广东地方党组织正式重建时，出现两条路径相争等问题种下了“怨根”。

1936 年三四月间，在陕北站稳脚跟的中共，开始恢复并加强“白区”党的工作。主要依靠“中青”与“突进社”成员进行党组织重建的广东地方党，悉归中共中央北方局统一领导。而正当广东地方党组织重建工作渐入佳境，并取得一定成效时，由两条不同建党路径而来的“南临委”与广州市委间却因互不熟悉与权责划分不清，出现“各自为政，甚至相互妨碍”等问题。

面对广东地方党两个系统间愈演愈烈的“超党”权力“双中心”之争，为巩固南方党的革命基础，中共中央不得不派员南下处理双方纠纷。经中央代表张文彬为期一个月的调查、调解，“南、市委”的这一矛盾以正式组织决议的方式得以解决，中共广东地方党组织的恢复与重建工作，亦顺利完成。这提示了迟至抗战初期，中共党组织“自上而下”的政治权威，业已在远离中共中央驻地的广东“白区”得以重新确立，“中青”“突进社”等秘密青年革命团体，也最终被整合入中共的正式组织结构中。

（作者系复旦大学历史学系博士研究生）

# 关于两篇中央团校历史文献形成时间的考证

崔保锋

《中国青年运动历史资料》收录的冯文彬关于中央团校的两篇历史文献——《冯文彬关于青年团中央团校情况的报告》和《冯文彬向周恩来报送的中央团校课程计划及学员情况统计表》的形成日期标注有误。前者的形成日期应该是1950年1月26日,而非1949年1月26日;后者的正确形成日期应该是1948年9月18日,而非1949年9月18日。中央团校第一期和第二期学员的相关回忆,也从侧面印证了这一判断。两篇历史文献标注日期的错误可能与《中国青年运动历史资料》收录的1948年10月15日《冯文彬关于中央青委执行报告制度的情况向毛主席和书记处的报告》一文内容有关。

## 一、问题的提出

共青团中央青运史工作指导委员会、中国青少年研究中心、中央档案馆编辑的《中国青年运动历史资料1948.11—1949.9》一书收录了冯文彬关于中央团校建校初期的两篇重要历史文献,分别是《冯文彬关于青年团中央团校情况的报告》(以下简称"《报告》")和《冯文彬向周恩来报送的中央团校课程计划及学员情况统计表》(以下简称"《课程计划及学员情况统计表》")。这两篇历史文献详细记载了中央团校成立初期受训学员的基本情况以及学校开展干部教育的具体安排,是研究中央团校成立初期历史的重要依据。

在标注日期为"1949年1月26日"的《报告》里,无论是文献名称还是文献内容,都明确提到"青年团中央团校"的机构名称,而在1949年4月新民主主义青年团第一次全国代表大会召开之前,青年团中央并未建立,领导青年工作的中央机构是中共中央青年工作委员会(简称"中央青委"),正式行文中中央团校就全称为“中央团校”或简称为“团校”，不可能有“青年团中央团校”的称呼。且从《报告》内容中“青年团中央团校第二期于去年8月开学”“第二期学生共1180人”的记载看，1949年1月时，中央团校仅有的那一期学员应该是1948年9月开学，且学员人数虽有多种说法，却无一超过千人。[①] 相反“青年团中央团校第二期于去年8月开学”的说法，明显与1949年8月入学的中央团校第二期学员在开学月份和学员人数上相吻合。[②]

标注日期为“1949年9月18日”的《课程计划及学员情况统计表》的对应学员如果为中央团校第二期学员，则意味着中央团校在已经执行将近一月之后才给党中央报备课程计划，似有先斩后奏之嫌。且计划性质的文件一般需提前报备，最晚也应在开始实施前后报备，开学后一月才报备，不符合常理。如果课程计划对应第一期学员，则中央团校第一期学员于1948年9月入学，1949年7月毕业，标注日期的1949年9月18日之时，第一期学员已毕业一个多月，此时再报备课程计划已完全没有必要。

因此，唯一的可能就是《中国青年运动历史资料1948.11—1949.9》在收录这两篇历史文献时，将其形成日期搞错了。

## 二、两篇历史文献的正确形成日期

通过对比两篇历史文献的内容可以发现，两篇文献落款都署有原始日期，《报告》落款日期为“1月26日”，《课程计划及学员情况统计表》落款日期为“9月18日”，因此首先可以断定日期应该不错，错的只是年份。

一方面，按照《中国青年运动历史资料1948.11—1949.9》中标注的日期，1949年1月26日形成的《报告》中载明的学员群体为“第二期1180人”，而1949年9月18日形成的《课程计划及学员情况统计表》中载明的学员群体为347人。这也表明，两篇文献针对的学员群体不是同一期学员，从而产生这样一个问题：前一期学员人数过千，后一期竟然骤降70%。在中国新民主主义青年团刚刚成立和新中国即将成立、亟须大量青年干部的历史大背景下，青年干部教育事业出现重大倒退是不可能的。正确的发展逻辑应该是团校初创的

① 于凤菊、崔保锋、王娟：《大学校史文化的建设与发展》，《中国青年社会科学》，2016年第3期。

② 共青团中央团校、中国青年政治学院：《共青团中央团校中国青年政治学院志（1948—1998）》，北京改革出版社1998年版，第105页。

第一期人数较少，第二期由于解放战争的推进，为因应各新解放区对青年干部的大量需求而出现学员人数激增现象。这一推理可以帮助我们断定，落款日期为"9月18日"的《课程计划及学员情况统计表》(人数较少)在形成时间上，应比落款日期为"1月26日"的《报告》(人数激增)要早。

另一方面，由于截至1949年9月18日，中央团校总共迎来了两期学员，第一期于1948年9月15日开学、1949年7月4日毕业，第二期于1949年8月20日开学、8月22日开始上课。形成较晚的《报告》一文已载明系指中央团校第二期学员，按照"第二期学员不可能比第一期骤减70%，而应比第一期显著增加"的逻辑推理，形成较早的落款日期为"9月18日"的《课程计划及学员情况统计表》所对应的学员群体347人，只能是中央团校第一期学员。

在中央团校第一期入学的1948年9月至第二期学员毕业的1950年5月期间，只有"1948年9月18日""1949年1月26日""1949年9月18日""1950年1月26日"四个可能日期。这样两篇历史文献的正确形成日期都只存在两种可能情况：对应第一期学员的《课程计划及学员情况统计表》要么形成于1948年9月18日，要么形成于1949年9月18日；对应第二期学员的《报告》要么形成于1949年1月26日，要么形成于1950年1月26日。

先来看对应第一期学员的《课程计划及学员情况统计表》。该文是冯文彬给周恩来的报备材料，主要内容为中央团校课程计划表和学员一般情况统计表。从常理上讲，向中央领导同志汇报课程计划只能是针对即将入学或刚入学学员的课程计划。中央团校第一期开学典礼于1948年9月15日举行，学习计划于9月17日拟就[①]，由于文件内容属于向中央领导"报送"性质，不需要批示或指示，开学典礼后迅速拟定、马上报送，既符合党内报送制度，也符合时间常理。而1949年9月18日之时，中央团校第一期已经毕业两个月，第二期开学刚一个月，中央团校校长冯文彬不可能放着在读的第二期学员的情况不报备，反而选择报备毕业已久的第一期学员的课程情况。难道就因为第一期学员人数少，统计分析起来比第一期容易些？明显不符合常理。因此说，《课程计划及学员情况统计表》应该形成于1948年9月18日。

再来看对应第二期学员的《报告》。首先，在1949年1月时，中央团校第

---

① 中央团校、中国青年政治学院编：《共青团中央团校中国青年政治学院志(1948—1998)》，北京改革出版社1998年版，第96页。

一期已经开学四个多月，团校课程计划及学员情况统计表也已经上报周恩来，团校全体师生正分散在各部队参加接管平津的工作，而中央青委又忙于指导全国各解放区的建团工作和中国新民主主义青年团第一次全国代表大会的筹备工作。冯文彬在1948年10月15日给党中央的《关于中央青委执行报告制度的情况向毛主席和书记处的报告》中写道："要成立青年团的中央和完成上述要做的工作任务，我是不称职和担当不起来的，现有的机关工作人员亦是难以完成的。因此，我建议：(1)除任弼时同志直接领导外，可否派廖承志、钱俊瑞、乔木、李昌、蒋南翔、陆平、宋一平等同志来青委工作。"[①]而上述七人中，1948年底到中央青委工作的只有李昌一人，[②]1949年1月后廖承志、蒋南翔、陆平才陆续到来，而宋一平来团中央工作已经是1950年的事。因此，在1949年1月，冯文彬领导下的中央青委有无时间和精力分析学员的情况并形成这一报告，都是个问题。

其次，第二期学员入学是1949年8月前后，开学典礼于8月20日举行。1949年1月26日时，冯文彬领导下的中央青委和中央团校不可能已经掌握了七个月之后才入学的学员情况，也就不可能做出如此深刻细致的分析。据中央团校第二期学员、当时在青年团北京市委任干事的著名作家王蒙回忆，"1949年夏机构合并调整的时候，我被劝告继续回到学校上学"[③]。这也从侧面印证中央团校不可能在1949年1月就掌握第二期学员的基本情况。

最后，1950年1月正处于第二期学员在校学业过半的时间节点，此时校方领导详细分析"学生情况及思想特点""学习的效果""教学的初步经验""学习领导上的主要缺点"等内容，向"毛主席、少奇同志并书记处诸同志"作综合报告，既能够对中央领导出席第一期学员毕业典礼形成呼应，又能够为三个月后邀请中央领导出席第二期学员毕业典礼打好"前站"。

综上可知，对应第一期学员的《冯文彬向周恩来报送的中央团校课程计划及学员情况统计表》的正确形成时间应该是1948年9月18日，对应第二期学员的《关于青年团中央团校情况的报告》的正确形成日期应该是1950年1月26日。

---

① 团中央青运史工作指导委员会，中国青少年研究中心，中央档案馆编：《中国青年运动历史资料1948.4—1948.11》，中国青年出版社年2002版，第582页。

② 周士元：《李昌传——踏遍青山不觉累》，哈尔滨工业大学出版社2009年版，第164页。

③ 王蒙：《半生多事》，花城出版社2006年版，第76页。

## 三、上述推理的旁证

两篇历史文献中都有关于学员课程内容的安排。中央团校第一期学员和第二期学员关于所学课程及其授课人员的回忆也从侧面印证了以上推理。

**1.关于授课人员**

《课程计划及学员情况统计表》中列明的“团校课程计划”包括唯物史观、政治常识、政策、党建、青年运动与群众运动、总结与鉴定等六个部分：唯物史观，2周48小时，杨述。政治常识，共5周100小时，包括资本与帝国主义，5天20小时，柯柏年；共产主义，4天16小时，张仲实；苏联，5天20小时，师哲；世界形势与国际问题，2天18小时，廖承志；中国各阶级及各党派，4天16小时，齐燕铭；新民主主义，5天20小时，乔木（指胡乔木）、田家英。政策，共4周92小时，包括土地政策，3天12小时；农业政策，2天8小时；工商业政策，3天12小时，黄敬、姚依林（原文如此，应为“姚依林”之误）；合作政策，2天8小时，薛暮桥；财经政策，3天12小时，薛暮桥；文化政策，4天16小时，周杨（原文如此，应为“周扬”之误）；军事政策，3天12小时，傅钟；新解放城市与新区政策，3天12小时，廖鲁言。党建，共4周96小时，由刘澜涛、赵振声、王从吾三人自行分配，包括中国革命与中国共产党、甚么是共产党、党的组织原则、党员的修养、干部政策、整党。青年运动与群众运动，共7周172小时，包括青运简史，3天12小时，冯文彬；青年工作，10天40小时，高棠（指荣高棠）、张凡、宋乃耕；建团与团，15天60小时，杨滌（dí）生、马仪何、启君（原文如此，应为“马仪、何启君”之误）；国际青运，3天12小时，陈家康；团的领导与作风，2天8小时，冯文彬；妇女运动，3天12小时，邓颖超；职工运动，2天8小时，未定。总结与鉴定，2周。[①]

1988年中央团校建校40周年时，第一期学员李纯回忆：“党内有名的专家学者杨述、于光远、黄华、齐燕铭、师哲等同志的授课，使学员能较好地理解和掌握课程的内容。”[②]2010年西柏坡纪念馆史进平发表《从西柏坡走来的中国名校》一文，关于中央团校、中国青年政治学院部分写道：“授课教师有中央

---

① 团中央青运史工作指导委员会、中国青少年研究中心、中央档案馆编：《中国青年运动历史资料 1948.11—1949.9》，中国青年出版社2002年版，第629—630页。

② 李纯：《中央团校第一期的回忆片段》，《中国青年政治学院学报》1988年第4期。

领导同志，如朱德、周恩来、叶剑英、彭真、邓小平、邓颖超等，还有各方面的专家、党内有名的专家学者，如杨述、于光远、黄华、刘燕铭（齐燕铭之误）、师哲、廖承志、薛暮桥等同志。”①

二者关于“杨述、于光远、黄华、齐燕铭、师哲”等五位党内专家学者的记述，姓名和顺序都保持一致，只是史文中误将“齐燕铭”写成了“刘燕铭”，又加上了廖承志、薛暮桥二人。上述七人中，只有于光远和黄华二人授课属于临时邀请，没有出现在冯文彬向周恩来报送的中央团校课程计划之中。经济学家于光远没有出现在中央团校课程计划之中，可能是由于当时团干部培训的首要内容是讲解具体政策，在拟就授课计划时优先确定了直接负责政策制定和执行的同志，而于光远当时在中央宣传部任编辑干事，②偏重于理论研究及文字工作。外交问题专家黄华1948年春至1949年初就在西柏坡担任中央青委委员且熟悉世界形势与国际问题，没有出现在中央团校课程计划之中极可能是由于当时关于“世界形势与国际问题”的认知主要以苏联及国际共产主义运动为中心，而黄华此前承担的工作主要是与国民党和美国代表进行军事调停谈判所造成的。③ 至于二人最终又受邀为团校学员授课，可能是因为二人当时都在西柏坡，所承担工作都属于机关工作，存在可以被临时邀请的重要条件。

**2.关于课程名称与内容**

《关于青年团中央团校情况的报告》写道：“从唯物史观课程中学习了从猿到人，五种生产方式，阶级斗争与国家，思想意识四个问题，除学习过程中，联系实际思想，进行讨论外，最后举行理论测验，民主评卷及思想总结很有收获。”④

北京市房山区史志办公室的许冬梅2009年5月接待回到良乡寻访母校遗迹的中央团校第二期学员时，在采访他们的基础上写成了《难以释怀的往事》一文。该文写道：在第一单元学习中，何礼讲授了“从猿到人——劳动创造世界”；杨述等同志讲授了“五种社会形态，从原始社会到共产主义”；孙定国讲

---

① 史进平：《从西柏坡走来的中国名校》http://www.heb.chinanews.com/xibaipo/29/2010/0725/1316.shtml，2010—07—25。

② 史进平、康彦新：《中共中央宣传部在西柏坡考》《中共石家庄市委党校学报》2010年第10期。

③ 黄华：《亲历与见闻——黄华回忆录》，世界知识出版社2007年版，第72—77页。

④ 共青团中央青运史工作指导委员会，中国青少年研究中心，中央档案馆编：《中国青年运动历史资料1948.11—1949.9》中国青年出版社2002年版，第182页。

授了“阶级斗争、新民主主义革命与社会主义革命，无产阶级专政与无产阶级领导的人民民主专政”等。在第二单元学习时，著名哲学家艾思奇讲授了“辩证法唯物论”。两个单元学习结束后，校部组织了统一考试。[①] 可以看出，许冬梅的采访记述与冯文彬《关于青年团中央团校情况的报告》中的描述基本一致，虽然存在“五种生产方式”与“五种社会形态”以及“思想意识”与“辩证法唯物论”两个课程名称的差别，但二者显系当时正式用语与事后回忆口语，以及概念术语历史变迁等综合因素影响而成的自然差别。这一自然差别从侧面印证了许文与《报告》并无学术渊源，不仅无损于许文所描述的中央团校第二期学员与《报告》所述对象之间的联系，反而能够通过许文与《报告》的相互印证，增进第二期学员与《报告》之间联系的必然性。

## 四、与日期错误标注有关的另一篇历史文献

产生这一错误可能与冯文彬的另一篇历史文献有关。共青团中央青运史工作指导委员会、中国青少年研究中心、中央档案馆编辑的《中国青年运动历史资料 1948.4—1948.11》收录了 1948 年 10 月 15 日冯文彬《关于中央青委执行报告制度的情况向毛主席和书记处的报告》一文。该文开篇写道：“毛主席并书记处诸同志：我于 9 月中读了您于 9 月 4 日给各中央局、各前委，关于执行报告制度之检讨的指示电后，因为青委机关工作同志的分散和团校的初建，延迟到今天才向您做第一次书面报告。”[②]该文接下来在继续检讨中央青委执行报告制度中存在的问题时写道：“我们对你和中央没有做全面的综合性报告，这是不可宽容的错误，虽然亦曾送了些各地报告，青年工作会议的全部材料给中央，会议结果电报中央，但都是冗长不简明的，缺乏经过分析和研究的；或只是希望党和中央怎样做，和等待中央做决定，而自己不积极提出办法和争取；对于综合报告的重大意义亦是没有认识的，也从未想到过。”[③]

从《课程计划及学员情况统计表》全文来看，前面是很简单的报送信，后面

---

① 许冬梅：《难以释怀的往事》，《北京党史》，2011 年第 3 期。

② 共青团中央青运史工作指导委员会，中国青少年研究中心，中央档案馆编：《中国青年运动历史资料 1948.4—1948.11》，中国青年出版社 2002 年版，第 583 页。

③ 共青团中央青运史工作指导委员会，中国青少年研究中心，中央档案馆编：《中国青年运动历史资料 1948.4—1948.11》，中国青年出版社 2002 年版，第 583—584 页。

是中央团校“学员情况统计表”和“团校课程表计划”两份条分缕析、一目了然的报表，已经完全不符合“冗长不简明的，缺乏经过分析和研究”的基本特征。《中国青年运动历史资料》的编辑人员在确定落款日期为“9 月 18 日”的《课程计划及学员情况统计表》的形成时间时，可能考虑到如果标注为 1948 年 9 月 18 日，则可能与 1948 年 10 月 15 日报告中总结的关于中央青委工作中存在的“问题”明显不匹配，于是只好往后推一年，确定为 1949 年 9 月 18 日。且 1949 年 9 月 18 日之时，距离中央人民政府政务院成立还有 10 余日，“周恩来同志”的称呼尚未被“总理”的称呼所取代，在开篇称呼上并无逻辑矛盾。

其实，《冯文彬向周恩来报送的中央团校课程计划及学员情况统计表》一文，极有可能就是冯文彬 1948 年 9 月中旬在读了中央关于执行报告制度之检讨的指示电之后，由于“青委机关工作同志的分散和团校的初建”等客观条件，不能立即拿出关于中央青委工作和中央团校工作的汇报材料，而选择把 1948 年 9 月 17 日拟就的中央团校课程计划及学员情况统计表，先行上报给正在协助毛泽东主席指挥三大战役的周恩来作为替代方案的产物。

冯文彬在《关于中央青委执行报告制度的情况向毛主席和书记处的报告》一文中还表示，为克服在执行报告制度上存在的问题，中央青委今后将努力做到：“(一)保证每逢单月向您和中央做综合报告，以及临时经常的工作简报。(二)今后青委经常业务为(1)……(2)认真办好团校(情况另报)……”[①]《中国青年运动历史资料》在整理收录《课程计划及学员情况统计表》的原始材料时，很有可能受到《关于中央青委执行报告制度的情况向毛主席和书记处的报告》一文中“认真办好团校(情况另报)”的影响，误以为冯文彬这篇写给“毛主席、少奇同志并书记处诸同志”、落款日期为“1 月 26 日”的《关于青年团中央团校情况的报告》，就是冯文彬按照他在 1948 年 10 月 15 日《关于中央青委执行报告制度的情况向毛主席和书记处的报告》一文中的计划，而在不久之后的“单月”给中央汇报的关于团校情况的“另报”。

实际上，1949 年上半年，冯文彬和中央青委的工作重心在重建青年团和筹备中国新民主主义青年团第一次全国代表大会，下半年的工作重心则是参加新政协和建国大业，直到 1949 年底和 1950 年初才有时间和精力为党中央

① 共青团中央青运史工作指导委员会，中国青少年研究中心，中央档案馆编：《中国青年运动历史资料 1948.4—1948.11》，中国青年出版社 2002 年版，第 585 页。

送上关于中央团校情况的“另报”，而这份“另报”的报送人已经从“冯文彬及其领导下的中央青委”变成了“冯文彬及其领导下青年团中央”，“另报”所针对的分析对象不仅名称从“中央团校”或“团校”变成了“青年团中央团校”，在校生群体也从第一期学员变成了第二期学员。

总之，无论由于什么原因，《中国青年运动历史资料》在收录《冯文彬向周恩来报送的中央团校课程计划及学员情况统计表》和《冯文彬关于青年团中央团校情况的报告》两篇历史文献时，将其形成日期标注错误都是令人遗憾的。希望本文关于两篇历史文献正确形成日期的考证，能够为改正这一错误有所贡献。

（作者系中央团校党委办公室助理研究员，
天津师范大学政治与行政学院博士研究生）

# 浅论团中央1993年青年工作战略发展规划的历史影响

陈卫东

2017年4月，中共中央、国务院公布了新中国历史上第一份国家层面的《中长期青年发展规划（2016—2025年）》，对当前及今后一段时期我国青年发展的主要目标、关键领域、重要工作等进行了比较系统地描述和阐释，成为新时期党和国家青年工作的行动纲领。青年发展规划充分体现了十八以来，以习近平同志为核心的党中央对青年一代的亲切关心、对青年工作的高度重视。规划的制定实施必将为我国青年积极投身实现伟大中国梦的社会实践提供强劲的动力，为新一代青年在更高的历史起点上建功立业创造更好条件，为共青团凝聚和服务青年带来新的机遇和发展空间。

在国家青年发展规划的实施和落实中，共青团承担着重要的职责，有着独特的地位。从某种意义上看，共青团作用的发挥甚至是关键性的。为更好地服务党和国家工作大局，主动适应新时代青年发展的需求，近年来团中央一直比较重视对青年工作进行整体规划，增强青年工作的时代性和创新性。20世纪90年代初，在我国深化改革开放，全面建立社会主义市场经济的重要历史时刻，在党中央的领导和关心下，团中央通过深入全面的调查研究，制定并实施了《在建立社会主义市场经济体制进程中我国青年工作战略发展规划》[①]（以下简称《青年工作战略发展规划》），成为世纪之交共青团青年工作的纲领性文件和主要依据。该规划提出的一系列青年工作重点工程在实践中显示出了强大的生命力，有的发展成为新时期共青团工作的知名品牌，迄今仍在广大青年和社会中有着十分广泛的影响。回顾这份规划出台的背景、主要内容及

① 该规划由团的十三届二中全会通过，1993年12月7发布。

影响，对当前全团大力落实国家中长期青年发展规划仍有一定的启示意义。

## 一、《青年工作战略发展规划》制定实施的背景

1992年，邓小平南方谈话发表以后，我国改革开放的进程提速，加快社会主义市场经济建设成为全国上下的共识，掀起了新一轮经济建设的高潮。作为党的助手和后备军，共青团也必将面临向适应社会主义市场经济的方向深度转轨和转型。

为了更好地实现改革开放的发展目标，为国家经济的持续发展和社会稳定和谐提供可靠的力量，党中央对青年人的成长和培养给予了殷切的期望，并对新时期青年工作提出了要求，指明了方向。

邓小平在南巡讲话中指出，中国的事情能不能办好，社会主义和改革开放能不能坚持，经济能不能快一点发展起来，国家能不能长治久安，从一定意义上说，关键在人……要把我们的军队教育好，把我们的专政机构教育好，把共产党员教育好，把人民和青年教育好[①]。

随后，作为第三代中央领导集体的核心，江泽民总书记进一步强调了世纪之交青年工作的重要性，并对做好青年工作提出了要求。1992年，江泽民在接见应届高校毕业生代表座谈会上发表了重要讲话。他指出，90年代是我国现代化建设和改革开放事业发展的关键时期。现在，全党全国人民正在认真贯彻邓小平同志视察南方的重要谈话和中央政治局全体会议的精神，进一步解放思想，抓住有利时机，加快改革开放步伐……这已成为广大干部和工人、农民、知识分子的统一认识和统一行动……对于即将走上工作岗位的同学们来说，正可以在广阔的领域里大有作为……现在的大学生是跨世纪的一代，任重道远，祖国和人民更是寄予了殷切的期望。帮助大学毕业生和研究生健康成长，使他们在建设和改革事业的广阔天地里充分发挥自己的智慧和才干，是各级党委和政府以及社会各界的光荣责任。一方面要满腔热忱地关怀他们，采取切实有效的措施，帮助他们解决实际困难，努力为他们提供必要的工作条件和生活条件，及时解决他们在思想上出现的问题，使他们顺利地成长；另一

---

① 共青团中央、中共中央文献研究室编：《毛泽东邓小平江泽民论青少年和青少年工作》，中央文献出版社、中国青年出版社2000年版，第212页。

方面又要对他们严格要求，鼓励他们面向实际，在工作实践中经受锻炼，发挥才智，为建设有中国特色的社会主义做出更多的贡献。[①]

显然，面对新的要求和新的时代发展课题，世纪之交的青年工作也面临着新的任务和新的形势，需要从新的战略高度进行整体部署和规划。为了适应这一背景，团十三大后，团中央书记处组织实施了新时期我国青年工作现状和发展战略调研。1993 年 6 月中旬，团中央机关抽调了 100 多名干部，组成了 20 多个调研小组，奔赴全国各地，开始了历时一个多月的“新时期我国青年工作现状与发展战略”大调研。

这次调研是多层次、全方位的，上至省区市党政领导，下至企业、农村的普通群众和青年，广泛听取意见和建议；大至各地经济社会发展的现状与战略，小至基层团支部工作的具体问题，全面了解情况，并进行了大量的定性定量研究分析[②]。在充分调研的基础上团中央制定了《在建立社会主义市场经济体制进程中我国青年工作战略发展规划》。

1993 年 12 月，团中央在北京召开了十三届二中全会。会议集中审议通过了该战略规划。规划成为响应党中央全面建设社会主义市场经济的时代号召，面向新世纪发展目标的青年工作行动宣言和整体战略布局。

## 二、《青年工作战略发展规划》的主要内容

《青年工作战略发展规划》全文共计 1.2 万字，分为四个部分：导言、目标与原则、重点工程、运行机制与基础建设。这四部分规划内容大致可归纳为一个总体目标、两大重点工程、三大背景、四大原则和六大新工作运行机制。

首先，规划在导言部分准确地阐释了制订我国青年工作战略规划的时代背景。主要体现在三个方面：第一，我国正在经历着由传统的计划经济体制逐步向社会主义市场经济体制过渡的重大历史性转变，我国青年面貌正在发生新的变化，工作对象和环境的变化给青年工作提出了新的课题和任务；第二，由于市场经济的发展，过去几十年形成的青年工作运行机制中依存于传统计划体制的某些条件正在发生变化，团的工作机制和依托等方面都受到程度不

① 共青团中央、中共中央文献研究室编：《毛泽东邓小平江泽民论青少年和青少年工作》，中央文献出版社、中国青年出版社 2000 年版，第 269 页，第 270 页，第 280 页。

② 郑洸、叶学丽：《中国共产党与中国共青团关系史略》，中共党史出版社 2015 年版，第 252 页。

同的影响，市场经济发展不仅给青年工作带来了新的发展机遇，而且带来了严峻挑战；第三，世纪之交是我国建立和完善社会主义市场经济体制的关键时期，也是青年工作发展的关键时期，共青团必须要有强烈的紧迫感和使命感，更好地担负起教育青年、带领青年和服务青年的历史重任。

在此基础上，规划提出我国青年工作的总体目标是：始终把培养和造就千百万跨世纪的社会主义事业建设者和接班人作为自己全部工作的出发点和落脚点，在适应、服务和推动社会主义市场经济体制建立的过程中，加快共青团起核心作用的青年工作的改革与发展，实施重点工程，调整运行机制，强化基础建设，整体推进青少年事业，使共青团更好地在经济建设中起推动作用，在青年思想教育中起引导作用，在服务青年中起促进作用，在社会稳定中起积极作用。

围绕这一总体目标，规划明确提出了要全面实施两大重点工程："跨世纪青年文明工程"和"跨世纪青年人才工程"。

跨世纪青年文明工程的宗旨是：用建设有中国特色社会主义的理论教育青年，帮助青年树立正确的理想、信念、人生观和价值观，突出爱国主义、集体主义和社会主义教育，弘扬适应社会主义市场经济发展要求的社会公德、职业道德、艰苦创业精神，倡导健康、文明、科学的生活方式，确立正确的青年文化导向，提高青年思想道德素质和科学文化素质，把蕴藏在青年中的精神力量不断转化为促进改革和建设的巨大物质力量。跨世纪青年文明工程先从青年志愿者、青年文明号、青年文化园等三个方面展开。

跨世纪青年人才工程的宗旨是：高举"科学技术是第一生产力"的旗帜，通过参与在生产经营、推动技术进步的实践中，促进科技成果向现实生产力的转化，培养一代适应社会主义市场经济要求，掌握过硬实用技能的熟练劳动者和面向 21 世纪具有较高科学文化素质的青年人才。跨世纪青年人才工程先从培养合格的青年劳动者、造就优秀的青年科技和经营管理人才、培养开创 21 世纪大业的生力军、推广普及新知识新技能四个方面展开。

规划指出，落实总体目标，实施重点工程必须坚持四大原则：第一，坚持与国家经济和社会发展战略相一致。必须服从并服务于国家经济与社会发展战略，在全局工作中找准青年工作的位置，以此确定青年工作战略发展规划的运行轨迹；第二，坚持与建立和完善社会主义市场经济体制的进程相协调。既要力求有一个全面、系统、完整的青年工作发展设想，又要不失时机地在重要环节取得突破，推动全局；第三，坚持与青年需求和发展相适应。力求使青年参与的各项工作和活动都有效地促进青年自身成长，促进青年工作的发展和社会进步；第四，坚持与基层实际情况相符合。充分尊重基层的自主性和首创精神，使宏观层面上的战略发展规划，在每一个局部的具体工作中得到展开。

为了确保青年工作目标和各项重点工作的落实，规划还比较系统地指出了应努力建立新的工作运行机制。这些新的工作机制包括：(1)在政府职能转变过程中，积极承担政府委托的青少年事务，在坚持发挥政治功能的前提下，完善和拓展共青团的社会功能。(2)顺应青年工作社会化的客观要求，完善和健全团的工作社会化结构，增强共青团组织在青年工作中的核心作用和对青年的影响力。(3)积极参与社会服务市场化的进程，开辟新的社会服务领域，建立健全符合市场需求的社会化中介服务依托和体系，为青年的成长和发展提供广泛实际的帮助。(4)适应市场经济、机构改革和团的工作需要，着眼于团干部的长远发展，切实加强对团干部的培养、教育和管理，努力把团干部造就成为既能从事青少年工作，又能全面适应社会主义现代化建设需要的复合型人才。(5)完善工作评价体系，规范团的奖励制度，实现团内奖励与国家奖励、社会奖励接轨。(6)建立开放的、协作式的团员管理机制。要打破地域观念的局限，以团员实际从业地区和从业单位为基础，变外出团员管理为主为外来团员管理为主，加强对流动团员的管理。

## 三、《青年工作战略发展规划》的影响

自20世纪90年代以来共青团开展的重点工作和项目看，基本都是围绕着1993年制定的《青年工作战略发展规划》的方向进行的。在一定程度上，世纪之交共青团20余年的工作就是对《青年工作战略发展规划》的具体落实，其影响是全面和深远的。在规划精神的指引下，各级共青团组织在团中央的带领下，开拓创新，锐意进取，积极适应市场经济大潮的挑战，不断创新工作手段和方法，努力建立新的工作机制，经过多年积淀，形成了一系列新的青少年工作品牌，比如：青年志愿者行动、青年文明号、希望工程、手拉手活动等。这不仅很好地适应了新一代青少年的特点和需求，经受了向市场经济转轨的考验，而且让共青团工作在新的时代条件下得到了进一步发展。

规划对共青团工作的影响主要体现在一系列充满时代气息和社会需求，

同时又符合青年特点的工作品牌的推出、发展和完善。这些工作品牌拓展了共青团工作的空间，提高了青年工作的社会能见度，成为组织和凝聚青年的有效形式。在规划影响下形成的众多青少年工作品牌中，青年志愿者行动是知名度和能见度较高的团创“大品牌”之一。青年志愿者行动自推出以来，生命力旺盛，不断发展壮大，成为凝聚青年的一面重要旗帜，青年志愿服务成为新时代青年时尚之一。

青年志愿者行动是规划重点工程——跨世纪青年文明工程的重点工程之一。1993 年 12 月 19 日，在共青团号召下，两万余名青年亮出“青年志愿者”旗帜，在京广线开展为旅客送温暖志愿服务，标志着中国青年志愿者行动正式启动。到 2013 年底，经过 20 年的发展，青年志愿者行动取得了举世瞩目的成就。据团中央青年志愿者工作部的统计，自 2001 年团中央推出“注册志愿者”制度以来，经过规范注册的青年志愿者人数达到 3392 万。青年志愿者行动以“党政关注、社会急需、青年能为”为切入点，不断创新服务领域，目前已涵盖社区服务、扶贫济困、助老助残、西部开发、大型活动、环境保护、抢险救灾、海外服务等领域，为社会进步、经济发展、民生改善做出了积极贡献。

1999 年实施“中国青年志愿者研究生支教团”和 2003 年实施“大学生志愿服务西部计划”以来，累计招募了 16 万名高校毕业生到中西部基层开展志愿服务工作。每年在新疆、西藏等少数民族地区服务的志愿者超过 1 万人，服务期满后扎根西部基层志愿者累计达到 16066 名。

2010 年启动的“共青团关爱农民工子女志愿服务行动”，已在全国 2805 个县(市、区、旗)动员了 550 万名志愿者，与 1482 万名农民工子女开展结对服务，并筹集资金两亿多元，建设农民工子女活动阵地近 5 万个。

2002 年实施“中国青年志愿者海外服务计划”以来，已先后选派 590 名中国青年志愿者分赴亚洲、非洲、拉丁美洲的 22 个发展中国家开展志愿服务。

在抢险救灾领域，各级团组织组织动员了超过 491.4 万名志愿者参加汶川特大地震、5900 名青年志愿者参加玉树地震、3000 名青年志愿者参加舟曲泥石流的紧急救援和灾后重建志愿服务。

在各类国内外大型赛会中服务的青年志愿者已近千万，其中 170 万名志愿者为北京奥运会、218 万名志愿者为上海世博会、60 万名志愿者为广州亚运会提供了辛勤、周到、细致的服务，向世界展示了当代中国青年的精神风貌。

同时，还有大批志愿者长年坚持在城市社区、偏远乡村，默默无闻为群众基本生产生活需求开展志愿服务。

很显然，中国青年志愿者行动倡导的“奉献、友爱、互助、进步”的志愿者精神得到了当代青年的广泛认可，成为青年乐于接受的工作载体，增强了团组织对青年的吸引力和凝聚力，为动员广大青年在全面建成小康社会中建功立业，以实际行动服务人民开辟了一条全新的路径。同时，通过志愿服务方式为特殊困难青少年群体提供帮助，也使团组织成为青少年的贴心人，成为他们想得起的组织。

当前，全团上下正在聚精会神地落实中长期青年发展规划。中长期青年发展规划是新的历史起点上我国青少年工作的具体蓝本和总体依据。从对工作全局的影响看，1993 年《青年工作战略发展规划》的制定和实施是一次“预演”或者“先例”。其中必然有很多值得总结的经验和教训，有很多值得学习和参考的做法。我们应该看到，《青年工作战略发展规划》的内容和设想也是非常广泛的，所推出的重点工作项目也是多样的，但并非每一个项目都是持续健康发展的，都是经得起实践考验的，其中最值得总结的应该是那些真正具有历史的必然和广泛社会影响的工作品牌。这些品牌才是真正充满活力的。而这些品牌的一个共同特征就是比较完美地结合了青少年的需要、社会的需求、时代的精神、党政的期望，既有深厚的现实依据，又有引领潮流的前瞻性。怎样让团组织成为汇聚作为时代弄潮人的青年的“微信群”，同时又能发挥领潮人的作用也是一个需要面对的问题。

（作者系中国青少年研究中心副研究员）

# 三　人物春秋

# 搜寻毛泽东早期有关青年和青年工作讲话与文章的收获及评述

郑　洸

## 一、收获展示

为了研究青运史和介绍毛泽东在各个历史时期有关青年和青年工作的论述，1964年4月至8月期间，我搜寻了毛泽东在早期报刊上发表的讲话和文章。现将当年收获分三个部分，按时序选录下来，前为文，后为文名和出处，望大家有兴趣与阅正。

### （一）

这部分文稿，主要是毛泽东发表在《新青年》《湖南教育月刊》《湘江评论》《政治周报》《中国农民》等上面的，时间是1917年至1926年。

体育一道，配德育与智育，而德智皆寄于体，无体是无德智也。顾知之者或寡矣。或以为重在智识，或曰道德也。夫知识则诚可贵矣，人之所以异于动物者此耳。顾徒知识之何载乎？道德亦诚可贵矣，所以立群道平人己者此耳。顾徒道德之何寓乎？体者，为知识之载而为道德之寓者也。其载知识也如车，其寓道德也如舍。体者，载知识之车而寓道德之舍也。儿童及年入小学，小学之时，宜专注重于身体之发育，而知识之增进、道德之养成次之。宜以养护为主，而以教授训练为辅。今盖多不知之，故儿童缘读书而得疾病或至夭殇者有之矣。中学及中学以上宜三育并重，今人则多偏于智。中学之年，身体之发育尚未完成，乃今培之者少倾之者多，发育不将有中止之势乎？吾国学制，课程密如牛毛，虽成年之人，顽强之身，犹莫能举，况未成年者乎？况弱者乎？观其意，教者若特设此繁重之课，以困学生，蹂躏其身而残贼其生，有不受者则罚之。智力过人者，则令加读某种某种之书，甘言以诂之，厚赏以诱之。嗟乎，此所谓贼夫人之子欤！学者亦若恶此生之永年，必欲摧折之，以身为殉而不悔。何其梦梦如是也！人独患无身耳，他复何患？求所以善其身者，他事亦随之矣；善其身无过于体育。体育于吾人实占第一之位置，体强壮而后学问道德之进修勇而收效远。于吾人研究之中，宜视为重要之部。“学有本末，事有终始，知所先后，则近道矣。”此之谓也。

（《体育之研究》，《新青年》第三卷第二号，1917年4月1日。）

体育之效。至于强筋骨，因而增知识。因而调感情。因而强意志。筋骨者吾人之身；知识感情意志者吾人之心。身心皆适。是谓俱泰。故夫体育非他，养乎吾生乐乎吾心而已。

（《体育之研究》，《新青年》第三卷第二号，1917年4月1日。）

言世界改良进步者，皆知须自教育普及使人民成有知识始。欲教育普及，又自兴办、学校始。其言固为不错，然兴办学校，不过施行教育之一端。而教育之全体，不仅学校而止。其一端则有家庭，一端则有社会。家庭之人无知识，（家庭之组织不善习惯不善等从之。）则学生在学校所得之知识与之柄凿，其结果只有二途；一则被融化于家庭；造成一种孝子顺孙新旧杂粹〔糅〕之乡愿。一则与家庭分张，近来“家庭革命”“父子冲突”之声，所由不绝于耳也。社会亦然。学生出学校入社会。若社会之分子无知识，（社会之组织不善习惯不善等从之）则学生在学校所得之知识与之柄凿，其结果亦只有两途；或为所融化，或与之分张。从来之柔儒奸邪，皆前一种之结果。从来之隐士，皆后一种之结果。（隐士之隐，多为社会与其理想柄凿而然。）故但言改良学校教育，而不同时改良家庭与社会，所谓举中而遗其上下，得其一而失其二也。

虽然，欲依现在之情形，由学校之力，改良家庭与社会，由办学校之人，同时为改良家庭与改良社会之人，其事果得为乎？此吾可径答之日不可得为也。盖依现今之情势，家庭，学校，社会，三者其关系非为有机的而为无机的，非为精神的而为形式的。形式尽相结合，而精神上则常相冲突。今以学校对于学生之目的言之，为“养成有独立健全之人格之人。”而家庭对于子弟之目的，则为“养成可供家庭使命之人。”（例如父兄只责子弟赚钱养家，却不问其来历。）社会对于个人之目的，亦非以社会为个人之发展地，而以个人为社会之牺牲品。(例如工厂奴使工徒。又各种机关下级人员之生活,多感痛苦而不觉愉快。)此岂非精神上相冲突之明证乎?由今之道,无变今之俗,家庭,学校,社会,将相违日远,焉有改良之望哉。

今请申言吾人之意。其欲使家庭社会进步者,不可徒言"改良其旧",必以"创造其新"为志而后有济也。盖所谓改良家庭,改良社会云者,无非改良"生活",而旧的家庭生活,与旧的社会生活,终不可以改良。此等之旧生活,只适用于旧时代。时代已更,则须别有适应此时代之新生活。且伊古以来,几曾真见有改良其旧之事?有之,皆创造其新者耳。近人知旧剧之不可改良为新剧,而岂知各种旧生活亦皆不可改良为新生活也。今试征之家庭与社会之事实;与现今之家长言子弟人格独立,与现今之工厂主谋与工徒分配平均,尽人而知其不可能也。故劳动者欲求完全之平均分配,非在社会制度改革之后,不能得到。子弟欲求完全之人格独立,非在家庭制度改革之后,不能得到。社会制度之大端为经济制度。家庭制度之大端为婚姻制度。如此造端宏大之制度改革。岂区区"改良其旧"云云所能奏效乎?

创造新学校,施行新教育,必与创造新家庭新社会相联。新教育中,以创造新生活为主体。前节所云"生产的工作""实际的工作""农村的工作"即新生活之大端也。

新学校中学生之各个,为创造新家庭之各员。新校之学生渐多,新家庭之创造亦渐多。

合若干之新家庭,即可创造一种新社会。新社会之种类不可尽举,举其著者;公共育儿院,公共蒙养院,公共学校,公共图书馆,公共银行,公共农场,公共工作厂、公共消费社、公共剧院、公共病院、公园、博物馆、自治会。

合此等之新学校,新社会,而为一"新村"。吾以为岳麓山一带,乃湘城附近最适宜建设新村之地也。

夫论政治革命之著名者,称法兰西,论社会革命之著名者,称俄罗斯,所谓"模范国"是也。论街衢之修洁者称柏林,论商市之华丽者称巴黎,所谓"模范都"是也。吾人于南通县之自治教育,亦艳称之,则又所谓"模范地方"也。所以然者,效验既呈,风树乃树,世人耳目,咸集注之。诚欲转移风化。自宜养成一种势力,而此种势力,宜抟控而切忌涣散。旗帜务取鲜明,而着步尽宜按实。今不敢言"模范国""模范都""模范地方",若"模范村",则诚陈义不高,简而易行者矣。

俄罗斯之青年，为传播其社会主义，多入农村与农民杂处。日本之青年，近来盛行所谓“新村运动”。美国及其属地菲律宾，亦有“工读主义”之流行。吾国留学生效之，在美则有“工读会”，在法则有“勤工俭学会”。故吾人而具有志于新生活之创造也，实不患无大表同情于吾人者。

（《学生之工作》（四），1919 年 12 月《湖南教育月刊》第一卷第二号。）

世界是什么问题最大，吃饭问题最大，什么力量最强，民众联合的力量最强。什么不要怕，天不要怕。鬼不要怕，死人不要怕。官僚不要怕，军阀不要怕，资本家不要怕。

（《〈湘江评论〉创刊宣言》，《湘江评论》创刊号，1919 年 7 月 14 日。）

怒涛西迈，转而东行，英法意美既演了多少的大罢工，印度朝鲜又起了若干的大革命，异军特起，更有中华长城渤海之间，发生了“五四”运动。旌旗南向，过黄河而到长江、黄浦汉皋，屡演话剧，洞庭闽水，更起高潮。天地为之昭苏，奸邪为之辟易。咳！我们知道了！我们觉醒了！天下者我们的天下。国家者我们的国家。社会者我们的社会。我们不说，谁说？我们不干，谁干？刻不容缓的民众大联合，我们应该积极进行！

（《民众的大联合》（三），《湘江评论》第四期，1919 年 8 月 4 日。）

思想的解放，政治的解放，经济的解放，男女的解放，教育的解放，都是从九重冤狱，求见青天。我们中华民族原有伟大的能力！压迫愈深，反动愈大，蓄之既久，其发必速，我敢说一句怪话，他日中华民族的改革，将较任何民族为彻底，中华民族的社会，将较任何民族为光明。中华民族的大联合，将较任何地域任何民族而先告成功。

（《民众的大联合》（三），《湘江评论》第四期，1919 年 8 月 4 日。）

我们反攻敌人的方法，并不多用辩论，只是忠实地报告我们革命工作的事实。敌人说：“广东共产”。我们说：“请看事实”。敌人说：“广东内哄”。我们说：“请看事实”。敌人说：“广州政府勾联俄国丧权辱国”。我们说：“请看事实”。敌人说：“广州政府治下水深火热民不聊生”。我们说：“请看事实”。《政治周报》的体裁，十分之九是实际事实之叙述，只有十分之一是对于反革命派宣传的辩论。

（《政治周报发刊理由》，《政治周报》第一期，1925 年 12 月 5 日。）

设科学在帝国主义手里。用为压迫弱小民族的工具。若在小民族的手里。则可用解放自己的工具。

（《中国国民党选派学生赴莫斯科孙文大学》，《政治周报》第二期，1925 年 12 月 13 日。）

一个真正的革命党，他的党组织与会议在敌人势力之下完全是秘密的，他的主张和宣传则是公开的。在敌人势力之下要将党的组织党的会议公开起来。那必须先得敌人的谅解。就是至少有某几点是于敌人有利才能得到他的默许或者还能得到他的保护。但这还成了什么党呢？这只能是敌人的朋友，不是要革敌人的命的革命党。

（《右派的最大本领》，《政治周报》第三期，1925 年 12 月 20 日。）

口头宣传，于宣传中。在分量上，在效力上，均占重要地位。

在农民工人兵士学生召集会议，在此会议中作各种内容的演说，是为经常的口头宣传。

在各种政治变动，或示威运动时，作各种的演说。是临时的口头宣传，中央党部曾数次组织宣传队。各省各市大规模有组织的宣传。五卅运动中及以后，做得很多。

负责同志于开党员会时，作政治的党务的报告。是为对党内同志的教育。中央党部于总理纪念周常行之。

（《宣传报告》，《政治周报》第六七期合刊，1926 年 4 月 10 日。）

国内高等知识分子如大学校专门学校教员学生以及东西洋留学生一大半都是小地主的子弟，所谓国家主义乃自他们口中倡导出来。盖小地主为中国的中产阶级。其欲望为达到大资产阶级地位。建设一个阶级统治的国家，然受外资打击军阀压迫不能发展，故需要革命。但因现代中国的革命运动，在国内有本国无产阶级的勇猛参加，在国外有国际无产阶级的积极援助。对于其欲达到大资产阶级地位建设国家主义国家的阶级的发展及存在。感觉着威胁，又怀疑革命。

（《中国农民中各阶级的分析及其对于革命的态度》，
《中国农民》第1期，1926年1月。）

（二）

这部分文稿是从发表在《新中华报》上的毛泽东的讲演文章和题词中摘出的。《新中华报》是中共中央机关报，1939年2月7日出版，1941年5月15日停刊。现按照发表时间先后编排。

为消灭文盲而斗争

（为《新中华报》题词，《新中华报》1939年4月19日。）

我们民族历来有一种艰苦奋斗的作风，我们要把它发扬起来。要把现在许多人中间流行的那种自私自利，贪生怕死，贪污腐化，萎靡不振的风气，根本改变过来。共产党历来提倡坚定正确的政治方向，在抗战中间就是要坚决纠正一切不利于抗战的错误思想。……这种坚定正确的政治方向，是与艰苦奋斗的工作作风不能脱离的，没有坚定正确的政治方向，就不能激发艰苦奋斗的工作作风；没有艰苦奋斗的工作作风，也就不能执行坚定正确的政治方向。

（《国民精神总动员的政治方向》，《新中华报》1939年5月10日。）

要在生产、工作的百忙中，以“挤”的方法，获得学习的时间，以“钻”的方法求得问题的了解与深入。

（《在中央干部教育部召开学习动员大会上的讲话》，
《新中华报》1939年5月26日。）

青年应该把坚定正确的政治方向放在第一位，模范青年是代表中国老百姓，要一生代表他们。自己代表还不够，并且还要教训儿子，中国革命没有成功，要长期斗争，永远奋斗。

（《在模范青年颁奖大会上的讲话》，《新中华报》1939年6月6日。）

马克思主义的道理千条万绪，归根结底，就是一句话：“造反有理”。几千年来总是说，压迫有理，剥削有理，造反无理。自从马克思主义出来，就把这个旧案翻过来了。这是一个大功劳。这个道理是无产阶级从斗争中得来的,而马克思作了结论,根据这个道理,于是就反抗和斗争,就干社会主义。

(《在延安各界庆祝斯大林六十寿辰大会上的讲话》,《新中华报》1939 年 12 月 30 日。)

记得我在小的时候,很不喜欢老年人,因为他们会欺负青年人的,青年人谁没点错误呢?但是你错不得,他们对你是很凶的。一切事情,小孩子和青年人是没有发言权的。中国的青年人受封建家庭封建社会的苦太大了。但是现在世界转变了,青年人欢喜老年人。就像我们的吴老、林老、徐老、董老、谢老,都是很受青年们欢迎的。为什么有这个转变?因为这些老同志不但不欺负青年,而且非常热心的帮助青年,他们的行为是青年模范,所以青年都十分喜爱他们。党外也有许多青年尊敬的老人,例如马相伯就是一个,他做寿时我们共产党还打了贺电去,因为他主张抗日与民主政治。人总是要老的,老人为什么可贵呢?如果老就可贵,那么可贵的人太多了。因此我们一定要有一个标准。就是说,可贵的是他一辈子总是做好事,不做坏事,做有益于人类的事。不做害人的事。如果开头做点好事,后来又做坏事,这叫做没有坚持性。一个人做点好事并不难,难的是一辈子做好事,不做坏事,一贯的有益于广大群众,一贯的有益于青年,一贯的有益于革命,艰苦奋斗几十年如一日,这才是最难最难的啊!

我们的吴玉章老同志就是这样一个几十年如一日的人。他今年六十岁了,他从同盟会到今天,干了四十年革命,中间颠沛流离,艰苦备尝,始终不变,这是很不容易的呵。从同盟会中留下今天的人。已经不多了,而始终为革命奋斗,无论如何不变其革命节操的更没几个人了。要这样做,不但需要有坚定正确的政治方向,而且需要艰苦奋斗的精神,不然就不能抵抗恶势力恶风浪,例如死的威胁、饿饭的威胁、革命失败的威胁等等,我们的吴玉章同志就是经过这样无数的风浪而来的。因此,我们要学习他的这方面的好处,但特别要学习他对于革命的光荣。我们今天大家欢欢喜喜的庆祝他的六十生日,我想主要的意义是在这里。

(《给吴玉章同志六旬寿诞的祝词》,《新中华报》1940 年 1 月 24 日。)

打日本要青年,参政也需要青年,青年不但做事而且应该打头。青年是宪政运动的先锋，国民大会中要有青年才好，延安青年开的会，是全国青年正确的方向，延安青年要推动全国青年起来为促进宪政运动而奋斗。

（在延安宪政促进会成立大会上的讲话（1940 年 2 月 19 日），《新中华报》1940 年 2 月 24 日。）

天天向上

（1940 年为四四儿童节题词，《新中华报》1940 年 4 月 20 日。）

好生保育儿童

（1941 年 4 月 4 日为第十届中国儿童节题词，《新中华报》1941 年 4 月 13 日。）

## （三）

为研究土地革命时期中央苏区青年运动，现将毛泽东在《农村调查》和《论查田运动》两本书中有关言论摘录下来，供研究者研究之用。《农村调查》是毛泽东对中央苏区农村调查的汇集，我们用的版本是解放社一九四九年版，《论查田运动》是毛泽东 1933 年在江西苏区关于查田运动的三篇著作。我们所用的版本是华北新华书店 1948 年 3 月再版的。

本区到红军当兵的七十多人，少先队去的占四十多人，皆十几岁的青年，勇敢得很。

（《东塘等处调查》（1930 年 11 月），《农村调查》第 70 页。）

实际政策的决定，一定要根据具体情况，坐在房子里面想象的东西，和看了粗枝大叶的书面报告上写着的东西。决不是具体的情况。倘若根据“想当然”或不合实际的报告来决定政策，这是危险的。过去红色区域弄出了许多错误。都是党的指导与实际情况不符合的原故，所以详细的科学的实际调查，乃非常之必需。这次调查，一般说来仍不是很深入的。但较之我历次调查要深入些。第一，做了八个家庭的调查。这是我从来没有做过的，其实没有这种调查，就没有农村中的基础概念。第二，调查了各阶级在土地斗争中的表现。这是我在寻乌调查中做了而没有做得完全的。

（《兴国调查》（1931 年 1 月 26 日），《农村调查》第 7 页。）

一切苏维埃工作的实际执行都在乡苏与市苏。这是人人了解的，但乡苏市苏应该怎样进行他们的工作，却有很多人不了解，而不了解乡苏与市苏的工作，简直就不能真正领导苏维埃工作，就不能真正去解决“一切苏维埃工作服从革命战争的要求”这个问题。现在上级苏维埃工作人员中我们遇得到这样的情形，发得出很多的命令与决议。却不知道任何一个乡苏市苏工作的实际内容。同志们，这是不行的，这是官僚主义，这是苏维埃工作的障碍。

我们的任务是提出了，从扩大红军到修桥筑路的许多计划也发布了，问题是怎样动员群众去完全的实际的实行这些任务计划。异常紧张的革命战争，要求我们迅速的普遍的解决这个问题。而这个问题的解决，不是脑子里头想得出来的，这依靠于从动员群众执行各种任务的过程中去收集各种新鲜的具体的经验，去发扬这些经验，去扩大我们动员群众的领域，使之适合于更高的任务与计划。

现在许多地方的苏维埃机关中发生了敷衍塞责、或者强迫命令的严重错误。这些苏维埃同群众的关系十分不好，大大障碍了苏维埃任务与计划的执行。另一方面，无数的下级苏维埃工作同志，又在许多地方创造了许多动员群众的很好办法。他们与群众打成一片，他们的工作收到了很大的成功。上级苏维埃人员的一种责任，就在把这些好的经验收集与整理起来，传播到广大区域中去。这样的工作，现在应该立即在各省各县实行起来，反对官僚主义的最有效方法，就是拿活的榜样给他们看。

（《长冈乡调查》（1933 年 12 月 15 日），《农村调查》第 96 至 97 页。）

一切青年成年的劳动群众都应组织到赤卫军与少先队中去，并且加以好的军事训练与政治训练。一方面保卫地方，一方面准备上前线，这是苏维埃在国内战争的重要任务。长冈乡在这个方面也是成功的。

（《长冈乡调查》（1933 年 12 月 15 日），《农村调查》第 111 页。）

宣传队与突击队的办法是好的，各乡都可以组织。

（《长冈乡调查》（1933 年 12 月 15 日），《农村调查》第 131 页。）

为了争取工作的速度，革命竞赛的办法应该在每个乡里实行起来，乡苏是竞赛的领导者。但乡苏也只是“领导者”,因为每一竞赛主要是群众的竞赛,不只是各村代表之间的竞赛。因此每一竞赛条约的订立,应召集村为单位的群众大会作报告,得到群众的承认,并把竞赛条约张贴出来。在生产问题等项的竞赛上,还应召集每个代表领导下的几十个居民开会作报告,得到他们的承认。一时期内检查成绩的结果。也应该召集这样的会作报告,来推动工作的前进。一切竞赛没有成绩的,都是由于只把竞赛条约放在少数人的袋子里,没有推动广大的群众。每一次竞赛,都要作出总结。并且实行给奖。长冈乡的两次竞赛,对于这些都大体做到了,所以他们得到了实际的成绩。

(《长冈乡调查》(1933 年 12 月 15 日),《农村调查》第 132 页。)

村的代表主任制度及代表与居民发生固定关系的办法。是苏维埃组织与领导方面的一大进步,水溪乡,是同长冈、石水等乡一样。收得了很大效果的,乡的中心在村,故村的组织与领导成为极应注意的问题。将乡的全境划分为若干村,依靠于民众自己的乡苏代表及村的委员会与民众团体在村的坚强领导,使全村民众像网一样组织于苏维埃之下,去执行苏维埃的一切工作。这是苏维埃制度优胜于历史上一切政治制度的最明显的地方。长冈、才溪、石水等乡的办法。应该推行到全苏区去。

(《才溪乡调查》(1933),《农村调查》第 136 页。)

乡苏维埃下许多委员会的组织及其领导,成为乡苏工作的重要一部分。在才溪乡再一次证明了。中央政府已经采纳各地的经验,规定到“地方苏维埃组织法”里面。那里规定乡的委员会可以组织经常的与临时的共二十余个。依照各地工作情况,可以适当地给以增减。“市区”苏维埃。则须适应城市的特点。组织若干不同于乡的委员会。这一制度的明确的统一的建立,将使苏维埃与民众的关系更加密切,将使一切苏维埃工作的执行得着雄厚的力量。一个问题,就是村亦应建立某些重要工作的委员会(各种有广大会员的民众团体,同样应建立他们的村的领导机关)。因为如果只有乡的委员会,在有一千人上下的广大居民的乡。是无法周密地进行工作的。许多村的委员会的建立,即可保证这一点。

(《才溪乡调查》(1933),《农村调查》第 138 页。)

要使农民群众阶级觉悟程度。一般都认识到应该最后消灭封建残余，不是一件容易的事。这就要求共产党与苏维埃政府一定要耐心地去向农民解释。一定要做许多艰苦的工作。要有正确的阶级路线与群众工作方法。这里的中心问题，就是查田查阶级的问题。这个问题不解决，农民群众的革命积极性不能最大的发展起来。封建残余势力不能完全打倒下去。苏维埃不能得到最大限度的巩固。扩大红军，筹措经费供给红军。扩大地方武装，进行土地建设与经济建设，发展文化教育等等重大的任务。都没有法子得到最大的成功。

（《查田运动是广大区域内的中心重大任务》(1933 年)，
《论查田运动》第 5 页。）

一切过去的经验都证明：只有土地问题的正确解决。只有在坚决的阶级的口号之下，把农村中阶级斗争的火焰掀起到最高的程度，才能发动广大的农民群众起来。在无产阶级领导之下，参加革命战争，参加苏维埃各方面的建设，建立巩固的革命根据地。使苏维埃运动得着更大的力量。争取更大的发展与胜利。

（《在八县查田运动大会上的报告》(1933 年 6 月 14 日)，
《论查田运动》第 7 页。）

要按照当地环境提出具体口号。如在落后的村子，要找出落后的原因，提出发动群众的具体口号。比如该地有反动地主威胁群众，因此群众不敢积极起来斗争，必须提出捉起这个地主的口号。又如当地政府人员犯了脱离群众的严重错误，使得群众不满意，就要从揭发这些人员的错误着手宣传。以发动群众斗争。

（《在八县查田运动大会上的报告》(1933 年 6 月 14 日)，
《论查田运动》第 10 页。）

关于阶级异己分子的问题，普遍的只讲成分，不讲工作。只要是出身坏。不管他有怎样长久的斗争历史，过去与现在怎样正确执行党与苏维埃的路线政策。一律叫阶级异己分子。开除出去了事，完全不错，我们要坚决洗刷那些阶级异己分子。那些成分坏又加工作坏的(包括地主富农、消极怠工、贪污腐化等等）无疑地应该洗刷干净，但如果不是这样也把他洗刷出去。那就是过分的了。

（《查田运动的初步总结》（1933 年），《论查田运动》第 37 页。）

党与苏维埃工作人员每个时候，每件工作，都不要忘记群众的大多数。我们要面向群众，要面向群众的大多数。我们的工作要深入群众。要深入一切大的小的村庄、一切大的小的市镇里的群众。要严厉反对少数人干的关门主义命令主义错误办法。

（《查田运动的初步总结》（1933 年），《论查田运动》第 41 页。）

## 二、重温评述

"有一分耕耘，便有一分收获"是一句至理名言。当年为此下苦功，自认为这样做对备课，对研究毛泽东是值得的。现在相隔半个世纪之后，在整理重温的过程中，仍感受良多。这里仅举几则为例证，予以评述，并作为本文的结束语。

**1. 毛泽东青年时代与他的同辈一样，也向往过"新村运动"，甚至他还选好建立"新村"的地点**

我们从他 1919 年写的《学生之工作》中，便可了解到这一点。他写道："创造新学校，施行新教育，必与创造新家庭新社会相联。""新学校中学生之各个，为创造新家庭之各员。新学校之学生渐多，新家庭之创造亦渐多。""合若干之新家庭，即可创造一种新社会。""合此等等新学校，新社会，而为一'新村'。吾以为岳麓山一带，乃湘城附近最适宜建设新村之地也。"

毛泽东还列举国外新村运动的发展作为其立论的根基。他写道："俄罗斯之青年，为传播其社会主义，多入农村与农民杂处。日本之青年，近来盛行所谓'新村运动'。美国及其属地菲律宾，亦有'工读主义'之流行。吾国留学生效之，在美则有'工读会'，在法则有'勤工俭学会'。故吾人而真有志于新生活之创造也，实不患无大表同情于吾人者。"

1919 年在"劳工神圣"的激励下，很多进步青年，特别是一批知识青年，掀起工读运动，组织"工读互助团"并把"工读互助团"，看作是"新社会的胎儿""细胞"，是"平和的经济革命"。当时北平就搞了"工读互助团"，靠大家做工的收入来维持互助团的经济生活，开始大家兴高采烈，也曾引起社会上某些人士的关注，并影响到上海、武汉等地。但它归根到底不过是受空想社会主义思想影响的产物，再加上大家缺乏劳动习惯、生产技能和毅力，不能靠大家做工的收入来养活自己，因此，最终互助团只好解散，失败了。毛泽东的新村计划也没实现。

我认为，青年人在探索救国救民的道路和成长的过程中，会遇到各种状况，但青年的可塑性很大，只要予以正确引导，就会成功和成才。我们不能不说，毛泽东是幸运的。他得到李大钊和陈独秀的提携、指引和帮助：李大钊聘毛泽东为北大图书馆管理员，工资八块大洋是李大钊从馆长月薪中支付的，毛泽东不但近在李大钊身边，还可在北大旁听一些课；陈独秀与毛泽东晤谈多次，毛泽东受到许多教益，这一点他在延安同斯诺的自述中曾明确地谈到，他在湖南建团建党，都离不开陈独秀的直接指导，并使他成为出席党一大的代表。

**2. 1919 年五四运动后，毛泽东于 7 月创办《湘江评论》，并以《民众的大联合》为题连发三篇文章，引起热烈反响，《湘江评论》印数也由五千骤增万份**

毛泽东在 7 月 14 日《湘江评论》创刊宣言中提出，“什么力量最强，民众联合的力量最强。什么都不要怕，天不要怕。鬼不要怕，死人不要怕。官僚不要怕，军阀不要怕，资本家不要怕。”

接着 7 月 21 日，毛泽东发表了《民众的大联合》的第一篇，文中说“自去年俄罗斯以民众的大联合，和贵族的大联合、资本家的大联合相抗收到了‘社会改革’的胜利以来，我们应该起而行效，我们应该进行我们的大联合。”

7 月 28 日，毛泽东发表了《民众的大联合》的第二篇，提出大联合应以小联合为基础，他说：“原来我们想要有一种大联合，以与立在我们对面以强权者害人者相抗，而求到我们的利益，就不可不有种种做它基础的小联合。”“由许多小的联合，进为一个大的联合，由许多大的联合，进为一个最大的联合。”

8 月 4 日，毛泽东发表了《民众的大联合》最后一篇。这篇有两段重要的话，在本文第一部分中均摘录了。一是“我们觉醒了！天下者我们的天下。国家者我们的国家。社会者我们的社会。我们不说，谁说？我们不干，谁干？刻不容缓的民众大联合，我们应该积极进行。”二是毛泽东自嘲为“怪话”的。这既是毛泽东对中华民族发展前途的预测，也是对中华民族伟大的自信的表现，他说：“他日中华民族的改革，将较任何民族为彻底，中华民族的社会，将较任何民族为光明。中华民族的大联合，将较任何地域任何民族而先告成功。”相隔百年后的今天，重温这些话，对青年毛泽东怎能不肃然起敬！

**3. 毛泽东在延安时期确实讲过“造反有理”这句话。“文革”初始时，这句话被红卫兵、造反派滥用，给党和国家造成空前的劫难，已是无法掩饰的历史事实**

这句话在本文第二部分1939年12月30日的《新中华报》中摘录了。那是毛泽东在延安各界庆祝斯大林60寿辰大会上讲话中说的，原话是“马克思主义的道理千条万绪，归根结底，就是一句话：‘造反有理’。几千年来总是说，压迫有理，剥削有理，造反无理。自从马克思主义出来就把这个旧案翻过来了。……根据这个道理，于是就反抗和斗争，就干社会主义。”应该说，毛泽东当年这个说法，在延安并没引起太多的反响，而毛泽东本人也再没讲过。但没料到，这句话在“文革”中成为造反派夺权和残暴对待所谓“牛鬼邪神”的一个理论利器。

令人不解的是，这句话流行时，毛泽东没有像对“四个伟大”那样，表示过“讨嫌”，也没有像听到“五一八”林彪大讲“政变经”时敏锐地指出，“是借钟魁打鬼”云云。我提出的这些疑虑，在许多人心中怕也都有吧？如有人认为是对毛泽东的不敬，那我就只好用“吾爱吾师，但吾更爱真理”来回应了！

**4. 毛泽东在庆贺模范青年时，号召模范青年要永远代表老百姓，要永久奋斗**

这批模范青年是怎么回事？1939年为纪念五四运动20周年，中共中央青年工作委员会举办了评选模范青年的活动，并在5月30日开会给模范青年颁奖，毛泽东出席了大会，并发表讲话。6月6日，《新中华报》作了简要报道。我在本文第二部分中已全文摘录。1993年，中共中央文献研究室编辑《毛泽东文集》时，找到中央档案馆保存的讲话记录稿，并把它编入《毛泽东文集》第二卷中，使我们才得以读到讲话全文。

毛泽东这个以“永久奋斗”为主题的讲话非常重要。他说：“你们模范青年是在纪念五四运动20周年时选举出来的，这个意义非常重大。20年前，在北京参加五四运动的青年，是真正的模范青年，因为他们反对卖国政府，在五四运动中流了血”。“这些青年是革命的先锋队，为了中华民族的解放、独立、自由、幸福，进行了那样的斗争，英勇得很”。“那时候的革命青年，后来有不少成为共产党员。”

他还说：“中国的青年运动有很好的革命传统，这个传统就是‘永久奋斗’。

我们共产党是继承这个传统的，现在传下来了，以后更要继续传下去。但是，也有一些人，五四运动时在北平奋斗得很英勇，后来变了，内中的一个就是张国焘，还有康白情、罗家伦等一些人。他们在五四运动时代都是先锋队，现在呢？变成了逃跑队了。”

毛泽东提到大汉奸汪精卫时说：“汪精卫‘五四’以前曾慷慨激昂地去杀宣统皇帝的保护人——摄政王。他在那时候是非常英勇的。”“30 年前的汪精卫，20 年前的康白情、罗家伦、张国焘，他们都很英勇，但是都有一个缺点，就是奋斗比较差，没有‘永久奋斗’的精神。”

毛泽东还发问说：“什么是模范青年？就是要有永久奋斗这一条。其他的当然也要有，如刚才冯文彬同志讲过的智育、德育、体育、美育、群育等等，但据我看来，‘永久奋斗’才是最主要的一条，没有这一条，什么都是空的。”

毛泽东又自问自答地说：“奋斗到什么程度呢？要奋斗到 5 年，10 年，40 年，50 年，甚至到 60 年，70 年，总之一句话，要奋斗到死，没有死就还没有达到永久奋斗的目标。”“我们说：永久奋斗，就是要奋斗到死。”“模范青年就要在这一条上做模范。”

那么，怎样才是真正的模范青年？毛泽东指出：“其他方面要做模范的是非常多的，例如，在政治上要有一个正确的方向，但是光有这个正确的政治方向是不够的，过了三年五年，就把它丢了，那还不是枉然？所以有了正确的政治方向后，还要坚定，就是说，‘要有坚定正确的政治方向’。这个方向是不可动摇的，要有‘富贵不能淫，贫贱不能移，威武不能屈’的骨气来坚持这个方向。这样的青年，才是真正的模范青年。”

毛泽东对反共分子破坏阻挠青年来延安予以谴责。他说，“你们到延安来，就有人不准，把你们捉起来，你们到这里来是很辛苦的，是‘过五关斩六将’才来到延安的。他们说你们不好，我看蛮好，是呱呱叫的模范青年。”

最后，毛泽东对模范青年提出希望：“今天在座的模范青年，要跟这些反共分子作斗争，反对妥协投降，反对反共。你们的前途是光明的。你们要代表全国大多数的老百姓，代表一切爱国的人，抗日的人，求中国独立、自由、幸福的人，并且是要永远的代表他们。将来你们老了，教育你们的儿子也要代表他们，儿子再告诉儿子，孙子再告诉孙子，这样一代一代传下去，并且一传十，十传百，百传千，传遍全中国，不达目的不止。我们一定要这样努力去做，长期去做，一定要把革命干成功，干到底。模范青年们，你们要切记这一点‘永久奋斗’。”

重温毛泽东这篇对延安模范青年的讲话，深感虽距今70多年，但“永久奋斗”的光辉思想，并不过时，我们全国8000多万共青团员——青年的先进分子，仍要继续以此自勉、自励，而在以习近平同志为核心的党中央领导下，为实现两个一百年和中华民族伟大复兴的中国梦而奋斗中成为当代的模范青年！

**5. 毛泽东有句名言“没有调查研究，就没有发言权”**

毛泽东在做调查研究这件事上是很自觉和认真的，他曾回顾在什么时候做什么问题的调查，几乎如数家珍达到念念不忘的程度。他在《寻乌调查》前言中说：“我过去做过湘潭、湘乡、衡山、醴陵、长沙、永新、宁冈七个有系统的调查，湖南那五个是大革命时代（1927年1月）做的，永新、宁冈两个是井冈山时代（1927年11月）做的。湖南五个放在我的爱人杨开慧手里，她被杀了，这五个调查大概是损失了。永新、宁冈两个，1929年1月红军离开井冈山时放在山上的一个朋友手里，蒋桂会攻井冈山时也损失了。失掉别的任何东西，我不着急，失掉这些调查（特别是衡山、永新两个），使我时常念及，永久也不会忘记。寻乌调查是1930年5月四军到寻乌时做的。”

对于调查研究的重要，毛泽东在《兴国调查前言》中这样写道：“实际政策的决定，一定要根据具体情况，坐在房子里想象的东西，和看到的粗枝大叶的书面报告上写着的东西，决不是具体情况，倘若根据‘想当然’或不合实际的报告来决定政策，那是危险的。过去红色区域弄出了许多错误，都是党的指导与实际情况不符合的缘故。所以详细的科学的实际调查，乃非常之必需。”

毛泽东还告诉我们他搞调查的情况和方法：“由我提出调查的纲目，逐一发问并加讨论，一切结论，都是由我提出得到他们八个同志的同意，然后写下来的，有些并未做出结论，仅叙述了他们的答话。我们的调查会是活泼、有趣的，每天开两次甚至三次，有时开至夜深，他们也并不觉得疲倦。”

毛泽东重视、倡导并亲自力行的调查研究，已经成为我们党的好传统，并成为我们党克服主观主义，官僚主义，避免工作失误和脱离群众的利器，我同时还认为即使在大数据时代，也仍要时常普查政治、经济、文化、社会发展的新动向、新情况、新问题、新经验，掌握新数据，使数据库成为调研成果库，为党和国家作出“为国图强、为民谋利”的科学决策服务。调查研究是为政之道，是执政者的基本功，愿永不被弃。

（作者系中央团校研究员，原团中央青运史研究室副主任）

# 朱德与中国青年运动

胡献忠

从土地革命开始，朱德作为人民军队的元老和象征，向来与毛泽东并称，一个是军事统帅，一个是政治领袖。如果说中央苏区的"朱毛红军"尚属局部影响的话，那么，自中共七大起一直到新中国成立之初，在军内、党内乃至国内民众（包括青年）中，朱德的影响仅次于毛泽东。那一时期，凡遇有重要会议、群众集会，或办公室、会议室墙壁上，一般总要挂出毛泽东、朱德的画像。朱德之所以能够享此盛誉，原因大概有三：一是长居军中高位。自 1928 年井冈山会师后朱德成为最高军事指挥员起，先后担任红军总司令、八路军总指挥、人民解放军总司令。二是待人宽宏、仁慈且刚毅。毛泽东曾赞其"度量大如海，意志坚如钢"，能容人，善于团结人。三是年长资历深。朱德生于 1886 年，与董必武、林伯渠同庚，早年参加辛亥革命，与毛泽东、周恩来、刘少奇等五四一代相比，显然属于"大龄"革命者。查阅《朱德年谱》，朱德对中国青年运动的指导，以及在中国青年中产生广泛影响，则是在红军长征到达陕北之后。此时，经过近十年内战，革命军队中战将如云，朱德能够相对从具体战役、战斗部署中超脱出来，去运筹谋划全局性要务和根据地建设。而且，随着朱德在党内的地位越来越高，兼职也越来越多，这就要求他以军事为主而又超越军事，更多地从战略全局、后继梯队、党群关系等方面去思考问题。我们党始终认为，中国青年是中国革命的主力军，中国青年运动是新民主主义革命的重要组成部分。毛泽东讲过，没有青年加入，"革命队伍就不能发展，革命就不能胜利。"[①] 朱德自然也把目光投向了中国青年和中国青年运动。

① 中共中央文献研究室编、逄先知主编：《毛泽东年谱（1893—1949）》中卷，中央文献出版社 2013 年版，第 143 页。

## 一、抗战前夕及抗战期间，朱德总是以军中长者的博大胸襟，鼓励青年团结起来，参加抗战

1937年抗日军兴，时年51岁的中共中央政治局委员、中央军委副主席朱德，由红军总司令改任八路军总指挥，并任中央军委前方分会书记。当时情势，不论前方还是后方，青年都是推动抗战的绝对主力。久经战火淬炼的朱德十分明了青年在战争中的重要作用，党也正在通过建立广泛的抗日民族统一战线以争取广大民众、广大青年参加抗战。朱德常常利用自身的特殊影响，在不同场合激励全国青年大团结，为全民族抗战做出应有的贡献。

**1. 充分肯定青年的地位和作用，呼吁全国青年大团结，对全国青年运动提出方向性目标**

青年救国会是抗日战争期间中国青年运动的新载体，朱德同其他中共领导人一样，对这种符合时代需要的新产物表现出极大热情。1937年4月10日，朱德出席中共中央政治局常委扩大会议，听取冯文彬就准备召开西北青年救国会代表大会的汇报。朱德在会上发言指出，我们要做抗日的模范，民族团结的模范，文化理论上的模范；要注意克服关门主义，要吸引外面的青年到苏区来。两天之后，朱德同张闻天、毛泽东等领导人一起，出席西北青年救国会第一次代表大会开幕式。朱德在会上指出，抗日战争必将是长期的，战线必将是很宽的，因此必须加强抗日战争预备军的动员和组织工作，全国青年应首先团结一致，争取参加到抗日的武装组织中去。为了广泛地组织青年群众，首先应取得言论、集会、结社以至武装的自由，就是说，首先应争取民主制度的实现，否则一切是空的。4月17日，朱德又在闭幕式上讲话，再次希望全国青年团结一致，走上抗日战线。1938年10月，朱德在西北青年救国会第二次会议上讲演："今天中国青年的英勇，是历史上第一次最大的表现。他们正在努力建立一个新中国。""但因为中国历史的传统，中国青年虽在抗战中做了不少的工作，还不能为人们所重视，只有在华北，现在青年在社会上已有相当地位，任何地方都有青年在那里领导抗战工作。""华北的青年都以抗日救国为前提，在战斗的环境中团结起来。""只有一致团结，才有生路。""任何党派的青年，都应

向着一个'抗日'的目标","只有团结,才能使抗战建国的事业完成!"①

朱德还利用各种时机,对全国青年运动发出倡议。1940 年 5 月 3 日,他在《新华日报》(华北版)上发表《五四运动与青年》,阐述五四运动的伟大意义,指出:五四运动中优秀的青年,是一贯站在正确的、坚定的政治立场上的,像我们的周恩来、邓颖超等同志,他们是今天中国青年的模范。在五四运动中还有一大部分人,在 20 年过程中,已经逐渐掉在时代后面,甚至转向反动营垒中去了,今天的中国必须引以为戒。"21 年的经验告诉中国青年说,谁要想长久下去不落伍,谁要想永远站在时代的前面,谁就必须找寻自己的正确政治道路。五四运动以来 21 年中,这条道路已经被进步青年找到了:这就是共产主义的道路。共产主义的道路是中国青年的大路。"②1941 年 5 月 4 日,朱德为第三届青年节题词:"全国青年团结起来,参加抗战。"③1943 年 3 月 29 日,他在延安各界青年举行的黄花岗七十二烈士殉国纪念会上号召青年们下决心干革命,就不要怕死,要有坚强的意志,不受敌人的任何利诱威胁,要能分辨是非,永远不掉队、不落伍。中国青年的任务就是要打倒日本帝国主义。④

**2. 关注抗日军政大学、安吴青训班及各地青年知识分子成长,及时给予指导和鼓励**

安吴青训班是 1938 年 1 月由西北青年救国会、中央青委开办的青年短期训练班,主要培训从四面八方奔赴延安的热血青年,实际上还有一种甄别作用,像是一道滤网,各方面都没有问题的青年,才会被派到延安去。安吴青训班的主任是西北青救会主任、中央青委副书记冯文彬,大家推举朱德兼任名誉主任。1938 年 8 月,朱德视察安吴青训班,并为之题词:"学好本领上前线"。

朱德关注最多的算是抗日军政大学了。1938 年 8 月,他到抗大作报告,在畅谈了一年多来在华北敌后开展游击战争、建立抗日根据地的情况后,指出:"华北抗战能够获得这些胜利,主要是忠实执行了党的民族统一战线政策

① 共青团中央青运史工作指导委员会等:《中国青年运动历史资料(1938—1940.5)》第 14 集,中国青年出版社 2002 年版,第 191—192 页。

② 中共中央文献研究室编:《朱德年谱(1886—1976)》中卷,中央文献出版社 2006 年版,第 961 页。

③ 中共中央文献研究室编:《朱德年谱(1886—1976)》中卷,中央文献出版社 2006 年版,第 1055 页。

④ 中共中央文献研究室编:《朱德年谱(1886—1976)》中卷,中央文献出版社 2006 年版,第 1128 页。

的结果。抗日民族统一战线的扩大和巩固,是争取抗战胜利的主要条件。"[①]今后我们还要动员更多的力量参加抗战。10 月,利用回延安参加党的六届六中全会的时机,朱德看望了抗大四大队第十队,对从马来亚回国的华侨青年李泗美说:"你们远涉重洋回祖国参加民族解放战争,很不容易呀!我们的华侨都是热爱祖国的,这种精神很可贵!"[②]1939 年 1 月,朱德与彭德怀、左权致电叶季壮等:今后穷苦学生到抗大分校来学习,每人应发 15 元伙食费(每日以 3 角计算)。4 月,为中国人民抗日军政大学一分校第五期毕业学员题词,勉励他们毕业后应该"从工作中继续学习锻炼自己"。这个题词刊印在第一期学员的毕业证上。9 月,朱德在太行山区接见抗大第一分校第一期毕业学员,得知这些学员来自全国大多数省份,高兴地说:"全国革命青年都汇集到抗大来了,你们代表着全国人民。"1940 年 4 月 15 日,朱德出席中国人民抗日军事政治大学在山西省武乡县蟠龙镇举行的第六期开学典礼并讲话:"抗大前几期的同学,在华北抗战中尽了他们伟大的力量,成为准备反攻,也将成为将来反攻的基本力量。我们抗大出去的同学,在中国抗战中,在八路军、新四军,在敌后坚持抗战,组织群众,武装群众,使群众的武装强大起来,和敌人拼命。""这是抗大的光荣"。他还指出:"抗大是共产党领导的学校,是八路军的干部学校,换句话说是工人农民的干部学校。尽管学校里有许多知识分子,有许多学生出身的人,参加到我们学校里来,但他们的思想行动都为共产主义为工农阶级而献身革命,为民族为国家为学校做事。这一点应当叫任何一个人都晓得"。我们抗大"要学的主要的东西,是马克思列宁主义,辩证唯物论的科学。关于这些我们一定要认识清楚。"并勉励抗大学员都要"努力学习科学,学习马列主义","加强军事学习,提高军事技术,更加把自己的思想意识锻炼好。""特别希望各地来工作的同志和知识青年,毕业后到八路军去工作"。只要"知识分子能吃苦耐劳,旁的问题都解决了。"[③]

朱德也对青年知识分子提出殷切希望,鼓励他们艰苦奋斗,走与工农相结合的道路。1939 年 1 月 2 日,朱德在沁县民族中学向全体学生发表讲话:"青年是新中国年轻的一代,必然与时代前进。历史决不会重演,也不会循环。但

① 中共中央文献研究室编:《朱德年谱(1886—1976)》中卷,中央文献出版社 2006 年版,第 827 页。

② 中共中央文献研究室编:《朱德年谱(1886—1976)》中卷,中央文献出版社 2006 年版,第 839 页。

③ 中共中央文献研究室编:《朱德年谱(1886—1976)》中卷,中央文献出版社 2006 年版,第 957—958 页。

过去五千年遗留下来的优良文化传统，我们都应该批判地加以接受。同时要吸收世界上一切宝贵的经验，特别是我们朋友苏联的革命经验，溶化起来，武装我们的头脑，应用到每一个实际的场合里，这样抗日才会胜利，建国才能成功。这样，才算是一个很好的理论家和学问家。”1940 年 6 月 9 日，朱德与毛泽东等出席鲁迅艺术文学院成立两周年纪念大会时讲道：“在前方，我们拿枪杆子的打得很热闹，你们拿笔杆子的打得虽然也热闹，但是还不够……希望前后方的枪杆子笔杆子能密切地联系起来。”[①]1942 年 5 月 5 日，朱德在大泛沟八路军大礼堂，向从冀西抗日前线突破层层封锁到达延安的抗大附中 1300 多名师生作报告，提出在全体师生即将离开延安时，送给大家三件宝，即一把镢头、一支枪和一支笔，代表党中央要求党员拿起镢头开荒地，打窑洞，建校舍；拿起枪杆子带兵打仗，保卫边区；拿起笔学习马列主义和文化知识。5 月 7 日，全体师生带着“三件宝”开赴陇东。5 月 23 日，朱德出席延安文艺座谈会最后一次会议并讲话，对延安文艺界中的一些错误思想予以批评，指出：作家不要眼睛长得太高，要看得起工农兵。当谈到一位作家引用李白“生不用封万户侯，但愿一识韩荆州”的诗来表示自己怀才不遇时说：“你到哪里找韩荆州？在我们这个时代，工农兵里就有韩荆州！只有到工农兵群众中去，你才能结识许许多多的韩荆州。”针对会上关于革命作家要不要经过思想转变问题的争论，说：“哪里不要转变啊，岂但转变，我说就是投降！我原来不是无产阶级，因为无产阶级代表的是真理，我就投降了无产阶级。我投降了无产阶级，并不是想来当总司令，我只是替无产阶级打仗，拼命做事。”还针对一些作家认为延安生活太苦，说：“有的同志觉得延安生活不好，太苦了，其实比起我们从前过雪山草地的时候，这已经是天堂啊！有的同志说，外面大城市吃的、住的、穿的东西比延安好。但是那再好，是人家的啊。延安的东西再不好，是我们自己的啊。”[②]

**3. 盛赞八路军是全国青年的学校，鼓励青年加强军事训练，学会打仗**

朱德认为，在民族存亡的紧要关头，拿起武器抵御外敌入侵，是每一个热心青年尤其是青年军人分内之事。1936 年 12 月，朱德与毛泽东、张闻天、周恩来等出席在保安举行的红军青年俱乐部成立典礼，并首先致词，指出：青年

① 中共中央文献研究室编：《朱德年谱（1886—1976）》中卷，中央文献出版社 2006 年版，第 972 页。

② 中共中央文献研究室编：《朱德年谱（1886—1976）》中卷，中央文献出版社 2006 年版，第 1101 页。

是革命的主力军，苏区的青年要做全国的模范，要努力军事训练，将来参加抗日战争时，拿起枪来就能干。1937 年 2 月，红十五军团成立朱德青年队。该队全体队员致信朱德表示，要用极大的努力来学习朱总司令的五个特长，即：为国家、为阶级奋斗到底的革命精神；执行党的主张始终不懈的精神；吃苦耐劳、艰苦奋斗的精神；不断学习革命理论接近群众的精神：遵守纪律服从指挥的精神。1938 年 10 月，朱德在西青救第二次大会上指出："现在八路军中的青年相当活跃，可以说八路军是青年军，是全国青年的好学校。在八路军里百分之九十以上都是青年，尤其是在干部中间，青年占绝对多数。""希望全国青年到八路军或其他军队中去，这样中国才不会亡。"[①]1939 年初，朱德、彭德怀致电中共中央军委，提出在民众中建立青年武装。中央军委、中央青委批复同意，并提出普遍的青年群众性军事组织、半脱离生产的基于少先队性质的组织、完全脱离生产的青年游击队三种形式。1939 年 4 月，朱德为西青战工团作《青年要学会打仗》的讲演："现在是战争的时代。你们到前线来的工作就是练习打仗。在今天，革命的青年，如果不学会打仗，决不会把中国弄好，革命决不能成功。日本法西斯蒂，要我们青年做他们的奴隶；封建的恶势力顽固分子，要我们青年做他们的工具。这许多都靠我们在打仗中求得胜利，才能把这些敌人打退，建立我们幸福的社会。"[②]

## 二、解放战争时期，作为中共和军队的重要领导人，朱德支持青年团的重建及青年运动的发展

在国共展开命运大决战之际，广大青年的砝码压向哪方，胜利的指针就会倾向哪方。作为排名第二的"五大书记"、人民解放军总司令，朱德与中共领导人一道，利用报刊、集会等载体和时机，向全国青年发出号召，希望他们团结起来，站在人民利益一方，推动先进青年组织——青年团的建立，为夺取全国胜利而奋斗。

### 1. 号召青年发扬五四精神，为建设一个和平、民主的新世界而奋斗

1946 年 5 月 4 日，朱德在《解放日报》五四运动 27 周年纪念特刊上发表

---

① 共青团中央青运史工作指导委员会等：《中国青年运动历史资料(1938—1940.5)》第 14 集，中国青年出版社 2002 年版，第 192 页。

② 中共中央文献研究室编：《朱德年谱(1886—1976)》中卷，中央文献出版社 2006 年版，第 883 页。

献词："五四以来，青年一贯是中国民主运动的急先锋，而中国的反动分子也是一贯的仇视青年的民主运动，这个规律在目前更显著了"。"反动分子对于青年的唯一的手段就是由特务机关实行恐怖的镇压。但是伟大的中国青年从来不是恐怖所能吓倒的，全国青年团结起来，发扬五四的传统，坚决与全国人口百分之九十的工农群众站在一起，为实现民主做不屈不挠的奋斗，胜利必然是属于青年与人民的。"[①]1947 年 12 月 20 日，朱德在《中国青年》复刊第一期上发表《中国青年当前的任务》一文。文中指出，中国人民解放战争很快就要在全国范围内取得胜利，美帝国主义的走狗国民党反动集团的统治行将崩溃，一个真正和平、民主、繁荣的新中国的建立已为期不远。当此伟大的历史时期，青年的任务首先是要积极勇敢地参加正在进行着的人民解放战争，其次是要积极参加生产建设工作。中国青年要与全世界青年团结在一起，为建设一个和平、民主的新世界而奋斗。[②] 1948 年 10 月初，朱德到中央团校向学员作报告。在讲到战争形势时指出：东北野战军很快就要进关，全国大反攻的时刻已经到了。你们要好好学习，随时准备随军行动，协助做好接管工作。

**2.在繁忙军务之中，寄希望于青年，力主重新建立青年团**

朱德既是高明的军事家，又是伟大的政治家，对建立青年团的作用、意义及存在问题看得很准。1946 年 8 月 26 日，在中共中央书记处召开的讨论建立青年团问题的会议上，朱德发言："我看可以组织民主青年团。团的性质，是带政治性的青年先进分子组织，是党的助手。团的工作内容是举行新民主主义教育，青年团要以教育为主，要教育出具有新民主主义觉悟的人。""青年要有组织，现在需要组织，就是到了社会主义社会也少不了组织。""青年中的积极分子比一般青年觉悟高一点，组织起来才好领导他们。"对青年团的工作要有正确的指导方针，工作要慎重，方法要多样，要以教育为主来改造青年的思想，再通过他们去改造社会。要组织青年参加生产，参加土改，参加军队，使他们在其中受到教育。"要起先锋作用，不要搞先锋主义，过去搞成青年先锋主义，搞的人人嫌。这是城市知识分子到农村搞的，一般农民青年怎么愿意搞那

① 中共中央文献研究室编：《朱德年谱(1886—1976)》中卷，中央文献出版社 2006 年版，第 1229 页。

② 《中国青年》1948 年第 1 期。

样的‘轰轰烈烈’呢?”[①]9 月 13 日,朱德出席中共中央书记处召开的讨论建立青年团问题的第二次会议。他说:历史上,社会主义青年团是打了先锋的,是起了很大作用的。“后来在苏区是过于革命了,革起了自己的命来了,结果就把自己革了。在解放区有政权的地方,政权很重要,但要有群众团体的帮助。”为了培养和教育好后代,必须建立青年团。名称还是叫新民主主义青年团为好。青年团要完全在中国共产党的领导下,根据青年的特点和所处的不同环境(如城市与农村、地方与部队等)进行工作。“新民主主义青年团要讲新民主主义的一套,另外一个任务是反对三民主义青年团。”“对三青团要针锋相对”,“但要争取青年,甚至争取三青团员”。[②] 1947 年 9 月 20 日,朱德在青年工作会议闭幕时讲话:“你们去参加土改,在土改中把青年组织起来,在土改中有作用”,“要组织青年成为改造社会的队伍,改造旧思想。”“青年团把青年组织起来,以学习为主,解决青年的思想。”9 月 22 日,朱德与刘少奇、冯文彬致电中共中央,报告全国解放区青年工作会议情况,建议在全国解放区范围内正式建立新民主主义青年团,并提出今后建团的工作计划。10 月 2 日,中共中央复电刘少奇、朱德、冯文彬,同意关于建团提议及布置。

**3. 全国解放前夕,积极推动青年力量大汇聚,号召“青年大团结,建设新中国”**

1949 年上半年,朱德较为密集地出席与青年运动相关的会议,题词、讲话、接见会议代表。2 月,朱德为即将召开的第十四届学代会题词:“庆祝你们在解放了的北平开全国学生代表大会,这是你们的幸运,请你们努力学习一切科学,掌握一切技术,在这个得到了自由的美丽的锦绣山河上,欢迎你们来参加人民大众的新建设,建设一个独立的自由的民主的富强的繁荣的新中国。”[③]4 月 11 日,他又在中国新民主主义青年团一大开幕式上,代表中共中央和中国人民解放军总部致贺词:中国新民主主义青年团应该继承青年运动的光荣传统,在中国共产党领导下,作团结教育广大青年的核心,做中国共产党在各个工作中的助手和后备军。要善于引导广大青年很好地学习,学习马列

---

① 中央团校青运史研究室编:《毛泽东同志和其他老一辈革命家关于青年运动和共青团工作的论述》,1982 年内部印行,第 68 页。

② 中央团校青运史研究室编:《毛泽东同志和其他老一辈革命家关于青年运动和共青团工作的论述》,1982 年内部印行,第 71 页。

③ 中共中央文献研究室编:《朱德年谱(1886—1976)》中卷,中央文献出版社 2006 年版,第 1325 页。

主义和毛泽东思想，学习文化、科学、生产、军事知识，真正成为新中国建设人才。“我们把一个旧中国打垮了，你们要把一个新中国完全建设起来。”并为大会题词：“由于人民解放战争即将在全国范围取得完全胜利，领导青年群众积极参加恢复和发展工业和农业生产，已日益成为新民主主义青年团的头等重要的任务。”[①]4月18日，朱德又在闭幕式上讲话，勉励青年团员要热爱人民自己的国家，培养新道德，以集体主义与大公无私的精神，为新社会服务。4月21日，朱德同毛泽东一起接见团一大代表。5月4日，朱德代表中共中央在中华全国青年第一次代表大会开幕式上致贺词：30年来，中国工农青年和革命知识青年，始终是站在中国人民革命斗争的第一线，他们成了我们民族最宝贵的财产，成了我们民族最可爱的子弟。知识青年在中国革命过程中是有重大作用的。新中国的建设为中国青年开辟了无限美好的前途，我们的青年同志应当鼓足勇气把帝国主义在华的侵略势力及国民党反动势力消灭干净，同时要加倍努力学习，准备献身于新中国的建设事业。[②] 并为大会题词：“青年大团结，建设新中国”。5月12日，朱德与毛泽东、刘少奇接见青代会一大代表。大会向毛泽东、朱德献旗，大旗上写着：“毛主席、朱总司令：我们向你们学习，在你们的旗帜下前进。”7月4日，朱德在中央团校第一期学员毕业典礼上指出：这一期毕业的学员多半是从农村中来，现在回到农村中去，第一，要注意城乡结合，搞好生产建设；第二，要彻底肃清村中反动的封建残余势力；第三，要为实现农业社会化而努力，要提高农业生产，普及农村文化教育，注意提倡农村卫生，破除封建迷信，改造二流子；第四，要很好地在农村中做好培养教育青年的工作；第五，要培养提拔大批青年干部，供给各方面的需要。[③]

## 三、新中国成立后，作为党和国家领导人，朱德多次强调青年要注重学习，培育优良道德，为社会主义建设做贡献

新中国是在“一穷二白”的经济基础之上建立的，开展大规模经济建设，把

① 中共中央文献研究室编：《朱德年谱（1886—1976）》中卷，中央文献出版社2006年版，第1329页。

② 中共中央文献研究室编：《朱德年谱（1886—1976）》中卷，中央文献出版社2006年版，第1332页。

③ 中共中央文献研究室编：《朱德年谱（1886—1976）》中卷，中央文献出版社2006年版，第1340页。

中国建成一个繁荣富强的现代化国家，是全国人民的热切期盼，也是中国共产党的奋斗目标。党始终认为，青年是整个社会力量中最积极最有生机的力量，中国的前途属于青年。朱德虽然年事已高，仍先后担任中央人民政府副主席、中国人民解放军总司令、中共中央纪律检查委员会书记、中华人民共和国副主席、全国人大常务委员会委员长等重要职务，常常站在国家战略全局的高度来关注青年发展。

**1.多次强调青年的重要任务是学习**

新中国成立不久，1950 年 2 月，朱德在中华全国学生联合会第十四届第二次执行委员会扩大会议闭幕式上讲话：目前中国学生的基本任务就是学习，要好好学习马列主义、自然科学和军事知识，并在课余参加义务劳动。号召全国学生要热爱劳动，热爱祖国，为建设新民主主义的中国而奋斗。[①] 6 月 1 日，朱德向首都六一国际儿童节庆祝大会讲话：你们现在虽然还小，但要努力学习，学会各种科学知识，并把身体锻炼强壮，准备将来参加建设中国的工作，把贫穷落后的中国建成有高度文化的强大工业基础的中国。[②] 10 月，朱德在解放军全军青年工作会议上讲话：建立强大的国防军，是我们目前迫不及待的任务，在完成这个任务中，青年团应该继续发挥模范作用，成为党的有力助手。青年在文化学习以及新的军事科学技术的学习中，要起先锋带头作用。要用马列主义、毛泽东思想来教育青年一代，加强对他们的爱国主义和国际主义教育，并开展革命英雄主义运动，培植于百万个青年战斗英雄。要团结全军青年，共同完成建设国防军的艰巨任务。[③] 1953 年 7 月 2 日，朱德在中国新民主主义青年团第二次全国代表大会闭幕式上讲话：“对于青年团员来说，最重要的问题是在于学习。”“对于青年团来说，它如果不积极地组织和领导自己的成员进行学习，使团员们在学习中不断地进步，那么它也就不可能成为党在革命事业中的很好的助手。”“青年团员就不仅要具有高度的政治觉悟和共产主义道德品质，而且应该成为具有专门知识和技术的人。”[④]1957 年 5 月，朱德在中

① 中共中央文献研究室编：《朱德年谱（1886—1976）》下卷，中央文献出版社 2006 年版，第 1367 页。

② 中共中央文献研究室编：《朱德年谱（1886—1976）》下卷，中央文献出版社 2006 年版，第 1378 页。

③ 中共中央文献研究室编：《朱德年谱（1886—1976）》下卷，中央文献出版社 2006 年版，第 1393 页。

④ 《朱德选集》，人民出版社 1983 年版，第 310—312 页。

央直属机关青年积极分子大会上讲道：我们老共产党员抱有一个共同的心情，就是非常爱青年同志，对于青年同志寄予无限的希望。听说你们有了进步，看见你们生气勃勃地学习和工作，我们就得到了很大的安慰。因为有你们这样好的青年一代，实现中国人民的伟大理想，就有了可靠的保证。他又说：希望你们回到机关以后，和全体青年一道，努力做好工作，认真地钻研业务，刻苦地学习政治理论和文化，热爱劳动，锻炼身体。要永远生气勃勃，永远谦虚谨慎，永远保持艰苦朴素的优良作风，认真执行勤俭建国的方针，积极参加祖国的经济建设和文化建设。[①] 1961 年 7 月 5 日，为纪念中国共产党成立 40 周年，《中国青年》杂志发表《朱德同志对青年谈学习》一文。文章说：朱德勉励青年们要努力学习政治理论，不断提高政治觉悟。要认真学习科学知识，发扬科学精神，把革命热情与科学精神结合起来，才能在建设社会主义中更好地发挥作用。并告诉青年们：科学对于勤学苦钻的人来说，并不是什么神秘的东西。只要虚心地、刻苦地、认真地、顽强地学习，是完全可以攀上科学的高峰的。

**2.勉励青少年树立远大理想，培育良好道德**

1950 年 3 月 9 日，朱德在华北人民革命大学第二届毕业学员大会上讲道：过去进学校都是为了做官，现在就是要为人民服务，这就要去掉个人主义，讲爱国主义。你们要下定决心跟着共产党走，全心全意为人民服务。[②] 1953 年 7 月，他在团二大上指出，“青年团必须在党的领导下用马克思列宁主义来教育青年”。朱德接受《中国青年》杂志记者采访时说：无论在革命时期或者建设时期，工人和农民都是基本群众和基本力量。一切革命的、进步的知识分子和青年，都必须和工农群众相结合。现在，人剥削人的制度虽然已经基本上结束了，但是剥削阶级轻视劳动，特别是轻视体力劳动的错误思想仍然大量存在，而且在知识分子和青年学生中仍然有着广泛影响。青年团必须加强对知识青年的劳动教育，特别是体力劳动的教育，使我们的后一辈真正能与剥削阶级轻视劳动的错误思想决裂，站到劳动光荣的马克思主义观点上来。

朱德在不同场合的各种题词，也对青少年成长鼓励有加。1950 年 6 月 1 日，朱德为少年儿童题词：“新中国的儿童，要爱祖国，爱科学，爱劳动，准备好

① 中共中央文献研究室编：《朱德年谱（1886—1976）》下卷，中央文献出版社 2006 年版，第 1640 页。

② 中共中央文献研究室编：《朱德年谱（1886—1976）》下卷，中央文献出版社 2006 年版，第 1370 页。

好的建设新中国”发表在《人民日报》上。1958 年 3 月 27 日，为丁佑君烈士纪念碑题词：“丁佑君同志是党和人民的好女儿，是共青团员和青年的好榜样。中国青年应该学习她把自己的一切都献给党和人民的高度阶级觉悟和革命精神。”1960 年 11 月 19 日，为《中国青年》题词：“青年同志们：学习红军老战士的不断革命精神，艰苦奋斗，发愤图强，建设我们伟大的社会主义祖国。”12 月 16 日，为《儿童时代》题词：“继承革命光荣传统，做一个勤劳勇敢好学的红色少年，准备做共产主义事业的接班人。”1963 年 3 月 1 日，为“学雷锋”题词：“学习雷锋，做毛主席的好战士。”5 月 30 日，为开展学习“南京路上好八连”活动题词：“保持人民军队艰苦奋斗的光荣传统，学习南京路上好八连。”6 月 1 日，为少年儿童题词：“向雷锋叔叔学习。”1964 年 5 月 29 日，为六一国际儿童节题词：“爱祖国，爱人民，爱劳动，爱科学，爱护公共财产”。

**3.鼓励青年在社会主义建设中当先锋**

1950 年 4 月 26 日，朱德在中央团校第一期学生毕业典礼上讲话，勉励毕业学生积极参加新中国的建设事业，在新解放区要积极参加土地改革；在老解放区要努力把青年组织起来，增产粮食和棉花；工厂青年要以主人翁的态度，积极生产。并号召青年参加国防建设，参加新中国的海陆空军。① 8 月 29 日，朱德在全国农村青年工作会议上讲道：农村青年团的工作，应该和党在农村工作中的方针密切配合。目前农村工作的总方针是恢复和发展农业生产，以配合全国的工业建设，并稳当地进行社会改革。青年工作就应围绕这个方针去进行。②

1958 年是当时中共中央提出的三年“大跃进”的第一年，在“鼓足干劲、力争上游、多快好省地建设社会主义”的总路线动员下，“大跃进”运动掀起高潮。1958 年 1 月 21 日上午，朱德和共青团中央第一书记胡耀邦进行了谈话：青年人学技术快，劳动力强，是建设社会主义的突击力量，一定要重视青年的作用。现在全国有共青团干部十二万人，要抓政治思想工作，学习技术，领导生产，少搞些形式主义。下放的干部不是甩包袱，也不仅是劳动锻炼，还要带头发展生

① 中共中央文献研究室编：《朱德年谱（1886—1976）》下卷，中央文献出版社 2006 年版，第 1375 页。

② 中共中央文献研究室编：《朱德年谱（1886—1976）》下卷，中央文献出版社 2006 年版，第 1387 页。

产。[①] 下午，朱德在共青团三届二中全会扩大会议上讲道：国际形势是“东风压倒西风”，和平共处这个口号全世界都响应了，只有帝国主义和少数资本家不赞成。今后是和平竞赛，就是搞贸易，这个贸易就是商战，绝不是简单的事情。今后的十五年是有决定意义的十五年，我们要争取在十五年内搞和平竞赛，开足马力，鼓足干劲，努力赶上去。我们在第二个五年计划期间，就是要发动青年勤俭建国，勤俭持家，增产节约。现在的主要任务是向自然界开战，征服自然，扩大我们社会主义的物质基础。青年富有朝气，要在社会主义建设中发挥先锋作用。[②] 在共产党和政府领导的正规化之内，“共青团在社会主义建设中，应当成为青年的领导核心，共青团员在社会主义建设中应当以身作则”[③]。

1958 年 3 月 10 日，朱德在北京青年职工跃进誓师大会上讲道：希望青年同志们在整风和生产两个高潮中，继续奋勇前进，取得更大的思想进步，创造更大的劳动成就。落后了一步的不要气馁，要努力赶上先进。先进了一步的，不要骄傲，要做到更先进，并且要帮助落后的同志提高到先进的水平。希望你们要善于向老工人学习，互相帮助，大家团结起来，争取工业生产的大跃进。[④] 3 月 24 日，朱德在共青团中央国家机关第三次代表大会上讲道：要引导青年参加社会主义革命和社会主义建设的实际斗争，参加各种政治运动和劳动锻炼。只有在各种实际斗争、生产劳动中，和广大群众特别是和工农群众相结合，才能使自己跳出个人主义的小圈子，走到共产主义的大天地中来。青年是国家的未来，希望你们又红又专，又有技术，又有政治，又有干劲，又有钻劲，在全国各项事业中，成为一支强大的突击力量。[⑤] 10 月 14 日，朱德接见出席中央国家机关青年社会主义建设积极分子大会代表，并发表讲话：青年们的特点，就是比一般成年人、老年人少受一些陈腐事物、陈腐观念的束缚，比较容易

① 中共中央文献研究室编：《朱德年谱（1886—1976）》下卷，中央文献出版社 2006 年版，第 1651 页。

② 中共中央文献研究室编：《朱德年谱（1886—1976）》下卷，中央文献出版社 2006 年版，第 1651 页。

③ 中央团校青运史研究室编：《毛泽东同志和其他老一辈革命家关于青年运动和共青团工作的论述》，1982 年内部印行，第 149 页。

④ 中共中央文献研究室编：《朱德年谱（1886—1976）》下卷，中央文献出版社 2006 年版，第 1660 页。

⑤ 中共中央文献研究室编：《朱德年谱（1886—1976）》下卷，中央文献出版社 2006 年版，第 1662 页。

地接受新事物、新思想，敢想、敢说、敢做，热气高，干劲足。因此，青年们应当而且能够在社会主义建设的伟大事业中，起突击的作用。正如古语所说的："譬如积薪，后来居上。"同时，青年必须向革命前辈学习，向工农群众学习，向其他成年人、老年人学习，学习他们一切有用的东西，把人类发展中的一切优良的成果都继承下来。拒绝学习，自骄自傲，是必然不能进步的。同时，你们应当"青出于蓝而胜于蓝"，胜过前人，反过来推动成年人、老年人前进。[①]

1958 年 11 月 2 日，朱德接见出席中共中央直属机关第二次青年积极分子代表会议的代表，并与代表们谈话：青年要树立共产主义劳动态度，要强调"各尽所能"、多劳动、多做工作、不计报酬、不讲条件，多为国家做出贡献。青年要好好学习本事，要学会造机器和掌握机器，让机器帮助青年出力，这样才能又多、又快、又好、又省地发展我国的社会生产力。青年要好好学习哲学，学习辩证法、唯物论，懂得事物发展的规律，就可以把事情办得更多更好。[②]

1958 年 11 月 21 日下午，朱德在第二次全国青年社会主义建设积极分子大会上发表讲话：在今年的大跃进中，许多青年表现了敢想、敢说、敢做的共产主义风格和不计报酬、不讲条件、夜以继日的共产主义劳动态度。这种共产主义精神是可贵的，必须看到，我们今天已经达到的成就，同建成社会主义所要求的标准和将来共产主义的最高理想比，还相差很远。摆在我们面前的是许许多多的新问题，许许多多的艰难的工作。为着不致迷失方向，不致成为不切实际的空想家，避免犯大错误，大家必须努力掌握马克思列宁主义和毛泽东思想，更快地学习文化科学技术知识，更好地向工农群众和革命前辈学习，在复杂的社会斗争中和向自然斗争中不断地总结经验，力求把革命的热情同实事求是的精神结合起来。[③]

**4. 以党和国家领导人的身份出席青年活动**

1950 年 5 月 4 日，朱德与刘少奇、李济深、张澜、周恩来等出席检阅庆祝中华人民共和国成立后第一个五四青年节的大游行，参加游行的北京青年有 9 万人。5 月 5 日出席由全国政协、政务院、北京市人民政府联合举行的欢迎

---

① 中共中央文献研究室编：《朱德年谱（1886—1976）》下卷，中央文献出版社 2006 年版，第 1700 页。

② 中共中央文献研究室编：《朱德年谱（1886—1976）》下卷，中央文献出版社 2006 年版，第 1703 页。

③ 中共中央文献研究室编：《朱德年谱（1886—1976）》下卷，中央文献出版社 2006 年版，第 1750 页。

苏联青年代表团和苏联青年文艺工作团的宴会。1957 年 5 月，朱德与毛泽东、刘少奇、周恩来等接见 24 个兄弟民族参加五一节观礼的代表、中央直属机关青年积极分子代表会议的全体代表、中央商业干部学校的毕业生。5 月 15 日，朱德与毛泽东、刘少奇、周恩来等，出席中国新民主主义青年团第三次全国代表大会开幕式。5 月 25 日，朱德与毛泽东、刘少奇、周恩来等接见参加中国新民主主义青年团第三次全国代表大会的全体代表和来北京参观全国农业展览会的部分县委书记。1958 年 6 月 6 日，朱德与毛泽东、刘少奇、周恩来等接见出席共青团三届三中全会扩大会议的全体代表。1958 年 6 月 17 日，朱德与毛泽东、刘少奇、周恩来等接见出席解放军北京部队积极分子代表会议和铁道兵第二次青年社会主义建设积极分子代表大会的全体代表。1964 年 6 月 11 日，朱德与毛泽东、刘少奇、周恩来等出席在北京举行的中国共产主义青年团第九次全国代表大会开幕式。

“文革”爆发后，朱德忧心忡忡，1966 年 8 月 4 日在北京大学万人大会上讲道：作为毛泽东时代的青年，比过去任何时代的青年在思想上、行动上都强。学校毕业后任何工作都应去做，要去从事工、农、兵的事。[①] 这是朱德最后一次以党和国家领导人的身份在公开场合向广大青年提出自己的期望。

（作者系中国青少年研究中心青运史学科首席专家）

---

① 中共中央文献研究室编：《朱德年谱（1886—1976）》下卷，中央文献出版社 2006 年版，第 1956 页。

# 任弼时儿童运动思想对当前做好困境儿童工作的启示

陈卫东

任弼时在早期领导共青团的具体工作实践中，在吸收先进青年入团发展壮大青年团组织的同时，也非常关注、关心广大普通青年群体和贫苦少年儿童的命运。他根据苏联和英法等欧洲国家少年儿童工作经验，提出了以组建劳动童子团为核心的儿童运动思想，并指示各级团组织通过多种途径和形式深入普通青年和少年儿童群体，广泛开展宣传教育，积极为他们争取自身权益。这些实践举措不仅有力地促进了共青团工作更加深入青年群众，赢得了广大青年和少年儿童的信任，而且扩大了党的影响和群众基础，为团组织的发展壮大创造了良好条件。这也成为开展青年群众工作的重要历史经验，对今天做好党的青年群众工作，特别是困境儿童的工作，乃至深化群团改革具有较大的启示意义。

## 一、任弼时少年儿童运动思想提出的时代背景和主要内容

1924 年 8 月，任弼时从苏联回国不久，就根据党中央安排，投身到领导和发展中国社会主义青年团的工作实践中。他是大革命时期共青团的主要领导人之一和实际领袖。他有关少年儿童运动的思想就是在大革命的斗争实践中提出来的。

### 1. 任弼时少年儿童运动思想是中共早期儿童运动思想的丰富和发展

中国共产党在成立之初就十分关心和关注广大少年儿童的命运。1921 年 7 月 7 日颁布的《中国劳动组合书记部宣言》明确地提出了少年儿童运动的重要意义和方向。该宣言指出，还有千万的小孩子们，不分日夜，到纺织等工

厂里做工，每天工作起码12个钟头。他们的健康是牺牲在这剥削制度之下的，他们不能得到受教育的机会，从他们极年幼的时候，就变成了本国和外国资本家的富源开发者和资本家的新式奴隶……这种状况一定会迫使他们自己团结起来，向着剥削者做斗争……只有把一个产业下的劳动者，不分地域，不分男女老少，都组织起来，成为一个组合，才是有力的团体……劳动童子团根据上海的经验，在城市有极大发展的可能，在农村也一样容易发展。这一组织形式，是扩大在童工中进行共产主义教育与组织童工参加斗争的最好办法，青年团应注意在全国各地普遍地发展与建立。

1922年7月，中国共产党第二次全国代表大会通过了《关于少年运动问题的决议案》。决议案描述了中国劳动少年的悲惨处境，提出了组织少年运动的紧迫性和极端重要性，指明了少年运动的方向。这是中国共产党历史上第一个关于少年运动的纲领性文件。

早在决议发表的1922年四五月间，中国共产党在开展工人运动的实践中，就组织成立了安源儿童团。这是我国最早的革命儿童组织，也是党领导下的最早的儿童运动实践。儿童团的主要任务是带领团员们做些力所能及的事情，在实际活动中锻炼成长。安源儿童团在安源路矿工人罢工斗争中发挥了重要作用。

任弼时就是在这样的时代背景下，从苏联学习归国，投身到早期社会主义青年团的建设和发展工作中，并由此真正步入漫长的职业革命家生涯。

**2.任弼时少年儿童运动思想是对苏联经验的学习和借鉴**

十月革命一声炮响，给中国送来了马克思主义。中国革命在某种意义上，是对苏联革命的学习和借鉴。任弼时在回国之前曾经在苏联东方大学学习了3年。在领导中国社会主义青年团的革命实践工作中，他根据自己的学习思考和观察，比较系统地介绍了苏联青少年及青少年组织的状况，以及开展青年和少年儿童工作的主要方法和经验。

1924年11月，任弼时在《中国青年》发表《列宁与十月革命》《苏俄经济政治状况》《苏俄与青年》三篇文章。在《苏俄与青年》一文中，任弼时详细介绍了十月革命后苏联青少年的组织状况、政治和文化教育状况以及青年团和童子军在城乡革命与建设中的锻炼和成长。他在文中指出："这种下层青年之培养，实为苏俄近年最可乐观的事，十五年后的苏俄，将有思想行为均健全的一般青年为真正共产社会建设的新基础。”[1]任弼时认为正因为如此，资产阶级才深感畏惧。他在文中饱含热情地写道：“苏俄现有的政权无足畏，所可畏者乃他们的儿童和青年……因为苏维埃政权可以用武力推翻的，而无数用共产主义精神培养起来的小东西，是没法子推翻的。”[2]因此，“无产阶级的国家，对于正在发育的青年群众，尤是无产青年，须加以特别的社会教育——共产主义教育——使他们将来成为共产主义社会经济、文化、组织上的真正建设者”[3]。

任弼时关于青年和少年儿童的组织和教育培养的认识和思考是十分独到的。这些思想是中国共青团历史上最早对儿童运动的理论性思考。

**3.开展儿童运动，组建劳动童子团是壮大革命力量的基础性工作**

任弼时认为组织劳动童子团是共青团为培养将来的无产阶级战士的重要基础性工作。他借鉴西欧各国及苏联劳动童子团组织的成功经验，结合五卅运动后的实际指出，在工人运动发展时期，我们的势力正相当地打入工人群众，有了接近工人子弟和童工的条件，“务使劳动童子团的组织能扩大而普及全国贫苦儿童群众中”。他主张在工业区尽量设法建立这种组织，“最初色彩不必太浓，纪律不要过严，且加入条件不必过高，力求其能普及，在各乡村中，亦可进行组织。”[4]在这一思想指导下，劳动童子团建立并发展起来。

**4.组建劳动童子团是团的工作青年化群众化的重要实践**

在贫困儿童中广泛地建立童子团是贯彻团的工作青年化群众化的早期重要实践之一，积累了开展青少年群众工作的经验。

1926年，任弼时及时总结了共青团工作的得与失、成绩与不足。他在《怎样使团的工作青年化群众化》一文中指出：“在这一年，我们团体工作上自然有不少进步……但是也有极大的缺点，就是工作上没有表现关于为青年本身利益的斗争及文化运动的成绩，未能使全团工作与组织青年群众化”[5]。

这种缺点导致了一种消极局面。任弼时指出，五卅运动以来，由于共青团在工作中因为没有能注意到学生本身利益的斗争及文化运动方面，以致“使学生群众不能坚固地团结在学生团体之下，反而不满于自己的团体，不觉得学生

---

① 中共中央文献研究室编《任弼时传》(修订本)，中央文献出版社2004年版，第63页。

② 中共中央文献研究室编《任弼时传》(修订本)，中央文献出版社2004年版，第63页。

③ 中共中央文献研究室编《任弼时年谱》，中央文献出版社、人民出版社1993年版，第29页。

④ 《任弼时选集》，人民出版社1987年版，第23页。

⑤ 《任弼时选集》，人民出版社1987年版，第20页。

团体是他们利益的保护者。在工人方面,因为我们未能注意青工利益的斗争和宣传,很难取得他们的信仰。换言之,就是我们在过去各方面工作中,未能使青年群众感觉到本团是为他们的利益而斗争的领导者"①。

在任弼时看来,为了改变这种不利的局面,应该经常性地开展两方面工作。他指出:"目前我们在青年工人中,有两种经常应进行的工作,而且只有在这些工作中,方才能够使我们的势力深入青工群众,表现我们做青年运动的成绩。第一种工作就是召集无党派青年工人的会议……第二种工作,就是组织劳动童子团。对于这种工作,本团过去完全没有注意,所以没有很充分的经验。但是在现在工人运动发展的时期中,且我们的势力正相当地打入工人群众,有了接近工人子弟及童工的可能。为了养成将来的无产阶级战士,提高对新生无产阶级的教育,我们应开始这种工作。西欧各国 CY 非常注意劳动童子团的组织。俄国有组织的童子团人数在二百万以上,在各城市与乡村无不有他们的旗帜,对于社会生活有极重大的影响"②。

## 二、劳动童子团的作用和影响

任弼时提出的建立劳动童子团的主张是切合当时青年和少年儿童的特点和需要的,通过劳动童子团组织和教育,许多贫苦少年儿童加入革命队伍中来,成为革命队伍中的一支积极力量。

1925 年 1 月,中国社会主义青年团在上海举行第三次代表大会,根据党中央决定,社会主义青年团改名为共产主义青年团。任弼时在这次代表大会上当选为青年团中央委员,担任团中央组织部部长,与张太雷、恽代英等一起领导青年团中央的工作。1925 年春,张太雷调到广东工作,任弼时开始担任青年团代理书记,并在同年 7 月成为团中央书记。

在任弼时等同志的领导下,1926 年 3 月召开了中国共产主义青年团三届三次扩大会议,通过了共青团中央历史上第一个关于开展儿童运动的决议——《儿童运动决议案》。决议案对成立儿童组织的重要意义,参加儿童组织的对象等都作了具体说明。决议指出,教育正在成长的青年男女儿童,养成

① 《任弼时选集》,人民出版社 1987 年版,第 20 页。

② 《任弼时选集》,人民出版社 1987 年版,第 22—23 页。

他们勇敢牺牲的精神和团体生活习惯，经过他们去影响现代社会生活，训练他们成为将来继续斗争的战士，是共产主义青年团极重要的使命。如果不及早注意这些贫苦儿童的组织与教育，则必将给整个革命工作带来极大的损失。

该决议明确了少年儿童运动的对象和组织形式：(1)工厂童工和工人子弟，(2)乡村农民子弟，(3)小学学生及街市穷苦儿童。在团员吸收上，不宜过严。在组织形式上，可用劳动童子团或者儿童团的名称。

决议认为，劳动童子团的一切组织和教育工作，必须建立在阶级和革命的观点基础上，必须适合儿童的心理特点，通过游戏、唱歌、运动等形式，培养儿童具有勇敢奋斗、刻苦耐劳和活泼进取的精神。

《儿童运动决议案》对劳动童子团的普遍建立、儿童运动的进一步发展，有着巨大的促进和推动作用[①]。据 1927 年 5 月 10 日召开的中国共产主义青年团第四次全国代表大会公布的数据，当时全国团员有三万七千六百三十八人，童子团有十五万人。

在大革命时期，劳动童子团做出了独特的贡献。在北伐军取得节节胜利的大好形势下，少年儿童运动开展得也如火如荼。当北伐军打到河南时，从前线运回五千多伤员到武汉，武汉市的劳动童子团担任了部分救护工作。他们给伤员洗伤口、换药、喂饭等。在大革命后期，武汉童子团还曾担任部分维持治安的工作，日夜平均有 400 名童子团员轮流守卫街道，就连当时的工人武装纠察队都没有做过。在农村，童子团在农协的领导下站岗、放哨、贴标语等，成为打土豪的一支不可忽视的力量。

## 三、任弼时少年儿童运动思想的启示

党和国家历来十分关心和爱护青少年儿童，积极创造各种有利的环境和条件促进儿童的健康成长。党的十八以来，以习近平同志为核心的党中央更加关心广大少年儿童的健康成长。有关领导同志多次对加强少年儿童社会主义核心价值观培育，促进少年儿童健康成长作出批示和指示，一系列利好儿童的政策措施密集推出。2016 年 6 月，国务院公布了《关于加强困境儿童保障

① 中国少年先锋队全国工作委员会主编：《中国少年先锋队大全》，中国少年儿童出版社 2005 年版，第 110 页。

工作的意见》,为科学系统地做好困境儿童工作指明了方向。

显然,在我国全面建成小康社会的过程中,做好困境儿童的教育保护和服务工作,帮助他们实现"脱困",成长为新一代合格的社会主义建设者是不可回避的一项重要工作,也是时代赋予的一项重要任务。共青团作为广大青少年学习共产主义的学校,是党的助手和后备军,其核心的使命和职责是组织带领好广大青年和少年儿童听党话、跟党走。但这一使命的实现,必须以广大青年和少年儿童的拥护和对组织的真正信任为前提。无此,一切都是空谈。因此,共青团在困境儿童工作中不仅责无旁贷,必须有所作为,而且对扩大共青团组织的群众基础和社会影响力,成为青少年想得起、找得到、靠得住的组织也是一种机遇。正如任弼时提出的,共青团工作要青年化、群众化,关心、爱护、帮助困境儿童,不仅是党和团的重要使命,也是深入群众、组织群众、服务群众、赢得群众的一条重要路径。哪里有困难的群众,哪里有困难的青年和少年儿童,哪里就应该有团的旗帜、团的行动和团的服务。

当前,共青团正在深入学习贯彻党的十八大精神,落实党的群团工作会议精神,通过全面系统的改革,努力探索新形势下共青团工作的新格局。改革的主要目标是如何进一步增强共青团的先进性、政治性和群众性。要实现这一目标,必须结合新的时代特点和党政工作大局,有创造性地开展工作。为此,在全面建成小康社会的历史进程中,共青团应树立大局意识,在党中央精准扶贫思路的指引下,转变工作方式,通过科学精细的服务,成为真正代表广大青年和少年儿童,特别是困境儿童自身利益的群众组织,为群团改革目标的实现找到一个坚实的支点。

首先,共青团要充分认识到做好困境儿童工作的重要性。彻底消除绝对贫困人口是党在十三五期间实施的重要攻坚工程,困境儿童工作是这项工程的一部分。近年来,在党和政府的高度重视下,我国保障儿童权益的法律体系逐步健全,广大儿童合法权益得到有效保障,生存发展环境进一步优化,在家庭、政府和社会的关爱下健康成长。同时,也有一些儿童因家庭经济贫困、自身残疾、缺乏有效监护等原因,面临生存、发展和安全困境,一些冲击社会道德底线的极端事件时有发生,不仅侵害儿童权益,也影响社会和谐稳定,是全面建成小康社会亟须妥善解决的突出问题。困境儿童包括因家庭贫困导致生活、就医、就学等困难的儿童,因自身残疾导致康复、照料、护理和社会融入等困难的儿童,以及因家庭监护缺失或监护不当遭受虐待、遗弃、意外伤害、不法侵害等导致人身安全受到威胁或侵害的儿童。为困境儿童营造安全无虞、生活无忧、充满关爱、健康发展的成长环境，是家庭、政府和社会的共同责任。

其次，共青团要站在群团改革的高度，通过服务困境儿童的系列工作创新，积极探索共青团工作的新支点。为此，要充分发挥各级团组织的作用。各级团组织要发挥自身优势，广泛开展适合困境儿童特点和需求的关爱、帮扶、维权等服务，发挥示范带动作用，要广泛动员广大职工、团员青年、妇女等开展多种形式的困境儿童关爱服务，依托职工之家、妇女之家、儿童之家、家长学校、家庭教育指导中心、青少年综合服务平台等，加强对困境儿童及其家庭的教育指导和培训帮扶。

（作者系中国青少年研究中心副研究员）

# 从任弼时的革命经历看其对中国青年运动的重要贡献

## ——以中共第一代领导集体为参照

胡献忠

中国青年是中国革命的主力军，中国青年运动是新民主主义革命的重要组成部分。没有青年加入，“革命队伍就不能发展，革命就不能胜利。”[①]在遵义会议后逐渐形成的中国共产党第一代领导集体中，毛泽东、刘少奇、周恩来、任弼时，包括后来的陈云、邓小平，均无一例外地从事过群团工作，而且都曾负责过整体或局部的青年工作，领导或指导过青年运动，有着各自的参与视角、认识见解和领导方法。即使是一直驰骋于军事领域的朱德，也在解放战争时期和建国初期对青年运动多有关注。而这其中，一开始在团的领导岗位上具体负责全国范围内的青年运动，既而在党的领导岗位上指导全国青年运动的领导人，唯有任弼时一个。在第一代领导集体中，毛泽东对中国青年运动中的指导是全面的、战略的、高屋建瓴的，邓小平对中国青年运动的指导在改革开放前后角度是明显不同的，刘少奇、周恩来、朱德、陈云在不同时期、从不同侧面对青年运动给予指导。鉴于任弼时经历、身份的独特性，考察他对中国青年运动的重要贡献，如果能够放在中共第一代领导集体的背景中，作些横向的比较和分析，或许能勾勒得更为清晰一些。

① 中共中央文献研究室编、逄先知主编：《毛泽东年谱（1893—1949）》中卷，中央文献出版社2013年版，第143页。

## 一、建党建团时期，任弼时继毛泽东、周恩来、刘少奇等之后涉入青年运动领域

随着五四运动的持续影响和马克思主义在中国的广泛传播，一大批受过基本教育的青年志士投身于共产主义运动的实践中。如果以1921年为时间节点，在后来形成的中国共产党第一代领导集体成员中，朱德最大，不过35岁；毛泽东28岁；周恩来和刘少奇23岁；任弼时和邓小平17岁；陈云最小，才16岁。以他们为代表的一大批中华民族的热血男儿，大多是从投身青年运动开始，走上了救国救民的革命道路。五四运动前后，毛泽东、周恩来等就活跃在青年运动领域。非常有意思的是，到了20世纪20年代初，这些后来的革命领袖的活动足迹相对集中在三个地点：湖南、上海、欧洲。

毛泽东、刘少奇、任弼时涉入青年运动的起点是中国中部省份湖南，毛泽东1918年就组织了青年革命社团——新民学会，后以此为依托组建长沙社会主义青年团，并于1921年1月正式成立，毛泽东担任执行委员会书记。长郡中学应届毕业生湖南青年任弼时，1920年8月经贺民范介绍，加入毛泽东等正在筹建的俄罗斯研究会，并由该会推荐首批赴上海入外国语学社作留俄学习准备。另一位湖南青年刘少奇，先在本省响应五四“犯上闹事”，后北上入育德中学留法高等工艺预备班，毕业后又回到长沙，在1920年10月经长沙船山学社社长贺民范介绍加入社会主义青年团①，并由贺民范致信上海外国语学社负责人杨明斋，推荐其进入上海外国语学社留俄预备班。

刘少奇、任弼时、陈云早期活动的交集是上海。现无史料证明刘少奇与任弼时在去上海之前是否已经相识，任弼时是与湖南同乡萧劲光、任岳等顺长江而下直抵上海的。但到了上海外国语学校之后，他们这些乡党肯定很快就熟识了。在上海外国语学社，任弼时等首批加入上海社会主义青年团。任弼时在此经过八个月的学习，实现了思想上最重要的转化，确立了马克思主义信仰。1921年5月，任弼时与刘少奇等一同赴苏俄学习，1922年初转为中共党员。陈云自1919年底到1925年初，一直在商务印书馆文具仪器柜行当学徒，

① 当时，湖南的社会主义青年团正在由毛泽东、何叔衡等创建之中，尚无具体活动。如长沙俄罗斯研究会一样，对外仍借助贺民范之名。而且，此时毛泽东、刘少奇并不认识。（中共中央文献研究室编、金冲及主编：《刘少奇传》，中央文献出版社1998年版，第24—25页。）

是与刘少奇、任弼时等所在的外国语学社完全不同的社会场域。正因为如此，陈云对底层青年工人的生活状况、愿望诉求感受更深。

周恩来、邓小平与朱德活跃在欧洲。1920 年 11 月，周恩来告别觉悟社的同仁，与部分社员一起乘船赴法国勤工俭学，后在巴黎结识了早他三个月来法的四川青年邓小平。1922 年 6 月，周恩来参加旅欧共产主义青年组织成立大会，被选为中国少年共产党中央执行委员会宣传负责人。次年 2 月，担任改名后的旅欧中国共产主义青年团书记。直到 1924 年 7 月回国。邓小平是在 1923 年 6 月加入旅欧中国共产主义青年团的，在周恩来领导下，参加旅欧共青团机关刊物《少年》(后改名《赤光》)杂志编辑工作(1924 年 7 月当选为旅欧中国共产主义青年团执行委员会委员，12 月被选为宣传部副主任。1925 年 6 月成为书记局成员)。朱德作为中共第一代领导集体中的老大哥，1922 年 8 月毅然舍弃旧军队中的高官厚禄，到欧洲寻求革命真理，不久在德国经张申府、周恩来介绍加入中国共产党，随后开始长达三年的学习、游历和思考。

## 二、大革命时期，任弼时作为共青团中央主要负责人，始终站在青年运动第一线

大革命来临之前，早期涉足青年运动的毛泽东、刘少奇相继转入党的工作和工人运动的领导岗位。1921 年 7 月中国共产党成立后，毛泽东作为湘区负责人，全面领导湖南党的工作、工会运动、青年运动等。1923 年 3 月，作为青年团长沙地方执行委员会书记，毛泽东给团中央局执行委员会书记施存统写信，商讨团的二大在长沙召开之事宜。同年 6 月，中共三大在广州召开，毛泽东当选为中共中央局五位成员之一，负责中央日常工作。同年 8 月，毛泽东以中共代表的身份参加了中国社会主义青年团二大，并在会上致辞。自此，毛泽东就投身到更加广阔的革命斗争之中，根据革命发展的形势，他关注更多的是农民运动和武装斗争。刘少奇 1922 年春自苏联回国后，在上海参加中国劳动组合书记部工作。后被陈独秀派到湖南，与毛泽东会合后，担任中共湘区执行委员会委员，并重点开展工人运动。

我们再看周恩来、朱德、邓小平、陈云的情况。周恩来是在 1924 年 9 月回到国内的，不久任中共广东区委委员长兼区委宣传部部长，后到黄埔军校担任政治教官，11 月，就任黄埔军校政治部主任。1925 年 9 月，被任命为国民革命

军第一军政治部主任、第一军第一师党代表、东征军总政治部主任等职。邓小平则是1926年底才从莫斯科启程回国的，1927年7月担任中共中央机关秘书，年底担任中共中央秘书长，协助周恩来等中央领导处理中央日常工作。朱德1925年7月受党派遣从德国去苏联学习军事，1926年回国后一直在军队中工作。陈云这一时期在上海依托商务印书馆从事工人运动。

任弼时是1924年7月结束莫斯科东方大学三年的学习生活回国的。有一种说法，任弼时是青年共产国际派回国内，以加强中国青年团的领导工作的[①]。9月，任弼时参加中国社会主义青年团中央局会议，被任命为青年团江浙皖区委委员。随后参加了团中央工作。1925年1月，在青年团三大上，“中国社会主义青年团”改名为“中国共产主义青年团”，任弼时被选为执行委员，并在三届一次会议上与张太雷等五人组成中央局，任组织部主任。5月初，因张太雷被中共中央派去做鲍罗廷(共产国际所派，担任广州国民政府顾问)的翻译，中共中央和共青团中央联席会议决定，由任弼时代理团中央局总书记(7月21日，担任团中央局总书记)。5月底开始，任弼时领导共青团参加了轰轰烈烈的五卅运动。1926年10月下旬启程赴莫斯科，11月12日—12月12日出席青年共产国际执委会第六次扩大会议。大会认为，中国共产主义青年团是青年共产国际的一个最有力的支部。1927年4月，从莫斯科抵上海，继而赴武汉参加党的五大，被选为中共中央委员。5月16日参加团的四大，当选为团中央局总书记。八七会议上23岁的任弼时被选入政治局，成为党史上最年轻的政治局委员，随后一直从事地下工作。也就是说，自1924年9月参加团中央工作开始，到1928年7月团的五大选举新的团中央局领导成员止，任弼时在革命斗争最激烈、形势变化最无常的四年中，多数时间主持团中央工作，按照党的指示，统领全国青年运动。其间，有关于共青团性质的激烈辩论，也有关于怎样布尔什维克化的深入思考；有对共青团员“深入群众”的引导号召，也有对“青年群众化”的具体要求；有指导发展团员的实事求是，也有对组织制度的规范建设；有主持党团分化的辛苦运筹，也有血雨腥风中的矢志不渝；有对陈独秀右倾错误的果敢抵制，也有对“先锋主义”和“取消主义”的坚决驳斥。任弼时的这些实践探索和理论论述，丰富完善了党的青年工作的基本理论。1931年，任弼时进入江西中央苏区，从此开始了他的军事生涯。

---

① 蔡庆新：《任弼时》，中央文献出版社2010年版，第33页。

## 三、搏击"五卅",任弼时领导共青团经受斗争考验，发挥应有作用,探索发展道路

民主革命时期,由中共中央、共青团中央集中力量共同发起的、有较大影响的青年运动中,五卅运动算是最著名的一次(其间,中共中央、共青团中央共同签发文件就有四五次)。这也是中国共青团自1922年成立以来遇到的较大规模的革命风暴,任弼时在这场斗争中担当主角,领导全团助推了运动,锤炼了组织。因此列为专节加以论述。

五卅运动在上海爆发之际,中国共产党中央局、中国共产主义团中央局均设于此地。当时党中央领导人有陈独秀、瞿秋白、蔡和森、李立三等。任弼时就住在团中央局办公处(一说成都路福康里;一说延安东路1472弄7号前楼)的亭子间。他在此多次召开会议,与团中央执行委员会委员恽代英、贺昌等讨论工作。本来,上海就是党中央、团中央展开工作的重点区域。"党是这一般共产主义运动总指挥",团"在政治上是要绝对的受党指导,而在青年工作范围以内是须有自由活动的"[①]。在整个五卅运动中,工人运动是主角,学生运动是声援和配合。团的工作以学生运动为主,同时做青年工人与其他阶层青年的工作。

1925年,上海爆发了反对日商欺侮中国工人的"二月罢工",成为五卅运动的前奏,团中央即发动全国学生总会及各校学生起来声援。这场长达20多天的罢工以胜利告一阶段,任弼时称"我们完全得到指导的地位"。3月,任弼时在《中国青年》上发表《国际革命者救济会》一文,发动学生青年向社会各界募捐,支持被资本家开除的工人。5月15日,日商与工人的矛盾再度激化,青年工人、共产党员顾正红被枪杀。内外棉厂7000工人随即成立罢工委员会。团中央也发动了学生声援。5月25日,任弼时与恽代英共同签发团中央第48号通告,要求各地团组织立即与当地党组织召开联席会,"下全体动员令,组织游行讲演队"[②],揭露日本帝国主义压迫工人的事实。中共中央决定组织五卅大示威后,任弼时、恽代英和全国学生总会一起,直接领导上海学生运动。"五

① 《中国共产党第四次全国大会对于青年运动之议决案》(1925年1月),中共中央文献研究室、中央档案馆编:《建党以来重要文献选编(1921—1949)》第二册,中央文献出版社2011年版,第245页。

② 中共中央文献研究室编:《任弼时年谱(1904—1950)》,中央文献出版社2014年版,第39页。

卅”惨案发生当晚，任弼时立即召开团中央会议，按照中共中央的指示，决定发动各阶层人民组织反帝统一战线，号召上海人民和青年进行罢工、罢课、罢市。6月2日，任弼时签发团中央52号通告，号召要把“此次反帝运动尽量扩大到全国”。6月13日，团中央发表《告全世界青年工人书》和《告全国工人书》。同时，任弼时在《中国青年》上发表《上海五卅惨杀及中国青年的责任》的署名文章，系统地揭露帝国主义的暴行，阐明五卅运动的性质、斗争政策、前途和对青年的希望。6月26日至7月7日，任弼时和恽代英一起指导在上海召开的全国学生总会第七次代表大会，作出关于“建立学生军”“知识青年到工农中，援助工农，向工农学习”等问题的决议案。

早在“二月罢工”中，任弼时就注重在工人中建设团的组织。他提出，“要迅速把团支部建立起来，一个厂里有三个团员就可以成立团支部或小组”。6月12日，任弼时签发团中央55号通告，要求凡是没有团员的学校、工厂，应借此次运动的机会在青年群众中发展团员，“散播我们的种子”。7月，任弼时主持发布的团中央62号通告，指出：“我们吸取新同学之条件不要太严。对于工人，更绝对不可以明白马克思主义为介绍入校之标准，只要他是诚实勇敢，能活动而服从纪律者即可。就是对于学生，亦应较前从宽”，但是对于新团员“则须进行特别训练的工作”[①]。经过五卅运动，全国团员人数由1925年1月团三大时的2400多人发展到9月的9000多人，增加了2.7倍，其中工人成分由原来不到10%增加到38%。同时，共青团向中国共产党输送了大批新生力量，有3000多名团员直接转入党组织。

从6月到10月，任弼时平均每四五天（或单独，或与团中央部门负责同志联合）向全团签发通告一次，对全国青年投入斗争起到正确及时的指导作用。[②]

刘少奇当时就在上海领导工人罢工。早在1925年5月15日顾正红被日本资本家枪杀后，中华全国总工会就调刘少奇到上海筹建中华全国总工会上海办事处。到上海后，中共中央又派他去青岛领导日商纱厂的工人罢工。到青岛后，中共中央又电令他立即返回上海，参与领导上海的工人罢工斗争。可以说，刘少奇、任弼时这两位当年上海外国语学社的老同学，此时在故地一个

① 中共中央文献研究室编：《任弼时年谱（1904—1950）》，中央文献出版社2014年版，第43页。

② 任远志：《我的父亲任弼时》，辽宁人民出版社2007年版，第37页。

主持工人运动,一个领导学生运动,紧密团结,相得益彰。另一位五卅风云人物陈云,当时参与领导商务印书馆工人罢工。

五卅运动期间,毛泽东在湖南边养病边组织农民运动。1925 年 6 月 2 日,长沙两万多工人、学生集会,反对帝国主义在青岛、上海屠杀中国民众,并成"青沪惨案湖南雪耻会。"毛泽东等人以"打倒列强,洗雪国耻"为口号,以秘密农协为核心,在韶山一带成立 20 多个乡雪耻会,作为公开的群众性的革命组织,开展反帝爱国斗争。

朱德、邓小平当时在欧洲。朱德在德国听到五卅惨案及全国各大城市大规模反帝运动的消息后,向党组织表示:应放下一切工作,全力以赴投入这一运动。6 月与孙炳文等按照中共组织的指示,联合德国共产党方面,组织中国留德学生和侨民举行抗议英帝国主义制造五卅惨案的示威集会,还到柏林的工人、市民中间,召开声援中国工人罢工斗争的大会;组织中国留德学生包围占领中国北洋政府驻德公使馆,迫使公使在反对英帝国主义在上海大屠杀的抗议书上签名。邓小平在法国参加中国共产主义青年团旅欧临时执行委员会领导工作。中共旅欧支部、旅欧中国共产主义青年团和中国国民党驻法总支部联合召开旅法华人反帝大会,声讨帝国主义屠杀中国人民的罪行。

## 四、抗战中后期,任弼时在党的高层分管青年工作,衔接政策,完善制度,纠正偏向

20 世纪 30 年代,随着日本军国主义加剧对中国的侵略,中日之间的民族矛盾不断上升。红军长征到达陕北落脚后,中国共产党着力把延安打造成抗日战争的大本营,延安逐渐成为爱国青年心目中的革命圣地,"延安的青年运动是全国青年运动的模范。延安的青年运动的方向,就是全国青年运动的方向"①。毛泽东作为党和军队的主要负责人,在军事局面基本稳定后,从 1937 年至 1939 年三年间,相对密集地关注青年运动,多次为青年运动讲演、题词、撰文。比如 1937 年 4 月在西北青年救国会讲演,10 月为陕北公学成立与开学纪念题词;1938 年 4 月在陕北公学第二期开学典礼大会上讲话,7 月接见世

① 毛泽东:《青年运动的方向》(1939 年 5 月 4 日),《毛泽东选集》第二卷,人民出版社 1991 年版,第 568 页。

界学联代表团并与之谈话；1939 年 5 月发表纪念五四运动 20 周年的文章《五四运动》，5 月 4 日在延安青年群众纪念五四运动 20 周年大会上演讲，6 月在模范青年给奖大会上讲话，10 月为安吴青训班二周年纪念题词，12 月在延安青年纪念一二九大会上演讲。毛泽东希望全国青年和知识分子“认识中国革命的性质和动力，把自己的工作与工农民众结合起来，到工农民众中去，变为工农民众的宣传者和组织者。”[①]明确指出，“看一个青年是不是革命，……只有一个标准，这就是看他愿意不愿意，并且实行不实行和广大的工农群众结合在一起。愿意并且实行和工农结合的，是革命的，否则就是不革命的，或者是反革命的。”[②]他认为，“一二九运动中共产党起了骨干的作用”，“共产党从诞生之日起，就是同青年学生、知识分子结合在一起的”[③]。充分肯定青年知识分子“在现阶段的中国革命中常常起着先锋的和桥梁的作用”，“马克思列宁主义思想在中国的广大的传播和接受，首先也是在知识分子和青年学生中。革命力量的组织和革命事业的建设，离开革命的知识分子的参加，是不能成功的”[④]。毛泽东的这些论述，高瞻远瞩，实事求是，指明了中国青年运动发展的方向。

抗日战争期间，朱德总是以军中长者的身份语重心长地与青年对话，提出的希望和要求多与抗战相关。1937 年 4 月，在西北青年第一次救国大会上希望“全国青年团结起来，走上抗日战线”[⑤]。1938 年 10 月，在西北青年救国会第二次会议上希望全国青年“团结起来”，“到八路军和其他军队中去”，“把抗战建国事业担当起来”。1940 年 5 月 3 日，在《新华日报》上发表《五四运动与青年》，指出“共产主义的道路是中国青年的大路”。1941 年 5 月 4 日，为第三届青年节题词：“全国青年团结起来，参加抗战。”[⑥]并在大泛沟八路军大礼堂

---

① 毛泽东：《五四运动》（1939 年 5 月 1 日），《毛泽东选集》第二卷，人民出版社 1991 年版，第 560 页。

② 毛泽东：《青年运动的方向》（1939 年 5 月 4 日），《毛泽东选集》第二卷，人民出版社 1991 年版，第 566 页。

③ 毛泽东：《一二九运动的伟大意义》（1939 年 12 月 9 日），《毛泽东文集》第二卷，人民出版社 1993 年版，第 256 页。

④ 毛泽东：《中国革命和中国共产党》（1939 年 12 月），《毛泽东选集》第二卷，人民出版社 1991 年版，第 641 页。

⑤ 中共中央文献研究室编：《朱德年谱（1886－1976）》上卷，中央文献出版社 2006 年版，第 636 页。

⑥ 中共中央文献研究室编：《朱德年谱（1886－1976）》中卷，中央文献出版社 2006 年版，第 1055 页。

向来奔赴延安的青年讲话，赠送他们“镢头、枪和笔”三件宝。

刘少奇在抗战爆发前后分管白区工作，曾亲赴天津主政中共北方局，指导一二九运动后期工作。在1937年白区党代表会议上，他总结过去学生运动存在“对于学生本身利益的工作还太少”，“学生本身的组织还很弱”等缺点，提出“我们的同志，应积极参加与帮助青年学生运动，扩大它的群众基础，加强他们的组织，并为青年学生的切身利益而斗争”①。1944年12月，已成为党内举足轻重领导人的刘少奇指出，“一二九运动中的革命学生所走过这种道路，是一个模范。一二九时代的革命青年学生（特别是北平学生），已经指出了一条道路——到乡村去，到革命的武装部队中去，和人民特别是农民结合起来，在共产党领导之下，建立革命根据地和进行抗日战争。这是一切革命青年学生在民族危险中争取民族解放的正确道路。”②

周恩来在党内负责统战和南方局工作，对大后方青年运动多有关注。1937年12月在武汉大学发表演讲，指出“中国的青年，不仅要在救亡的事业中复兴民族，而且要担负起将来建国的责任”，号召青年人到“到军队去，到战地服务去，到乡村中去，到被敌人占领了的地方去”③。1938年3月，出席在汉口召开的中国学生救国联合会代表大会，并为大会题词：“学习，学习，再学习。在学校里学习，到前线上学习，到军营中学习，到群众中学习，一切学习都为着争取抗战胜利，都为着建设国家，复兴民族！”④

陈云从1938年5月到1941年2月，一直以中共中央书记处书记、中组部部长的身份兼任中央青年工作委员会书记。1938年3月，陈云指示从延安赴武汉参加全国学生代表大会的人员：学联的任务是团结几十万学生向革命和进步的方向前进，要准备长期苦干。学联与青救、民先、共产党都不同，我们在里面不要太突出，不要直接宣传马列主义，而是从思想上把学生引导到我们方面来⑤。10月，在扩大的中共六届六中全会上，陈云肯定了“取消共青团、改变

① 刘少奇：《关于白区的党和群众工作》（1937年5月17日），中共中央文献研究室、中央档案馆编：《建党以来重要文献选编（1921—1949）》第14册，中央文献出版社2011年版，第249页。

② 中共中央文献研究室编：《刘少奇年谱（1898—1969）》上卷，中央文献出版社1996年版，第457页。

③ 周恩来：《现阶段青年运动的性质和任务》（1937年12月31日），《周恩来选集》上卷，人民出版社1980年版，第89—90页。

④ 中共中央文献研究室编：《周恩来年谱（1898—1949）》，中央文献出版社1998年版，第416页。

⑤ 中共中央文献研究室编：《陈云年谱》上卷，中央文献出版社2015年版，第253页。

工作方式是正确的，获得了成绩”，认为“战区的青年运动要来一个大转变，即是城市青年工作转变为农村的青年工作”，“以后在青年运动中，要采取各种各样的方式组织青年”[①]。1939 年 4 月，主持中央青委分别向抗日根据地、大后方发出纪念五四青年节的工作决定。1940 年 6 月，为中共中央书记处起草《中央关于国民党区学生工作的几个决定》，指出：大后方，党的青年工作要采取合法的斗争形式，注意组织精干隐蔽。“长期的潜伏发展，积蓄力量，争取人心”。[②] 还为中共中央书记处起草《中央关于加强战区青年工作的指示》，指出在华北及战区青年工作的中心任务：建立青年半武装组织及武装组织；加强青年中的文化政治教育，改进青年生活等。

鉴于红军三大主力会师后需要有机融合，以及红军改编为八路军的复杂转变，深受共产国际信任和红军爱戴的任弼时，在抗战之初一直忙于协助朱德等整军经武，稍后赴莫斯科任中共驻共产国际代表。1940 年 3 月，任弼时从苏联回到延安，参加中共中央书记处工作（1941 年 7 月任中央秘书长），分管中共中央组织部、青委、妇委等部门。此时全国青年运动在毛泽东、朱德、刘少奇、周恩来、陈云等领导和指导下，已经形成了各阶层青年踊跃抗日的新局面，但也存在一些问题。任弼时回国之前，就和周恩来研究向青年共产国际报告中国青年运动的问题。

1940 年 5 月，任弼时出席中共中央书记会议，听取中央青委负责人冯文彬关于青年工作的汇报并进行讨论。任弼时发言指出，“过去的青年团是阶级性的组织”，而现在华北区域的青救会“是民族性的组织”，要组成 100 万个青年群众组织[③]。在顽固派的投降反共活动甚嚣尘上的局面下，11 月 29 日，任弼时在重庆《新华日报》上发表《中国青年与当前时局》一文，提出中国青年“应当协同全国不愿亡国当牛马奴隶的人们，尽自己一切的可能，用自己一切的力量，来揭破亲日派、内战挑拨者的阴谋，制止内战的爆发”[④]。

当时，在陕甘宁边区和晋察冀边区一部分地方的青救会，曾产生了偏离党的中心工作和脱离群众的青年主义倾向。任弼时听到有关反应后，立即派人

---

① 陈云：《关于青年问题的结论》（1938 年 10 月 31 日），《陈云文集》第一卷，中央文献出版社 2005 年版，第 84—85 页。

② 中共中央文献研究室编：《陈云年谱》上卷，中央文献出版社 2015 年版，第 328 页。

③ 中共中央文献研究室编：《任弼时年谱（1904－1950）》，中央文献出版社 2014 年版，第 380 页。

④ 中共中央文献研究室编：《任弼时年谱（1904－1950）》，中央文献出版社 2004 年版，第 389 页。

到各地去调查。1941年6月，任弼时参与《中央关于青年工作的决议》的制定和审核。决议指出：党领导的青年运动自从采取广泛的统一战线的方针，并由共青团改为青年救国会以后，“青年运动得到广大的发展，青年工作是有成绩的”。当前，党在青年运动中的总任务，仍然是“团结整个青年一代”。青年运动的主要组织形式是青救会，鉴于历史教训，抗战期间不建立新的青年基干组织。中央、中央局、中央分局、区党委设立青委，掌管青运政策，总结青运经验，调节青运干部。区党委以下不设青委。个别地方所犯的先锋主义的错误，应该引为鉴戒，不要重犯。[①]

1942年2月，任弼时与书记处成员一起审议中央青委提出的《关于根据地各级青委组织与工作暂行条例》，实际是对1941年“六四决议”的细化和落实。重申各抗日根据地的中共中央局、区党委设立青年运动委员会和妇女工作委员会，地委以下不设青委和妇委，但青年团体如青救会、青抗先、学生会等团体中建立党团，保障党对群众团体的领导。青委为同级党委下所属部门，需绝对服从同级党委之领导。

面对延安整风后期搞的“抢救失足者”运动，任弼时始终坚持实事求是，保护青年干部和知识分子。1943年12月6日，任弼时在中共中央西北局会议上说，青年知识分子在“抢救”运动中“坦白”的比例那么大，是逼供信搞出来的，应很好地清理[②]。12月12日，他在中共中央政治局会议再次发言，在延安的新知识分子，共约四万人。我认为他们中大多数是好的，是为了抗日救国、为了革命投奔延安来的。“抢救”运动中，有的单位把80%的新知识分子弄成“坦白”分子，应予以否定[③]。

这一时期的党内的青年运动文件，大多出自任弼时之手或在其指导下完成；中共高层关于青年运动的决策，也以任弼时的意见为主。

① 中共中央文献研究室、中央档案馆编：《建党以来重要文献选编(1921—1949)》第18册，中央文献出版社2011年版，第358—360页。

② 中共中央文献研究室编、章学新主编：《任弼时传》，中央文献出版社2004年版，第622页。

③ 中共中央文献研究室编、章学新主编：《任弼时传》，中央文献出版社2004年版，第622页。

## 五、解放战争时期，任弼时是重建青年团的发起人和全程参与者、推动者

1945年6月，中共七届一中全会第一次会议选举毛泽东、朱德、刘少奇、周恩来、任弼时为书记处书记，任弼时为中央秘书长，继续分管书记处日常工作、组织工作、经济工作和工青妇群众团体及西北中央局、八路军驻西安办事处工作。作为五大书记中最年轻的一位、也是排名最后的一位，任弼时在解放战争时期的青年运动中，发挥着谋划全局、穿针引线的重要作用；也常常代表中央，对相关建团事宜作出批示和回复。

抗战胜利后，1945年9月，任弼时指示中央青委负责人迅速组织青年工作队，去东北开展工作。指出："东北青年在伪满统治下十四年，他们有强烈的爱国心，但过去没有机会接触外面的世界，像黑屋子里的人，骤然跑到阳光下面，一时不容易认清自己的方向。因此，我们很迫切地需要到东北去，做团结和教育东北青年的工作，提高他们的觉悟"，到东北后，"可以相机组织'民先''青年团'一类的先进青年组织"①。1946年2月，任弼时派中央青委书记冯文彬到重庆、上海，调查国统区青年运动的情况。5月4日，任弼时在延安举行的学生及各界青年代表千余人纪念五四青年节大会上讲话，号召青年"反对内战，并准备人民的力量制止内战之爆发"，要求各解放区青年"提高文化、学习技术、加强生产、发展经济建设，以影响全国人民和全国青年；同时要联合全国正发展的民主势力向反动派作斗争"②。

1946年商议重建青年团之时，中国共产党的"五大书记"格局已经运作了一年多时间。任弼时作为分管青年工作的书记处书记，是重建青年团的"始作俑者"和全程参与者、推动者。当时，中原突围打响，全面内战爆发。在决定中国前途命运的殊死较量中，青年的力量举足轻重。因此重建青年团，发挥先进青年的模范作用，吸引更多青年投身人民解放的洪流中，成为党的青年工作的重点之一。这场对于青年积极进步力量的整合，也包括后来重新成立中华全国学生联合会、成立中华全国民主青年联合会等。据冯文彬回忆："1946年的

① 中共中央文献研究室编：《任弼时年谱（1904—1950）》，中央文献出版社2014年版，第494页。

② 中共中央文献研究室编：《任弼时年谱（1904—1950）》，中央文献出版社2014年版，第516页。

夏季,中共中央青年工作委员会调山东担任青年工作的同志来汇报工作情况。任弼时同志和他们详细谈话后,又经过了调查研究,便积极提议试建青年团。"[①]何启君也回忆说,任弼时听完汇报后指出:"过去,在七大的时候,文彬他们曾经提议要重新建立青年团。那时,中央没同意。我也不同意。现在,你们可以再研究一下,看是否可以建立青年团。"[②]由此可以判定,任弼时是重新建立青年团的首倡者。

第一次建团讨论是 8 月 23 日,参加讨论的有政治局委员、书记处书记朱德、政治局委员康生、刚调中央工作不久且熟悉华东情况的饶漱石、政治局秘书胡乔木,以及中央青委黄若墩、何启君,山东青年工作者、陕甘宁边区青年工作负责人等。主持会议的任弼时在听取汇报和众人的发言后,发表总结性讲话,"看来还是组织起来好",组织起来既便于教育提高他们,发挥积极性,又可以通过他们去提高广大一般青年的积极性。同时指出,党的基本任务就是团的基本任务。团的名称可叫新民主主义青年团,团的性质是带政治性的青年先进分子组织,是党的助手。[③] 会议达成基本共识,这就奠定了重建青年团的基调。

第二次讨论是 9 月 13 日,会议规模进一步扩大,在延安的有关政治局委员、中央委员朱德、林伯渠、徐特立、蔡畅、陆定一、习仲勋、马明方、安子文、胡乔木、黄敬、康生、饶漱石、陈伯达等都参加了。任弼时在会议开始和结束时两次发言:过去建立青救会,是个不可免的历史过程。青救会已经完成了历史任务,"现在是到了决定建立青年团的时候了。现在要建立的青年团,应当比过去的共青团更广泛些,要包括民主青年,只要是为新民主主义而奋斗的,都可以参加;入团后,再进行共产主义教育。党对团要加强领导;团要避免重犯历史上青年主义和先锋主义的毛病。青年团在工作方法上要注意,要创造一套适合青年特点的办法。在国民党统治区,为同国民党三青团争夺青年,应注意组织青年,但目前在国民党统治区,不一定用统一的名称。在农村建立青年团组织,一定要根据农村的需要。军队中青年工作也要好好总结经验"。[④]

---

① 冯文彬:《回忆任弼时同志的几个片断》,中共中央文献研究室编《回忆任弼时》,中央文献出版社 2014 年版,第 74 页。

② 何启君:《青年团重建史料集萃》,中国青年出版社 1996 年版,第 3 页。

③ 中共中央文献研究室编:《任弼时年谱(1904—1950)》,中央文献出版社 2014 年版,第 525 页。

④ 中共中央文献研究室编:《任弼时年谱(1904—1950)》,中央文献出版社 2014 年版,第 527 页

经过两个月的试建工作，1946 年 11 月，任弼时在为中共中央起草的《中央关于建立民主青年团的提议》中指出，青年积极分子对于党与军队是一个有价值的后备军，在协助党与政府的工作尤其是动员性与改革性工作中，具有突击作用。鉴于过去共青团曾有过狭隘与第二党作风的错误，和抗战中期青年工作中闹独立性的错误，新成立的青年积极分子组织，应比过去的共青团更群众化、青年化，政治上接受党的领导。青年团的基本任务是在党和政府所号召的各种运动中、事业中组织和发动广大青年参加并发挥积极作用，为广大青年的特殊福利和切身需要服务，进行经常的政治思想教育工作。这些论述，指明了应该避免的错误和努力的方向，对各解放区建立青年团提供了基本遵循。

在转战陕北的过程中，任弼时在协助毛泽东、周恩来指挥军事的同时，还处理青年工作的有关文件。进驻河北西柏坡后，任弼时直接领导建团的各项筹备工作，将分散参加土改的冯文彬等人调回中央青委，指导制订团章、创办中央团校、《中国青年》杂志复刊。冯文彬回忆道："对于试建青年团的工作，对于草拟中央关于建立中国新民主主义青年团的决议和团章草案，任弼时同志都亲自详细地研究和修改。"[①]1949 年 3 月，中华全国学生第十四届代表大会在北平召开，自 3 月 1 日至 7 日，任弼时每天都认真阅读冯文彬从会场发来的电报，指导相关事宜。

1949 年 4 月 11 日至 18 日，中国新民主主义青年团第一次全国代表大会在北平隆重召开，任弼时抱病代表党中央向大会作政治报告。由于病体不支，只讲了一个部分，余下部分只好由荣高棠代读。报告深刻总结了中国青年运动从五四运动以来 30 年的历史经验，阐明了坚持党的领导的绝对必要性，提出了今后青年运动的方向和青年团的任务。大会一致通过决议，以这个报告作为今后全团工作总的指导方针。大会还通过了任弼时为中国新民主主义青年团名誉主席的决议。这在党史上、团史上都是没有先例的，表达了广大青年对青年领袖的挚爱。这些决议，充分体现了全党和全国青年对任弼时为中国青年运动所作贡献的高度赞许和充分肯定。

在重建青年团的前前后后，毛泽东意见是"一锤定音"的。从一开始对重建青年团给予首肯，到后来对建团相关文件的修改审定，无不显示出作为党的

---

① 冯文彬：《回忆任弼时同志的几个片断》，中共中央文献研究室编：《回忆任弼时》，中央文献出版社 2014 年版，第 74 页。

最高领导人战略眼光和对青年团的厚爱。中央书记处第一次讨论后任弼时请示意见,毛泽东说,“搞青年团是好的,可以征求一下各解放区的意见”。这才有了后续工作的相继展开。1948 年 9 月,毛泽东致信刘少奇、朱德、周恩来、任弼时:“请告东北局,不用‘毛泽东青年团’名称,一律称为新民主主义青年团。”[①]12 月,在西柏坡指挥三大战役的间隙中,毛泽东为复刊的《中国青年》题词:“军队向前进,生产长一寸。加强纪律性,革命无不胜。”同月,毛泽东致信刘少奇、朱德、周恩来、任弼时、冯文彬:“关于青年团的决议和团章已看过,写得简明扼要,完全可用,比妇女决议好得多。”[②]新中国成立前夕,毛泽东满怀热情地为中国新民主主义青年团第一次全国代表大会题词“同各界青年一起,领导他们,加强学习,发展生产”。并在北平香山接见会议代表。5 月,又为中华全国青年第一次代表大会题词:“团结各界青年,参加新民主主义的建设工作。”

朱德、刘少奇、周恩来都是重建青年团的积极推动者。朱德作为人民军队的元老和象征,向来与毛泽东并称,一个军事领袖,一个政治领袖。土地革命时期称“朱毛红军”,从中共七大一直到新中国成立之初,凡遇有重要会议、群众集会,或者在正式办公室、会议室墙壁上,一般总要挂出毛泽东、朱德的画像。1946 年,朱德在繁忙的军务之中,参加了两次中央书记处关于建团问题的讨论,发言力主建团。1947 年刘少奇在全国土地工作会议的结论中指出:“在土改中把青年团下层组织形成起来,选择积极分子加以训练。中央局、区党委要选择一批有群众工作作风的、虚心的、能接近群众而没有官僚主义毛病的青年干部去做青年团的工作”[③]。在随后召开的青年工作会议上,刘少奇指出,“青年团不要追求数量,首先要求质量”,“青年团除纲领外,特别重要的问题是作风问题”,“建团的任务,主要是学习,但也不只限止于学习,要在各种运动中起作用”[④]。朱德在青年工作会议闭幕时发表讲话:“你们去参加土改,在土改中把青年组织起来,在土改中有作用”,“你们要组织青年成为改造社会的

---

① 中共中央文献研究室编、逄先知主编:《毛泽东年谱(1983—1949)》下卷,中央文献出版社 2013 年版,第 349 页。

② 中共中央文献研究室编、逄先知主编:《毛泽东年谱(1983—1949)》下卷,中央文献出版社 2013 年版,第 426 页。

③ 《刘少奇选集》上卷,人民出版社 1981 年版,第 393 页。

④ 中共中央文献研究室编:《刘少奇年谱(1898—1969)》上卷,中央文献出版社 1996 年版,第 98 页。

队伍，改造旧思想。”“青年团把青年组织起来，以学习为主，解决青年的思想。”刘少奇、朱德还同中央青委书记冯文彬联名将《关于青年工作会议与建团意见布置情况的报告》上报给尚在陕北转战的中央。1948 年 10 月，周恩来致信毛泽东，建议在成立新民主主义青年团的同时，成立全国青年联合会，以增强组织的广泛性。刘少奇、周恩来还认真审阅了建团决定和团章。在组织指挥三大战役的繁忙紧张的日子里，青年团的筹备能受到党中央书记处所有成员的高度关注，说明这些政治家不约而同地把目光投向了青年，已经开始谋划新中国的未来了。

1949 年 2 月，朱德为即将召开的第十四届学代会题词：“庆祝你们在解放了的北平开全国学生代表大会，这是你们的幸运，请你们努力学习一切科学，掌握一切技术，在这个得到了自由的美丽的锦绣山河上，欢迎你们来参加人民大众的新建设，建设一个独立的自由的民主的富强的繁荣的新中国。”[①]1949 年 4 月，朱德再为团一大题词：“由于人民解放战争即将在全国范围取得完全胜利，领导青年群众积极参加恢复和发展工业和农业生产，已日益成为新民主主义青年团的头等重要的任务”。在 4 月 11 日的大会开幕式上，朱德代表中共中央和中国人民解放军总部向大会致词。周恩来在繁忙的公务中专程到会作形势和团的作风问题的报告。在闭幕式上，朱德又勉励青年团员热爱人民和国家，并培养新道德，以集体主义与大公无私的精神，为社会服务。1949 年 5 月，朱德又为中华全国青年第一次代表大会题词：“青年大团结，建设新中国”。朱德代表中共中央向大会致辞，周恩来向大会作了《全国青年团结起来，在毛泽东旗帜下前进！》的报告，刘少奇在会后与代表们进行了交流，毛泽东、朱德接见了会议代表。在团一大和青代会一大上，“五大书记”悉数出场，规格非常之高，足见中央的高度重视和厚望。

## 余论

就在任弼时去世的前几天，1950 年 10 月 21 日，他利用研究朝鲜战局的空隙，在《人民日报》和《中国青年》上发表了题为“纪念《中国青年》创刊二十七

① 中共中央文献研究室编：《朱德年谱（1886—1976）》中卷，中央文献出版社 2006 年版，第 1325 页。

周年”的文章。该文回顾了《中国青年》所走过的道路和在历史上的作用，要求把《中国青年》办得更好。文章以简练的语言强调了两个基本点，一是刊物的政治性——宣传马列主义、毛泽东思想，二是刊物的群众性——密切结合广大青年群众的实际斗争。这些指导，既是针对当时新中国成立之初的社会形势，又是具有普遍意义的基本原则，从而成为《中国青年》办刊的两大基点。这是任弼时留给青年的最后寄语，一周之后，他就离开了人世，终年46年，比现在共青团工作中“扩大版”青年的年龄上限仅仅超了1岁。我们甚至可以说，弼时同志是永远的青年！任弼时逝世后，毛泽东、周恩来、刘少奇、朱德等党和国家领导人都题了词。朱德的题词于青年的意义尤为深远：“弼时同志不仅是中国人民伟大的战士和政治家，而且是青年最亲密的导师。他一生为革命奋斗的历史，永远值得后辈青年同志们学习。”

在中共第一代领导集体的大坐标下，回顾任弼时的革命经历，可以发现：

第一，很多革命领袖最早都是从青年运动起家的，早期行踪多有交集。虽然在随后的革命历程中，时聚时散，有交集，也有并集。但在重大青年运动面前，不管身在何处，在何岗位，依然同声相应。到了革命即将胜利之际，这些革命领袖又都能以面向未来的战略高度，把目光投向青年，这样又形成了新的交集。

第二，青年工作是党的全部工作的有机组成部分，不是哪个群众组织一家的事，需要坚持党的统一领导和部署，以及来自各方面的关注和支持。中国青年运动离不开人民群众，必须融入人民大众解放自身、改造世界的社会运动之中，才有希望和前途。任何单骑独进的运动，都是不可能成功的。

第三，在中国共产党第一代领导集体中，任弼时的革命经历与中国青年运动交集最多。在不同时期、不同岗位上，任弼时总是坚持党的领导，创造性地开展或指导青年工作，实事求是地纠正错误，探索正确道路和发展方向，与革命同事一起开辟出青年运动的新局面，成为党内长期从事青年运动实践与指导的典型代表，被称为“中国青年的卓越导师”。

（作者系中国青少年研究中心青运史学科首席专家）

# 一二九运动的重要领导人之一蒋南翔

何吉林

蒋南翔是一二九运动的重要领导人之一，是忠诚的共产主义战士、无产阶级革命家、马克思主义教育家，是我国青年运动的著名领导者[①]，是新中国高等教育事业的开拓者和重要奠基人之一[②]。

蒋南翔(1931—1988)

## 一、追求进步的青少年时期

蒋南翔出生于人杰地灵的江南文化之乡江苏宜兴。他从小天资聪颖，勤奋好学，喜爱古典文学，善于独立思考，自信心强，生活一贯艰苦朴素。他在学生时代就思想进步，追求社会平等，支持小妹寒梅反抗男尊女卑的封建陋习。

1926年蒋南翔进入宜兴中学学习期间，宜兴县教育局长潘梓年委派共产党员史乃康任宜中校长。史乃康改革教育内容和方法，宣传孙中山先生的联俄、联共、扶助农工的三大政策，组织学生去贫苦人家的棚户区调查社会生活，使学生们了解农民受压迫的实况和地主剥削农民的罪恶。宜中学生喊出了“打倒土豪劣绅”的口号。1927年11月，宜兴农民暴动被国民党反动派残酷镇压，担任暴动总指挥的中学老师万益在宜兴县城体育场英勇就义。革命虽遭挫折，学校却成了革命的摇篮，在少年蒋南翔的心中埋下了一颗革命的种子，使他对国民党的反动统治产生了强烈的不满。

---

① 《人民日报》，1988年5月25日。

② 刘延东在“纪念蒋南翔100周年诞辰座谈会”上的讲话。

1931年九一八事变发生，一向认真读书的蒋南翔更加关心国家的前途。他曾给妹妹、亲友和乡邻讲述从鸦片战争到推翻清朝的历史故事，讲解日寇占领东北三省图谋变中国为殖民地、半殖民地的危险局势。他还积极参加了镇江高中学生请愿团，要求南京政府出兵收复东北。

1932年，蒋南翔考入清华大学中文系，立志成为学贯中西的学者。然而次年国内局势急剧恶化，华北更是岌岌可危，使他受到很大震动，局势推动他日益关心政治，走向革命。他相继参加了进步读书团体"三三读书会""社会科学研究会"，秘密阅读华岗的《中国大革命史》等书，听清华哲学系进步教授张申府作辅导报告。同时他还参加了党领导的秘密"社联"小组，读了大量马列主义著作，还积极参加宣传、组织身边同学的爱国抗日活动。

## 二、清华进步同学的启蒙者

1933年9月，蒋南翔由清华大学七级历史系同学万愈介绍入党。入党后他参加了中共西郊区委组织的飞行集会，散发淞沪《一·二八抗战两周年纪念宣言》等活动。他后来回忆，当初之所以参加革命，是因为通过读马列的书，认识到这是科学理论，是真理，而只有奉行马列主义的中国共产党才能救中国。

1934年上半年，清华学生中要求进步的逐渐增多，清华党支部因势利导，成立了公开招收会员的"现代座谈会"。该会以报告会、形势分析会、读书会等多种形式，扩大进步思想的传播。蒋南翔参加了"现代座谈会"的哲学组，是该组负责人。他组织会员学习恩格斯的《反杜林论》和《辩证法唯物论教程》等著作。他还主持报告会，邀请冯友兰教授以"在苏联所得之印象"为题，向同学介绍考察苏联时对十月革命后苏联的观感。听众极为踊跃，产生积极影响。据一些同学回忆，蒋南翔当时虽然只有二十出头，但给人的"感觉像是一位长者，待人和蔼、亲切、言谈稳重。他常着一件灰布袍，平时静若处子，闲时一把二胡，闭目独奏一曲《平沙落雁》。青年蒋南翔可说是思考型的，他九分沉思，一分表态，所以言语不多，言出必中"。

蒋南翔组织"现代座谈会"哲学组会员学习，对在清华园内发现和培养思想进步的学生积极分子起到了重要作用。有的同学回忆："蒋南翔比我们大不了几岁，却像个循循善诱的老师，永远蓝布大褂。他让我们懂得了什么是阶级，中国的前途在哪里。当时并不知道他是党员，是想在座谈会的会员中物色积极分子，加以培养。”“现代座谈会被校方解散后，我们六个女生积极分子的头头韦毓梅说，要请一位水平比我们高的男同学来参加小组会。这位男同学就是蒋南翔。”“小组会每周定期在老蒋住处召开，他教我们阅读《中国大革命史》，教我们开会怎么个开法，先是时事分析，再是工作议题讨论，然后是工作布置。我们头一回知道时事怎么个分析法，你得把世界分成两个壁垒就明白了。他还告诉我们，国内有个工农红军，已经北上过了黄河。如果打起仗来，苏联的拖拉机厂可以改装制造坦克……反正都是闻所未闻的奇怪事。后来到‘一二·九’时，我们这群人就都成了运动骨干。”[①]1934 年秋，蒋南翔在新入学的十级同学中，首批吸收了姚克广（姚依林）、黄诚、杨德基（杨述）、吴承明、魏蓁一（韦君宜）等进步同学加入“现代座谈会”。

## 三、清华地下党的主要领导人

1935 年 1 至 3 月，国民党当局两次到清华大搜捕，支部书记何凤元在内的大批学运骨干被捕，损失惨重。校园内原有地下组织被迫停止活动，陷于瘫痪状态，许多人失去组织关系，处于彷徨中。关键时刻，蒋南翔挺身而出，认为共产党员不能在

1935 年，《清华周刊》工作人员合影。前排左起：韦毓梅、吕若谦、杨述、蒋南翔、唐宝心、王馨迪、蒋弗华；后排左起：吴承明、姚依林、章惠中、华道一、吕风章

① 韦君宜《他走给我看了做人的路——忆蒋南翔》，载《回应韦君宜》，大众文艺出版社 2001 年版，第 154 页。

危难之际退缩不前，应该继续坚持斗争。他在同学中进行募捐，支援、探望和救助被捕同学。在地下工作方面，蒋南翔与陈国良、牛荫冠重建清华秘密“社联”小组（这是当时清华仅存的一个地下革命组织）。后来他又通过韦毓梅（孙兰），在女同学中建立了“社联”小组，参加者有韦毓梅、许留芬、韦君宜、王作民、鲁心贞、李立睿、纪毓秀、高景芝、陈舜瑶、郭建、黄葳、吴瀚、张自清等。不久，蒋南翔和周小舟接上党的关系，并在清华组建中华民族武装自卫会清华分会。当时参加分会的还有姚依林、杨述、吴承明、黄诚等，多为十级同学。

在公开工作方面，随着学生会内左派影响的增长，蒋南翔继牛佩琮后被选为《清华周刊》总编辑。他利用这个有利时机，把进步力量组织到编辑部里。当时在周刊工作的有姚依林（副刊编辑）、杨述（文史栏编辑）、韦毓梅（书报评介栏编辑）等。蒋南翔曾为周刊写过《对华北问题应有的认识》《国难中的青年应抱什么态度》等文章，希望同学们投入到抗日救亡运动中。《清华周刊》这个舆论阵地，在团结同学和扩大进步思想的影响方面起了不小的作用。清华的革命力量在 1935 年初受到沉重打击，但经过半年的努力，学生中左派力量又渐渐恢复过来，日益增长。

1935 年夏，华北时局进一步恶化，爱国进步的学生们普遍关心着时局，思索着怎么办。7 月，蒋南翔当选为清华暑期同学会主席。暑期同学会的领导成员还有：姚依林、吴承明、李秉忱、刘毓珩（陈其五）、何炳棣、朱景梓。蒋南翔和姚依林、吴承明还是民族武委会成员，一起推动暑期同学会积极进行抗日救亡活动。暑假期间，暑期同学会（当时清华党支部还未恢复）派姚依林参加北平市黄河水灾赈济会工作。后来在水灾赈济会基础上建立了北平秘密学联。姚依林就作为清华的代表参加北平学联的领导工作。他与彭涛、黄敬、郭明秋等是北平学联初建时的领导核心。

1936 年，蒋南翔（左）与何凤元（中）、宗亮东合影

何凤元获释后，于 1935 年暑期回到清华。他对蒋南翔表示，希望恢复党

的关系。蒋南翔介绍他与北平市工委的周小舟见面，接上了组织关系。由于何凤元被捕前是支部书记，周小舟即要他负责恢复清华党支部。8月，何凤元召集恢复党支部宣誓会，参加者有何凤元、蒋南翔、宫日健、陈国良、吴承明。党支部的分工是，何凤元为书记，蒋南翔为支部委员兼共青团书记。10月间，何凤元调北平市工委工作，蒋南翔接任清华党支部书记，并任北平西郊区区委委员，支委为宫日健、吴承明、韦毓梅、方琦德。

就是这一届清华党支部，领导了一二九运动爆发前后的清华地下党的工作。

## 四、参与领导一二九运动，撰写运动宣言

1935年10月，在日本策动下，伪“冀东防共自治政府”成立，宣布脱离国民党南京政府。冀东22县成为日本殖民地。11月，蒋介石下令成立“冀察政务委员会”，以满足日本使华北政权“特殊化”的要求。即将成为第二个“满洲国”的命运摆在华北面前，华北地区的学生尤感切肤之痛，无法安心读书。

蒋南翔担任清华大学党支部书记、北平西郊区党委委员后，不畏艰辛，为之后一二九运动的顺利开展，从思想上和组织上做了大量具体、卓有成效的准备工作。除了举办讲座、编刊物、安排积极分子小组学习、组织暑期同学会、建立武委会清华分会外，还为北平学联输送骨干姚依林、陈国良等，并提供政策建议，起草宣言。此外，为了团结同学，他从关注同学的生活问题入手，在暑期组织清寒食堂，解决一些经济困难同学的伙食问题；安排吴承明和朱嘉祺(朱辉)进入清华的民众夜校，成为夜校教员。夜校原由学生会中的右派学生控制，生源主要是清华工友及子弟。吴承明、朱嘉祺在夜校除教文化，还传输进步思想。“一二·九”游行的前几天，一到午夜，该校办公室就繁忙起来，因这里有两台油印机，学运的许多重要文件和宣传品都是在这里刻印的。

1935年11月18日北平学联成立，很快就酝酿游行请愿行动。学联决定行动的通知到达清华后，清华党支部立刻响应，并做出部署。由于清华是有“民主”传统的，这样的全校行动必须召开全体学生大会正式通过。11月27日上午，集会由蒋南翔主持，吴承明出面，向全校学生大会提出“响应学联号召，联合北平各大中学校进行游行请愿”的提议。由于右派学生竭力阻挠，会议无果而散。会后蒋南翔提出要改变策略，做细致的思想工作。于是清华党

支部发动党员和进步学生每夜分头专访，开小型座谈会，请进步教授讲时事，忙了一个星期。12 月 3 日再次召开全体学生大会，经过激烈辩论，最终表决通过了游行议案。清华是有合法学生会的，它却无意领导这一游行活动，而要由大会另外产生一个清华救国委员会来领导。救国会由 11 个人组成，人员产生也颇费周折，为了团结多数同学，救国会人员既要体现“统一战线”理念、不可都是左派，又必须牢牢掌握救国会的领导权。在蒋南翔的精心部署和运筹下，将政治倾向中立、党外的学习尖子周嘉祺和党内骨干黄诚分别推荐为主席与副主席人选，并顺利当选，其他成员多为左派，使难题得以妥善解决。这样，在清华党组织领导下，取得了清华学生救亡运动的重大胜利，为后续的“一二·九”游行示威活动奠定了坚实的思想和组织基础。

一二九运动前期，北平市有组织关系的党员甚少，共产党能取得对学生会主导权的只有清华大学、燕京大学和东北大学等少数几所学校，其中尤属清华大学党的力量最强。清华党支部是一个坚强的战斗堡垒，人才济济，完全掌握了对救国会的领导权，并且为党组织陆续培养、输送了大批学运骨干。清华党支部书记蒋南翔是清华学生抗日救亡运动的主要指挥者。在清华党支部领导下，清华大学在一二九运动中发挥了重要作用，在社会上产生了重大影响。

怒吼吧

—第一期—

一九三五年十二月十日出版

北平國立清華大學學生自治會救國委員會編

告全國民衆書

蒋南翔起草的《清华大学救国会告全国民众书》

12 月 4 日，何凤元从市工委赶到清华，要蒋南翔赶在游行以前负责起草一篇对外宣言。当天晚上，蒋南翔独自躲到清华一院大楼地下室的印刷车间，杜门谢客，怀着满腔悲愤的心情，用两个晚上的时间撰写了《清华大学救国会告全国民众书》。后来蒋南翔回忆，当时痛感华北人民面临亡国的威胁，地处国防前线的北平学生，已在上着“最后一课”，华北之大，已经安放不得一张平静的书桌了！他一边写作，一边流泪，激动的心情难以言表。文章脱稿后印成传单，在几天后的“一二·九”游行队伍中广为散发，在大街小巷到处张贴，并在清华救国会的机关刊物《怒吼吧》发表，成为一二九运动的宣言，产生了巨大的影响力。

12月9日的爱国游行，受到国民党军警凶暴的大刀、水龙的镇压。第二天起北平各大中学校实行总罢课，反映人民意志的青年学生的爱国热情是压制不住的。在北平学联作出12月16日再次举行游行示威的决定后，何凤元又一次来到清华，让蒋南翔负责起草示威宣言。蒋南翔用一个晚上就完成了落款为“北平市大中学生示威团”的《12·16北平市大中学生示威宣言》，并交何凤元拿到城里印发。这篇宣言不长，但显示了北平学生面对反动派，不惜抛头颅、洒热血的信念和决心。“12·9”和“12·16”两个游行示威宣言，反映了在一二九运动爆发之际蒋南翔的思想认识和切实感受，也表达了当时北平爱国学生的共同感情。

## 五、参与组织南下宣传团，成立“民先队”

游行示威后下一步怎么办？清华救国会在校组织学生进行多次讨论，清华党支部和西郊区委也研究过这个问题，大家很自然地考虑到下乡宣传的问题。市委集思广益，很快作出决定，北平学联据此发起组织平津学生南下扩大宣传团。清华和燕京、辅仁、中法等校编列为南下宣传团第三分团，以清华大学为首，清华为一大队，燕京为二大队，其他学校为三大队。清华党支部认真做了组织工作，不但动员了本校团员和社联、武委会等地下革命组织的成员参加，还吸收了其他表现积极的进步同学参加。清华党支部书记蒋南翔、支委吴承明和救国会主席黄诚首先报名参加，积极参加的还有共青团员丁则良、王永兴，社联的杨述、韦君宜、王作民，左联的魏东明、黄秋耘、赵德尊、李昌、杨学诚、郭建、叶方、董凌云、于光远、黄绍湘、张师载等。他们都被编入清华一大队。出发前，全体团员在清华体育馆前宣了誓。蒋南翔与燕京的黄华、辅仁的曹嵩龄组成三分团指挥部，吴承明为清华一大队队长。

三分团沿平汉线西侧南下，沿途在农村进行抗日救亡宣传，到高碑店时，受到武装宪兵、保安队的阻拦、袭击和围攻。在队伍无法继续前进的情况下，蒋南翔召集指挥部紧急开会决定：尽管这次南下宣传活动受挫，但已经组织起来的这支爱国学生队伍决不允许被打散，这就需要成立一个永久性的以青年学生为主体的抗日救国组织,继续坚持战斗。三分团继而召开全团大会,在反动派的监视下,由黄华代表指挥部当众用英语宣布了团部的决定,全体团员一致拥护。经过热烈讨论,由蒋南翔提议,指挥部决定新组织的名称为"青年救亡先锋团"。一、二分团听到这一消息后,在返平前也分别决定成立自己的永久组织,并确定组织名称为"民族解放先锋队"。三个分团回到北平后,经市委统一协调,最后定名为"民族解放先锋队",简称"民先队"。

## 六、领导清华地下党的反迫害、反搜捕斗争

爱国学生抗日救亡运动浪潮的日益高涨,引起了国民党反动政府的恐慌,下令取缔平津学联,还饬令华北等地国民党军政当局,对爱国学生和救国团体"勿稍宽贷,以遏乱萌"。白色恐怖愈演愈烈。1936 年 2 月初,清华的静斋女生宿舍发现了一张告密黑名单,开列了 16 名进步女生的名字、住房号码并标明床位,在女生中引发慌乱。韦毓梅向党支部作了汇报,蒋南翔决定立即把这件事公布出去![1] 黑名单和宿舍床位图被装在玻璃框里挂在宿舍大门口,轰动了清华园,群起斥责,既揭露了国民党特务的丑恶行径,又激发了左派学生坚持斗争的勇气、提高了警惕,同时孤立了企图打击革命势力的敌特分子。

2 月 29 日拂晓,是清华开始期末考试的第一天,500 多名宪兵、警察对清华大学实行突然袭击,企图抓捕共产党员和学运骨干。北平当局对清华的搜捕名单上排在第一位的就是蒋南翔,名字上还画了三个圈。当时住在二院的蒋南翔听到隔壁吴承明的敲墙示警后,从后窗跳出,但没跑多远,迎面即撞上几个军警。军警扑向他,他毫不畏惧,大声说:不要动,我自己走!当天早上被捕的还有姚依林,他是回校参加期末考试在校门口被捕的。被捕的还有民先队纠察队长方左英。三人被关在西校门警卫室。军警抓人的消息很快在校内传开,激起广大师生的愤怒。在清华民先大队长吴承明带领下,100 多名正在西大食堂吃早饭的同学喊着口号冲向西校门。吴承明一脚踹开警卫室的门,同学们蜂拥而上,势不可挡。几个看守军警见势不妙,拖着枪出门溜了。杨学诚、丁则良、陆璀等冲了进去,陆璀掏出身上携带的小刀,割断捆绑蒋南翔等人

---

① 郭建等《清华静斋见闻——忆"一二九"》,载《一二九运动回忆录》第一集,人民出版社 1982 年版,第 236 页。

的绳索。三人被救后，立即湮没在人群中。还有许多清华工学院的同学赶到西校门外，把停在那里等候装载被捕学生的八辆卡车当场拆毁、砸烂。几百名军警、宪兵一无所获，灰溜溜地被驱逐出学校。

蒋南翔安排救国会、民先队组织同学在各校门瞭望巡逻。他告诉几位骨干，反动当局不会善罢甘休，为了避免无谓的损失，要分别躲一躲。当晚宋哲元调动两个团5000人的军队，包围了清华大学。由于当天下午，清华党支部事先作了部署，有危险的校内主要领导骨干已分别隐蔽，军警到清华后没有抓到一个学运骨干，便胡乱抓了20几名学生回去交差。后来何礼回忆，当时蒋南翔安排姚依林和黄诚藏到冯友兰教授家，韦毓梅、韦君宜、王作民等女同学躲到朱自清先生家，还有些同学被安排到闻一多先生家。他自己则躲到二院食堂锅炉房，与工友老刘互换了衣服，脸上抹了把煤灰，佯作工友，军警查到时，竟未认出这个黑名单上的一号人物，在工友的掩护下得以脱险[①]。

“2·29”事件后，何凤元代表组织通知蒋南翔，为预防敌人抓捕，让他暂时离开学校去上海工作。蒋南翔对清华党支部的工作进行了安排和交接。宫日健继任清华党支部书记。安排和交接完清华党支部的工作后，蒋南翔于3月上旬离京赴上海，与胡乔木接上组织关系，任市学委江湾区委书记，直接领导复旦、同济等大学的学运工作。

## 七、任北平学委书记，贯彻白区工作正确方针

1936年春，刘少奇受中共中央委派担任北方局书记。他指出，遵义会议后党中央的正确路线还没有传达到白区来，过去的“左倾”错误在组织上表现为关门主义，行动上表现为冒险主义，这是贯彻执行党的抗日民族统一战线的主要障碍。蒋南翔于8月从上海回到北平后，上书北方局，写了《关于加强对学生运动的领导与实行统一战线》的意见书，拥护白区工作的正确方针。9月，彭真(化名老魏)代表北方局到北平，住到清华学生宿舍，与蒋南翔、杨述同住一室半个月，向蒋南翔和清华党支部详细了解北平学运的情况，研究如何改进学生运动的领导问题。在经过多方调查研究后，彭真于1936年10月代表

---

① 何礼《我对“一二九”运动的回顾》，载《一二九运动回忆录》第一集，人民出版社1982年版，第75—76页。

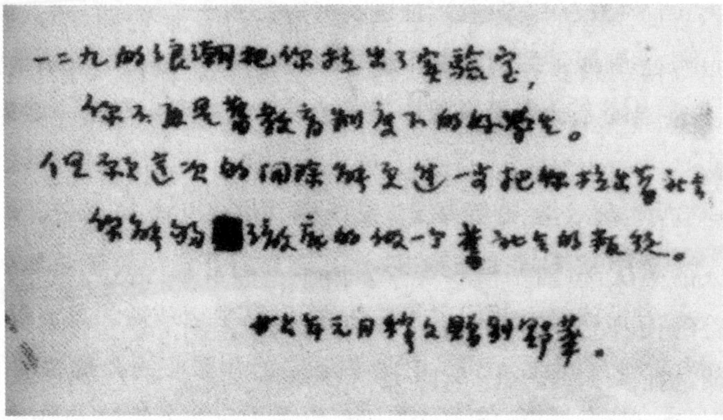

北方局宣布，成立中共北平学生运动委员会，简称北平学委，直接受北方局领导，指定蒋南翔为北平学委书记，由他本人直接负责联系。

北平学委由蒋南翔、高承志、于启明 3 人组成。蒋南翔负责领导北平学联党团及西郊清华、燕京两校的党支部，主编公开的进步刊物《北方青年》和学委的秘密刊物《生活通讯》，同时仍兼任清华党支部书记。担任学委书记后，蒋南翔写了一篇《我们对于目前学生运动的意见和希望》，以北平市学生救国会的名义发表在《学生与国家》的创刊号上，实际上是新成立的北平学委的“政策宣言”。这篇宣言对过去学运中存在的某些“左”的缺点作了自我批评，宣传了党在新阶段抗日民族统一战线精神，明确了今后任务。这篇宣言引起了舆论界很好的反响，稳固了北平学联、党团组织、民先队及其他外围组织在大中学校的影响力。

1936 年底，清华学生华道一因参加抗日救亡运动被学校开除。图为蒋南翔为其题写的临别赠言。文中“穆文”、“野华”分别是蒋南翔、华道一的笔名

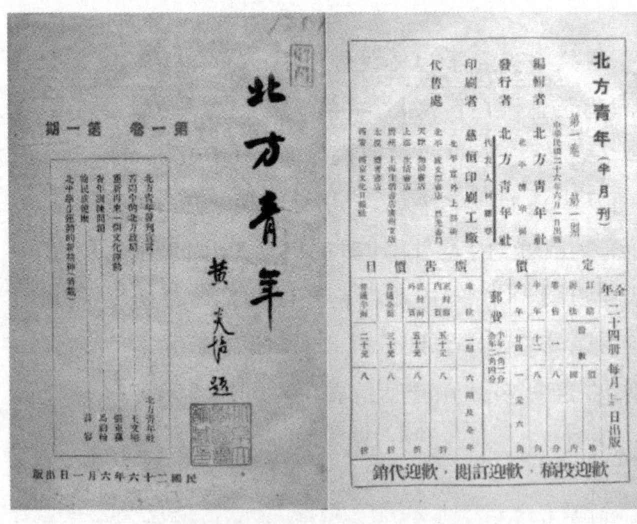
北方青年
黄炎培题
第一卷 第一期
民國二十六年六月一日出版

北方青年（半月刊）
第一卷 第一期
編輯者 北方青年社
發行者 北方青年社
印刷者 慈恆印刷工廠
代售處
定價
廣告價目
歡迎投稿·歡迎訂閱·歡迎代銷

蒋南翔任主编的北平学委刊物《北方青年》

1936 年 12 月 12 日，西安事变发生，张学良和杨虎城扣留了蒋介石，逼迫他同意八项抗日救国主张。这时清华一些左派学生和党内干部欣喜若狂，要求公审枪毙蒋介石。

而蒋南翔说不要这样提，群众不会同意[①]。不久西安事变和平解决的消息传来。蒋南翔的意见使左派学生避免了一次策略上的重大失误，体现了他作为学委书记能够在复杂形势下，牢牢把握党的抗日民族统一战线总方针的政治水平。

蒋南翔担任中共北平学委书记，从 1936 年 10 月至 1937 年 7 月卢沟桥事变发生为止，是任职时间最长的北平学委书记。

## 八、创立武汉青年救国团，主编《战时青年》

毛泽东曾高度评价一二九运动的伟大意义："一二九运动是动员全民族抗战的运动，它准备了抗战的思想，准备了抗战的人心，准备了抗战的干部。"蒋南翔在抗日战争和解放战争时期主要从事青运工作。

1937 年 7 月 7 日，全面抗战爆发，7 月 28 日北平沦陷，许多大、中学生纷纷南下。蒋南翔按北方局要求和中共北平市委的指示，和杨学诚、黄诚一起，负责接收平津各校流亡学生中党员的组织关系，并与李昌等共同负责北平各校学生的撤离，陆续在济南、南京建立了"平津流亡同学会"。9 月，蒋南翔奉北方局彭真指示，赴太原讨论青年运动工作方针，后留在北方局任北方局青委委员、宣传部干事，领导山西"平津流亡同学会"工作，主编《动员报》，宣传敌后抗战事迹。

蒋南翔主编的全国学联刊物《战时青年》

1937 年底，蒋南翔赴武汉，任中共长江局青委委员，1938 年初，负责筹备并主持召开了第二次全国学联代表大会，会后任中共全国学联党团书记并主

① 韦君宜：《他走给我看了做人的路——忆蒋南翔》，载《思痛路》，人民文学出版社 2013 年版，第 246 页。

编全国学联刊物《战时青年》，和杨学诚一道创立了“武汉青年救国团”。10月，蒋南翔赴延安，参加西北青年救国会第二次代表大会和中央青委召开的中央青年工作会议。

全面抗战开始后，大批学生来到西南地区开始复课的西南联大、中央大学、复旦大学等校学习，党急需富有青年学生工作经验的干部领导开展学校工作。1938年经周恩来请示中央，调蒋南翔去重庆，任中共南方局青委书记，参加八路军办事处的工作；主编《新华日报》青年副刊、主编《战时青年》杂志。自1939年4月起，蒋南翔在南方局青委陆续主持开办了几期党员干部培训班和党支部书记培训班，分别请周恩来、董必武、叶剑英、博古等讲课。同年9月，中央青委在重庆召开大后方青年工作会议，蒋南翔作了关于学生运动的报告。会后，他在《群众》杂志上发表了《论大后方的学生工作》的文章。南方局青委坚决贯彻中央提出的“潜伏发展，积蓄力量，争取人心”的国统区学生工作方针，将这一方针贯彻到国统区的大中学校的党团组织，使党的骨干在学校中保存下来，扩大了党的主张在进步教授和学生中的影响，还向延安陆续输送了大批进步青年知识分子。这些工作也为解放战争初期的“一二·一”学生运动打下了基础。

1941年皖南事变后，蒋南翔奉命撤回延安，任中央青委委员、中央青委宣传部部长、大后方工作组组长，负责指导国统区的青年运动。他还兼任延安《解放日报》社论委员会委员，撰写了一批有关青年工作的社论、文章和调查报告。作为中央青委宣传部长、延安清华同学会总干事，蒋南翔在延安工作期间，每逢“一二九”周年纪念日，都会组织边区青年和在延安的“一二九”老战士举行纪念会，邀请中央领导到会讲话，以教育、激励革命青年的抗战信念，不断弘扬和传承“一二九”精神。

## 九、出任东北局青委书记，建立“毛泽东青年团”

抗战胜利后，党中央书记处书记任弼时召集中央青委的冯文彬、蒋南翔谈话说，党中央决定派遣大批党政军干部开辟东北解放区，迫切需要开展团结教育东北青年的工作，责成中央青委迅速组织青年工作队赴东北开展工作。1945年10月，蒋南翔率领90多人的“五四青年工作队”从延安出发，徒步行军走了三个多月，于1946年1月底到达东北局所在地海龙县。当地是新解放区，蒋南翔着手恢复了当地中小学教育，创办《辽北青年杂志》，举办青年短训班，对参加革命的青年进行思想政治教育。4 月 28 日，哈尔滨市解放，蒋南翔随东北局到哈尔滨，任东北局青委书记，同时主管哈尔滨市的宣传、教育工作。这期间，蒋南翔主要做了三方面工作。

一是从东北青年的实际出发，从爱国主义教育入手，循序渐进地解决东北青年从伪满时期的影响以及认国民党为正统的思想状态，向解放区新民主主义方向的转变。他领导哈尔滨市委青年工作组的同志，组织青年读书会、学习《新民主主义论》，建立青年俱乐部，组织各种文体活动。他还通过“寒假补习班”举办系列讲座，亲自担任主讲，对青年进行拥护共产党的领导，准备建设新中国的教育。在广大青年的思想被发动起来之后，蒋南翔根据一二九运动的经验，不失时机地提出建立一个先进性与群众性相结合的革命青年组织的意见。经过酝酿，1946 年 8 月 1 日，在哈尔滨正式成立了“民主青年联盟”（简称“民青”）。民青在哈尔滨市大、中学校迅速发展起来，并扩展到北满、西满、东满的许多市县，逐步成为进步青年的核心。民青团结带领广大青年积极参加慰劳民主联军、遣返日侨、扩军、土改、战地服务等活动，成为东北地区影响最大的青年组织。1948 年 5 月 4 日，根据中央试办青年团的通知精神，在民青基础上建立了“毛泽东青年团”，同年 9 月改名为“中国新民主主义青年团”。

二是 1947 年 6 月 1 日蒋南翔在哈尔滨创办了青年干部学校（简称“青干

1985 年，蒋南翔（前排右八）与解放战争时期的哈尔滨青干校一期学员合影。前排右六为陈模、左七为周文华、右九为何礼、右十为郑延

校”），并担任校长。这是一所新型的培养青年政治干部的学校，主要讲授马列主义基础理论，政治工作所需的一些基本技能、党务工作方法等。蒋南翔亲自讲授哲学课。青干校为东北解放区培养了750多名青年干部，其中许多人在新中国成立后成为各地、各部门社会主义建设事业的领导者。

三是在恢复发展哈尔滨市和周边地区的教育工作中，正确地坚持党的知识分子政策和对青年学生教育爱护的方针。蒋南翔选派从老解放区来的政策水平较高的知识分子干部，到哈尔滨教育部门和各大、中学校担任领导工作。1947年当东北许多地区错误地把农村土改中的阶级斗争搬到城市学校，在学生中推行所谓“贫雇农路线”时，蒋南翔领导下的哈尔滨市教委和学委，坚决抵制了这种“左”的错误做法。在东北局王稼祥、凯丰和市委的支持下，蒋南翔对全市及周边地区的大、中学校从教育政策到办学方针都提出了明确要求，使哈尔滨市各学校的教育秩序很快趋于正常。

蒋南翔是东北解放区青年运动的开拓者和领导者。在日本投降后，国共两党在东北的斗争胜负未决之际，东北青年面临选择什么道路的问题。蒋南翔作为东北青年的知心朋友和启蒙导师，和他的战友们一起帮助青年们摆脱盲目性，选择跟共产党走的革命道路，这是运用一二九运动成功经验结出的硕果，是青年运动的一个典范。东北青年运动的经验，深得党中央和任弼时同志的赞赏。

## 十、主持编写《一二九运动史要》，传承“一二九精神”

1949年1月，蒋南翔奉调回中央青委工作，在任弼时同志领导下，担任中国新民主主义青年团筹备委员会副主任。1949年4月，在中国新民主主义青年团第一次全国代表大会上，蒋南翔作了《关于中国新民主主义青年团章程的报告》，并当选为团中央副书记，主管组织、宣传和学校工作。他主持创办了《中国青年报》和《中国青年》杂

1949年4月，蒋南翔在中国新民主主义青年团第一次全国代表大会上作报告

志，为建国初期团的组织建设和思想建设作出了重要贡献，为新中国的青运工作奠定了基础。

1952年后，蒋南翔先后担任清华大学校长、党委书记，以及高教部部长等职务。他努力贯彻党的教育方针，吸收国外先进经验，联系我国实际，积极探索适合我国国情的社会主义办学道路。他开创的许多工作，为我国社会主义教育体系的建立打下了基础。蒋南翔十分重视对学生进行马克思主义的思想教育和政治思想工作，在他的教育思想影响下，清华为国家培养了一大批又红又专的优秀人才。这是在新的历史条件下，使青年学生继承"一二·九"的爱国主义传统，把握跟党走社会主义道路正确方向的成功实践。2016年，习近平同志在祝贺清华105周年校庆的信中说，"清华大学是新中国高等教育的一面旗帜"。

1965年12月9日，中宣部、高教部、团中央、北京市委，为纪念一二九运动30周年，在人大会堂联合举办有万名首都青年参加的纪念大会，周恩来、彭真、陆定一等中央领导参加大会，蒋南翔在会上作了《学习一二九运动的历史经验，做无产阶级革命事业的接班人》的报告[1]。

为了纪念伟大的一二九运动50周年，1983年经中央书记处批准，成立中央党校党史研究班。研究班的任务是组织力量，编写一本一二九运动的简要历史。蒋南翔亲自主持了这项工作。研究班根据历年来所搜集、积累、保存的一二九运动的历史资料，访问了当年一二九运动的领导者和参加者共百余人，邀请他们参加各种专题座谈会，并在此基础上写出初稿，然后又分别征询意见，反复修改和补充，最后完成和出版了《一二九运动史要》。一二九运动是中国共产党领导下的学生运动的光辉篇章，《一二九运动史要》是这一段可歌可泣的历

1986年2月，《一二九运动史要》由中共中央党校出版社出版

① 《人民日报》1965年12月10日。

史的忠实记录，它所总结的经验和教训，对今天的中国青年是一本有益的爱国主义教育材料。

**相关链接**

## 蒋南翔传略

蒋南翔，祖籍江苏省宜兴县，1913 年 10 月 6 日生于宜兴，6 岁在高塍镇滆南小学读书，1926 年到宜兴县立中学读初中，1929 年考入江苏镇江市省立一中。在省立一中读高三时，积极参加反对日本军国主义发动九一八事变、妄图侵占中国东北的学生运动，曾组织同学在镇江游行，并到南京请愿。1932 年考入国立清华大学中国文学系，参加我党领导的“社联”和“民族武装自卫会”的工作，主编《清华周刊》和《北方青年》杂志，传播进步思想，1933 年 9 月加入中国共产党。

蒋南翔是一二九运动的重要领导人之一。1935 年 10 月，他担任清华大学地下党支部书记、北平市西郊区党委委员，负责协调、领导清华大学和燕京大学的党组织和学运工作。他亲笔起草的“12・9”和“12・16”两次重要游行示威行动的宣言广为传播，其中那句“华北之大，已经安放不得一张平静的书桌了”的振聋发聩之声，在学生中和社会上激发起强烈的共鸣和反响，成为一二九运动的号召令、动员令。在 1936 年 10 月至 1937 年七七事变前，他是中共北方局直接领导的中共北平学委书记，由北方局组织部部长彭真单线联系，负责领导北平学联党团的工作。

1937 年抗日战争爆发后，蒋南翔先后担任中共北方局青委委员、宣传部干事，中共长江局青委委员、全国学联党团书记及南方局青委书记，在大后方保存和发展了青年运动的骨干力量。皖南事变后奉命撤回延安，曾经先后担任中央青委委员、中央青委宣传部部长和大后方工作组组长。在延安整风运动中，他勇于坚持实事求是的作风，针对康生领导的“抢救失足者运动”，在参加革命的知识分子中制造的大批冤假错案，向中央写出了《关于抢救运动的意见书》，大胆地对“左”的错误提出了批评意见。1985 年，中央组织部正式作出结论，明确表示蒋南翔当年给中央写的意见书，“不但符合组织原则，内容也实事求是”。长期的历史实践检验，更证明了蒋南翔在知识分子政策上的远见卓识。

1945年抗日战争胜利后，蒋南翔受党中央派遣，带领"五四青年工作队"赴东北地区开辟青年工作。先后担任哈尔滨市委常委兼宣传部部长、市教育局局长、东北局青委书记、哈尔滨青年干部学校校长、东北局党报委员会秘书长等职务，为解放战争时期的东北根据地建设培养了一大批青年骨干。

1949年1月，中国新民主主义青年团筹备委员会在西柏坡成立，蒋南翔担任筹委会副主任①，4月，在中国新民主主义青年团第一次全国代表大会上，当选为团中央副书记。作为中国新民主主义青年团的代表，参加了中国人民政治协商会议第一届全体会议及开国大典。

从1952年开始，蒋南翔转至教育战线，担任清华大学校长、党委书记。1956年起，任北京市委常委兼市高等学校党委第一书记，代表北京市委负责领导、协调全市高等学校党委的工作。1959年调教育部，担任教育部党组副书记、副部长，负责领导和主持制订了新中国第一批教育法规:《高教六十条》《中学五十条》和《小学四十条》，并且组织实施。1964年高等教育部成立，担任高教部党组书记、部长。

"文革"结束后，蒋南翔先后担任天津市委书记，国家科委党组副书记、常务副主任，全国科学大会秘书长等职。党的十一届三中全会后，在几十位高校领导的强烈要求下，1979年1月他重新回到教育部门，担任教育部党组书记、部长。同年，他负责主持制订了我国第一部学位工作条例，在我国高等学校首次实行学士、硕士、博士三段位制度。1982年5月，任中央党校第一副校长。

蒋南翔是中共第八届中央委员会候补委员，中共第十一届、十二届中央委员会委员，十三大后，任中央顾问委员会委员。

1988年5月3日蒋南翔在北京逝世，享年74岁。

**参考资料:**

1.《蒋南翔传》，清华大学出版社2005年版。

2.蒋南翔:《我在清华大学参加"一二·九"运动的回忆》，载《清华革命先驱》下，清华大学出版社2004年版。

3.中共中央党校党史研究班:《"一二九"运动史要》，中共中央党校出版社1986年版。

① 冯文彬担任筹委会主任，廖承志、蒋南翔担任副主任。

# 项南在团中央的错案平反前后

李　静

项南是胡耀邦任团中央书记处第一书记时的团中央宣传部部长，是胡耀邦的得力助手。1956 年，在团中央书记处扩大会议上，项南就青年团改革提出了"十点建议"。不久，随着政治形势的变化，项南被定性为"右倾分子"受到批判，并被撤职降级。1979 年，中共中央批准团中央为项南平反的报告。而后，出任中共福建省委书记的项南，为福建的改革开放作出了重要贡献。尽管蒙冤数年，但项南对党一直忠心耿耿，为党的事业兢兢业业。习近平同志曾评价项南"是一位具有长者风范和个人魅力的领导人"[①]"他给我们留下了宝贵的精神财富，也为我们留下了一位共产党人、一位人民公仆的真实榜样。"[②]

项南(1918—1997)

## 一、追随父亲参加革命，失散多年最终重逢

项南的父亲项与年是中共著名的红色特工，1925 年加入中国共产党，曾

① 习近平《长者风范，公仆榜样》，中共福建省委党史研究室编《缅怀项南》，中央文献出版社 2000 年版，第 25 页。

② 习近平《长者风范，公仆榜样》，中共福建省委党史研究室编《缅怀项南》，中央文献出版社 2000 年版，第 30 页。

受组织委派到印度尼西亚等地发展党员，建立组织，进行秘密革命活动。1927年项与年回国后进入周恩来在上海建立的中央特科，从事地下工作，1929年和中央特科红队的战友在上海霞飞路击毙出卖中共领导人彭湃的叛徒白鑫。

1931年，党中央机关从上海迁往江西革命根据地，项与年留在上海从事秘密工作。1934年，他受组织委派，改名梁明德到江西德安第四区保安司令部任情报参谋，继续从事秘密工作。

同年10月，蒋介石在庐山牯岭召开江西、湖北、湖南、福建、山东五省军政要员军事会议，部署对中央苏区的第五次围剿。会议制定的“铁桶计划”旨在一举歼灭中央红军。坚持国共合作、团结抗日的江西德安第四区保安司令莫雄，深为中央苏区和中央红军的生死存亡担忧。他冒着生命危险将“铁桶计划”交给了项与年。项与年共产党员的身份他是知道的。

项与年和中共安插在保安司令部的另外两名党员将“铁桶计划”的要点以特急电报的形式即刻发往瑞金。接着，他们又用特种药水把作战计划的重要内容用密码抄写在四本学生字典上，由项与年连夜送往中央苏区。

从德安到瑞金，装扮成教书先生的项与年冒着生命危险，历尽艰辛。在通过敌军最后一道关卡前，为确保万无一失，他用石头敲掉了四颗门牙，冒充乞丐，蒙混过关，最终到达瑞金。他把保存完好的，事关革命全局的重要情报交到红军总政委周恩来的手上。

中央据此做出了战略大转移的决定。八万中央红军撤离江西根据地，踏上两万五千里的漫漫长征路。此后，随中央红军转移的项与年与家人失去联系。

项南是追随父亲参加革命的。项南原名项德崇，11岁时，在家乡福建连城文坊苏区任少年先锋队队长，12岁时随从事地下工作的父亲到上海读书。

由于父亲对陶行知教育思想的推崇，到上海不久便把他送到南京陶行知办的南京尧化门

青年时代的项南

小学读书。项南学习成绩优异，其毕业考试作文《"九一八"之我见》受到老师的一致称赞。

1934 年项南小学毕业后回到上海，进入半工半读的强恕园艺学校继续读书。这时父亲已经离开上海。父亲在离开上海前，把项南托付给在上海中华职业教育社工作的连城县老乡、好友张雪澄。张雪澄安排对文字感兴趣的项南到《救国通讯》编辑部做兼职。编辑部每月给项南 5 块大洋。做兼职不仅提高了项南的文字能力，解决了基本生活问题，也激发了项南强烈的爱国主义情怀。《救国通讯》是九一八事变后黄炎培创办的，以揭露日军侵华暴行、呼吁团结抗战为主要内容的刊物。

1936 年夏，以学业和品德评价全优的成绩从强恕园艺学校毕业的项南，手持中华职教社的介绍信，在福建省长乐县政府办的苗圃找到了第一份工作，先是担任园艺技术员，后担任苗圃主任。

1937 年，七七事变爆发，日本开始全面侵华，全国掀起抗日救亡的热潮，项南很快投身其中。他和友人在长乐县组织了宣传抗日的明天剧咏团。他们经常在县城周边的村镇、学校演出抗日话剧，演唱抗日救亡歌曲。项南还亲自撰写了明天剧咏团团歌：明天，明天，是胜利的明天/我们要救亡，我们要抗战/为了保卫国土，我们奋勇战斗/四万万同胞团结起来，把东洋日寇歼灭在明天。

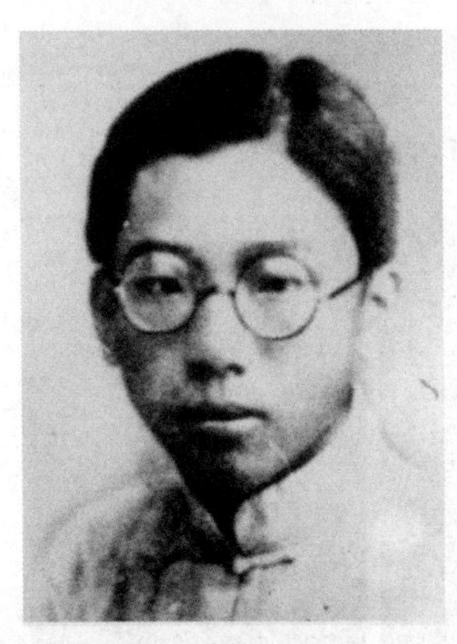

王助烈士(1914—1941)

明天剧咏团的活动得到许多进步青年的积极响应。项南在抗日宣传活动中的出色表现引起了中共福建地下党的注意。中共福建省委宣传部部长王助(早年就读燕京大学，1931 年加入中国共产党，历任闽浙赣第四军分区政治部副主任、闽北独立师政委、中共福建省委宣传部部长、新四军驻福州办事处主任，1941 年 9 月 21 日，在建阳东坑头行军途中遭土匪袭击牺牲)主动接触、培养项南，并于 1938 年介绍他加入了中国共产党。

明天剧咏团抗日救亡活动按照党的要求不断推进，影响逐渐加大，招致国民党当局不满。国民党省党部下令解散了明天剧咏团。项南前往顺昌，在县政府从事园艺工作。不久，他组织上海沦陷后的流亡青年成立了宣传抗日的顺昌抗敌剧团。在各界爱国人士的支持下，顺昌抗敌剧团演出频繁，群众的抗日情绪日益高涨。国民党省党部拟秘密逮捕项南，幸有同乡及时报信，他得以逃脱。

1939 年春，在福州躲避一段时日的项南受闽清教育局督查黄开修邀请，前往闽清，共同发起成立了战时民教流动工作队。项南任队长，黄开修任指导员。战时民教流动工作队创办民校，组织读书会、演剧队，深入山村乡镇宣传抗日。活跃的项南又遭到了闽清县警备司令部的通缉。

1939 年，项南（后排左三）与战时民教流动工作队队员合影

1939 年秋，项南辗转来到广西桂林，原打算通过桂林八路军办事处转道前往延安，但由于国民党封锁严密，一时难以成行。经张雪澄朋友的推荐，项南在桂林苗圃谋得主任一职，生活有了基本保障。皖南事变后，在八路军办事处的安排下，项南由香港经上海，于 6 月抵达苏北盐城新四军军部。他被分配到盐阜区委所属的阜东县政府当秘书，后任阜东九区区委书记、阜东县委宣传部部长。抗战胜利后，他离开阜东，先后担任苏北第五分区专员公署建设处处长、第十一分区专员公署财经处处长、东南县委副书记兼东南县支队政委、苏北后勤司令部供应部部长等职。

项与年离开上海后因工作性质改名梁明德，项南到达苏北后将名字项德崇改成了项南，父子联系自是困难，加之战争年代工作繁杂，虽然彼此思念但无暇顾及。随着革命在全国的胜利，项与年给在上海的好友张雪澄写信，询问儿子的下落。张雪澄只知项德崇在安徽团口工作。项与年便委托时任安徽省委书记的老战友曾希圣帮助查找。

曾希圣乐得为老战友效力，马上把梁明德寻找失散儿子的任务交给了安徽团省委书记项南，说是一老战友找失散多年的儿子，老战友姓梁，只知道儿子在团口工作。过了一段时间，曾希圣问项南找到没有。项南说皖北青年团有十多万人，姓梁的很多，查了一些还没有找到。曾希圣告诉项南梁明德是福建人，20 世纪 20 年代末 30 年代初在上海从事地下工作，住在法租界八仙桥一带。得知梁明德是福建人，在上海八仙桥一带住过，项南不禁脱口而出："我也是福建人呀，我家也在上海八仙桥住过。"曾希圣马上问："你们家住在八仙桥哪里?"项南回答："法租界维尔蒙路德润里 24 号。"

1955 年，项南(左一)和父亲(右一)在沈阳重逢

法租界维尔蒙路德润里 24 号是当年中央特科的一个秘密联络点，也正是曾希圣说的梁明德的住处。曾希圣惊讶地问："你记不记得你父亲的朋友中有一个留着大胡子的叔叔?"项南说："有啊，那个大胡子叔叔在我家住过，还带我看过电影呢!"曾希圣激动起来，在项南肩上重重地拍了一下，笑道："你看看我是谁? 我就是那个大胡子叔叔。你就是梁明德的儿子。你父亲找你找得好苦啊! 没想到远在天边近在眼前。"

曾希圣给项南详细讲述了梁明德的情况。当年项与年随中央红军长征后又被派往香港、上海开展秘密工作，1938 年自沪到延安，从事抗日民族统一战线工作，历任中共西北局统战干事，中共三边地委、关中地委、绥德地委常委兼统战部部长。抗日战争胜利后，项与年从延安到东北，历任松江省延寿县县长，松江省建设厅厅长，辽宁省工业厅副厅长，旅大行署农村厅厅长，旅大市农业局局长，东北人民政府人民监察委员会高级专员，辽宁省监察厅副厅长等职。

得到父亲的消息，项南激动不已，他也一直在寻找父亲。他马上给在沈阳的父亲写了信，汇报了自己的情况。因双方工作繁忙，直到1955年，分别21年的父子才在沈阳重逢。

“文化大革命”中，项与年遭受残酷迫害，1969被送回老家福建连城，1978年10月2日病逝。

## 二、谭震林点将出席团代会，自此与青年团结缘

1949年1月1日，党中央发出《关于建立中国新民主主义青年团的决议》。中央决定在1949年夏季召开中国新民主主义青年团第一次全国代表大会，正式成立中国新民主主义青年团。1月19日，中央向各中央局和军委总政治部发出《关于召开新民主主义青年团第一次全国代表大会及全国民主青年代表大会的通知》，通告团代会召开的时间、代表产生办法，并要求“所有出席青年团全国代表大会之代表，统须于四月五日前到达大会所在地”[①]等。

各中央局和军委总政治部接到通知后，认真在优秀青年干部中选拔出席中国新民主主义青年团第一次全国代表大会代表。项南是中共皖北区委选拔的四位代表之一。皖北区党委书记曾希圣告诉项南，他这个代表是第三野战军第一副政委谭震林点的将。与谭震林相识是在项南担任苏北后勤司令部供应部部长不久。那时，遇上了华中野战军与国民党王牌74师交手惨

1949年4月，项南(左一)等中共皖北区青年团代表抵达北平

① 中央档案馆编：《中共中央文件选集》第18册(1949年1月至9月)，中央党校出版社1989年版。

烈的涟水战役。南下机关和部队途经的一座桥被敌机炸毁。项南组织民工架桥时，传令兵送来华中野战军副政委谭震林的命令：天黑之前新桥架不好，枪毙负责人！项南组织有序，指挥若定，很快一座新桥伫立于暮色之中。谭震林率军区司令部一行人来到河边，看见桥已架好，机关和部队正在项南的引导下井然有序地过河，露出了满意的笑容。正是这件事，让谭震林记住了项南。

接到命令，项南和其他三位出席中国新民主主义青年团第一次全国代表大会皖北地区的代表，即刻动身前往刚刚解放的北平。此行，开启了项南近10年的共青团工作生涯。

1949年4月11日至18日，中国新民主主义青年团第一次全国代表大会在北平召开。大会通过了工作报告和团的章程，选举产生了中国新民主主义青年团第一届中央委员会。会议结束后，毛泽东主席和朱德总司令在香山双清别墅接见了与会代表。项南用随身携带的相机拍摄了毛泽东和朱德接见代表时的情景。

会议结束后，项南等回到皖北，向曾希圣汇报了中国新民主主义青年团一大的情况。曾希圣当即指示他们留在皖北，着手筹备召开中国新民主主义青年团皖北区代表大会。

在项南等人的领导下，皖北青年团第一次代表大会和皖北学生第一次代表大会成功召开。会后，皖北团校开办，项南带头授课。皖北团校为青年团培养了一批骨干。项南先后任青年团皖北工委副书记、书记。1951年，青年团皖北工委与皖南工委合并，成立青年团安徽省工委，项南任书记。1952年，项南被任命为青年团华东工委第二书记。

1949年夏，项南向参加义务劳动的皖北青年团第一次代表大会代表讲话

这一时期，项南等团委领导带领团员青年，紧紧围绕党的中心工作——土地

革命、镇压反革命、抗美援朝、三反五反、三大改造等开展团的工作，卓有成效。项南的口才好，演讲生动风趣、富有激情、鼓动性强。他给团员青年讲话、作报告经常是掌声不断。他没有官架子，不让大家叫他书记，让大家叫他“项南同志”。

项南一贯重视宣传工作。在皖北团工委时，他与皖北日报社负责人商定在《皖北日报》定期开辟“皖北青年”专栏，宣传团代会精神，指导青年团工作。他还创办了《青年通讯》，宣传党的方针政策，交流团的工作经验。在华东局团工委时，他对团委机关报《青年报》十分重视，不仅亲自审阅、修改稿件，而且亲自撰写重要的社论、文章。他喜欢写文章，他认为自己动手写文章能锻炼逻辑思维的能力，对工作大有裨益。在皖北团工委时，他经常给《皖北日报》写思想杂谈类的文章，在安徽团省委时给《安徽日报》写过社论。他反对“党八股”式的文章。无论是在皖北团工委、安徽团省委、华东局团工委，还是在团中央主管宣传工作时，他都提倡写清新简洁、言之有物、读者看得懂的文章。

项南文字功底深厚，源于他是一个爱读书的人。无论是战争年代还是和平时期，工作之余他总是手不释卷。战争年代条件有限，图书匮乏，一部《联共(布)党史》他能读上好几遍，《三国演义》《水浒》等名著差不多也都被他翻烂了。新中国成立后，特别是在华东局团委工作时，读书条件好了，可以从图书馆借到各类图书。《莎士比亚全集》等许多世界名著和有关哲学、经济学方面的著作他都是在那个时期读的。直到晚年，他都很怀念那段难得的读书时光。

1954 年 3 月，项南参加由团中央书记处书记刘导生为团长的中国青年代表团，出席在莫斯科召开的苏联列宁共产主义青年团第十二次代表大会。会上项南代表中国青年代表团向苏联列宁共产主义青年团赠送了

1954 年，项南(中)参加中国青年代表团，出席苏联列宁共产主义青年团第十二次代表大会

锦旗。会后，他和代表团其他成员一起，拜谒列宁墓，参观列宁纪念馆、克里姆林宫教堂、斯大林汽车工厂、天文科学教育馆、阿芙乐尔巡洋舰、俄罗斯油画馆，观看芭蕾舞剧《罗密欧与朱丽叶》《天鹅湖》，歌剧《阿依达》《叶甫盖尔·奥涅金》等。世界上第一个社会主义国家给项南留下了深刻印象。

访苏期间，项南每天都会把一天的所见、所闻、所感记录下来。回国后，他撰写的访苏日记被《中国青年报》和上海的《青年报》连载，受到青年读者的欢迎。后来上海人民出版社出版了《访苏日记》单行本，在社会上也产生了很好的影响。

1955 年，36 岁的项南奉调进京，出任团中央宣传部部长。此后，他以超强的组织能力，深厚的文字功底，出色的鼓动才能，勇于开拓的工作思路，成为团中央书记处第一书记胡耀邦的得力助手。他参与了那一时期团中央几乎所有重要文件的起草，其清晰的思路，独到的见解受到胡耀邦的赏识。胡耀邦的出访，到全国各地视察经常会让项南同行。

1957 年，团中央第一书记胡耀邦(前左三)与项南(前左二)率团访问苏联时，参观苏联的工厂

1957 年，项南与胡耀邦一起出访苏联，参加世界青年和平联欢节。回国后，他又陪同胡耀邦一起视察了新疆、甘肃的十几个地市，并与各级青年团干部座谈。项南还曾陪同胡耀邦参观考察过长春第一汽车制造厂、鞍山钢铁厂、富拉尔基机械制造厂、洛阳拖拉机制造厂、洛阳矿山机器厂、克拉玛依油田、兰州炼油厂等大型国营企业，了解团的组织建设情况。

在团中央期间，项南为团的建设、青少年一代的健康成长做了十分有益的工作。他撰写的《照顾青年特点开展团的工作》《青年向科学进军》《青年应该向谁学习》《自古英雄出少年》等文章，文字生动，说理透彻，紧密结合了团的工作和青年思想实际，深受团员青年的欢迎。在全国扫盲运动中，他积极贯彻落实团中央的决定，组织青年扫盲队为“盲人”作先生，并积极总结了山东省莒南县高家柳沟村青年团支部的扫盲工作经验。毛泽东在《中国农村的社会主义高潮》一书的按语中肯定了莒南县高家柳沟村青年团支部扫盲工作的经验。

## 三、因“十点建议”被撤销团中央书记处书记等职务

1956年，中共八大确定了比较符合中国实际的路线，全党都在考虑怎样进行社会改革，以进一步发展社会生产力。在胡耀邦的领导下，团中央也在酝酿改革，研究如何开好新民主主义青年团第三次全国代表大会，以带领团员青年更好地在社会主义建设中发挥积极性和创造精神，做好党的助手。

10月至11月间，为筹备召开中国新民主义青年团第三次全国代表大会，团中央书记处召开了四次扩大会，讨论团三大的任务和方针。

在扩大会上，身为团中央宣传部部长的项南做了有充分准备的发言。他提出了“十点建议”，即他认为团三大应该切实解决的十个问题：一是群众化问题；二是民主化问题；三是思想教育工作问题；四是提高青年文化科学技术水平问题；五是建立青年活动中心场所问题；六是加强基层组织建设问题；七是团的自治问题；八是干部管理问题；九是经费独立问题；十是精简机构充分运用积极分子问题。[①] 他就这十个问题进行了详细的阐述。这也是他对青年团改革和建设长期思考的结果。“当时毛泽东对青年团的工作也有一些批评，说‘青年团不能躺在党的怀抱里’‘青年团应该有自己的独立活动’等”。项南的“发言中心是提倡青年团应该群众化和民主化，反对把青年团变成一个为青年包办代替的官僚机构”[②]。

项南的发言得到与会同志的赞同，团中央常委会讨论决定以团中央书记处的名义将“十点建议”上报党中央，并印发各团省、市、自治区委征求意见。

1957年5月15日到25日，中国新民主主义青年团三大召开。在团的三届一中全会上，项南当选为团中央书记处书记，分管宣传、报刊和少年儿童与

① 郑洸《团三届三中全会及其酿成的项南错案》，李静主编：《青运春秋》第五辑，中国青年出版社2013年版，第240—241页。

② 钟沛璋《别具一格的项南》，《人民公仆项南》，香港荣誉出版有限公司1998年版，第16页。

少先队工作。项南绝对不会想到，随着政治形势的变化，他会因言获罪，半年之后成为批判的对象。其实，在团三大召开期间，党中央接连发出《关于继续组织党外人士对党政所犯错误缺点开展批评的指示》《事情正在起变化》《关于对待当前党外人士批评的指示》后反右已经逐渐扩大化了。

1958年6月2日，团的三届三中全会召开，会议预定议程是交流"大跃进"以来团的工作经验，通过《关于组织广大青年学习马克思列宁主义、学习毛泽东著作的决议》，讨论少先队和少年儿童工作。6月28日，全会通过了由项南主持起草的《关于改进少年先锋队工作开展共产主义少年儿童运动的决议》《中国少年先锋队队章》《关于组织广大青年学习马克思列宁主义、学习毛泽东著作的决议》。

会议即将结束时，党中央书记处指示，要用整风的方法，解决"保证党对团的绝对领导"问题。为此，团的三届三中全会延期继续进行，内容转为用整风的方法批判在保证党的绝对领导问题上所犯的错误。项南在扩大会上的"十点建议"成为批判的靶子，被视为"反党反社会主义右倾机会主义的青年运动纲领"，是团中央闹独立性，是向党要"人权、财权、活动权和发言权"，是"提倡群众化、民主化和自由化"的大毒草[①]。

这次团中央全会历时73天，成为青年团历史上时间最长的一次中央全会。全会提出："在青年团工作的党员干部必须进一步增强党性，并且在全团干部和全体团员中牢固树立服从党的领导的思想。应当使全团干部和全体团员更加明确认识，党的领导是团的生命线，是我们做好一切工作最根本的保证。我们团的全部工作，归根结底都是为了一个目的，那就是教育和带领青年永远跟着党走，为实现党的纲领和党在各个时期的方针任务而斗争。"[②]当时由于"左"的思想影响，在会议中检查保证党对团的绝对领导问题上，把局部问题当全局问题，把基本思想是正确的、积极的意见看成是右倾机会主义纲领，以致对项南作出了错误处理决定，全会通过了《共青团三届三中全会关于项南错误的决议》。

《关于项南错误的决议》指出，"项南错误的根本点是反对党、反对党对团的领导。他向团中央提出的'十点建议'是一个彻头彻尾的右倾机会主义纲

① 张永和、项建坤：《项南传》，中共党史出版社2015年版，第93页。

② 《共青团三届三中全会公报》，中国共产主义青年团中央委员会办公厅编：《团的文件汇编》1958，第93页。

领。项南的主要错误是：一、攻击党的领导。他抹杀党领导我国社会主义革命和社会主义建设的伟大成就，歪曲党的政策，认为党的'权力大得很'，高级领导干部已经在蜕化，党已不能代表人民的大多数，主张共青团有自由批评党委的权力，和党唱对台戏。他夸大党和国家生活中的缺点，宣扬资产阶级的民主自由，要发动青年'干预国家生活'，冲击无产阶级专政。其实质是要否定党的领导地位和领导作用，反对社会主义制度，向资产阶级投降。二、反对党对团的领导，篡改青年运动的共产主义方向。他认为青年团是'官办的'，党对团的领导是对团的'干涉'和'限制'，主张向党争权，实行独立自治；他夸大青年特别是知识青年的作用，认为他们是'政治上的寒暑表'，反对对他们进行阶级分析和思想改造；他强调满足所谓青年的特殊利益和要求，认为积极地组织青年参加社会主义建设是'卖苦力'，主张团主要是搞文化娱乐活动；他反对民主集中制，反对有领导地进行选举，厌恶自上而下地布置工作任务，主张取消团的组织纪律和集中指导。因此，他提出团要'自治化''群众化''民主化'，妄图从根本上改变团的性质和任务"[①]。《决议》强调，"共青团不接受共产党的领导，就必然接受资产阶级领导。要团脱离党的领导而'独立'是极端错误的，这就是不要政治挂帅，否定'兴无灭资'的根本方针，把团从党领导下的先进青年组织改变成为资产阶级的青年团体"[②]。全会号召全团干部，"在项南的错误事件中吸取深刻教训，把自己严格地置于党和群众的监督之下，不断地进行思想改造，自觉地增强党性锻炼，克服资产阶级个人主义思想，力戒骄傲，力戒虚夸，老老实实，勤勤恳恳，永远做党的驯服工具和人民的勤务员"[③]。

对项南的批判，大会、小会进行了两个多月，最终项南被撤销了团中央常务委员会委员和书记处书记的职务。翌年，又受到留党察看两年、行政降两级的处分。

本来在团的内部会议上，探讨团的改革，以达到开好团的全国代表大会的目的是很正常的事情，没想到却是这个结果。这个结果也是胡耀邦不愿看到的，但在当时的情况下他也无法左右，他自己在会上也作了题为《警惕我的先

① 《共青团三届三中全会关于项南错误的决议》，中国共产主义青年团中央委员会办公厅编：《团的文件汇编》1958，第89页。

② 《共青团三届三中全会关于项南错误的决议》，中国共产主义青年团中央委员会办公厅编：《团的文件汇编》1958，第90页。

③ 《共青团三届三中全会关于项南错误的决议》，中国共产主义青年团中央委员会办公厅编：《团的文件汇编》1958，第91页。

锋主义苗头和个人英雄主义》的检讨。多少年后，胡耀邦在与老友谈到生平憾事时，自责“批斗彭德怀时没讲公道话，开除刘少奇党籍举了手”“对项南没有保护好”[①]。

由于种种原因，直到21年后，在胡耀邦的直接关心下，项南的错案才得以彻底平反。

## 四、中共中央批准团中央《关于为项南同志平反的报告》

批判、撤职、处分、降级，项南黯然离开了团中央。1958年国庆节后，他被下放到北京市东郊农场（后更名为中阿友好人民公社）参加劳动。

在农场，乐观的项南很快和农工打成一片，学会了操作各种农业机械，并开始潜心研究中国的农业问题。

虽然受了委屈，但对党依旧坚信无疑，这就是项南。他在给战友的信中写道：“干革命不可能一帆风顺，共产党员要经受得住各种考验；为了党和人民的利益，应当随时准备牺牲自己的一切，这次下放劳动对自己是一个很好的锻炼机会。”[②]

1959年，在北京市东郊农场驾驶拖拉机的项南

1961年7月，党中央发出《关于自然科学工作中若干政策问题的批示》，同意聂荣臻《关于当前自然科学工作中若干政策问题的请示报告》和国家科委党组、中国科学院党组《关于自然科学研究机构当前工作的十四条意见》。中央认为，文件精神对一切有知识分子工作的部门和单位都适用，强调“做好知识分子工作，很关紧要”。对待知识、知识分子问

① 郑洸：《团三届三中全会及其酿成的项南错案》，李静主编：《青运春秋》第五辑，中国青年出版社2013年版，第239页。

② 韩培信、叶绪昌：《爱憎本真理永葆赤子心》，《人民公仆项南》，香港荣誉出版有限公司1998年版，第26页。

题上的片面认识和简单粗暴作风必须纠正，在学术研究工作中，必须坚持“百花齐放、百家争鸣”的方针，对几年来批判错了的人，要进行甄别平反。①

9月，中央统战部、组织部、宣传部共同召开了第一次“全国改造右派分子工作会议”，提出1961年摘掉“右派分子”帽子的比例一般不要低于30%，并根据中央关于改造右派分子工作由各级党委、统战部门主管的指示，成立了由统战、组织、政法、宣传、文教等部门组成的“改造右派分子工作领导小组”，在统战部设立了“领导小组办公室”，负责日常工作。

在这样的背景下，胡耀邦认为解决项南的问题时机已到。他想到刚成立不久的农业机械工业部（1965年改称第八机械工业部）部长陈正人。陈正人是井冈山时期的老革命，一向实事求是，珍惜人才。他向陈正人介绍了项南的情况。1961年11月，项南被任命为农业机械工业部办公厅副主任。

项南上任后，刻苦学习农业机械知识，认真钻研农业机械问题，加之经常陪同陈正人下基层考察调研，掌握了大量第一手资料。他撰写的《农机科研工作要走在农业机械化的前面》《农业机械化的若干问题》《谈稳产高产和农业机械化》《农业机械化问题考察报告》等文章，对推动农业机械化的健康发展起到了积极作用。项南对农机事业倾注了满腔热情，1966年2月，他在八机部召开的全国农业机械管理计划会上提出的“实现农业机械化的速度与程度的设想”受到业内人士的好评。然而这一设想，随着“文革”的爆发而破灭。

“文革”开始后，已是农机局局长的项南被打成走资本主义道路的当权派，再次受到批判。戴着“右倾分子”的帽子，“文革”中再遭厄运的项南依然保持着乐观的精神，他说：别人是打不倒你的，能打倒你的只有你自己。一年后，他被下放到黑龙江依兰县五七干校，不久，转到河南信阳地区罗山县五七干校。无论到哪里，项南都会以积极平和的心态参加劳动，在罗山县五七干校还毛遂自荐当上了拖拉机手。

1970年5月，项南恢复工作。他先后担任第一机械工业部（1970年4月，第八机械工业部与第一机械工业部合并为第一机械工业部）农机化领导小组组长、农机局局长、副部长。他致力于中国农业机械化事业，积极引进国外先进的农业机械和技术，在深入调查研究的基础上，提出因地制宜发展农机化的战略性意见和发展村镇“五小工业”（即小煤矿、小水电、小钢铁、小化肥、小机

① 中共中央文献研究室中央档案馆编：《党的文献》，1996年第1期。

械)为农业机械积累资金的思路。

为学习国外的先进技术和经验,1976 年,项南率团赴美国考察。他们考察了美国的农场、农业研究中心,参观了全球领先的农机制造公司约翰迪尔公司、世界著名的汽车生产厂家福特汽车公司等,并与中美贸易委员会、美国农业部的官员进行了接触。所见所闻,让项南感到震撼。为什么资本主义的美国的科学、技术、经济能如此快速地发展?为什么美国只占总人口 5% 的农民,不仅养活了整个国家,还能大量出口粮食?他在日记里写道:"尽管多少人不喜欢它,骂它,美国仍然是世界上最富足的国家;尽管解放后,经历了四分之一世纪的斗争,中国仍然是世界上最贫穷的国家之一。要超过美国,还要作极大、极长时间的努力。"①

1978 年,项南率团对意大利、法国、英国和丹麦等国家进行农业和农业机械化的综合考察。他总结出欧美国家解决农业问题的主要经验是,把现代科学技术运用到农业生产中去,使生产手段现代化、生产方式机械化、生产组织集约化、专业化,生产管理企业化。他撰写的考察报告体现的见解、思考受到中央领导的重视。1979 年 2 月,项南被任命为农业机械部副部长。此时,他"右倾分子"的帽子尚未摘掉,团中央时期的错案尚未平反。

1977 年底胡耀邦出任中组部部长后,冲破"两个凡是"的束缚,打开了在全国范围内抓落实干部政策、平反冤假错案的局面。项南的平反问题一直为胡耀邦所惦念。他对中组部研究室一位在团中央工作过的老部下说:"对项南同志的错误处理,是我一生中办的错事之一,我感到对不起他,虽然在当时的情况下我硬顶也是顶不过去的。咱们说办就办,你明天就去找项南,千方百计找到他,请他写一个简要的申诉就可以了。我尽快把这个拖了 20 年的问题解决了。"项南得知胡耀邦的关心后感动地说:"请转告耀邦,我很感谢他这么多年还想着我。"②

不久,项南将申诉材料送到中组部。1978 年 12 月 25 日,胡耀邦阅后批转给分管落实干部政策的中组部常务副部长陈野苹以及中组部干审局、经济局。胡耀邦在批示中写道:我认为 1958—1959 年团中央对项南同志的处分是过大的,不恰当的,是应该撤销的。对他的处分决定,因为发给了全国,撤销

① 夏蒙、钟兆云:《项南画传》,人民出版社 2014 年版,第 136 页。

② 苗枫林:《我"读"胡耀邦》,《百年潮》2015 年第 4 期。

时，也应相应地发下去。至于责任问题，我当时是团中央第一书记，理应负不可推卸的主要责任。应如何甄别撤销，因为时间已久，我对许多情况记不清楚了，你们办起来也一定感到棘手。我的意见是：先找当时的决定起草人、经手人，同项南同志一起，先写出一个甄别撤销草稿，由当时团中央书记处成员和常委（我、刘西元、胡克实、王伟等人）共同写个意见，然后做出决定。此事，请你们一定抽出二三个同志办一下（也可以说是帮帮我的忙，因为这一案件办不好，我心中是很不安的）。[①]

在当时的平反冤假错案中，鉴于特殊背景和历史环境，很少提及责任问题，但在项南一案中，胡耀邦却明确表示"理应负不可推卸的主要责任"，彰显了一个共产党人敢于担当的襟怀和气度。

很快，中组部和团中央一起，对1958年7月团的三届三中全会《关于项南错误的决议》以及后来给予他的党内处分和行政处分决定进行了复查，结论是：这是一个错案，应该彻底平反。

1979年3月5日，团中央将《关于为项南同志平反的报告》呈党中央。报告介绍了项南错案的经过及复查结果。

第一，项南同志的"十点建议"，是在团中央书记处扩大会上的发言，他分析了当时团的工作中存在的主要问题，提出了改进团的工作和加强团的战斗力的具体办法，基本思想是正确的，积极的，是建设性的意见，不是右倾机会主义纲领。即使有些意见不够全面，在团中央书记处扩大会上讨论工作，发表意见，也是党内正常的民主生活所允许的，是符合党章规定的。

第二，项南同志在"十点建议"中讲到"民主化的问题"时提出："有些工厂、学校的党委书记权力大得很，别人提不得意见"、"工会、青年团应该是代表多数人的意见的"、"各个企业、学校和农村党的组织都有可能产生缺点和错误"、"应当帮助党来消除缺点和错误"，"发动青年干预国家的生活"等。但《决议》却把它歪曲为攻击"党的权力大得很"、"党不能代表人民的大多数"，"冲击无产阶级专政"等并以此作为项南同志"攻击党的领导"，"抹煞党领导我国社会主义革命和社会主义建设成就"、"歪曲党的政策"的依据。这都是不符合事实的，是错误的。

第三，项南同志建议团的工作要"群众化"、"民主化"、"自治化"，指导思

① 张永和、项建坤：《项南传》，中共党史出版社2015年版，第108页。

想是要共青团密切联系群众，充分发扬团的民主，开展适合青年特点的独立活动。所谓“自治”，他认为团的工作主要不是根据上级团委的要求布置，而应该根据当地的具体情况和青年的要求去做，因为地方党和行政已经有了布置，如再布置一套，会发生重复，不合要求。团中央对生产和行政工作一般地都不要去布置，党也不要去干涉团的日常工作。但《决议》却认为项南同志反对党对团的领导，篡改青年运动共产主义方向。这一错误的推论是应予推倒的。

第四，项南同志在团中央工作期间，向青年发表了不少讲话，写过一些文章，接待过外国记者，宣传党的方针政策。而《决议》却把其中的某些内容断章取义概括为“自我吹嘘”、“狂妄自大”、“违反纪律”、“品质恶劣、具有个人野心”等，都是诬蔑不实之词。[①]

不久，团中央《关于为项南同志平反的报告》得到党中央批准。1979 年 5 月 14 日，团中央发出《关于为项南同志平反的通报》。《通报》指出，“中央同意撤销 1958 年《关于项南错误的决议》及原处分决定，恢复其原工资级别。现将为项南同志平反的报告通报你们，以便消除影响，恢复名誉。”[②]“对凡因项南同志的问题而受到株连者，也应一律给予甄别平反”[③]。

至此，项南错案终于得以公正的实事求是的澄清，项南得以彻底平反，恢复名誉。从蒙冤到平反，项南的人生已经走过了 21 个年头。平反后的项南依然很平静。不久，他即收拾好简单的行囊去了福建。

## 五、出任福建省委书记成为福建改革开放事业的先行者

党的十一届三中全会后，福建和广东被确定为改革开放的先行省份，实行“特殊政策，灵活措施”，但是由于“左”的思想干扰，福建的许多工作徘徊不前。福建急需一位有魄力、有担当的领头人。

---

① 《共青团中央关于为项南同志平反的通报》，中国共产主义共青团中央办公厅编：《团的文件汇编》1979，第 47—48 页。

② 《共青团中央关于为项南同志平反的通报》，中国共产主义青年团中央办公厅编：《团的文件汇编》1979，第 46 页。

③ 《共青团中央关于为项南同志平反的通报》，中国共产主义青年团中央办公厅编：《团的文件汇编》1979，第 48。

党中央书记处在讨论福建主要领导人人选问题时达成共识：福建是侨乡，处于改革开放的前沿，应找一位籍贯是福建，熟悉福建情况的同志。

出任福建省委书记时的项南

胡耀邦推荐了项南。最终，邓小平拍板，项南任福建省委常务书记。邓小平曾在一次讲话中指出："选干部，标准有好多条，主要是两条，一条是拥护三中全会的政治路线和思想路线，一条是讲党性，不搞派性。"[①]显然，项南是符合邓小平选任干部标准的。

1981 年 1 月，项南出任福建省委常务书记，主持工作，一年后出任福建省委第一书记。在福建，项南开始了大刀阔斧的改革。

**一是大力推行农业生产责任制，提出大念"山海经"，发挥依山靠海的优势发展农业。**

项南初到福建时正值春耕之际。尽管中央三令五申落实农业生产责任制，但不少地方干部依然按兵不动，有的人认为"包产到户"是"砍大寨红旗"，是走资本主义道路。项南认为，福建的当务之急是解放思想。于是，他在省党代会上发表了《谈解放思想》的重要讲话。这篇讲话得到中央的肯定。中央办公厅将其转发至省、军级，并在按语中说，这"是一篇领导干部亲自动手准备、不要秘书代劳的好讲话。这篇讲话联系实际，提出问题，解决问题，简明、生动、活泼，绝少套话、空论"[②]。

省党代会后，项南和省委同志一起深入农村搞调研。临行前他"约法三章"：不允许当地领导到边界迎接；不允许摆设宴席；不允许接受当地送的土特产和礼品。这个规定直到 1986 年 2 月他离开福建也没有打破。

基层调研更加坚定了项南在全省农村推行农业生产责任制的决心。大年初一，经他修改的社论《落实农业生产责任制刻不容缓》刊登在《福建日报》的醒目位置。2 月 6 日，福建省委发出《关于抓紧落实生产责任制的通知》，要求各地领导集中精力，因地制宜，尽快全面落实农业生产责任制。2月10日，省

---

① 《邓小平文选》第 2 卷，人民出版社 1994 年版，第 192 页。

② 夏蒙、钟兆云：《项南画传》，人民出版社 2014 年版，第 154 页。

1981 年，项南在基层调研联产承包责任制

委、省政府联合召开关于落实农业生产责任制的全省电话会议。会上，一位地委书记质问："过去第一书记说不能搞包产到户，现在常务书记又说要大力推广包产到户，我们到底是听第一书记的还是听常务书记的？"项南十分聪明且巧妙地回答："你们既不要听第一书记的，也不要听常务书记的，要听中央的。"①

电话会议结束后，农业生产责任制在全省迅速推开，仅一年多的时间，全省 90％以上的农村建立了不同形式的生产责任制，到 1983 年春，实行家庭联产承包的生产单位已占全省生产队总数的 96.4％。家庭联产承包责任制使广大农村干部群众的生产积极性被调动起来，使一度受到束缚的农业生产力得到迅速发展。

在推行农业生产责任制的同时，项南又从福建省依山面海的实际出发，提出大念"山海经"的战略决策。福建划出四千万亩荒山和海涂让农民造林种果，养殖海产，使人尽其能，地尽其用。这一战略最大限度地推动了福建山海资源的开发，为全省经济的快速发展奠定了基础。不久，项南又提出"建设八大基地"的目标，即在福建建设林业、海洋、经济作物、牧业、轻工、外贸、科教、统一祖国八大基地，为福建的经济发展注入了新的动力和活力。

**二是提出要允许多种经济成分并存，要加大吸引外资的力度，要在厦门建经济特区。**

1980 年 10 月，国务院正式批准在厦门设立经济特区。然而，对改革开放持有不同意见的人，对兴办经济特区顾虑重重。项南来福建时，特区建设还没有启动。为打消广大干部的疑虑，他在福建省直机关干部会议上作了题为《厦门特区非搞不可》的讲话，实事求是地阐述了经经济特区对福建经济发展的重要性，呼吁全省上下支持厦门经济特区的工作。

---

① 张永和、项建坤：《项南传》中共党史出版社 2015 年版，第 2 页。

1981年10月15日，厦门经济特区湖里工业区动工兴建。以厦门经济特区建设为龙头的福建改革开放事业在项南的带领下，很快打开了局面。1983年9月，在福建省经济特区工作会议上，项南又提出特区要实行特殊的任务、特殊的政策、特殊的环境和特殊的方法。这个讲话以《特区要"四特"》为题在香港《中国经济特区年鉴》创刊号上发表后产生了良好的社会效应。

然而，一些思想僵化的人无限夸大改革开放中出现的问题，姓"资"不姓"社"的责难不断纠缠着项南。项南向来无私无畏、勇于担当，认定的事情决不优柔寡断。1984年2月邓小平到厦门视察时，他向邓小平提出将厦门经济特区的范围从2.5平方公里扩大到厦门全岛，并在厦门实行自由港政策的建议。

3月，中共中央、国务院召开沿海部分城市座谈会。会议决定将厦门特区范围扩大到全岛，并实行自由港的某些政策。

此外，项南还在争议声中，支持兴办中国第一家中外合资的家电企业——福日电视机有限公司，支持成立中国烟草业第一家合资公司——厦门华美卷烟有限公司，支持利用美国芝加哥第一国民银行的贷款建成全省第一支远洋船队。

**三是积极解决交通和通讯两大问题，为厦门经济特区插上腾飞的翅膀。**

项南上任时，福州机场只能起降中小型飞机，而厦门无民用机场。福建的公路、铁路交通也很不方便，从福州到厦门汽车要走一天的时间，从广州到福州火车要走30多个小时，从上海到福州火车要走20多个小时。项南从科威特争取到2200万美元贷款，大胆利用外资修建机场。1983年，厦门国际机场在高崎建成。在项南的努力下，厦门还成立了新中国第一家地方航空公司——厦门航空公司。

接下来，项南解决的是通讯设备落后的问题。当时程控电话鲜为人知，所有长途电话接转都要通过接线员。曾经有一位法国商人从福州给巴黎打长途电话，打了两天两夜都没能接通，愤而无奈地离去。为解决通讯问题，项南支持省邮电局引进日本富士通公司的程控电话交换机，使直播国际电话仅需20秒。福建引进全自动程控电话走在了全国的前面。

**四是冲破各种阻力推动落实党的政策，大力平反冤假错案。**

长期以来，由于"左"倾错误的影响，在历次政治运动中，福建产生了大批冤假错案。特别是地下党的冤案，使许多在解放前战斗在危险、艰苦环境中，为党的事业出生入死的原闽浙赣、闽中、闽西南地下党的同志蒙受冤屈。

在听取多方面的汇报后，项南认为“如果福建地下党的冤假错案再不认真对待和解决，广大党员的积极性就难以调动，改革开放的大业也难以顺利推行”[①]。他提出一切要从实际出发，认真查清福建地下党冤案，公开、公正地予以解决。他主持省委常委会议确定了“坚决、彻底、尽快、妥善”地解决历史遗留问题的方针。经过大量艰苦细致的工作，因原闽浙赣、闽中、闽西南地下党“三大案”蒙冤受屈的大批同志平了反。这些平反的同志不仅恢复了党籍，工资待遇也得到相应提高，且人尽其才，才尽其用……平反冤假错案，为福建的改革开放事业创造了宽松和谐的政治环境。

项南主政福建五年间，克服“左”的思潮干扰，大力推进改革，使福建经济增长跃居全国前列，人民生活水平得到显著提高。项南是改革开放初期具有代表性的人物之一。他勤于思考，勇于实践，许多见解和观念超前于我们的时代，为改革开放作出了积极的贡献。

## 五、“晋江假药案”黯然去职，创办中国扶贫基金会

项南主政福建期间，旗帜鲜明地支持乡镇企业的发展，称赞“乡镇企业一枝花”，指出“乡镇企业姓社，是福建经济发展的一支生力军”，鼓励乡镇企业“要敢打头阵！”[②]然而，正当他准备大展宏图，推动乡镇企业向前发展时，一场轰动全国的“晋江假药案”导致他不得不离开福建。

1985 年 6 月，《人民日报》刊登题为《触目惊心的福建晋江假药案》的报道。“晋江假药案”实际情况如何？“所谓‘晋江假药’，既非晋江，也不是一般所说的假药。说是‘晋江’，其实事情出在晋江县陈埭镇的一个涵口村；说是‘假药”，其实是一些农民专业户把白木耳和白糖制成‘感冒咳嗽冲剂’销售。首先发现并制止这种违法行为的，恰恰是福建省委。项南下令严肃查处此事：停止生产、销毁成品。”[③]

在采取果断措施严加处理的同时，项南及时向中央反映了情况。就在福建省全力查处此事时，《人民日报》又连续发表评论员文章《坚决刹住伪造和假

① 胡宏等：《魂系八闽心昭日月》，《人民公仆项南》，香港荣誉出版有限公司 1998 年版，第 41 页。

② 张永和、项建坤：《项南传》，中共党史出版社 2015 年版，第 274 页。

③ 孙长江：《悲剧比喜剧更能启迪人的心智》，胡少安《敬畏人民——项南传》序，福建人民出版社 2004 年版，第 1 页。

冒商品的歪风》《查它个水落石出——再评“晋江假药案”》，提出对此案“一定要查它个水落石出”“一定要给广大群众和深受其害的消费者一个满意答复”。7 月，《人民日报》刊登中央纪律检查委员会给中共福建省委并转晋江地委和晋江行署党组的一封公开信。公开信批评中共晋江地委、行署和地区纪律检查委员会对晋江假药案“熟视无睹，听之任之，甚至把大量制造假药危害人民的乡镇加以表扬”。公开信要求这些机关“深刻地检查在这一重要事件中你们在领导上的重大责任”，提出“对有关党组织和领导人亦必须追究责任”。各大媒体纷纷跟进，影响迅速扩大，晋江县乃至晋江地区（今泉州市）的乡镇企业受到重创。项南召开福建省委常委会，讨论中纪委的公开信，对彻底查清问题，按照党纪、法纪、政纪严肃查处责任人作了部署。项南对假药制造者没有姑息，但对来之不易的乡镇企业发展局面深感忧虑。他坚持认为，应把假药案和乡镇企业区分开来，乡镇企业必须扶持，应“除虫护花”，使改革大踏步向前走。

项南和福建省委对假药案的处理是坚决的，既制止了假药的制售和进一步泛滥，对主要负责人也做出了处理……

1986 年 2 月，中央决定免去项南中共福建省委书记职务。1987 年项南离闽返京后因“晋江假药案”受到“党内警告”处分。

尽管项南历尽波折，受到不公平待遇，但他不但没有消沉，反而负重前行。他始终把党和人民的事业看得比自己的名誉重要。回京后，他创办了第一个全国性的民间扶贫团体——中国扶贫基金会。他怀着对贫困地区和群众的深厚感情，走遍了西北、西南以及全国大部分贫困地区，为中国的扶贫开发事业作出了贡献。

1997 年 11 月 10 日，项南因心脏病突发去世。一幅署名“福建百姓”的挽联诠释了他的一生——“功高无私，为官一世两袖清风；德高望重，为人楷模流芳千古。”

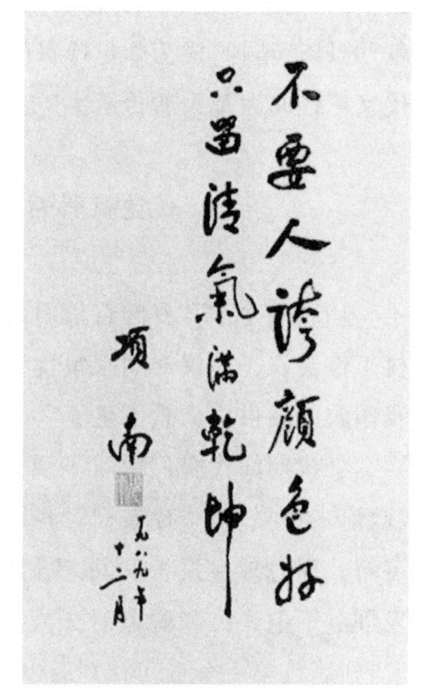


项南手书：不要人夸颜色好，只留清气满乾坤

（作者系中国青少年研究中心编审，团中央青运史档案馆原副馆长）

# 激情燃烧的岁月

## ——记北京青年志愿垦荒队队长杨华

李　静

20 世纪 50 年代，以北京石景山西黄村乡乡长杨华为队长的北京青年志愿垦荒队，奔赴黑龙江省萝北荒原，扎根边疆，艰苦创业，揭开了全国青年志愿垦荒的序幕。杨华等老一辈垦荒队员留下的“信念坚定、艰苦奋斗、团结友爱、无私奉献”的垦荒精神，成为弥足珍贵的精神财富，被一代又一代北大荒人所传承。

杨华（1932—2017）

### 一、党有号召

1954 年秋，22 岁的石景山西黄村乡乡长兼团总支书记杨华参加北京市农村工作会议。会议对国家粮食统购统销政策发布以来的情况作了分析，指出我国农产品供应严重不足。

会议期间代表们学习了周恩来总理在第一届全国人民代表大会上作的《政府工作报告》。代表们对我国农产品供应严重不足的情况有了更进一步的了解。周总理在报告里说：我们国家“农业生产落后，已耕地面积不足”，“农业发展赶不上人民和国家对于农产品的需要”，要“尽可能扩大耕地面积”。其实，在制订第一个五年计划时，中央便把开垦荒地作为一项长远规划来部署，要求“在第一个五年计划期间，应该积极地进行荒地的调查和勘察，完成 1 亿亩荒地的勘察工作，完成 4000 万亩到 5000 万亩荒地开垦的规划设计工作，为第二个五年计划大规模的开垦荒地做好准备”。

杨华的心情久久不能平静，国家有困难，青年应该做什么的问题一直萦绕在他的心间。此后，去边境垦荒成为他的向往，他愿意为国家分忧，他在等待一个机会。

1955 年是我国第一个五年计划的第三年，各项事业蓬勃发展，但农业滞后，粮食短缺问题突出，严重影响了国家工业化进程。粮食短缺对于一个将近 6 亿人口的大国来说是个大问题。2 月，在青年团北京市第三次代表大会上，团中央书记处书记胡耀邦号召青年人“到边疆去，到祖国最需要的地方去，开发边疆，建设边疆，到那里安家落户”。

那时，各行各业也在向苏联学习，在学习苏联的热潮中，苏联组织青年垦荒队的做法引起了团中央的注意。4 月，团中央书记处书记胡克实带领中国青年代表团去苏联考察。除共青团工作外，他们着力考察了苏联青年开垦荒地的情况，比如垦荒的规模、投资、人员、组织以及垦区生活、青年团在垦区的工作等。当时苏联领导人赫鲁晓夫认为，粮食不足的问题只能通过垦荒运动来解决。他在全国掀起了一场轰轰烈烈的，动员青年去西伯利亚和哈萨克的垦荒运动。他们用两年的时间动员了 27 万城市青年移民垦荒，大规模建设共青城。苏联的垦荒运动既解决了粮食的短缺问题，也解决了城市青年的就业问题。

苏联的做法使中国青年代表团深受启发，回国后在给团中央书记处写出访报告时，专门就苏联动员青年开垦荒地、解决粮食不足的情况作了汇报。团中央书记处研究后认为，苏联的做法很值得借鉴，为此给党中央写报告提出，“从城市中动员年轻力壮、有文化的青年去参加垦荒工作是有好处的，也是今后解决城市中不能升学和无职业青年就业问题的一个办法”，建议中国学习苏联的经验。

党中央转发了这个报告，并在批示中写道：这个报告“很有参阅价值”。5 月，中央批准农村工作部《关于垦荒、移民、扩大耕地面积、增产粮食的初步意见》。同月，毛泽东在《中国农村的社会主义高潮》一文的按语中指出：“农村是一个广阔天地，在那里是可以大有作为的”。

党有号召，团有行动，7 月 25 日，团中央下发《关于响应党的号召，组织青年参加开垦荒地的几项意见》，要求各级团组织“动员一部分城市中未升学的初中、高小毕业生及其他失业青年参加垦荒工作。”强调“青年团在这一工作中应当承担动员青年参加垦荒的任务，并保证一定数量的团员参加。按照垦荒生产工作的各项需要，选拔那些有决心的、身强力壮的、政治比较纯洁的青年前往”。提出“在条件许可的地方，还可以建立一些青年村、青年集体农庄或青年农场”。

如何组织垦荒？胡耀邦产生了组织青年志愿垦荒队的念头。他找到北京团市委书记王照华，提出让首都带个头。北京团市委即刻召开朝阳、海淀、丰台、石景山、南苑等区团委书记会议，传达团中央组织青年垦荒的指示精神，要求各区尽快物色动员垦荒发起人。

这期间，团中央也直接派干部参加物色动员人选和垦荒队的筹划工作，由团中央办公厅主任黄天祥和《中国青年报》总编辑张黎群共同负责。

《中国青年报》记者舒学恩到石景山区物色人选时找到杨华。舒学恩告诉杨华，团中央书记胡耀邦要组织一支青年垦荒队，到边疆开垦荒地，正在物色发起人。他问杨华愿不愿意当这个发起人。因为在参加完北京农村工作会议后杨华就有了去边疆垦荒的想法，所以并不感到突然，他诚恳表示：“国家培养我入团、入党，当干部，党的需要我责无旁贷，垦荒发起人我算一个。”舒学恩关心地问：“你有什么条件，可以提。”杨华毫不犹豫地回答：“没有任何条件。”

党的需要，就是自己的理想——这是20世纪50年代绝大多数青年的心声。

物色动员工作极其顺利，最终北京团市委报请团中央同意，确定杨华和门头沟区石门乡团总支书记庞淑英，南苑青年团员李连成、李秉衡，朝阳青年团员张生五位同志为垦荒发起人。

8月5日，杨华等五位发起人在团中央会面，商量组建北京青年志愿垦荒队相关事宜。经研究，他们确定了组织青年志愿垦荒队的三个原则：一是必须绝对自愿；二是不要国家一分钱；三是去了就扎根不回来。8月9日，他们以青年志愿垦荒队发起人的身份向北京团市委递交了组织青年志愿垦荒队的申请书。他们在申请书里写道：

> 我们愿意用我们青年团的荣誉向你们提出：请批准我们发起组织一个北京市青年志愿垦荒队到边疆去开荒，使我们能够为祖国多贡献一份力量。
>
> 当我们知道祖国有十几亿亩的荒地在边疆闲着睡大觉，党和国家又号召我们去进行开垦时，我们就恨不得马上跑到边疆去叫那黑油油的土地全都翻个个儿，不许它长野草，要它给我们生长出粮食！那么好的土地为什么不可以为社会主义服务呢！

我们几个人在一块算过一笔细账，要是我们组成一个 60 人的垦荒队，我们就可以不要国家一分钱，为国家开垦 3000 多亩荒地，增产 30 多万斤小麦。当然要开垦这样多的土地，是需要一定数量的投资的，我们自己没有多少钱，如果团组织能够允许北京市的青年给我们一些支援，到了明年，我们将要用双手捧着自己种的粮食来表示我们没有辜负团组织和全市青年对我们的信任。

我们知道，到边疆垦荒会碰到各种各样的困难。可是一千条困难、一万条艰苦，比起为了社会主义的伟大事业来，那不过是大海里的一丁点儿水。我们的祖先已给我们耕出了 16 亿多亩的土地，他们经历了多少艰苦！耗尽了多少心血！我们是毛泽东时代的青年战士，我们不是那种饭来张口、衣来伸手、老守着热炕头的人，我们有志气作一名志愿垦荒的先锋队员。亲爱的团组织，请允许我们行动起来吧！

我们不是说空话的人。不管边疆的路程多么遥远，也拦不住我们远征的决心！不管边疆的风雪多么寒冷，也吹不冷我们劳动的热情！边疆，那正是考验青年人最好的战场。苏联共青团建立共青团城和开垦荒地的榜样在鼓舞着我们！胜利在向我们招手！让我们高举起志愿垦荒队的旗帜大踏步前进吧！

1956 年，北京青年志愿垦荒队五位发起人李连成、李秉衡、庞淑英、杨华、张生（从左至右）垦荒一周年时合影

胡耀邦一直关注着垦荒队的筹备情况，特意在家里会见了杨华等五位发起人。他肯定了杨华他们可贵的爱国热情，亲切地询问他们是否完全出于自愿，还有什么要求。杨华他们回答，建设边疆完全是出于自愿，对组织上没有任何要求。胡耀邦鼓励他们说，在渺无人烟的荒原建立新村庄会遇到许多困难，你们要以坚韧不拔、勇往直前的大无畏精神，迎接挑战，战胜困难。杨华等表示，一定会按照耀邦书记的要求去做。胡耀邦露出欣慰的笑容，

高兴地说：先组织 60 人去，明年以后再陆续增加。还说，我就是你们的总领队，你们有什么困难可以随时来找我，你们出发时，我去给你们送行。

## 二、率队出征

1955 年 8 月 16 日，《北京日报》《中国青年报》刊登了杨华等五位发起人给北京团市委请求组织青年志愿垦荒队的申请书，在社会上引起强烈反响，短短十几天，报名人数就超过了 800 人。北京团市委从申请报名的青年中选出 60 名身体条件和其他方面符合要求的上报团中央。这 60 名青年中有党员 16 人，团员 42 人。不久，北京团市委按照团中央书记处的指示，组建北京市青年志愿垦荒队，垦荒队队长由杨华担任，庞淑英、李连成、李秉衡、张生担任垦荒队副队长。至此，全国第一支青年志愿垦荒队——北京青年志愿垦荒队诞生。

为实现垦荒队“不要国家一分钱，要为国家做贡献”的决心，北京团市委下发《关于动员青年支援北京青年志愿垦荒队农具、牲畜的通知》，在全市青年中开展捐赠活动。很快，垦荒队收到捐款近 7 万元，团市委用这笔款项为垦荒队添置了 35 匹耕畜，10 副新式农具，两辆大车，3000 亩耕地用的种子，还为每位垦荒队员购买了御寒的老羊皮袄，准备了全体垦荒队员一年的口粮和赴边疆的路费。

8 月 30 日，是垦荒队员出征的日子，来自北京各界的团员青年 1500 多人在北京工人俱乐部礼堂为垦荒队举行盛大的欢送会。

在欢送会上，胡耀邦作了题为《向困难进军》的激情演讲，他高度赞扬北京青年志愿垦荒队“是光荣的第一队，是中国青年的一个有意义的创举”，赞扬垦荒队员的行为“是英勇的行为，是爱国的行为”，“是高尚的爱国行为”！他代表团中央把“北京青年志愿垦荒队”队旗授予垦荒队，并充满期待地说：“这面旗帜代表了全国 2000 万青年对你们的希望，你们要高举着这面旗帜英勇地前进！”

杨华代表垦荒队接过这面凝聚着团中央和全国 2000 万青年重托和期望的大旗心情无比激动，他代表垦荒队员坚定地表示：“我们一定要开发边疆，建设边疆，保卫边疆，我们要在荒无人烟的土地上建起新的团支部，建起新的村庄和新的生活，一定要让这面旗帜永远飘扬在我们耕种的土地上！”

1955 年 8 月 30 日，胡耀邦把“北京青年志愿垦荒队”队旗授予垦荒队

随后，杨华和全体垦荒队员举行出征宣誓：

我们是祖国的好儿女，我们是北京的好青年，身强力壮骨头硬，赤胆忠心放光芒，举旗阔步创大业，安家落户北大荒，不怕天寒地冻困难多，定把荒原变粮仓，建设家园做主人，展现宏图回报党，定叫祖国放宽心，我为人民做贡献。

誓词铿锵有力、荡气回肠、余音绕梁、鼓舞人心。出征誓言是杨华带领全体垦荒队员在团中央集训时起草的。

当天下午 6 时，杨华率领垦荒队员高举北京青年志愿垦荒队队旗，高唱《青年垦荒队之歌》，徒步向火车站进发。

“告别了母亲背起行装/踏上征程远离故乡/穿过那无边的原野/越过那重重山岗/高举起垦荒的旗帜/奔向那遥远的边疆/勇敢地向困难进军/战胜那荒凉的地方/用我们那勤劳的双手/建立起美好的家乡/让那丰收的粮食/早日流进祖国的谷仓”

垦荒队员一路高歌，北京市民沿途夹道欢送，盛况空前。火车站更是人山人海，锣鼓喧天，到处都是欢送的人群，有父母高堂，有兄弟姐妹，有同事、同学、朋友、领导……告别，告别，垦荒队员即将奔向远方。一声汽笛长鸣，列车徐徐开动，垦荒队员背负着祖国的重托，奔向祖国的北国边陲黑龙江省鹤岗市萝北县荒原。

1955 年 8 月 30 日，杨华（左一）率北京青年志愿垦荒队启程奔赴祖国边陲

## 三、启动开荒

黑龙江省鹤岗市萝北县，是一个人烟稀少、地域荒凉，经济落后、急待开发的边疆县。全县 75 万公顷的土地上只有 20 多个不大的村落，居住着 1.6 万人口，在森林和荒原的空隙中耕种着 6000 多公顷土地。“六十里地是邻居，三十里地南北炕”形象地说明萝北人烟稀少，地域荒凉的景象。

1955 年 9 月 2 日，杨华率领北京青年志愿垦荒队到达火车终点站鹤岗，在这里转乘汽车前往萝北。鹤岗市党、政、团各级领导早已在车站迎候，鹤岗矿物局特意准备了两辆汽车送垦荒队员去萝北，场面之热烈十分感人。

垦荒队员乘汽车继续向目的地前行，一路下去，越走越荒凉，不见一丝炊烟，汽车行驶几十公里到达萝北县嘟噜河北岸后，才远远看到一群人和一面迎风飘扬的大旗。这是江萝北县凤翔镇南 20 里的团结村。

下车的垦荒队员刚排好队，县委书记阮永胜就匆匆走过来问：“谁是杨华?”杨华忙迎上说:“我是。”阮永胜握住杨华的手高兴地说:“你们来了太好了,我是阮永胜,萝北县委书记。欢迎你们!你们辛苦了!”杨华汇报说:“阮书记,我们是第一批,先来60人打家底,以后还会有人来。”阮永胜连连说:“欢迎!欢迎!”

萝北县境内有两条河,一条叫嘟噜河,流到松花江,一条叫鸭蛋河,流到黑龙江。阮永胜告诉垦荒队员,两河道的中间就是垦荒队员的开荒点。垦荒队员将在一块地势较高的地方建立自己的新村——青年屯。

9月10日,垦荒队员在嘟噜河畔的荒地举行开荒仪式。团中央,萝北县委、县政府,各级团组织和农民的代表参加了开荒仪式。在茫茫荒原,杨华和全体队员高举右手庄严宣誓:

“我是一个青年志愿垦荒队的队员,我志愿来到了萝北县,面对着祖国的河山,脚踏着边疆的荒地,背负着人民的希望,我们宣誓:第一,坚持到底,不作逃兵,要把边疆变家乡;第二,勇敢劳动,打败困难,要把荒地变乐园;第三,服从领导,遵守纪律,决不玷污垦荒队的旗帜;第四,完成计划,争取丰收,为后来的青年们开辟道路。倘若我违背了自己的誓言,辜负了党的教导,我愿受集体的制裁,我一定要全心全意完全实现我的誓言。”

垦荒队员响亮的誓言飘向村落,飘向远方。

萝北县委书记阮永胜为开荒第一犁剪彩。随着杨华“开犁”的喊声,4副由6匹马拉动的犁杖之后翻起黑油油的波浪,沉睡千年的处女地从梦境中醒来,全国青年志愿垦荒的序幕在北大荒开启。

1955年9月10日,杨华(左三)带领北京青年志愿垦荒队队员举行开荒仪式

从1955年8月到1956年9月,全国

共有20万左右的青年参加了垦荒队。其中,上海青年志愿垦荒队奔赴江西德安,在那里建成了驰名全国的“共青城”;温州青年志愿垦荒队开发建设了大陈岛,使大陈岛成为东海上的一颗明珠。

## 四、艰苦创业

北京青年志愿垦荒队的垦荒点是广阔无边没有人烟的荒草甸子,是一个杂草丛生、沼泽遍布、狼群出没的地方。在恶劣的条件下,杨华和垦荒队员克服常人难以想象的困难,无怨无悔地艰苦创业,把青春和汗水播洒在了广袤无垠的黑土地。

初到荒原时,没有房子,大家挤住在鹤岗煤矿工人赠送的棉帐篷里。第一天晚上,几只狼就逼近了帐篷,发出瘆人的嚎叫。杨华让一部分队员在帐篷四周点上火堆进行防卫,让另一部分队员拿起脸盆、饭盆使劲地敲打。这么大的阵仗阻止了狼的脚步,双方僵持到天亮,狼才悻悻地离去。

北大荒的艰苦是杨华他们来之前想象不到的。但是他们勇于面对,没有房子,他们支帐篷;没有水井,他们喝泡子里的水;没有蔬菜,他们吃野菜;没有大米,他们吃苞米茬子。北大荒的蚊蠓多得惊人,只要垦荒队员一进入杂草丛中割草,蚊蠓就会成群结队地袭来,拼命地叮咬。开始,垦荒队员只好边割草边赶蚊蠓,结果哪头也顾不上,后来索性用毛巾包住脸,一头扎进草丛中快速割草,哪里的草割完了,哪里的蚊蠓也就少了。

在这样的环境里,垦荒队员仅用两个月的时间就在荒草甸子上盖起了第一排简陋的草屋,喝到了自己打出的井水。

开荒对于这些北京来的年轻人不是易事,郊区来的青年只习惯于耕耘那些已用数代人的汗水灌沃的熟土良田,城市来的青年根本没有摸过锄把犁具,而北大荒未开垦的土地十分坚硬不说,地下还有许多硬树疙瘩。垦荒队员扶犁吆喝马时,马经常会拖起犁蹦出几尺远,扶犁的人就会被重重地摔在长满硬树疙瘩的土地上。开一天荒不知要摔多少跤,但是,垦荒队员没有退缩,跌倒了,爬起来,再跌倒了,再爬起来。凭借这种百折不挠的精神,他们终于掌握了扶犁开荒的技术。60天后,1200亩沉睡的土地在他们的耕耘下翻了身。这之后,他们又学会了驾车伐木,学会了砍柴打草,学会了使用各种新式农具和其他本领。

当然，也有意志不坚定的队员，由于对艰苦环境缺乏思想准备，产生了动摇，有了回城的想法，甚至打好了铺盖卷。杨华见怎么做工作都无济于事，怕动摇军心，情急之中咬破自己的手指，在硬纸板上写道："我是荒原上的一名垦荒战士，我要永远做个垦荒战士，不做逃兵。要依靠党，依靠群众，去克服一切困难，要把一切献给祖国"。榜样的力量是无穷的，在杨华的感召下，想当逃兵的队员留了下来。

北京青年志愿垦荒队到达萝北后，天津、河北的青年志愿垦荒队也先后来到萝北。幸运的是，杨华带领的北京青年志愿垦荒队已经帮他们盖好了拉哈辫房子。

为统一领导，团中央征得黑龙江省同意，决定以京、津、冀三支垦荒队为基础，建立萝北县青年垦区工作委员会，委员会由团中央直接领导。团中央派了天津团地委书记宋三洪担任垦区主任兼党委书记，黑龙江省派了佳木斯曙光农场场长胡殿福担任副主任。另外，还从地方政府抽调农业、畜牧、农机、基建、财会等技术人员在青年垦区工作委员会工作。

1955 年 11 月 12 日，北京、天津、河北三支青年志愿垦荒队在团结村青年垦荒队营地举行第一次全体垦荒队队员大会。会上宣布成立中国新民主主义青年团萝北青年垦区工作委员会。

成立大会后，青年垦区工委决定，京、津、冀三支垦荒队混编为伐木、砍柴、运输和编织四个大队，杨华任运输队大队长。北京青年志愿垦荒队 60 名队员中有 33 人担任了中队长以上的干部，成为萝北青年垦区的骨干力量。在垦区的建设中，北京青年志愿垦荒队发挥了重要作用。

北大荒的冬天几乎都是零下三四十度，冰雪皑皑，天寒地冻，虽然垦荒工作不能进行，但是垦荒队员要为来年春天建设青年农庄、大规模垦荒做基础准备。

伐木队 70 人在队长李秉衡带领下进入小兴安岭，采伐来年建 1200 间房屋所用的木料。队员们在小兴安岭临时搭建了两间简易房。简易房是用木杆搭的房架，用苫布做的房顶，用草帘子做的围墙，保暖效果差，冷风一吹都能吹透。垦荒队员靠大铁桶里烧木头取暖，睡觉时也不脱大衣，不摘帽子。即便这样也冷得要命，常常会被冻醒。就是在这样的环境中，伐木队还是圆满完成了采伐任务。

运输队要将伐木队采伐的原木用胶轮车和四轮车运回。运输队在杨华的带领下，每天往返几十里，寒风刮在脸上像无数小刀在割，有的队员手脚冻僵了一时连车都下不了。由于缺乏防冻经验，车到途中小店休息时，队员们争着去炉边烤火，不曾想有的队员脸、手、耳朵都起了大水泡，有位队员到炉子边烤完脚脱鞋时，脚指甲连同鞋袜一块儿脱了下来，鲜血直流。老乡们发现后教给他们许多防冻的办法，冻僵的地方要用雪搓，赶车时为避免冻坏脚要时不时跟着车跑一会儿，皮手套要经常拍打，皮帽子要反戴着护住前额等等。

砍柴大队和编织大队也没有冬闲，到 1956 年 4 月，四个大队共伐木 6 万棵，运回可盖 1200 间房屋的木料，砍柴 300 万斤，割草 30 万斤，打马槽 630 米，编草帘子 1600 块，建马棚 34 间。在这个紧张而充实的冬季，垦荒队员不仅出色地完成了生产任务，还抽空儿修建了球场，排演了歌剧、戏剧，他们中的 6 对青年还举行了集体婚礼。乐于吃苦，不畏艰难的革命乐观主义精神在杨华和垦荒队员身上得到了最好的体现。

北京青年志愿垦荒队到达萝北后，为进一步推动垦荒工作的开展，1956 年北京团市委又组织了第二批和第三批青年志愿垦荒队来到萝北。这样，北京青年志愿垦荒队的人数增加到 200 多名。

这期间，在团中央的号召和北京青年志愿垦荒队的影响下，天津、山东、河北、哈尔滨等省市的 14 批 2600 多名热血青年陆续来到萝北，青年垦区的规模一天天壮大起来。

1956 年冬，北京庄的部分垦荒队员在北京庄合影

为照顾地区差别，1956 年五四青年节，青年垦区工委按照垦荒队员的籍贯，分别为各队命名，建立青年集体农庄。北京青年垦荒队的新建点被命名为“北京青年集体农庄”，简称“北京庄”，其余依次为“天津庄”“哈尔滨庄”“河北一庄”“河北二庄”“山东临朐庄”“山东胶南庄”“山东惠民庄”，共 8 个青年集体农庄。

北京庄共有土地 912 垧，北靠小兴安岭，南傍嘟噜河，并配有 136 头牲口和 28 辆大车。杨华担任北京庄主席，李秉衡、庞淑英担任副主席，原南苑团区委干部陈启彬担任党支部书记。后来北京青年垦荒队三易其址，最终在白云石山下选定住地，庄前蜂蜜河，庄后鸭蛋河，依山傍水，土质肥沃，风景优美。这就是现在共青农场的第七生产队，即北京庄。

1956 年春，经过一冬准备的垦区开始以青年集体农庄为经济生产单位进行开垦耕作。建庄后的第一件大事就是扩大开荒面积。萝北县农机站支援北京庄一台斯大林 80 号拖拉机，队员们备受鼓舞。

经过辛勤劳动，杨华带领北京庄的垦荒队员共播种土地 310 垧，到了秋天，终于获得了垦荒以来的第一次收成，共收获大豆和小麦约 20 万斤，萝卜 30 万斤，另外还盖了 57 间住房和一个能容纳 300 多人的饭厅，饲养了 100 匹马。经过一年的艰苦锻炼，队员们的思想觉悟得到进一步提高，意志更加坚定，有 18 人入党，16 人入团，20 人被评为农庄优秀劳动者。他们用实际行动践行了自己立下的誓言。

兴奋的垦荒队员给团中央发电报，汇报一年来的工作和生活情况。团中央复电表示：你们以勇敢坚韧的精神，克服了各种困难，取得了垦荒第一年的胜利。你们的事业刚刚开始，还有更多的工作等待着你们去做，还有更大的成绩需要你们去努力争取。我们相信，只要你们团结得像一个和睦的家庭，只要你们克勤克俭地齐心奋斗，你们的目的就一定能够达到。

1957 年，又是一个丰收年。这一年北京庄的垦荒队员共产粮 22 万斤，收入有了节余。1958 年春节过后，杨华带领北京庄的垦荒队员全力以赴地修建了北京庄通往哈尔滨庄的排水渠。这条水渠成为北大荒最早的水利工程。

在纪念垦荒三周年时，北京庄在垦荒工作总结里写道：三年来，共开荒 1 万多亩，产粮 47 万公斤，固定资产总值上百万元，许多队员在这里成家。现今的北京庄“有鸡叫、狗咬、孩子哭的声音”，队歌中所唱的“让那丰收的粮食早日流进祖国的谷仓”已变为现实。

“有鸡叫、狗咬、孩子哭的声音”是胡耀邦对青年集体农庄的希望。

## 五、耀邦关怀

作为中国青年垦荒运动的发起人和“总领队”,团中央书记处书记胡耀邦一直惦念着在荒原上战斗的杨华和垦荒队员。1956 年 6 月,胡耀邦来到萝北青年垦区看望大家。

6 月 8 日,胡耀邦来到北京庄。听说胡耀邦来了,垦荒队员欣喜万分,一些正在犁地的队员卸下犁杖,骑上光背马向庄里奔来。胡耀邦看到他们纵马飞奔的情景,大声说:“你们这是在赛马嘛!”马背上的垦荒队员说:“耀邦书记,我们就是想早点儿见到您。”胡耀邦说:“我也非常想见到你们。”

1956 年 6 月 8 日,胡耀邦(前排左一)在杨华(前排左二)等同志陪同下视察北京庄

杨华陪同胡耀邦在北京庄视察,参观了队员盖的房子,看了队员的宿舍和食堂。胡耀邦提出要和队员们座谈座谈。队员们高兴地搬来桌子,铺上床单,搭了个简易的主席台。没有茶杯,就拿来吃饭用的瓷碗。女队员还采来五彩缤纷的野花,插进瓶子,摆在主席台上做装饰。

杨华向胡耀邦汇报了北京庄的生产和建设情况,党支部书记陈启彬汇报了党团组织建设和队员的思想情况。胡耀邦讲话时说:“看到你们的成就,看到你们的精神面貌,我很高兴。你们给全国青年树立了榜样。毛主席、周总理对你们很关心,没有时间来看你们,让我代表他们向你们问好!”他的话音顿时被热烈的掌声淹没。

胡耀邦摆摆手接着说:“北大荒是个好地方,三江平原土地肥沃,物产丰富,大有发展前途。开发建设北大荒这个历史重担,要由青年一代来挑起,这是一项光荣而艰巨的任务。你们要多开荒，多打粮，多出人才。”他希望垦荒队员“劳动、团结、学习、纪律、身体五样都好”，把北大荒建成一座“共青团城”。

胡耀邦讲完话后征求垦荒队员的意见。一个小伙子笑着说：这里没有烟抽，只能用柞树叶当烟叶。胡耀邦马上让随行的秘书把身边的烟全都拿了出来，当场分给抽烟的青年。午餐时，炊事班做了几个简单的菜：炒韭菜、炒菠菜、炒鸡蛋，还炖了一只鸡。胡耀邦关心地问：“大家都能吃到这样的菜吗？”没有人回答。他来到队员宿舍，看到队员们正在就着炒黄豆吃苞米面饼子，动了感情，说：“你们很苦，也很光荣，现在我们整个国家都很困难，我们要和人民一起渡过难关。你们要烧砖烧瓦盖砖瓦房，要种水稻，改善生活，你们这一代人肩上的担子重啊！”

垦荒队员向胡耀邦倾诉，建点创业很艰难，最初的垦荒点建成了才发现可开发土地面积小，发展前景不大，痛心之余只好洒泪放弃。现在，第二个垦荒点选好了，收秋之前即可搬迁，眼下已经开垦出上千亩农田。然而北京庄的第二次选址也不理想，新址交通不便，属低洼河套，一到雨季，上涨的河水会切断道路，无法耕种，地下水质也不好，于是有了后来的第三次选址。

胡耀邦赞扬垦荒队员不怕苦的精神，勉励垦荒队员“不要向困难低头，要向困难冲锋。”他还说：“明年我还会来看你们。到那时候，我来吃你们亲手种的粮食、种的菜、养的猪，还要听到鸡叫、狗咬、孩子哭。”离开北京庄，胡耀邦又先后到哈尔滨庄、天津庄、河北庄等看望垦荒队员。

1957 年，中国新民主主义青年团第三次全国代表大会召开期间，胡耀邦接见了参加会议的杨华。当他听说垦荒队员的第二代就要出生时非常高兴，叮嘱杨华：“回去向大家讲，一定要坚持住，会成功的，要用‘忍耐、学习、团结、斗争’这八个字克服一切困难，为后代做好事。”这八个字一直鞭策着杨华和垦荒队员在北大荒继续践行自己的誓言。杨华曾两次出席全国青年建设社会主义积极分子代表大会，并荣获奖章。

青年集体农庄与转业官兵建立的农场合并后的 1960 年，胡耀邦在看了杨华任分场副场长的党委给团中央的汇报后，写信给分场党委说，你们完成了一个极其光荣、有贡献的五年计划。我希望你们再做第二个五年计划，向更光荣、更有贡献的目标前进！信中还说：“29 位同志结婚了，添了 31 位小垦荒队员也很值得庆贺。我希望没有结婚而应该结婚的同志们都配起对来，在一起生活了几年，同过患难，同过甘苦，这样结合的夫妇是政治高尚的比翼鸟。”

1985 年，胡耀邦在中南海接见杨华（左）

胡耀邦担任党中央总书记后没有忘记杨华和青年垦荒队，在多个场合的讲话中都提出要宣传他们的精神。1985 年 4 月底，杨华等 5 名老垦荒队员代表受邀进京，参加全国新长征突击手表彰大会。5 月 1 日下午，胡耀邦在中南海勤政殿会见老垦荒队员代表和新长征突击手时，一眼就认出了杨华。他握着杨华的手关心地问："杨华，你们农场现在有多少人？"杨华回答："总书记，农场有两万人。"胡耀邦笑呵呵地说："两万人，你相当于一个纵队司令了！"

胡耀邦在讲话时说，今天我们在座的是老中青三代人。我是老的，杨华去北大荒时只有 23 岁，今年是 53 岁，其他同志是青年。老一代人的青年时期处于创建新中国的开拓时期、播种时期，第二代人的青年时期处于建设社会主义新中国的开拓时期、垦荒时期，你们 80 年代的青年正处于建设"四化"的奋斗时期。不管哪个时期，不论是革命还是建设，很大的成功因素要靠青年。青年是一个重要的方面军、生力军，我们寄希望于青年。创建新中国的开拓时期是要流血牺牲的，在建设新中国的时期，在垦荒的时期，是要忍饥受冻的，是要向困难作斗争的。到了 80 年代的今天，忍饥受冻不会了，但还要不要艰苦奋斗呢？我看是不能不要的，现在就是要奋发进取。我们要重新唱起曾经唱响的向困难进军的歌，50 年代青年垦荒队所点燃的艰苦奋斗的火把是不应熄灭的。

杨华等垦荒队员被胡耀邦的话所感动，情不自禁地唱起了当年的《青年垦荒队之歌》。

## 六、情系黑土

1958 年春，中国人民解放军预备师第一师、第七师 2000 多名官兵成建制集体转业到萝北县，他们发扬南泥湾精神，艰苦创业，排水、修路、开荒建点，建国营农场。

9月，青年集体农庄与转业官兵建立的机械化农场合并。不久，成立东北农垦总局萝北分局，下辖青年农场第三、四、五分场。北京庄隶属第四分场，杨华任第四分场副场长。

北京庄与转业官兵建立的机械化农场合并后，原北京庄的所有固定资产、收入积累包括40多万斤粮食、28辆全套大车、130匹马、70只新疆细毛羊、80头猪、47头牛、15栋房屋等全部无偿上缴给国营农场。垦荒队员自此成为国营农场的职工。国营农场实行8级工资制，职工按照不同级别每月领取工资，最高的工资42元，最低的工资18元。在这之前，为扩大公共积累，加快集体农庄建设，农庄实行的是最低条件的供给制度，不发工资。最初三年，每人发了三套单衣，一套棉衣，单、棉鞋各一双和一顶狗皮帽子，吃饭问题由农庄解决，只有在春节时每人发5角钱零花。

在杨华任副场长期间，正赶上国家三年困难时期，粮食十分紧张。1962年，国家提出减少职工和城镇人口，分场制定了精简职工的方案，但职工们都不愿意被精简。针对这种情况，分场党委研究决定，党委成员带头把自己的家属精简掉。当天晚上杨华同妻子梁淑凤谈了这件事，妻子通情达理地说："我从北京大老远的跟你到北大荒，就是为了支持你的工作，现在国家有困难，我能不下吗？你又是当领导的，大家都在看着你，我不能扯你的后腿。"停了一下她又说："可是我这么年轻就没了工作，要靠你养一辈子，我心里过意不去。再说了，我不挣钱了，三个孩子你一个人养？"杨华说："以后你就重点操持家务吧，三个孩子我养，你如果能出去干就干一点儿，干不了，我也养你一辈子。"妻子从此丢了工作。由于杨华等领导带头，分场顺利完成了精简任务。

1964年麦收时节，杨华（中）和垦荒队员的田间午餐

1963年初，东北农垦总局萝北分局下辖的分场合并成立青年农场，杨华主动要求回到北京庄当了党支部书记。1968年6月，为战备的需要，东北农垦总局撤销，组建黑龙江生产建设兵团，青年农

场被编为黑龙江生产建设兵团二师第十四团，团党委把杨华调到十四团十七连任指导员。

十七连的耕地地势低洼，十年九涝，条件很艰苦，是个亏损连。杨华二话没说，带着全家就到了十七连。经过一年多的努力，十七连有了很大变化，成为后进变先进的典型。

任十七连指导员期间，也给杨华留下了终身的遗憾，每每想起他都十分难过。1972 年麦收季节，连续几场大雨使连里几块洼地成了“大酱缸”，联合收割机进不了地，眼看到手的粮食就要烂在地里，杨华心急如焚，身先士卒带领全连在泥水里抢收麦子。连续 7 天的奋战，总算把几块洼地的麦子全部抢收回来。这时他才想起兜里还揣着一封哥哥的来信，因为太忙还没顾得上拆呢。哥哥的信上说，父亲病重，昏迷中还呼唤着你的名字。杨华急火火地往家赶，到家时看到的只是父亲的灵堂。

1974 年，生产建设兵团任命杨华为十四团副团长，1976 年，生产建设兵团撤销，恢复农场体制，改为向阳农场，隶属宝泉岭管理局，杨华任向阳农场副场长。

1974 年春，杨华（右二）带领技术人员进行水利测绘

这一阶段杨华抓得最多的是水利工程。由于水利工程长期不配套，一到雨季就会洪水泛滥，农场的土地、房屋、粮食生产都会受到威胁。有一年涝灾，嘟噜河涝区大部分农田被淹，有三个生产队数万亩小麦颗粒无收，大豆淹得只剩下光杆。水利是农业的命脉，杨华决心“治水兴农”。他带领工程技术人员跑遍沿河所在地段踏察水情和地势，带领施工队奋战嘟噜河防洪大堤工地，终于在来年汛期前，使 54 公里长的嘟噜河防洪堤坝全部合拢。当凶猛的洪水肆意咆哮时，嘟噜河大堤岿然不动，沿河 20 多万亩农田免遭侵害。

自从建起防洪大堤，这一地区 12 个生产队的粮豆单产由 131 斤提高到 197 斤。1989 年，全场粮豆总产达 5.3 万吨，平均亩产 300 斤，总产和单产都创造了建场以来的最好水平。

1985年，杨华(中)和老一代垦荒队员在一起

1985年8月30日，黑龙江省委、省政府在向阳农场隆重召开“纪念北京等地青年志愿垦荒30周年大会”。杨华作为垦荒人的代表在大会上发言。他激动地说：“30年来，在党的领导下，在胡耀邦同志的关怀下，在全国人民的支持下，我们牢记着自己的誓言，同陆续到来的复转官兵、支边青年、知识青年一起携手并肩，艰苦奋斗，克服了各种困难，把一片荒原建设成现代化的国营农场。30年来，我们也在艰苦奋斗的历程中锻炼成长。在当年2600多名垦荒队员中，先后有163名同志在北大荒的土地上入党，有255名同志加入团组织，有118名同志成为各级领导干部。当年北京、哈尔滨、天津、河北、山东等省市的垦荒大旗，至今仍然飘扬在我们耕种的土地上！”

团中央在贺信中写道：你们没有辜负党和人民的期望，不愧是祖国的优秀儿女和新中国一代青年的杰出代表。你们奋战荒原，献身边疆的实践，不仅为祖国的建设事业增辉添色，而且为全国青年树立了艰苦奋斗，献身祖国的时代楷模。你们的壮举已经载入中国青年运动的光荣历史，必将成为激励一代又一代青年艰苦奋斗的精神动力。

团中央书记处候补书记张宝顺向大会展示了胡耀邦总书记为纪念青年志愿垦荒30周年题写的“共青农场”四个大字。大会宣布向阳农场改名为“共青农场”。如今“共青农场”四个大字被镌刻在凤鸣山广场的高大牌楼上。杨华任共青农场副场长，直至1992年退休。

2007年，团中央举办“我与祖国共奋进”中国青年群英会。五四青年节当天，团中央邀请226名新中国成立以来各个时期的青年英模会聚北京，在人民大会堂隆重举行“我与祖国共奋进”中国青年群英会。新中国成立以来的新老英模代表先后在会上发言，并宣读了《中国青年群英会全体代表致全国青年倡议书》。杨华作为老英模代表在会上发言。

2007年5月4日，杨华在“我与祖国共奋进”中国青年群英会上发言

中国青年群英会期间，团中央青运史档案馆向出席群英会的英模发函，征集青运史资料，得到英模的响应。已经75岁高龄的杨华对档案馆的同志说，他一生只做了两件事，一是响应党和团的号召带头垦荒40年；二是用了近20年的时间把垦荒岁月写了本书，叫《垦荒情》。由于文化水平不高，杨华写书时手边就放本《新华字典》，随时查阅。他把《垦荒情》和几近翻破的《新华字典》捐献给了档案馆。有记者问杨华：“在那么艰苦的条件下，是什么力量支撑你艰苦奋斗了40年？”杨华说：“人在追求理想时总会失去一些东西，但我也得到了年轻时想要的一切，那就是让祖国的荒地不再睡大觉，让它们为社会主义建设多产粮食。人在实践了自己的理想信念后，还有什么不能满足呢！党的需要就是我的理想。”

“党的需要就是我的理想。”杨华等一批批热血青年怀着为国分忧，建设边疆的豪情壮志来到北大荒。经过数十年垦荒队员、转业官兵和下乡知识青年的开发建设，人迹罕至的北大荒已经变成了美丽富饶的“中华大粮仓”。那是一段激情燃烧的岁月，杨华等垦荒队员为之奋斗过的共青农场已经发展成为一座现代化的农垦新城。同时，它也成为团中央命名的“全国青少年教育基地”“全国青年创业基地”和“全国团干部教育培训基地”。杨华等垦荒人的光辉业绩将被永远载入中国青年运动的史册。

（作者系中国青少年研究中心编审，团中央青运史档案馆原副馆长）

# 四　往事追忆

# 我记忆中的全国“红领巾读书读报奖章”活动

王靖环

全民阅读活动正在全国各地蓬勃开展，许多少先队员积极参加到活动中来。面对喜人的局面，20 世纪 80 年代开展的全国“红领巾读书读报奖章”活动的有关情况出现在脑海中，现在把它写出来，或许会对少先队组织开展的阅读活动有一定的参考作用。

1978 年 10 月召开的团十大恢复了“中国少年先锋队”的组织名称。1979 年 10 月，团中央召开第六次全国少先队工作会议，团中央书记处第一书记韩英同志在大会上作了《为培养朝气蓬勃的“四化”建设预备队而奋斗》的工作报告。他在报告中指出：“少先队要根据全面培养少年儿童的要求，通过读书、科技、劳动、文体和社会活动，培养他们良好的思想、行为、习惯、性格和作风，促进他们的智力、体力全面发展。”

寓教育于活动之中是少先队工作的基本特点。在“六少”会议前后，少先队组织除在少年儿童中开展了“我们爱科学”“人人争戴新风尚小红花”“红领巾卫生街”“大种蓖麻支援‘四化’”等活动外，各地少先队组织还开展了形式多样、丰富多彩的读书活动，如读书会、读书活动交流会、读书月、读书节、读书夏令营、冬令营、诗歌朗诵会、故事会等。各地少先队组织还成立了读书读报小组，建立了红领巾图书角、活动图书馆等。读书读报活动丰富了少先队的活动内容，深受广大少先队员的喜爱。因此，不少地方的团委少年部或学校部为满足广大少年儿童的读书要求，希望少先队组织开展全国性的少先队员读书活动的呼声越来越高。

为丰富广大少年儿童的课外生活，培养他们的课外阅读习惯、能力和兴趣，增长知识，促进他们健康成长，满足各地团委的愿望，团中央少年部在安排 1982 年全国少先队的工作时，经过多次讨论和研究，决定和文化部图书馆事业管理局、新华书店总店、中国少年报社、中国少年儿童出版社、少年儿童出版社（上海）、新蕾出版社和四川少年儿童出版社联合举办1982年全国“红领巾读书奖章”活动。

据了解，在“文革”前，全国只有少数省、区、市举办过地方性的少年儿童“读书运动”，如上海市于1958年和1959年举办过全市性的少年儿童“读书运动”。举办全国性的少年儿童读书活动，1982年是第一次。没有先例，没有参照，因此有许多具体问题需要研究、解决，如书目推荐、评奖条件、获奖名额、奖章奖状的设计、推荐图书的出版和供应，以及如何检查指导等。为此，主办单位多次开会讨论和研究，并在征求学校领导、少先队辅导员、老师及少儿干部意见的基础上，就有关事宜作出了具体安排，并于1982年2月印发了《关于举办1982年红领巾读书奖章活动的通知》。

通知中规定了参加这次读书活动的对象和评奖条件：“凡是小学、初中学生和工读学校的少年，能够积极参加读书活动，认真阅读推荐读物中的一本或几本（也可自选读物），并在思想品德、丰富知识、养成读书习惯等某一方面有明显收获或是写出较好读后感的，均可以评为读书积极分子。在组织、指导少年儿童阅读方面并做出显著成绩的个人（少先队辅导员、老师、图书馆〈室〉管理员和集体学校、少先队大、中、小队、班级、图书馆〈室〉书店等）均可评为先进个人和先进集体”。“凡被评为读书积极分子的，少年儿童主办单位发给‘全国红领巾读书奖章’一枚；组织、指导阅读的先进个人和先进集体，分别发给奖状。所有奖章奖状皆由省、自治区、市团委代发。”

在“红领巾读书读报奖章”活动中，少先队员听孙敬修讲故事

这次活动推荐的图书，是按照“全面培养少年儿童的要求，根据不同年龄和年级少年儿童的特点和实际”，由四家少年儿童出版社推荐的，包括思想品德教育、科技

体育、中外文学作品等各类少儿读物100多种。然后把这些读物分类分组，请少先队辅导员、老师和少儿干部以及著名儿童教育家、著名儿童文学作家孙敬修、严文井等同志交换审阅并提出意见。根据各方面的意见，从中选出《少年彭德怀》《少年英雄时》《三个女数学家》《获奖童话寓言集》《打问号的图画》《130个科学游戏》《小脑袋和大鼻子的故事》《火萤与金鱼》等50种64册，推荐给少年儿童阅读。这里需要特别指出的是，所推荐的图书中，还为工读学校的少年推荐了《顽石点头》《赌》等。推荐的这些图书，对培养少年儿童具有高尚情操，扩大少年儿童的知识面，促进少年儿童的全面发展、健康成长都有着重要的作用。

“红读活动”的通知发出以后，各地团委根据通知精神积极行动起来，召开会议，部署落实。团四川省委、省文化局、省教委、省妇联等单位，于3月联合召开了全省开展“红读活动”会议，省委副书记聂荣贵同志到会讲话，提出要求和希望。

各地少先队组织和辅导员也积极行动起来，湖南省长沙市育才小学杨静，益阳市桃花仓小学鲁利平，岳阳市代代红小学张英武，怀化市人民路小学张静文，株洲市樟树小学刘德恒这5位少先队大队辅导员向全省少先队辅导员发出倡议、希望全省少先队辅导员迅速行动起来，组织、引导少先队员参加到“红读活动”中，并号召辅导员也要多读几本推荐读物，对少先队员进行辅导。

天津市召开了图书馆、少儿图书馆馆长联席会议，贯彻“红读活动”通知精神，并提出落实活动的具体意见和安排。

青海省图书馆决定，集中馆藏的主办单位推荐的图书，专架陈列；本馆缺藏的推荐读物，由采编部增添，适当增加复本，并与团省委组织举办阅读辅导报告会，同时和一所中学、两所小学建立联系，努力搞好这次读书活动。

北京市东城区少年宫邀请推荐读物——《英雄少年时》的作者徐惟诚同志，为该区650多名少先队员进行阅读辅导，受到孩子们的欢迎。

浙江省湖州市湖州中学的领导十分重视“红读活动”，为了活动顺利开展，校长室、校团委、少先队大队部召开联席会议，就如何开展活动进行了详细研究，并采取措施解决有关问题。

有关印刷厂的工人师傅们加班加点，赶印推荐读物。各地新华书店的同志则想方设法，克服困难，在最短的时间内把推荐读物送到孩子们的手中。在各方面的重视和支持下，“红读活动”在全国各地的许多中小学蓬勃开展起来。

由于各地党委的重视，各级团委、少先队组织的努力，文化、教育、出版发行及新闻单位的大力支持，1982 年的“红读活动”取得了可喜的成绩。年底在北京召开的“红读活动”总结表彰会上，全国有近万名少年儿童被评为“红读活动”积极分子并获得“全国红领巾读书奖章”。

在 1982 年“红读活动”总结表彰大会后，研究讨论 1983 年“红读活动”时，一些地方团委少年部或学校部的同志反映，由于种种原因，一些农村及边远地区的中小学校不易买到推荐的读物，而这些地方的不少学校订有《中国少年报》，建议在 1983 年的“红读活动”中将《中国少年报》推荐给少年儿童阅读，同时建议允许推荐当地少年儿童出版社出版的较好的少儿读物。因此，团中央少工委等主办单位经过研究，决定从 1983 年开始，把全国“红领巾读书奖章”活动改为全国“红领巾读书读报奖章”（简称“红读活动”）活动。主办单位中增加了湖南少年儿童出版社。

“红领巾读书读报奖章”活动中的少先队员

1983 年“红读活动”参加的对象未变，而评奖条件则改为“能够积极参加读书活动，认真阅读推荐读物中的一本或几本（也可自选读物），坚持读队报——《中国少年报》，做到寒暑假不间断，并在思想、学习、锻炼，以及养成读书、读报习惯中某一方面有明显进步，或写出较好的读后感的少年儿童，都可评为读书读报积极分子。”其他条件基本未变，而评奖名额有所增加。推荐的书目有《大地的儿子》《周恩来的故事》等 50 种。

胡锦涛同志在共青团第十一届一中全会上报告了 1982 年“红读活动”取得的成绩、存在的不足等情况，更加引起了各级团委的重视。与 1982 年相比，1983 年的“红读活动”进一步深入发展，读报形式多样，许多地方组织了红领巾故事团，把读书读报活动和少先队其他活动结合起来，促进了活动的开展，有的学校还专门设立了阅读辅导课。江苏、上海、宁夏、黑龙江等团委的同志反映，读书读报已成为少年儿童课外活动的重要内容。这一活动越来越受到亿万少年儿童的欢迎，受到学校、家长的支持。

1983年的“红读活动”表彰大会在中南海怀仁堂举行，中共中央政治局委员、中央书记处书记宋任穷同志，中央政治局委员邓颖超同志出席大会。宋任穷同志在讲话中肯定了这一活动对少年儿童教育的重要意义，要求各级党委更加重视、支持这一活动。

为进一步发挥各地的积极性、创造性，团中央、教育部、文化部决定从1985年开始的“红读活动”主要以省、市、自治区、直辖市为主。各省、市、自治区、直辖市根据本地实际开展了丰富多彩而有意义的读书活动，创造出许多行之有效的好办法。

1984年我调离团中央，据了解，从1985年开始，“红读活动”下放基层后百花争妍，成为少先队组织的传统活动。这项活动在社会各方面的关心支持下，取得了显著成绩，读好书已成为亿万少年儿童课余生活的重要内容。

“红读活动”是新中国成立以来第一次全国性的少年儿童读书活动。据不完全统计，1982年至1988年全国有近两亿少年儿童参加了这一活动，其中有近5万名少年儿童荣获“全国红领巾读书读报奖章”，6000多个少先队大、中、小队荣获“全国红领巾读书读报”先进称号。此外，还有许多少年儿童、辅导员被评为本省、区、市的“红读活动”积极分子和先进个人，许多少先队大、中、小队图书馆(室)、书店，被评为本省、区、市的先进集体。毫不夸张地说，参加这次“红读活动”的少年儿童的人数之多、范围之广、影响之大和持续时间之长，都是前所未有的。

“红读活动”把亿万少年儿童带入了知识的海洋，他们与好书交朋友，开阔了视野，丰富了知识，增加了学习兴趣，提高了学习自觉性，培养了良好的学习习惯，掌握了有效的学习方法，逐步培养了热爱党、热爱社会主义祖国的感情，提高了识别是非和抵制不良思想影响的能力。“红读活动”促进了少年儿童的全面发展。

从以上回顾我们可以看出“红读活动”是由局部到普及自然发展起来的一场有生命力的活动。实践证明：“红读活动”是一项深受广大少年儿童喜爱和社会、学校、家长欢迎的，具有良好教育效益和社会效益的活动。

(作者曾任团中央少工委办公室、全国少工委办公室副主任)

# 陕西青运史上的一面旗帜——黎坪青年垦殖场

薛红萍

20世纪50年代，共青团中央积极响应毛泽东关于知识青年上山下乡，大办农业的指示，向全国广大青年发出“到农村去，到边疆去，到祖国最需要的地方去”的号召，从1955年开始，全国先后有数万名中国青年组成志愿垦荒队，到祖国边远和落后地区开荒种田。伴随着北京青年志愿垦荒队把团中央书记胡耀邦亲自授予的队旗插到黑龙江省萝北县境内的一片亘古荒原上，上海青年志愿垦荒队请求赴江西九江鄱阳湖畔，温州青年志愿垦荒队请求赴浙江大陈岛等地开荒。陕西团组织也积极行动，在陕西南部汉中组建黎坪青年垦殖场，一群风华正茂的青年，从原始的刀耕火种开始，走出了一条自力更生，艰苦创业之路。周恩来总理曾高度评价黎坪青年，称他们是“黎坪山上有志人”。

## 一、黎坪青年垦殖场的历史

黎坪位于陕西省汉中西南部和四川省交界的大巴山深处。1962年适逢国家困难时期，汉中中专学校下马，汉中地委决定由农校、水校、技校的城镇青年学生组建黎坪青年垦荒队。接到任务后，汉中团地委书记李展伟亲自组织、筹划、协调。6月，汉中团地委副书记周沪和当地公社党委书记余世彦带领汉中市第一批40多名机关干部和城镇知识青年，怀着

黎坪的知识青年

建设山区的雄心壮志，离开城市和家庭，克服种种困难和阻力，徒步跋涉 100 多里崎岖山路，进入汉中市西南海拔 1400 到 1800 米荒无人烟的大巴山黎坪山区开垦荒地。

1964、1965 年，第二、三批知识青年又先后来到黎坪，到 1965 年底，黎坪的知青人数达 195 名。他们艰苦奋斗，自力更生，战天斗地，为国分忧，用顽强的拼搏精神建立起了以青年为主体，以粮食自给为立足点，以畜牧、林业、多种经营为发展方向的综合性国营垦殖场——黎坪青年垦殖场。他们树起了陕西省知识青年大办农业、开发山区的样板。黎坪的知识青年很快成为陕西省青年学习的榜样。

辛勤劳动　　田间地头

从 1962 年开始到 1971 年，195 名知识青年在黎坪这片热土上书写着青春。他们中既有独生子女，也有姐妹、兄妹同行的，最小的年仅 16 岁。经过知青近 10 年的艰苦奋斗，昔日的荒山改变了模样：造地 1200 余亩，育林 4000 余亩，饲养牲畜近 800 头，栽植花椒树 8000 余株，培植中药材党参、乌药 200 余亩，种植苹果树、梨树 20 余亩，引水试种水稻 5 亩；种植农作物玉米、大豆，年产达 11 万斤，蔬菜、肉类自给有余；勘察设计，修建场部至元坝镇公路 3.5 公里；建窑烧制砖瓦，修建了办公室、会议室、职工宿舍和篮球场；利用自然条件自己发电，定期放映电影，既活跃了青年的业余文化生活，又对青年进行了寓教于乐、潜移默化的思想教育。

黎坪的知识青年在艰苦奋斗中创造积淀出“坚定信念、敢为人先、艰苦创业、无私奉献”的黎坪精神。

1965 年 7 月 27 日，团陕西省委在汉中召开黎坪青年垦殖场现场会，表彰黎坪垦殖场青年建设山区的革命精神，总结和推广他们的成功经验。中共陕西省委书记处书记严克伦出席会议并讲话。他赞扬了黎坪垦殖场青年战胜困难、占领山头、建设山区的革命精神，号召全省团员、青年学习他们占领山头，建设社会主义新山区的革命精神；红在山区，专在山区，做社会主义时代的新愚公精神；干部和青年同甘共苦，艰苦创业的精神。

女犁手　　除虫害

9 月 10 日，中共陕西省委发出《关于学习黎坪垦殖场青年建设山区的革命精神》的通知，号召全省人民学习黎坪垦殖场青年建设山区的革命精神。此后，陕西各地普遍开展了“学习黎坪垦殖场青年革命精神，做社会主义时代新愚公”的活动。

1965 年 4 月 1 日，《中国青年报》以《黎坪山区的青春之歌》为题，报道了黎坪垦殖场青年的先进事迹。这一报道在知识青年中引起强烈反响，全国有 19 个省(市)的青年给中国青年报社和黎坪垦殖场写信，表示要向黎坪青年学习，响应党的号召，到山区去，到祖国最艰苦最需要的地方去。一个“全国知青学黎坪”的群众性活动迅速在全国掀起。

1965 年春，周恩来总理在全国安置工作会议上给予黎坪青年很高的评价，称他们为“黎坪山上有志人”，并称誉黎坪是陕西的“梨树沟”。周恩来指示中央新闻纪录电影制片厂拍摄纪录片，大力宣传黎坪青年的垦荒精神。著名电影导演谢铁骊到黎坪体验生活，拍摄了纪录片《黎坪山上有志人》，多次在全国播放。艺术家们以黎坪垦殖场为素材，创作了《有志青年上山来》《巴山高又高》《黎坪颂》《一代新人在成长》等很多歌曲、戏曲、文学作品。《陕西省志・共青团志》第一卷记述了黎坪青年垦殖场的这一段历史。

## 二、黎坪青年垦殖场的现状

黎坪青年垦殖场地处陕西省汉中地区南郑、勉县、宁强三县交界的黎坪镇风景区。这里山势突兀、沟壑幽深、林密树茂、溪水蜿蜒、鸟语花香，如今已是一处风景秀丽的国家级森林公园。

黎坪青年垦殖场现有保存完好的知识青年修建的房屋 10 多间及知识青年用过的劳动工具。知识青年当年种下的小树苗如今已长成参天大树。

知青种下的小树苗已经长成参天大树

为挖掘整理这一段知青历史，团陕西省委干部多次赴黎坪实地考察，寻访当年的知青，收集相关的史料。当年带队进山的汉中团地委副书记周沪已经去世，我们有幸见到了主抓这项工作的原汉中团地委书记李展伟。李老年近 90 岁，精神矍铄，十分关心、关注黎坪青年垦殖场老知青的情况。他说："当年这些年轻人信念坚定，在那么艰难困苦的环境下以积极乐观的姿态，开荒种地、植树造林、养牛喂猪，搞多种经营，非常不容易。这种艰苦奋斗的精神应该发扬光大"。

在对知青的访谈中，我们听到了许许多多催人泪下的感人故事。女知青刘义霞回忆："刚去时，农活儿都不会干，大家向当地老乡请教，学积肥、犁地、整修梯田。自己动手建窑烧砖盖房，开山放炮修建公路，建气象哨。冬天破冰取河水洗衣做饭，风餐露宿，有时蛇会钻到被子里。很多知青漆树过敏，脸肿得眼睛都睁不开……"在与老知青的

原汉中团地委书记李展伟讲述黎坪青年垦殖场的历史

交谈中，他们有一个共同的感受："这段劳其筋骨，饿其体肤，苦其心志的知青生活，既磨练了意志、坚实了追求，也升华了人格、铸就了人生，在后来的工作中没有什么困难比知青时期的困难大，没有什么困难克服不了"。

知青刘义霞在春播劳动中

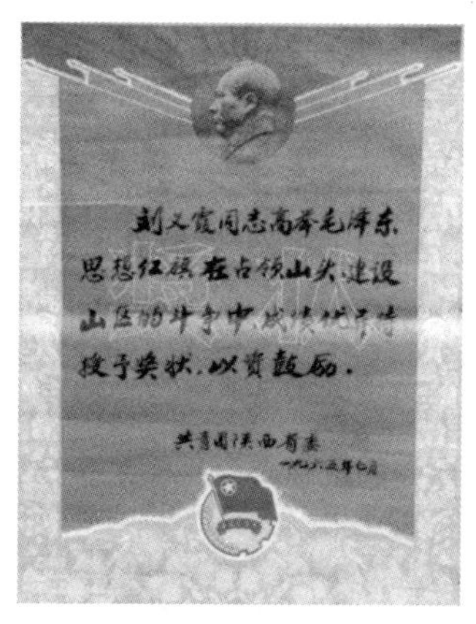


刘义霞荣获的奖状

知识青年在改造大自然的斗争中，使自己逐步成为知识丰富的劳动者，为建设祖国献出了自己最美好的青春年华。垦荒队员们留给后人的不仅仅是物质财富，更多的是取之不竭、享之不尽的精神食粮——"坚定信念、敢为人先、艰苦创业、无私奉献"的黎坪精神。

为弘扬黎坪精神，团陕西省委着手筹建恢复黎坪青年垦殖场纪念馆，纪念馆分两部分：一部分是在知青生产生活的10余间瓦房内，通过整修恢复知青生产、学习、生活原景，再现历史旧貌，展示知青当时的艰苦环境以及向荒山要粮、乐观向上的精神风貌；另一部分是在黎坪景区安汉广场建图片展室，分专题展示知青生活工作风采。黎坪青年垦殖场纪念馆建成后将作为青少年爱国主义教育基地，进一步发挥青运史旧址资政育人的作用，为青少年成长成才服务。

访谈老知青朱国新、徐利邦

（作者系共青团陕西省委青少年研究中心主任）

# 五　口述历史

# 从事青年工作的难忘岁月

## ——访原世界民主青联书记处书记、团中央国际联络部部长钱李仁

李　静

钱李仁(1924—　)

钱李仁早年参加抗日救亡学生运动，1940年加入中国共产党，曾任上海市学联党组书记，新中国后曾任上海团市工委学生部部长、秘书长，20世纪50年代初，受团中央委派担任中华全国青联常驻世界民主青年联盟代表、联盟书记处书记，1956年回国后出任团中央国际联络部副部长、部长。共青团九大后，钱李仁离开热爱并为之奋斗20余载的青年工作岗位到国务院外事办公室工作，之后担任过中央对外联络部副部长、部长，人民日报社社长，第八届全国政协委员、常委，1998年3月离休。

一位作者朋友向我推荐钱李仁，希望把采访钱老列入我的采访计划。钱老有近25年青年工作的经历，我愉快地答应下来，在做了一些采访前的功课后，拨通了钱老的电话。我报上姓名、单位，表达了采访他的意愿。没想到他很爽快地说："好啊，我们怎么进行？""我先把采访提纲快递给您。您先看看可不可以。""不用快递了，你发我邮箱吧。""您有邮箱？""是啊，电脑我算是会一点儿，通信、写东西，可以用电脑。"见我无应答，钱老追问了一句："怎么，你不信？""信，信。"我一时反应迟钝。"你愿意的话也可以加我微信，我们联系起来会方便些。"钱老又接着说。我真是有点儿惊着了，他是一个90岁的老人啊！

## 日本侵略军这个反面教员给了我刻骨铭心的抗日爱国教育。范长江、邹韬奋是我最早的启蒙老师

**李：**钱老，您早年参加学生运动，有近25年青年工作的经历，咱们就聊聊这25年您难忘的人和事儿，好吗？

**钱：**好，那就先从我们家讲起吧。我的家乡是浙江嘉兴，自幼随父母外出谋生，到我记事的时候，家在镇江，镇江是当时江苏的省会。我父亲在省财政厅从最低一级的录事干起，逐步升为办事员、科员。

**李：**您名字的前两个字是父母的姓？

**钱：**你怎么知道？

**李：**猜的。

**钱：**差不多，钱是父亲的姓，李是我祖母娘家的姓。我小时候听父亲讲，他7岁时我爷爷在翻船事故中丧生，他是靠经营茶叶生意的外祖父抚养长大的。祖母娘家姓李，后来父亲给我和哥哥起名字时就在"钱"姓的后面加了个"李"字，以表示世代不忘李家的恩情。我知道，父亲也是要我们学会感恩。父亲对我和哥哥的功课要求很严，但也鼓励我们多读课外书，至今我还记得他给我们讲解《史记》中精彩篇章时的情景。父亲还订阅了上海的《新闻报》和《大公报》让我们阅读。范长江以旅行记者身份发表在《大公报》上反映红军长征、西北时局情况的系列通讯打开了我的眼界。

**李：**确实，范长江用生动的文字真实地记录了当时中国西南、西北地区的时局状况，记录了当时中国工农红军长征的情况。后来《大公报》把他写的通讯集册出版，取名《中国的西北角》。这本书您也读过吧？在读范长江的作品之前，您知道共产党和中国工农红军吗？

**钱：**读过，在读范长江的作品之前，我也知道有共产党和中国工农红军，但听到的大多是国民党的反动宣传，是范长江让我知道了中国共产党和工农红军的准确消息，他对我的影响很大。另外我表哥对我的影响也很大。他是我舅舅家的孩子，在南京读书，他把邹韬奋先生主编的进步刊物《生活》周刊推荐给我。可惜表哥高中毕业还没来得及考大学就得肺结核去世了。我经常想起他，怀念他。

**李：**那时《生活》周刊以反对内战和团结抗日为目标，成为国内媒体抗日救

国的一面旗帜，后来被国民党当局下令查封了。

**钱：**是的，《生活》周刊被迫停刊后，先后用《大众生活》《抗战三日刊》等刊名继续出刊，我一直追踪订阅。

**李：**你们是什么时候到上海的？

**钱：**这有一个曲折的过程。1931 年，日军发动九一八事变后，陆续侵占东北三省。1937 年七七事变后，上海形势日趋紧张，父亲感到镇江很不安全，因为镇江位于上海通往南京的沪宁铁路沿线，位于大运河和长江的交叉点上，日军如果在上海得手，下一步不管是进攻南京还是苏北，镇江都是他们的必夺之地。父亲请假带着我们全家回到故乡浙江嘉兴王店镇避难。我记得特别清楚的是，我们一家乘火车去王店镇的那一天是 8 月 13 日，没想到上海战事就是在那一天爆发的。

一个多月后，从镇江传来消息，当地的机关、学校已经从上海战事初期的慌乱中稳定下来，我和哥哥就读的中学定于 9 月开学。在这种情况下父亲考虑到我们的学业，加上他从财政厅请假的时间不能太长便决定返回镇江。这样，我们又回到了镇江。没有料到，时间不长日军就逼近镇江，我们全家便跟随父亲逃难去了苏北，后又辗转到了上海的“孤岛”，那是 1938 年的 5 月。

**李：**逃难的经历有什么感触？

**钱：**在逃难过程中，我们目睹了日本侵略军留下的断垣残壁和难民们流离失所的悲惨景象，目睹了日军船舶上鬼子兵狰狞的面目和他们手上的枪。在抵达“孤岛”后不久，传来我家在镇江和王店的居所都已被日军烧毁的消息，特别惨痛的是，我大妈在王店葬身火海，连尸骨都没有找到。日本侵略军这个反面教员给了我刻骨铭心的抗日爱国教育，而范长江、邹韬奋则是我最早的启蒙老师。

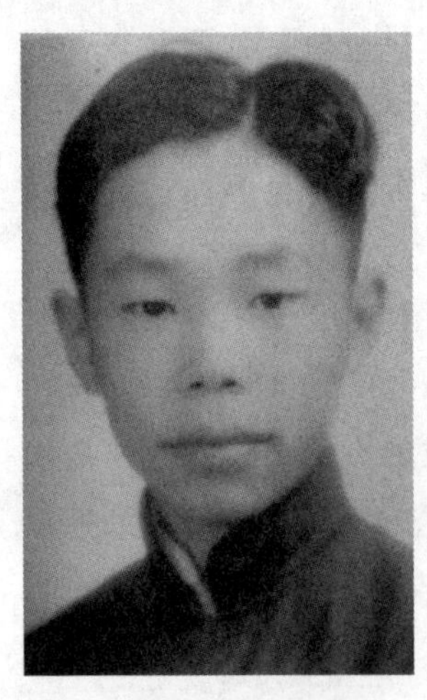

中学时代的钱李仁

**李：**“孤岛”是指上海的公共租界和法租界吧。我知道在 1937 年 8 月的淞沪会战中，日军将公共租界分割成两部分，苏州河以北地区成为日军控制的势力范围，但因当时日本与英、美、法等国还保持着外交关系，所以日军没有进入苏州河以南地区的公共租界，也没有进入法租界。公共租界和法租界就成了人们说的“孤岛”，挤进了 40 多万中国难民。

**钱**:是的,按照国际惯例,鬼子不能进"孤岛"烧杀抢掠,所以"孤岛"会相对安全些。

**李**:在"孤岛"继续你的学业?

**钱**:为了维持一家人的生活,父亲先后找了几个工作,但薪水有限,供不起我和哥哥上学,我们是在基督教女青年会助学机构的帮助下完成初中学业的。1939年我考上了上海中学。上海中学是公立学校,有百年历史,由清朝同治年间建立的龙门书院演变而来,高中的数理课程大部分使用英文课本,对英文教学和学生英文水平要求很高。我记得英文老师自编了一套《英语背诵文选》,要求我们每周背熟一篇,并在下周英语课开始时点名背诵,背不好要罚站,从高一到高三从未间断。

**李**:您的英文底子是不是在上海中学打下的?

**钱**:可以这么说。不过对我来说,更重要的是上海中学成为我参加革命的起点。

## 发动群众反对汪伪接管学校,利用敌人薄弱环节开展助学运动。加入地下党,决心为党的事业不惜牺牲生命

**李**:上海中学有中共地下党的组织吗?

**钱**:刚开始不知道有没有,上海中学原在闵行,地方很大,日军占领上海后迁到法租界,借用上海美专的几间教室,各班只能上下午轮流上课。因只上半天课,我们课外活动的时间就多起来。当时班里的读书风气很浓,同学们自己办了个"流动图书馆",每人把自己家里可以外借的图书开一个书单,班里统一编目供大家借阅。同学们看目录后要借哪本书直接找书的主人借阅即可。我就是在这样的情况下和班里的吴绍基同学逐渐接近并熟悉起来的,因为我们有着共同的读书爱好,经常在一起交流。有一次,他推荐了《青年知识》上的一篇文章给我看,文章的标题我想不起来了,但文章的观点很鲜明:青年对个人理想和前途的追求,只有在挽救民族危亡,争取民族独立和人民幸福的斗争中才能实现;如果只求个人出人头地不但难以实现,弄不好还会做出与原来的善良愿望相违背的事来。文章把对时局的关心与对个人人生道路的思考紧密地联系起来,对我启发很大。

**李**:吴绍基是共产党吗?

**钱**:当时不知道,只是感觉他很关心时局,也特别有见解,每次和他聊完心里都很豁亮。

**李**:1939 年 8 月,汪精卫在上海召开伪国民党第六次全国代表大会,通过“和平、建国、反共”的反动纲领,公开主张卖国投降,不久,又加紧争夺“孤岛”上由国民党政府掌握的教育、文化、新闻等机构的步伐,上海中学应该也在争夺之列吧?

**钱**:上海中学在上海乃至全国教育界都有一定声望,自然是汪派必争的教育机构。汪派要接管学校的消息传来后,大家议论纷纷,吴绍基等同学态度十分鲜明:坚决反对汉奸接管学校,全国人民要团结一致抗战到底。你知道什么是抗战到底吗?

**李**:当时蒋介石和毛泽东对抗战到底的观点不一。蒋介石在国民党五届五中全会上说的抗战到底是恢复卢沟桥事变以前的状态。毛泽东为纪念抗战两周年写的《反对投降活动》一文中说的抗战到底是打到鸭绿江边,收复一切失地。

**钱**:是这样,吴绍基他们说的抗战到底就是毛泽东说的抗战到底,要打到鸭绿江边,收复一切失地。吴绍基启发我,让我把这一主张主动传播到群众中去。12 月的一天,他又问我:“上海有个学生界救亡协会,领导学生进行爱国救亡的工作,你愿不愿意参加?”我听说是领导学生进行爱国救亡工作的组织,没有犹豫就表示愿意参加。

**李**:有资料记载,上海学生界救亡协会是全面抗战爆发后成立的,是天津流亡同学会、暨大留沪同学会、留日同学救亡会、上海法学院留校同学抗敌后援会等抗日救亡团体联合组成的,成立后即投入“保卫大上海”运动,上海失陷后转入地下。您说的就是这个学协吧?

**钱**:是的。新中国成立后中组部有明文确认,学协是党的外围组织。我参加革命的时间是从参加学协那天算起的。学协里设小组,我们小组组长是吴绍基,组员还有我们班一位姓曹的同学。

**李**:参加学协后,您印象最深的是做了什么工作?

**钱**:就是发动全校的反汪斗争,汪精卫要在 1940 年 3 月 30 日在南京成立伪国民政府的消息我们 2 月初就知道了。学协要求我们在 30 日之前广泛深入地发动群众,尽可能争取国民党控制的学校当局和校内三青团的支持,3 月 30 日那天开展声势浩大的反汪斗争,反对一切投降、分裂、倒退的行为,反对汪伪政权接管上海中学。

**李**:那时发动群众的工作好做吗?

**钱**:首先是要激发大家的抗日爱国热情。我们利用历史、地理、国文等课程,采取向老师提问的方式把时局的有关问题引进课堂进行讨论。比如在历史课上,我们就会提问,日本侵占东北三省有什么经验教训?我们如何推翻伪满洲国收复失地?在讨论中我们注意引导,将同学们的爱国热情引向抗日、反汪的行动。课间休息时我们会带领大家高唱《流亡三部曲》《大刀进行曲》《毕业歌》《大路歌》。我们还通过课外读书小组和个别谈心的方式,把工作做到每个同学身上。我们把需要进行的思想工作内容分解为七八个相互关联的问题,每个星期向同学宣讲一两个。分配我做工作的几个同学住得离我家都比较远,我没有多余的钱买公交票,只能在课后步行到同学家做工作,晚上回家往往已是深夜。

**李**:成效如何?

**钱**:上海中学的反汪斗争基本做到了全校发动,而且形成了浓厚的氛围。经过充分的准备,高初中级联会发出从 3 月 30 日起举行反汪罢课三天的号召。这实际是我们学协领导的。

**李**:级联会是什么组织?

**钱**:当时上海中学每班有级会,级联会就是级会的联合会,是学生自己的组织,分初中级联会和高中级联会,是校方认可的,有点像现在学校的学生会。级联会有我们学协的人,他们中有中共地下党员。这是我后来知道的。30 号那天,我们在学校门口张贴了十分醒目的大标语:“反汪罢课!”全校 1000 多名学生集结学校操场,举行声讨汪伪大会。发言的学生代表强烈控诉汪精卫投靠日本的卖国行径,号召大家团结起来坚决反对汪伪接管学校。在会上学生们还检举了两名有明显汪派言行的教员,揭发他们围困校领导,采用威胁手段让上海中学向汪伪登记的事情。这引起全校师生的极大义愤,强烈要求学校开除这两名教员。学校当场宣布开除这两名教员。我们的反汪斗争粉碎了汪伪企图收买掌握校政的国民党集团中的顽固分子,迫使上海中学登记投降的阴谋,对汪派夺取整个上海教育界的企图给予了致命的打击。当时上海的好几家媒体对我们反汪斗争的情况都作了报道。

**李**:钱老,您是怎么加入共产党的?

**钱**:吴绍基是我的引路人。尽管斗争激烈,工作紧张,但他仍不放松政治理论学习。有一天他拿来一本小册子，推荐给我读，说是共产党的领导人毛泽东撰写的关于中国社会矛盾和革命对象、任务、动力和性质的政治著作。

**李：**是毛泽东撰写的《中国革命和中国共产党》吗？

**钱：**是。这本书使我不仅认识到只有在共产党的领导下才能求得民族的独立和人民的解放，而且也使我开始懂得用阶级分析的方法来认识政治和社会现象。

不久，吴绍基又介绍我读关于民主革命、社会主义、共产主义，以及哲学、政治经济学等马列主义基本知识的小册子，介绍我读《西行漫记》等革命书刊。在交流读书心得时，我们结合自己的生活经历，体会在民族和阶级双重压迫下中国无产阶级和劳苦大众的悲惨境遇，体会革命先辈怎样把争取自身和民族的解放升华到实现共产主义的崇高理想，并不惜为之牺牲一切的坚定信念。在这个过程中，吴绍基逐步启发我思考入党问题，并相约各自设法去寻找党的关系，要求加入共产党。过不多久，他高兴地对我说，他找到党的关系了，还说入党要写一份申请书，他教我用明矾泡水，然后用钢笔蘸着泡好的水写入党申请书，说这样写出来纸上无字，只有用碘酒涂抹后才能显示出来，这样做是为了保密。

**李：**那时入党申请书上都写什么内容？组织上很快就批准你们的申请了？

**钱：**申请书上要写个人历史情况，家庭情况，社会关系，对党的认识和入党动机等。过了几个星期，吴绍基找到我说组织上批准了我的入党申请，并委托他带我进行入党宣誓。他这时才说，他早已经是共产党员了，只是在我入党之前不能告诉我。我表示理解。入党宣誓是 1940 年 5 月下旬的一天深夜在吴绍基家的二层阁楼进行的，誓词是：我志愿加入中国共产党，坚决执行党的决议，遵守党的纪律，保守党的机密，不怕困难，不怕牺牲，为共产主义事业奋斗到底。

**李：**您当时是一种什么样的心情？

**钱：**觉得特别神圣，似乎不久我就会为党的事业牺牲生命一样。我很感谢吴绍基引导我走上了革命道路，可惜 1940 年暑假他被学校开除后去了解放区，我们就分开了。

**李：**吴绍基为什么被学校开除？

**钱：**在反汪这一点上，由国民党控制的校方和学校的三青团虽然表示支持，但是运动中显示出的学生力量使他们感到恐惧，所以运动高潮刚过，校方就勒令领导反汪斗争卓有成效的级联会停止活动，禁止学生在校内张贴布告，禁止办墙报，禁止召开级会，同时对爱国学生进行监视。校方的做法引起同学们的强烈反对。同学们不顾校方禁令，召开各级代表会，提出请校方出布告保证不投降，不开除爱国学生等要求。校方对发起、主持和参加代表会的班级和学生实行停课等惩罚措施，并宣布提前放暑假。法租界巡捕手持皮鞭、警棍阻止学生入校。几天后，在反汪运动中表现突出的43名同学接到校方开除学籍的通知书。吴绍基是其中之一。后来我知道，吴绍基被学校开除后撤退到解放区，1949年随军南下，为江南的解放和新解放区的建设作出了贡献。那时，他已经改名为陈学勤。20世纪50年代他回到上海工作时，我已经调到团中央国际联络部工作。虽然不在一地，但我们一直没有断了联系。2005年他因病在上海去世。时至今日，我还时常想念他。

**李**：您没有被学校开除？

**钱**：没有。可是在我的学期成绩单上“操行”吃了个“丙下”，只要再下一格就是“丁”，就得开除，也是到了被开除的边缘。

**李**：当时上海中学有多少中共地下党员？

**钱**：我开始不知道，吴绍基走后组织上让我担任上海中学地下党支部委员时我才知道，上海中学只剩下三名党员了，和吴绍基一起被开除的还有几名中共地下党员。我担任支部委员时我的上级联系人叫沈韦良，从1941年夏天开始换成了吴学谦。

**李**：是后来当过国务院副总理、外交部部长的吴学谦吗？我记的吴学谦去世时，凤凰卫视《凤凰非常道》栏目采访他的儿子吴晓镛。吴晓镛评价父亲是：这辈子要干什么，为什么干，怎么干，他想得很清楚。

**钱**：是他，吴学谦就是他儿子说的这样一个人。按照地下党的规定，对上级派来的联系人，不能打听真实姓名、社会身份、党内职务等。后来，我才知道他当时是暨南大学学生，在党内职务是中学区委委员、区委书记。

**李**：那时上海地下党的组织机构是什么样的？

**钱**：地下党上海市委是最高组织机构，下设地下党上海学委、工委、教委、职委等。学委领导的大学区委是：国立大学区委，私立大学区委和教会大学区委；学委领导的中学区委有几个女中区委和男中区委。区委直接领导基层组织，即支部或总支。

**李**：1941年12月8日，太平洋战争爆发，日军进占上海租界，取缔一切具有抗日色彩的活动和报刊，党支部工作开展的难度是不是增大了？

**钱：**难度是增大了，但新出现的矛盾也让我们找到了打开工作局面的着力点。根据上级要求，党支部的所有会议暂时停止，党员和积极分子手中的进步书刊全部销毁或藏匿。不久，吴学谦传达上级指示：敌伪虽已占领租界，但它的统治力量暂时还伸展不到每一个基层，空隙很多，并且有种种新的矛盾，要充分利用这些薄弱环节开展工作。

我们认真研究分析了学校的实际情况，决定开展助学运动，并以此为突破，带动各方面的工作。作此考虑的出发点是，日军占领上海租界后，上海中学由省立改为私立沪新中学，化学教师、无党派人士吴瑞年任校长。上海中学改私立后，虽然师资、课程不变，但学杂费陡增。因为省立学校政府有补贴，学生不用交学费，只交杂费，改为私立后，家境贫困的学生面临着失学的危险。助学运动的义卖、义赛、义演、募捐，转送高班同学用过的教科书给低年级同学等活动，解决了一批贫困学生缺学费、教科书的难题，受到同学们的欢迎。这一活动也使新校长吴瑞年解除了贫困学生因缴不起学费可能会引起校内动荡的隐忧。吴瑞年支持助学活动，放松了对学生集会、结社的禁令。另外，我们看到有的应届毕业生由于家庭经济困难上不起大学，找工作又困难的情况，便募捐创办了一所小学和一家旧书店，解决这部分同学的就业问题。没想到一举成功，那所小学被命名为"三一小学"，因为我们这一届高中生是民国三十一年毕业的。这所小学一直办到上海解放。

为同学们办实事也为我们在群众中开展各项活动创造了条件。在工作中我们培养、发展积极分子入党，不断地扩大组织，到 1942 年 7 月，我们支部党员人数已经接近 50 人，支部也升格为总支。那时，我已经从上海中学毕业，组织决定让我以社会职业为掩护，担任上海中学专职党支部书记。

## 结束值得回味的中学生活，走上职业革命家的道路。反会考斗争取得成功，教育部宣布"中学会考暂缓一年"

**李：**是不是从这时开始您就成了职业革命家？

**钱：**可以这样说吧。我在社会上的职业都是为了掩护我从事的革命工作。不久，我被调到一个中学区委任委员。顺带说一桩三青团在上海的领导机构整体投降日伪的事件。

**李**:三青团整体投降日伪是怎么回事?

**钱**:1938 年国民党在重庆建立三青团,1939 年,上海建立三青团上海支部。1942 年,三青团上海支部书记奚培文和组训组长吕哲绑架了总务组长王微君、情报组长姜梦麟以及行动队长张树椿,向汪伪警察署"投诚",并将上海三青团名单交给了警察署。很快名单便在敌伪控制的报纸上公布了,上海三青团遭到严重破坏。王微君、姜梦麟、张树椿拒不投敌,被活活打死。

**李**:原来是这样,三青团里也有铁骨铮铮之人!您刚才说您调到一个中学区委工作,当时中学区委是怎么划分的?

**钱**:当时在中学区委这个称呼下,实际存在着几个女中区委和男中区委,纯粹招收女生的中学被称为女中,领导女中党支部的几个区委叫女中区委,男女合校的中学,被称为男中,领导男中党支部的几个区委叫男中区委。我被调入一个男中区委工作。每个区委一般由三四名委员组成,每人负责联系三四个支部,在正常情况下,区委每周开一次会,有上级联系人出席。会议地点选在有条件的委员家里,会议一般以温课、茶叙、打扑克等作掩护进行。从 1947 年 2 月起,学委不再直接领导中学各区委,而是在学委下面设立中学委员会,负责领导各男中区委、女中区委,再加一个专科学校区委。我是中学委员会五名委员之一。那年 5 月,在全市高中毕业生反会考的斗争中,中学委员会指定我负责联系高中应届毕业生成立的"反会考联合会"临时党组。

**李**:反会考是怎么回事?

**钱**:1947 年 4 月中旬,国民党政府教育部突然颁布高中毕业生会考通令,恢复停办多年的高中毕业生会考,指出高中应届毕业生只有会考合格才能毕业。其实,恢复会考的真正目的有两个:一是借会考打压高中应届毕业生中的进步分子;二是借会考给中学生增加压力使其无暇过问政治。

这一通令引起应届高中毕业生的强烈不满。中学委员会经过研究并经学委批准,及时发动了全市高中应届毕业生的反会考斗争。5 月 3 日,36 所中学的应届毕业生代表在交通中学开会,成立"上海市高中毕业班学生反对会考联合会",选出南洋模范中学、南洋女中、交通中学、大同附中、青年会中学五校为主席团。党内成立了由共产党员徐惟诚、谢志明、朱鸿兴组成的临时党组。他们分别是南洋模范中学、南洋女中、交通中学的学生代表。中学委员会指定由我负责联系临时党组。

**李**:徐惟诚是后来当过中宣部副部长的那个徐惟诚吗?

**钱:**是的。后经过多方面宣传、联络,参加反会考联合会的学校增加到51所。5月9日,由反会考联合会选出的徐惟诚、谢志明等9名代表赴南京向教育部请愿。那天,51所中学的3000多名应届毕业生到火车站为代表送行,场面十分壮观。组织上让我同车去南京以便及时了解情况向组织报告,把握大局。按照组织的指示,我只和徐惟诚、谢志明两位党员秘密联系。于是,我单独上了跟他们同一列火车的另一节车厢。到南京后代表们受到中央大学学生自治会的接待,我则住在金陵大学一名中共地下党的宿舍里。我和徐惟诚、谢志明在金陵大学碰头。代表团在南京期间除向教育部中等教育司司长面陈反会考理由外,还举行了记者会招待会,反驳教育部中等教育司司长有关部令不可更改的答复。记者招待会内容在媒体上披露后影响很大,全国各地高中应届毕业生纷纷加入反会考行列。迫于形势压力,教育部不得不宣布"中学会考暂缓一年"。此后教育部再未提过会考一事。

## 抗议英军九龙暴行,斗争锋芒直指美蒋反动派。反对美国扶植日本军国主义,国统区学生南北呼应

**李:**您有担任上海市学联党组书记的经历?

**钱:**那是1947年11月,我受组织委派,到学委直接领导下的上海市学联担任党组书记。这使我有了更多的机会学习从大局出发,联系实际开展工作。虽然上海市学联是公开的,但学联领导机构的成员却是被国民党追捕的对象,处于地下状态。每当举行全市性的学生示威游行等重大活动时,学联党组书记都要走上斗争第一线,走上斗争第一线不是直接亮出身份参加活动,而是在斗争现场,通过秘密联络员与游行队伍的负责人保持联系,指挥队伍的行动方向。在这种场合,敌人的军警和便衣特务很多,我小学教员的身份已不相宜。组织上说,你还是去当学生,以学生身份作掩护,可以更好地开展工作。于是,我先后考取上海圣约翰大学化学系、上海中华工商专科学校会计系、上海师范专科学校英文系。以大学生的公开身份站到学生斗争的第一线进行秘密活动方便了很多。

**李:**担任上海市学联党组书记后,在开展学生运动中您印象比较深的事情有哪些?

**钱:**给我留下深刻印象的有两件事,一件是抗议英军九龙暴行活动,另一

件是“反美扶日”运动。

1947年底，港英当局为扩建九龙机场，扩张侵略势力，要拆除九龙城中国居民的住房。中国居民要求国民党外交部驻香港办事处特派员与港英当局进行交涉。该办事处对中国居民一再搪塞敷衍。1948年1月5日，港英当局用暴力拆毁机场周围的中国居民住房，造成流血事件，使得2000多名居民无家可归。国民党政府一面对港英当局软弱退让，一面在内地发起“反英护权运动”，企图转移反美反蒋视线。其上海市党部在“反英护权”后加上“戡乱”两字，更是暴露出反共的真面目。

针对这个动向，学联党组经中共上海地下党学委批准，决定利用反英的合法性，把抗议英军九龙暴行斗争的领导权掌握在自己手中，充分发动群众，在运动过程中揭露国民党假反帝、真欺骗的阴谋，把斗争锋芒指向美蒋反动派。1月17日，我们组织74所大中学校两万多人的游行队伍，到外滩英国领事馆进行示威。在向英国领事递交抗议书后，我们举行了声势浩大的爱国游行。我们利用守卫英领事馆的国民党政府警员扣留学生代表一事，高呼“反对卖国外交”“打倒英美帝国主义”“反动政府要垮台”等口号，达到了利用国民党的“反英护权”口号，开展群众斗争，把重点转移到反美反蒋的预期目标。

**李：**1948年4月30日，中央在发布的《五一劳动节口号》中号召“反对美帝国主义者扶植日本侵略势力的复活！”全国学生反对美国扶植日本军国主义的斗争最初是从上海开始的。您刚才说留给您另一件印象深的事情就是“反美扶日”运动。请您讲讲当时的情况。

**钱：**随着美国加紧扶植日本和国民党政府卖国外交的日益暴露，5月4日，我们学联在交大民主广场组织了纪念“五四”大型营火晚会，大概有1.5万多名学生参加，晚会突出的主题就是“反美扶日”。会上还成立了“上海市学生反对美国扶植日本、挽救民族危机联合会”。当天，上海学联发出号召，号召全国人民起来“一同来向美帝扶助日本法西斯政策宣战”。

5月22日，上海1.5万多名学生又在交大举行“五二〇”周年纪念大会。“团结全国人民”“反对美国扶植日本”“击退一切迫害”的巨幅标语在会场十分醒目。大会决定发起10万人参加的“反美扶日”签名运动。上海“反扶联”也号召全市学生6月5日举行反美扶日大示威，得到广大同学的热烈响应。原先的设想是各校队伍先在南京路外滩集合，在美军总部前示威后，沿南京路向西行进。不料，国民党市警备司令部事前得到消息，包围了交大、复旦、同济、中华工商等几所学校，封锁了校门和学校附近的交通要道，禁止学生外出。但是他们不可能对所有大、中学校学生都采取同样严密的封锁手段，大约有5000多名学生如约到达南京路外滩。军警闻讯后包围了学生。学生们高唱“反美扶日”歌曲，散发传单，与军警相持到下午3点。这时又有大批军警赶到，开始殴打和抓捕学生。为保存实力，在现场指挥的学委副书记吴学谦决定学生分散撤离外滩。离开外滩的学生在南京路上又形成了一支约500人的游行队伍，队伍游行到西藏路大上海大戏院前举行了反美扶日集会，并把反美扶日的大旗举到了南京路上！

**李：**反美扶日运动发端于上海，很快发展到全国。国统区学生南北呼应，几十万学生和教职员工参加了斗争。

**钱：**是这样的。

## 迎解放，上海市人民团体联合会组织人民保安队、人民宣传队。身陷利群书报案，《学生报》负责人严庚初惨遭杀害

**李：**辽沈、淮海、平津三大战役胜利结束后，国民党政府败局已定，上海解放指日可待，为迎接解放，上海学联做了哪些工作？

**钱：**中共上海地下党为广泛发动市民配合和迎接人民解放军解放上海，成立了由中共上海地下市委直接领导的上海市人民团体联合会总党组，工协、职协、学联、教协、文协党组划归其领导。上海市人民团体联合会成为中共地下党号召和组织群众迎接解放的一面公开旗帜。我担任市人民团体联合会总党组成员，同时兼任学联党组书记。

为迎接解放，上海市人民团体联合会组织了约6万人的人民保安队和4万人的人民宣传队。人民保安队的主要任务是开展“反破坏、反屠杀、反迁移”活动，保护重要工厂、学校和机关，配合解放军解放上海，并在解放军进城后为他们带路、做向导。人民宣传队的主要任务是及时将党的各种号召、主张以及解放战争的发展形势等向市民进行宣传。人民宣传队以学生为主，也有工人、职员和文化界人士。我负责人民宣传队。人民宣传队总部编写、印发了针对不同对象的宣传材料：《告上海人民书》《告军警书》《告国民党各机关及保甲人员书》《致地方人士函》等，宣传党的各项方针、政策，并通过学联、工协、职协、教协的发行网广为寄发、张贴。当时学联出版的《学生报》也发挥了重要作用。

《学生报》工作人员收听新华社和国外电台的广播，收集中外报刊有关中国政治、军事情况的报道和评论后编辑整理成宣传材料进行宣传。人民宣传队总部印刷了大量标语、横幅，比如《热烈欢迎中国人民解放军》《解放军到老百姓笑》《中国人民解放军约法八章》《人民保安队安民告示》等，组织画家绘制毛主席和朱总司令的巨幅画像。在人民解放军进入市区的时候，人民宣传队员把印制好的标语、横幅贴满了上海街头，在上海大世界和新世界高高挂起毛主席和朱总司令的巨幅画像。上海解放那天是 5 月 27 日。特别让人心痛的是，当我们已经听到上海解放的脚步声时，一些同志却牺牲了生命，比如负责《学生报》印刷和发行工作的地下学联负责人之一的共产党员严庚初。

**李：**您能说说严庚初牺牲的具体情况吗？

**钱：**1948 年下半年，国共两党上海决战在即，国民党如惊弓之鸟，发现有共产党嫌疑的人就抓。当时国民党在各大学密布特务，破坏学生运动，查封进步书刊。9 月 24 日，国民党淞沪警备司令部稽查处查获了上海利群书报社从香港订购的进步书刊。军统特务随即开始大规模逮捕有牵连的人。

**李：**这是不是历史上上海发生的利群书报案？好像先后有 200 多人被捕。

**钱：**是的。敌人逮捕了利群书报社经理和全体工作人员，经理被酷刑逼供，让他说出进步书刊的来路及销售去向。这个经理想到黄河书店已经关闭停业，负责人去了香港，说出也无妨，就说从香港来的进步书刊的订购人员在黄河书店住过。特务即刻扑向黄河书店。其实，黄河书店只是形式上关停，实际上已成为上海学联的秘密印刷发行机关，店内存有大量刊物。特务不仅在黄河书店搜出了进步刊物，还搜出了一份名单。于是，特务在黄河书店设伏，凡是来书店的人一律逮捕。严庚初在不知情的情况下走进黄河书店，不幸落入敌人的魔爪。这些情况我也是后来知道的。20 世纪 80 年代，上海人民出版社出版的《统战工作史料选辑》第三辑刊登了利群书报案当事人许士林的回忆文章，标题是《利群书报案始末》。许士林在文章中谈到，在狱中，严庚初曾和他商量，由涉及此案的部分同志提供各自的被捕经过，最后由严庚初起草成文交给党组织，作为今后继续革命的经验教训，不曾想不久后严庚初便遭敌人杀害。严

严庚初烈士（1924—1949）

庚初牺牲前嘱咐许士林，要他完成利群书报案一文的撰写。严庚初在狱中，受尽各种酷刑，但始终没有屈服，表现了共产党员大无畏的英雄气概。上海解放前夕，他和利群书报案的5位同志一起被敌人秘密杀害于浦东戚家庙，牺牲时年仅25岁，太可惜了。我会永远铭记着他，怀念着他！

## 团市工委最主要的工作是：团结全市青年为建设新中国而努力学习，动员全市青年参加党号召的各项政治运动

**李：**解放军第三野战军主力胜利渡过长江后，发动了以消灭汤恩伯主力，解放大上海为目的的上海战役。5月27日，上海国民党守城部队投降，上海解放。上海解放后您主要做什么工作？

**钱：**5月25日拂晓，人民解放军控制苏州河以南市区时，我就接到通知去外滩的海关大楼向中共地下市委书记张承宗报到，并被分配到市青委工作。市青委全称是中共上海市委青年工作委员会，负责全市的青年工作。

**李：**那时，中国新民主主义青年团第一次全国代表大会刚刚结束，市青委应该肩负着在全市建立团组织的任务，团上海市委是什么时候成立的？

**钱：**团上海市工作委员会是6月5日成立的，简称"团市工委"。经中共上海市委和团中央决定，李昌任书记，张本任副书记。团市工委共有13名委员。此后各区也成立了团区工委。团市工委成立后张本兼学生部部长，我任副部长，后来我担任过部长、秘书长。

**李：**为什么要在团委的名称上加"工作"两个字？

**钱：**因为只有在团代表大会上选举出来的团委员会才是正式的团委，而当时上海市团代会还没有召开，由党委或上级团委任命的团的领导机构，必须在"委员会"前加"工作"二字。团工委在团委成立之前履行团委的职能。

**李：**上海第一次团代会是什么时候召开的？

**钱：**1953年5月。大会选举产生了中国新民主主义青年团上海市委员会第一届委员35名。在团上海市委第一届第一次全体会议上选举产生常委11名，正副书记3名，周克任书记，李琦涛任第一副书记，张浩波任第二副书记。

**李：**前两年我采访过张浩波。您刚才说的李昌是参加过一二九运动，担任过中华民族解放先锋队总队长、中央青委组织部部长、团中央书记处书记的李昌吗？

**钱：**是，李昌2010年去世了。

1950 年春，团市工委学生部的年轻人（后排左二为钱李仁）

**李：**您在团市工委工作了多长时间？团市工委的主要工作是什么？

**钱：**我在团市工委工作了 4 年，上海第一次团代会后就调走了。那时团市工委最主要的工作就是团结全市青年为建设新中国而努力学习，动员全市青年参加党号召的各项政治运动。我们在团市工委学生部的工作，一方面要号召和推动广大学生“开展新民主主义的学习运动”；另一方面要动员和组织广大学生积极投入各项政治运动，其中比较重要的运动有参加南下服务团和西南服务团，支援抗美援朝和动员青年学生参加军干校等。

**李：**上海解放后第二野战军要进军解放大西南，第三野战军要南下解放福建，组织南下服务团、西南服务团是为解决新解放区缺乏干部的问题？

**钱：**是这样的。部队决定在上海等地招收知识青年充实加强干部力量，动员的任务自然就落在了团市工委的肩上。团市工委又把任务交给了我们学生部和市学联。

我记的我们除了去各校做动员工作外还召开了两次动员大会，有近万人参加。各校迅速掀起了报名参加服务团的热潮。经过选拔，5000 多人被录取，其中南下服务团有 2400 多人，西南服务团有 2600 多人。复旦大学学生、上海市学联主席张渝民参与了南下服务团和西南服务团的动员工作。1949 年底至 1950 年初，已是华东学联主席兼新民主主义青年团华东工委学生部副部长的张渝民，代表团华东工委和华东学联慰问南下服务团，并帮助福建召开全省学生代表会议，筹建福建省学联。1951 年 9 月，华东局应福建省委要求，调张渝民到团福建省工委担任学生部部长。自此，张渝民扎根福建，直到从福建省人大常委会副主任的岗位上离休。

后来我得知，南下服务团有 4 名成员在南下途中遭遇国民党飞机扫射牺牲，进入福建后在与土匪和反共武装的战斗中又有 12 名成员牺牲。西南服务团有 388 名成员在建立新政权、反霸、土改等斗争中牺牲，其中仅在云南玉溪、楚雄、曲靖地区征粮清匪斗争中牺牲的就有87名。这两支服务团在接管新解放区，进行剿匪反霸、减租减息、土地改革以及新解放区的各项建设事业中发挥了积极作用。

**李**：朝鲜战争爆发后，为加强中国的现代化国防建设，争取抗美援朝的胜利，政务院曾两次发出招收青年学生参加军事干部学校的决定。团中央和全国学联也分别发出告全体青年团员书和告同学书，号召青年团员和学生踊跃报名参加各种军事干部学校，在国防建设的岗位上贡献力量。上海团市工委是如何贯彻落实的？

**钱**：上海团市工委、市学联联合发出热烈响应团中央、全国学联参加军事干校号召的通知，并立即在全市范围利用报纸、电台、黑板报、壁报等舆论工具，进行宣传动员。我们曾组织10多万大中学校学生在跑马厅，也就是现在的人民广场举行抗美援朝、保家卫国动员大会。学生报名参加军干校十分踊跃，上海前后招收两批青年学生参加军干校，共计8773人。

1951年，在团市工委工作的钱李仁和郑韻

**李**：您和您爱人郑韻是在团市工委认识的？

**钱**：是啊，解放前郑韻就是她就读女中的学生运动积极分子，学生时代入了党。我在中学委员会工作时就多次听到过她的名字。上海解放后，我在团市工委学生部工作，有一次去沪中区工委了解学生工作情况，见到了在那里工作的郑韻。1950年初，郑韻调到团市工委工作，我们相互的了解也逐渐多起来，从相知到相爱，到结成终身伴侣。

## 在世界青年代表大会上胡耀邦宣布朝鲜停战成为亮点。争取和平友谊和民族独立成为联欢节的主题

**李**：您是什么时候离开上海团市工委的？

**钱**：1953年5月上旬，我和郑韻接到组织上调我们去团中央国际联络部

工作的调令。稍作准备,5月下旬,我们就到团中央国际联络部报到了。那时真是一切听从组织召唤,组织让上哪儿就上哪儿,绝不讲条件。到国际联络部报到后,部长区棠亮、副部长吴学谦找我谈话,跟我说了这样的意思:世界民主青年联盟为了更好地推动国际民主青年运动,决定扩大书记处,增加书记人数以加强领导,他们要求中国派遣一人担任世界青联书记,并要长期驻会参加经常性工作,团中央考虑派我去比较合适。这时我这才知道调我到国际联络部的原因。

**李**:世界青联是一个什么样的组织?

**钱**:世界青联是第二次世界大战后建立的国际青年群众组织,总部设在巴黎。1945年10月,世界青年会议在伦敦召开,63个国家的600多名代表参加会议。这次会议宣告成立统一的世界青年组织——世界民主青年联盟。大会通过的《世界民主青年联盟盟章》写明了世界青联的性质和工作的内容:世界青联"是团结在为争取和平、自由、民主、独立与平等而工作的坚决意志下的青年组织。它的工作将对联合国工作有所贡献,并将为保证青年的权益及后代的幸福开辟可靠的途径"。

**李**:前一段时间查阅中央青委的资料,看到那次世界青年会议国民党的三青团和共产党的中央青委都派代表参加了。解放区原本派三位同志参加会议,但由于受到国民党政府的阻挠,最后只有陈家康一人得以从美国赴英国出席。陈家康被选为世界青年联合会执行委员,会后,留在巴黎成为中国解放区青年组织派驻世界青联的第一任代表。

**钱**:是这样的。20世纪60年代,陈家康曾担任过外交部副部长,"文化大革命"中受到迫害,1970年病逝于湖南茶陵外交部五七干校。

**李**:区棠亮、吴学谦两位部长也会向您介绍一些世界青联的情况。

**钱**:他们告诉我:由于苏联在二战中对战胜德国法西斯作出过重大贡献,所以在世界青联领导机构中,苏联共青团起着主导作用,实际上是苏共在起主导作用,而担任世界青联主席和总书记的分别是在西欧影响比较大的法共领导下的左翼青年组织的代表和意共领导下的左翼青年组织的代表。后来随着苏、美矛盾加剧,世界青联也出现分裂,一些西方国家的青年组织相继退出世界青联,建立了世界青年大会,从而导致具有统一战线性质的世界青联的分裂。

**李**:这样世界青联不就变成了一个主要由苏联和其他人民民主国家的青年组织、西方资本主义国家共产党领导的青年组织以及亚非拉国家青年组织参加的世界青年组织了?

**钱:**没错。世界青联总部也从巴黎迁到了布达佩斯。在我之前中国驻世界青联代表还没有担任过世界青联书记,吴学谦嘱咐我:现在世界青联请中方担任书记,我们应抓住这个机会,更好地了解世界青联的工作和意图,加强我们的国际活动。你要精心处理好同苏联代表的关系,一方面,在世界青联的大政方针上要充分尊重苏方的意见;另一方面,不同的意见必要时还是要提,但要事先与苏方商量,不能搞坏关系。区棠亮也嘱咐我:一些拿不准的问题可以通过国际长途向团中央请示报告,重要问题可以通过使馆直接发内部电报。根据属地领导的原则,中国常驻世界青联党员的组织生活受使馆党委领导,在工作中遇到问题时,应向担任党委书记的大使请示报告。

**李:**为什么选择您作世界青联书记您当时清楚吗?是不是和您做地下工作时吴学谦领导过您有关?

**钱:**吴学谦对我比较了解,也应是起了推荐作用,派我担任世界青联书记一职是团中央书记处决定的。前几年因为写一篇文章我去团中央档案处查档,无意中看到了当年团中央给中央的请示报告以及中央的批示,知道了让我去世界青联任书记的详细情况。报告中有一段话是这样写的:

经过我们多方考虑,已调青年团上海市工委秘书长钱李仁同志至北京,准备派他担任世界青联书记一职。

钱李仁同志(男),现年廿八岁,一九四零入党,以后一直在上海从事学生运动工作。他担任过解放前上海党的学委委员,上海学联党组书记,解放后青年团上海市工委学生部部长等职,有青年工作实际经验,独立工作能力较强,并有些外文基础,在青年团干部中,是比较适合担任这一工作的。

拟定钱李仁同志参加中国青年代表团,在七月出席第三届世界青年代表大会(在代表大会上将被选为书记)与第四届世界青年和平友谊联欢节。俟这些活动完毕后即转赴布达佩斯世界青联书记处工作。

**李:**中央批示怎么写的?

**钱:**中央的批示是:同意钱李仁出国担任世界民主青年联盟书记。

**李:**您是什么时候去世青总部报到的?

**钱:**1953 年 8 月底。实际上 7 月份我就和郑韻随中国青年代表团参加在罗马尼亚首都布加勒斯特举行的第三届世界青年代表大会和第四届世界青年与学生和平友谊联欢节。那次出访中国青年代表团的团长是团中央书记胡耀邦，代表团成员有团干部，有民主党派和工商界的青年代表，有青年劳模、战斗英雄，有文艺工作者、体育运动员，大概400多人。

参加第三届世界青年代表大会我印象最深的就是胡耀邦的发言。胡耀邦介绍了中国在和平建设中取得的成就，强调了争取广大青年参加和平运动是世界青联工作中最重要的工作，建议世界青联进一步深入了解和研究各国青年运动的具体情况，并根据各国不同的情况与特点来进行工作。

在发言过程中，胡耀邦突然离开他所讲的内容，激动地说：我现在要向大家宣布一件事情。稍作停顿，他一字一句地说："朝鲜停战谈判已达成协议，谈判双方已决定今天朝鲜时间上午10时在板门店签订停战协定了!"我感到很突然，天大的喜讯让我一时不知所措。但见全场代表都站了起来，热烈地鼓掌。掌声和欢呼声瞬间响彻会议大厅，经久不息。我看到苏联青年代表团团长和朝鲜青年代表团团长疾步走上讲台与胡耀邦热烈拥抱，胡耀邦还被美国和英国的代表抬到肩上，绕场一周。各国青年代表纷纷涌向我们和朝鲜代表团的代表抛洒鲜花，我们和朝鲜代表被高高托起，抛向空中，整个会场变成了一片欢乐的海洋。可见，渴望和平、反对战争是世界青年共同的心愿。胡耀邦宣布朝鲜停战的消息成为大会的一个亮点。

**李**：您是在这届世界青年代表大会上当选世界民主青年联盟书记处书记的，世界青代会闭幕后您又参加了第四届世界青年联欢节？

**钱**：世界青代会选出世青理事会，理事会选出书记处，我被选为书记。世界青代会闭幕后的第三天，第四届世界青年与学生和平友谊联欢节开幕式便在布加勒斯特新建成的，以罗马尼亚解放日命名的"8月23日体育场"举行。世青联欢节是世界民主青年联盟主办的国际综合性青年活动，主题是反对侵略和战争，歌颂和平和友谊。这之前已举办过三届联欢节，第一届是1947年在捷克斯洛伐克布拉格举行的，第二届是1949年在匈牙利布达佩斯举行的，第三届是1951年在民主德国柏林举行的。我参加的这是第四届。

开幕式那天，来自全世界111个国家和地区的3万多青年在"8月23日体育场"挥舞着自己国家的国旗，用自己国家的语言整齐划一、一遍遍地高呼："和平！友谊!""和平！友谊!"现在我和你讲这些，当时的场景仿佛就浮现在我的眼前。那届联欢节共举办12天，有不同国家的大型文艺表演，友谊运动会，各种主题的讨论会以及代表团之间双边或多边的会见、座谈等等。联欢节自始至终都表达着一个主题——和平、友谊、民族独立！在联欢节期间，我们广泛接触各国各界的青年朋友，邀请他们到我们国家访问，加深了彼此的了解和友谊。这对扩大新中国的影响，开辟中国对外联系渠道发挥了一定作用，因为当时美国的封锁，与我们建交的国家不多。

联欢节闭幕后，我又随中国学生代表团参加在华沙举行的国际学联代表大会，然后从华沙直飞匈牙利首都布达佩斯，去世界青联总部报到。那时已是8月底。

## 突破语言障碍，缩小工作方法上的差异。<br>冷静、客观、容忍，艰苦奋斗，中国在世界青联的地位逐步提高

**李**：世界青联总部有多少工作人员，工作机构是怎样的？

**钱**：世界青联总部坐落在布达佩斯市内邻近使馆区一条僻静的街道上，院内除主建筑一幢三层楼房外，还有一些平房和绿地。当时世界青联总部大概有政治工作人员和行政人员近百人。世界青联主席是意大利的柏尼尼，总书记是法国的德尼，13位书记分别来自苏联、保加利亚、民主德国、匈牙利、波兰、英国、意大利、丹麦、伊朗、美国、巴西、澳大利亚和中国。书记处下面的政治性工作机构有4个：联络局、文化体育交流局、宣传局和《世界青年》编辑局。我除参加书记处会议外，还被分配在联络局工作。当时和我一起在联络局工作的还有朱良、王麟进、谭雅修、郑韻。王麟进是法文翻译，朱良夫人谭雅修和我夫人郑韻协助我们工作。

**李**：世界民主青年联盟主要工作内容是什么？

**钱**：世界青联大力号召世界青年参加保卫世界和平的运动，它的基本口号是“争取和平、民族独立与青年的美好未来”。世界青联主要在三个方面开展工作：一是从维护青年切身利益的角度加强活动，比如1953年2月举行了国际保卫青年权利大会；二是争取与世界青年大会、国际社会党青年联盟以及基督教、天主教国际青年组织建立或恢复交往与合作；三是加强对亚、非、拉美国家青年的工作。由于当时三大洲的许多国家尚处于殖民地、半殖民地状态，联络局内设立了殖民地组，组长由中国代表担任。

**李**：初到世界青联总部工作，有没有遇到什么困难？

**钱**:我们最初遇到的困难就是语言的障碍。世界青联总部的主席、总书记、苏联代表、联络局局长等只能讲法文,所以书记处的文件,开会发言等都用法文。而我们只懂英文,法文才刚开始学。

**李**:这个问题怎么解决的,你们是如何突破语言障碍的,最后达到了什么程度?

**钱**:为了尽快提高法文水平,我们几乎把所有业余时间都用在了法语的学习上,甚至放弃了每年一个月的回国休假。那时,除了王麟进给我们当老师外,我们还请了外教。这样,我们很快算是初步通过了语言关,不用翻译,书记处的文件基本可以看懂,会议上的发言基本能够听懂,并可以用法语进行交流。

**李**:在实际工作中有没有其他困难,中国在世界青联是个什么位置?

**钱**:我们与世界青联传统的工作方法有明显的差异,有一些观点也是不一致的,比如怎样看待世界青联计划、活动和会员组织需要等。在我们看来,世界青联活动的成功与否应主要看是否有利于各会员组织更加广泛、深入地发动和团结青年,向着共同的目标前进,世界青联计划和活动应以帮助解决会员组织工作中的问题为出发点和落脚点。世界青联形成的传统的工作方法是,把世界青联的计划和活动次数的多少、规模的大小等作为着眼点,要求会员组织响应世界青联的号召多,考虑他们的实际情况少。由此也形成了世界青联对工作人员的评价标准,即看谁的倡议多而新,而很少考虑倡议的可行性及实施起来给会员组织带来的利弊。世界青联书记处的计划基本是综合各局的计划形成的,这就导致活动过多,会员组织几乎没有时间深入下去做群众工作。

出国前,领导多次强调要处理好与苏联驻世界青联代表的关系问题,所以这个我们称之为工作方法上的差异问题,是否要和苏联驻世界青联代表提出来委实纠结了好长一段时间。最后决定还是提出来,因为世界青联的这种工作方法既对世界青联及其会员组织的发展不利,也阻碍我们在世界青联发挥作用。我和苏联代表罗曼诺夫斯基谈了一个多小时,比较委婉地说出了自己的看法:各局计划太分散,缺乏总体性方针性的考虑,会给会员组织带来不利因素。我建议书记处应先有一个总计划,再指导各局的计划。罗曼诺夫斯基表示可以建议书记处成立一个起草小组,先起草世界青联的总计划。两天后的书记处会议上,世界青联主席柏尼尼提出成立起草小组,起草世界青联下一年的工作计划。可是日后拿出来的计划还是各局计划的总和,只不过是又加了一些新的倡议。在书记处会上，我发表了自己的看法，提出项目太多，会员组织负担太重，作为倡议很好，作为计划则不够明确。会上大家意见不一，罗曼诺夫斯基则拍板通过了世界青联的工作计划。

1956 年，钱李仁（前排左二）和世界青联的同事在布达佩斯合影

**李**：这可以看出罗曼诺夫斯基在世界青联还是很有权威的。

**钱**：这正是我刚才说的，苏联在世界青联内部占绝对主导地位。虽然在之前交谈时罗曼诺夫斯基当面肯定了我的意见，但那只是表象。会后，世界青联取消了设在联络局内由我负责的殖民地组，改设殖民地委员会。这实际上是把原来的办事机构变成一个空洞的议事机构。不久，殖民地委员会也被取消。又过了一些时日，联络局宣布取消包括我在内的两位副局长的职位。我们向黄镇大使报告了这些情况。黄镇指示我们要“冷静、客观、容忍”。我们也及时向团中央作了报告，表示：“中国代表在世界青联地位的改善和我们在若干工作问题上与世界青联的一致，都需要较长时期的艰苦奋斗。我们仍有决心埋头苦干，主动了解情况，与苏联同志及其他同志继续搞好关系，在一切可以和需要发言的场合仍尽量发言，并努力学好外文。”

**李**：这也是你们主要的工作内容吧？后来中国在世界青联的地位提高了吗？

**钱**：这之后很长时间都是我们主要的工作内容。1954 年，世界青联在北京举行理事会。会前，团中央草拟了一个关于亚洲殖民地半殖民地青年运动纲领性意见。实际上这个意见成了会议的指导文件。

**李**：您能说说这次世界青年理事会的情况吗，开得顺利与否，都有哪些收获？

**钱**：会议开了 7 天，8 月 9 日开幕，15 日闭幕，出席会议的有 69 个国家，

267位代表。世界青联理事会由世界青联出面主持。但由于会议在中国召开，因此有关会议的许多实际工作要由我们负责。会议系统地讨论了殖民地和半殖民地国家的青年运动，一致通过了相应的文告和决议。这次会议最大的收获是，对殖民地半殖民地国家青年运动的根本方针从思想上取得一致的认识。这一致的认识并不是一帆风顺的。世界青联的同志来北京后修改的总报告和我们的意见仍相对立，经中央指示，我们和世界青联的同志进行了交流，在青年运动必须服从反帝爱国、争取民族独立这一根本问题上基本取得了一致。

我们在会上的发言也得到了许多殖民地半殖民地国家代表的认可，认为我们的发言为他们的青年运动提供了明确的方向。我们发言中所提出的一些问题，比如必须强调反帝爱国以争取整个民族独立的问题，反帝必须结合反封建并要有明确的土地纲领的问题，必须重视学生运动和正确地理解学生运动和工农相结合的问题，如何形成青年运动广泛的统一战线问题，都是过去不明确或不够明确的问题。

这次会议的代表大部分是各国青年运动的领导者。我们通过会议组织、招待、参观、宣传等工作，使他们对新中国有了较全面的了解，扩大了新中国的影响。同时，我们也加强了与世界青联的合作。此后，我们对一些基本原则问题提出的意见也大多被世界青联接受。后来，随着世界青联大量骨干调回国内，世界青联对我们越来越重视，要求也逐渐提高，我的工作任务也不断增加，除分工负责对殖民地的工作、干部训练等工作外，还被确定当总书记外出时代理总书记的工作。这都表明我们在世界青联的地位有了一定的提高。1956年春，世界青联指示我担任世界青联访问埃及代表团团长。

**李：**那时我们还没与埃及建立外交关系，埃及是与蒋介石政府建立外交关系了吧？

**钱：**是啊，所以这事要特别慎重。我向团中央报告请示，团中央又向中办请示，最终获得批准。不过，那次访问我差点命归黄泉。

**李：**怎么回事？

**钱：**那次访问由埃及奥林匹克委员会出面接待，奥委会派出的全程陪同是哈桑·阿希玛维先生。在访问埃及期间，主人安排代表团去埃及南部的卢克索参观神庙等古迹和阿斯旺水坝。那天晚上，我们乘坐的火车驶离埃及首都开罗不久，睡梦中的我就被强烈的震动和惊叫声惊醒，只听有人大喊：火车出轨了！我发现我们所在的车厢已呈45度倾斜状，我们和哈桑慌忙相互搀扶着逃离车厢。事后得知火车出轨是铁道的路基被春季泛滥的河水冲垮所致。那次事故乘客死了很多，我们幸免于难。这次车祸使我们和哈桑成了“患难之交”。两个月后，哈桑和我分别作为埃及、中国代表团团长率团出席了在印尼万隆举行的亚非学生会议。

## 反对殖民主义是亚非学生的本分和神圣职责。亚非学生会议的成功是万隆精神的胜利

**李：**您担任世界青联书记处书记期间曾作为中国学生代表团团长率团参加了亚非学生会议。您能讲讲参加亚非学生会议的情况吗？这次会议和万隆会议有没有关系？

**钱：**有关系，亚非学生会议是在万隆会议闭幕一年后的1956年5月30日至6月7日召开的，会议地点也是印度尼西亚万隆。这是万隆会议后首次举办的亚非年轻一代的隆重集会。会议能否开成，会议开始后能否沿着长辈所开辟的道路前进，实际也成为对万隆精神生命力的一次检验。

**李：**您的意思是说万隆会议形成的亚非各国人民团结一致、反对帝国主义和殖民主义、争取和维护民族独立、保卫世界和平、增强各国人民友谊的万隆精神能否被亚非青年所接受、传承，成为亚非学生会议成败的试金石？

**钱：**是的，不过这次会议实际上远远超出了学生的范围，变成了维护、弘扬万隆精神与破坏、扼杀万隆精神的一场较量。英美等西方大国对这次会议十分忌惮，竭力破坏。对此，我们进行了针锋相对的斗争。

**李：**参加会议的有多少国家的代表团，会前是怎样一种形势？

**钱：**参加会议的有27个国家或地区学生组织的代表团，代表有110人。会议参加者绝大多数是亚非国家民族主义政府、政党或团体影响下的学生组织的代表。他们既与我国在反对殖民主义、争取和维护民族独立等问题上有共同点，又对共产主义及“共产党国家”不甚了解，存在不同程度的疑虑、防范，极少数还持敌视态度。西方主流媒体不断挑拨亚非民族主义力量与中国的关系，说什么“共产党控制了亚非学生会议”，“而美国国务院到现在还没有做出一点事情来告诉友好国家如何应付共产党的战略”。

**李：**这一切是不是表明亚非学生会议面临着错综复杂的形势？

**钱**:是的,参加这样复杂的国际性学生会议,对中华全国学生联合会来说是第一次。我当时正在布达佩斯世界民主青年联盟任中国青联常驻代表、书记,是被临时调回,以全国学联秘书长的名义担任代表团团长的。团中央国际联络部东方科科长钱大卫以全国学联副秘书长名义担任代表团副团长。当时在布拉格国际学联任全国学联常驻代表的程极明也被临时调回,以全国学联副秘书长的名义担任代表团秘书长。代表团团员有东北师范大学学生施元芳,中国科学院实习研究员、山东大学研究生刘炎,北京政法学院学生高瑞石,湖南医学院学生钱炳圭,北京外国语学院学生罗慎仪,中央音乐学院华东分院学生刘品,中央音乐学院华东分院学生郑克琳,中央音乐学院华东分院学生钱慧娜,新疆学院研究生买买提·肉孜,新疆学院学生阿曼古丽,团中央国际联络部干部时钟本、李学钧。时钟本、李学钧也是代表团的译员。

**李**:参加形势错综复杂的国际性学生会议,中央有什么具体指示吗?

**钱**:中央对这次会议高度重视,中联部部长王稼祥几次与团中央的领导一起分析会议可能出现的问题,研究应对的策略。我和钱大卫、程极明也经常被邀参加这样的分析会。出发前不久,刘少奇、周恩来等党和国家领导人邀我们到中南海汇报情况。王稼祥、廖承志和团中央的胡耀邦、区棠亮、吴学谦以及代表团的所有成员都参加了。刘少奇对代表团的活动方针和策略作了 9 个字的概括:“坐第二排”;“不要太积极”。我们理解刘少奇的意思是,不要急于打头阵,要充分调动“中间”力量的积极性,使大多数与会者看清敌对势力在反共、反华旗号下反对万隆精神的真面目。王稼祥则指出,要“按辩证法办事”,要从实际出发,灵活运用策略,善于利用矛盾,让破坏势力走向自己的反面。

**李**:中国代表团是如何与敌对势力进行针锋相对斗争的?

**钱**:5 月 22 日清晨,我们和朝鲜、越南学生代表团同机抵达印尼雅加达机场。此后,我们与各代表团广泛接触,增进了解。25 日晚,埃及学生代表团到达雅加达,我们前去拜访。真是无巧不成书,没想到埃及学生代表团团长竟是哈桑。我们热烈地拥抱、问好。我们都没有想到埃及遇险后仅仅两个月又在雅加达见面了。

在亚非学生会议开幕前,大会筹委会还开了几次筹备会,开得很艰难。我们注意到,在会场周围,经常出现一些美、英记者,一个自称“美国合众社记者”叫哈里隆的人不断与菲律宾代表德维加进行接触、密谈,有时哈里隆还从会场外给会场内的德维加递条子。巧得很,每次密谈,每次递条子后,筹委会就会碰到新的问题和困难。德维加不断翻出一些筹备工作历史上发生过但早已过去的问题和一些程序性问题反复折腾，企图阻止会议如期开幕。5 月 26 日，国际筹委会会议从上午 10 点开到第二天早晨 5 点，共开了 19 个小时，终于通过了筹委会声明——支持“反帝、反殖”的万隆精神。

5 月 30 日，会议开幕。万隆文化大厦会场布置得简单而庄严，会场后面 27 国的国旗色彩斑斓。我们这些代表团团长的脖子被挂上了用鲜花编织的，象征着和平和友谊的花环。在开幕式上，印度尼西亚总理沙斯特罗阿米佐约发表了鼓舞人心的演说，表示“万隆精神将会而且一定会获得胜利。”开幕式还播放了苏加诺总统的祝词：“我们能够消灭殖民主义！我们能够制止战争！我们能够阻止挑起战争！我们能够在各处创造自由！要做到这些的要素之一是合作，另一要素是了解。”苏加诺出国访问前留下的录音打动了与会者的心。亚非学生会议印度尼西亚全国筹备委员会主席苏巴迪致词说：“我们将以去年 4 月的万隆会议为指针，万隆精神也将作为我们亚非学生会议一切讨论的基础。”苏巴迪说出了我们的心里话。我们对会议的成功充满希望。

**李**：会议进行得顺利吗？

**钱**：可以说一波三折。会议开幕的当天，美国大使馆的几位官员专程赶到万隆和菲律宾等国的代表在下榻的荷曼饭店密谈到深夜。他们密谈后，第二天的会议就遇到了困难。原定第二天会议的议程是各国代表轮流发言，没想到会议主席刚宣布发言开始，德维加便突然起身从主席台走到讲坛，抓起麦克风说：“会议不是正式的，到会代表的资格还没有经过审查，会议必须延期。”会议主席解释道：“昨天会议已经正式开始，会上有印度尼西亚领袖们讲话，怎么说会议不是正式的！”大多数代表以热烈的掌声支持会议主席的说法。但是，由于伊朗、巴基斯坦、印度等国的代表支持菲律宾，坚持延期，会议最终不得不延期以审查代表资格。在会场以“美国合众社记者”身份活动的哈里隆得意忘形地连说了几遍“很好”。

6 月 2 日，资格审查委员会的工作全部结束，27 个代表团的代表全部合格。当晚 10 时，全体会议正式开始。6 月 3 日上午在选举主席团副主席时又出了问题。印度尼西亚代表团团长当选主席后，有人故意在提名竞选副主席的埃及和苏丹之间引起争论，企图破坏阿拉伯国家之间的团结。为了维护团结，埃及代表团和苏丹代表团先后放弃了候选副主席的资格。由于有人继续制造矛盾和对立，中午将近休会时两名副主席也没有选出来。我们觉得这样僵持下去不是事，便建议副主席由各国代表团团长轮流担任，得到各代表团的同意，这样各国代表的大会发言才得以顺利进行。6 月 3 日下午到晚上，阿富汗、缅甸、锡兰、埃及、阿尔及利亚等国代表先后发言。锡兰是现在的斯里兰卡。阿尔及利亚代表的发言是当晚的高潮，这位代表以动人肺腑的言辞控诉殖民主义的罪恶统治，并充满深情地呼吁："阿尔及利亚学生在监狱的深处，在斗争的火焰中，他们的眼睛已转向万隆，希望得到你们的了解和帮助。我相信他们的希望不会落空，因为他们不是在荒野中呼喊。"他的话音未落，全场起立，掌声经久不息，代表们还跟阿尔及利亚代表一起不停地高喊："麦台加！麦台加！"

**李**："麦台加"是什么意思？

**钱**：是印度尼西亚语"独立"的意思。6 月 4 日上午，继续大会发言。大家各抒己见，团结合作的气氛十分浓厚。不料德维加发言时再度发难。这次他不再提程序性问题，而是拍着桌子，声嘶力竭地说这个会议是一个"骗局"，是共产党、国际学联操纵的。他质问会议为什么要以万隆精神为指导，为什么没有台湾参加，他攻击中国、朝鲜、越南没有自由等等。显然，德维加企图激起我方与他反击，以加剧会场的混乱。会场气氛顿时紧张起来，许多人把目光转向我们，因为下午就要轮到我们发言了。

**李**：是您代表中国代表团发言的吧，在各国代表团关注的目光中压力是不是很大，您是怎么讲的？

**钱**：我心中有刘少奇、王稼祥的指示垫底，还是比较沉着的。在发言中我就台湾、国际学联以及所谓中国没有自由三个问题正面阐明了立场，发言自始至终没有攻击任何人。我讲到"台湾是中国的一部分，正如西伊利安是印度尼西亚的一部分一样"时，全场爆发出雷鸣般的掌声。西伊里安就是现在的伊里安查亚，当时被荷兰占领，1963 年被印尼收回。我的发言结束后，掌声再次响起，十几个国家的代表走上前来和我热烈握手。

从各国代表的发言看，绝大多数代表是强烈谴责殖民主义的，许多代表的发言都强调，只要殖民主义存在，被压迫国家的学生就得不到最起码的学习条件，反对殖民主义是亚非学生的本分和神圣职责。

**李**：我看到过一张您在亚非学生会议上发言的照片，左侧有一译员。您英文很好，还需要译员？

**钱**：我可以用英文讲，但正式发言通过翻译效果会更好。

1956 年 6 月 4 日，钱李仁在亚非学生会议上发言(左侧为翻译时钟本)

**李**:亚非学生会议闭幕的情形怎样，最终形成什么决议，取得了什么样的成果?

**钱**:6 月 7 日晚 8 点 40 分，大会主席宣布会议圆满结束。全场的欢呼声和掌声持续了足足 10 分钟。大家把阿尔及利亚和印尼的代表高高抬起来，高呼“麦台加！麦台加!”坐在楼上的记者也起立鼓掌，只有那名“美国合众社记者”没有鼓掌。当他发现周围的人都在看他时，不得不随意地拍了两下手后溜走了。大会通过的《最后公报》声明:谴责和反对在其一切表现中的殖民主义;对正在为自由和民族独立而斗争的亚非国家表示同情和给予道义支持;每年 4 月 24 日为亚非学生反殖民主义日。

**李**:“谴责和反对在其一切表现中的殖民主义”好像是万隆会议《最后公报》的用语吧? 4 月 24 日也是万隆会议的闭幕日，选择这一天为亚非学生反殖民主义日意义重大。

**钱**:是的，“谴责和反对在其一切表现中的殖民主义”照抄了 1955 年万隆会议《最后公报》。这是当年周恩来总理针对有人要用所谓一切形式的殖民主义来影射社会主义提出来的。它的含义是:殖民主义只有一种，但表现在各个方面，因此我们反对一切表现中的殖民主义，不存在所谓各种形式的或各种色彩的殖民主义。亚非学生会议规定万隆会议闭幕日为亚非学生反殖民主义日，是弘扬万隆精神的一个具体行动。就是今天看来亚非学生会议也是成功的，它的成功是万隆精神的胜利。有意思的是，在亚非学生会议结束后不到一年，德维加应邀来我国访问。他主动为自己在亚非学生会议上的行为表示了歉意。

## 面向"中间",扩大青年国际统一战线。配合党的外交工作的总体布局,中国青年代表团在莫斯科联欢节突出加强中苏友谊

**李:**从您的简历看,大概是亚非学生会议结束3个月后,您离开世界青联回到团中央国际联络部工作,直到1964年8月调离。这段时间,国际联络部的工作职能是什么,青年外事工作经历了哪些大事?

**钱:**我是1956年9月回到团中央的,回到团中央后被任命为国际联络部副部长,协助吴学谦部长工作。1958年秋,吴学谦调到中联部后,我被任命为团中央国际联络部部长。在团中央书记处领导下,国际联络部具体负责我国共青团、全国青联、全国学联的对外活动,包括参与世界青联、国际学联两个国际青年组织的活动。联络部的基本任务在1953年工作总结与1954年工作计划中是这样规定的:"继续巩固加强与苏联、兄弟国家及各国进步青年组织的友好关系,面向广大中间群众,重点开展东方国家工作,在国际青年统一战线工作中发挥更大的作用"。这一规定是从我们党在国际战线上的总体布局出发提出的。

**李:**您到团中央联络部工作后,第一次参与组织的比较大的外事活动是什么?

**钱:**是1956年10月到11月接待国际青年代表团访华。代表团成员一共33人,来自18个国家,分属25个不同的青年组织,包括4个国际组织。这些

新中国成立后,上海地下党做青年工作的鲍奕珊、吴学谦、李琦涛、钱李仁(从左至右)在团中央礼堂前合影

青年组织少数属于世界青联会员组织，大多数是其他国际青年组织的会员或是没有参加任何国际组织的“独立”派。这些代表主要来自两类不同的组织：一是欧美、日本的中间或右派组织的代表，如基督教青年会世界协会和“国际学生拥护联合国运动”的代表，比利时和意大利社会党青年组织的负责人，西德和日本基督教青年会负责人等。世界青联大多与这类组织有事务性的联系渠道，但他们往往把世界青联看成是“苏联集团向西方渗透的工具”，不愿与其交往。对建国不久的“共产党中国”，在意识形态上，他们虽然持不同甚至反对态度，但对其各方面的发展有强烈的好奇心。对这些组织，我们一般采取由中方发邀请，但不直接递交而由世界青联转达的方式，使三方面都发挥主动而又留有余地。这样，便于被邀者从容选择受邀与否。二是亚非国家的官方青年组织的代表，如印度尼西亚青年阵线主席，埃及、锡兰官方青年组织的代表。这类组织一般愿意与中国同行发展友好关系，但强调必须通过官方；他们愿意与世界青联以及世界青年大会等各种国际青年组织发展关系，但十分注意不倒向任何一个“集团”。对这类组织，我们一般采取由中方经双边的官方渠道直接发出邀请，同时说明被邀参加这个国际青年代表团的组织既有世界青联、世界青年大会以及基督教、天主教国际青年组织的会员，也有不参加任何国际组织的成员，应邀者相互之间不承担组织挂钩之类的义务。这样就解除了他们不必要的顾虑。

邀请工作从我还在世界青联书记处时就开始了，历时半年多，经过多次反复磋商才组团成功。1956 年 10 月，国际青年代表团访华，大概有一个月的时间。在接待工作方面我们也下了不少功夫。根据“大小国家一律平等”“不同组织一视同仁的方针”，我们力求做到亲切热情，尽量满足每位客人的不同要求，从日程安排到参观活动都采取了我们称之为“有准备的自由点菜”的方法。即我们提供“菜单”，客人自由选择。仅这一点就使一些团员原有的“中国没有自由”的偏见有所纠正。通过参观活动，也使团员们亲眼目睹了短短几年间新中国取得的建设成就和人民生活改善的情况，加深了对新中国的了解。那次国际青年代表团来，邓小平副总理还会见了代表团成员，并回答了他们提出的一些问题。

**李**：您还记得代表团成员都提了哪些问题，邓小平是怎么回答的吗？

**钱**：记得一些。那次会见进行了将近 4 个小时，提的问题五花八门，什么都有，我记得很清楚的是，有人提到中国共产党员的含义是什么？由谁来决定国际古典的共产主义的原则中哪些适用于中国的问题？邓小平在回答"中国共产党员的含义是什么"的问题时说，中国共产党员的含义只有两句话：全心全意为人民服务，一切以人民利益作为每一个党员的最高准绳。在回答"谁来决定国际古典的共产主义的原则中哪些适用于中国"的问题时，邓小平说，11年前，中国共产党七大确定了这样的原则，即马克思列宁主义的普遍真理与中国革命的具体实践相结合，以此来指导我国的革命，指导我国的建设。他说，马克思列宁主义的普遍真理与本国的具体实际相结合，这句话本身就是普遍真理。一方面叫普遍真理，另一方面叫结合本国实际。我们历来认为丢开任何一个方面都不行。离开本国的特点去硬搬外国的东西，普遍真理就不能实现。在普遍真理与具体实际相结合这个问题上，我们党过去吃过许多亏，以后就一直抓住反对主观主义这一条。反对主观主义有两个方面，反对教条主义和反对经验主义。教条主义，就是只知道马克思列宁主义的词句，不从具体情况出发来运用，它使我国的革命遭受过失败和挫折。经验主义，就是只看到一些具体实践，只看到一国一地一时的经验，没有看到马克思列宁主义的原则。两者我们都反对。

**李：**1956年2月，苏共召开第20次代表大会。赫鲁晓夫作了全面否定斯大林的报告。大会提出的和平共处、和平过渡、和平竞赛以及全民国家、全民党的内外路线在全世界迅速传开，引起震动。这之后青年外事工作有什么变化？

**钱：**苏共二十大后《人民日报》两次发表社论，既阐述我党对斯大林、社会主义国家无产阶级专政制度、对外路线等问题有别于苏共二十大的观点，也对二十大可归之为积极的方面进行了肯定，着重强调与苏共加强团结和对苏共的尊重。而当时我所在的匈牙利，否定斯大林的浪潮已悄然兴起。9月下旬，我和郑韻奉调回国，我们抱着在布达佩斯出生的9个月大的女儿，乘国际列车离开布达佩斯，经莫斯科回到北京。不久，匈牙利事件爆发，距世界青联总部不远处的斯大林广场上的斯大林铜像被推倒。1957年6月，苏共发生莫洛托夫等"反党集团"事件。我们党从大局出发，在公开场合表示支持以赫鲁晓夫为首的苏共。在这种情况下，青年群众团体必须配合党的总体布局开展工作。这时，第六届世界青年联欢节将于8月在莫斯科举行，我们便全力以赴精心准备莫斯科之行，力求表达对苏联青年团结友好的愿望，努力为联欢节的成功作贡献。中国派出了1222人的中国青年代表团，团中央书记处第一书记胡耀邦任团长，我是代表团成员之一。

**李**:这么庞大的代表团代表是怎么构成的?

**钱**:代表团中的490人是从留苏学生中挑选的,732人是由国内直接派去的,由三部分组成:一是青年代表团142人。他们中不仅有团干部、青年学生、劳动模范、部队英雄人物,还有民主党派及宗教、工商等各界的青年代表;二是艺术团417人。广大观众熟悉、喜爱的著名艺术家名列其中,比如粤剧演员红线女,京剧演员杜近芳、关肃霜,曲艺大鼓演员魏喜奎,杂技演员夏菊花等;三是体育队173人。成员主要来自原准备参加1956年11月在澳大利亚墨尔本举行的国际奥林匹克运动会的代表队。由于国际奥委会没有解决"一个中国"的问题这支队伍没有前往墨尔本。

**李**:莫斯科联欢节我们都参加了哪些活动?

**钱**:莫斯科联欢节共有131个国家的3.4万名青年参加,是历届世界青年联欢节规模最大、人数最多的。团中央对这次活动十分重视。行前组织培训时胡耀邦反复强调:"作为中国人民派出的青年使者,从进入苏联国境起,就要把中国人民和青年对苏联人民和青年友好团结的感情充分表现在言语和行动上。"联欢节期间,我们会见了不同国家、不同行业的青年,与不同国家代表团的代表进行交流,还参观了苏联的工厂、农庄、学校、文化与研究机构。此外,艺术团在联欢节共演出69场丰富多彩的节目,观众达23万人。在有两千名青年艺术家参加的21项艺术竞赛中,中国参加了16项;在有46个国家4000多名运动员参加的第三届国际青年友谊运动会上,中国参加了9个项目的比赛,获得了17枚奖章。

**李**:到1957年时,同我国建立外交关系的国家有多少?参加这次联欢节是不是意义很大?

**钱**:那时同我国建立外交关系的国家还不到30个,其中有11个社会主义国家。参加这次联欢节,对扩大我国青年组织对外联系、拓展国际活动,对我国文艺界、体育界走向世界,对配合我们国家整个外交工作的全局都起到了积极的推动作用。这与胡耀邦带领全团全身心地投入,坚定不移地贯彻中央的外事方针分不开。我也从中学到了很多东西。

在莫斯科联欢节前后,有30多个国家的900多名青年学生应邀来我国参观访问。特别引人注目的是,由42人组成的美国青年代表团不顾美国国务院阻挠来华访问。周恩来总理会见了这个代表团,回答了代表提出的所有问题。周总理最后说的一句话我记得特别清楚:"你们作了两国人民来往的先锋。"邀请和接待美国青年来华访问，是紧密配合中国当时同美国进行外交斗争总体布局的。从参加莫斯科联欢节的活动，到联欢节后接待访华代表团，可以看出，全国青联的国际活动是整个国家外交的重要组成部分，在有些方面所起的作用甚至已超越了青年工作的范畴，这是当时特定历史条件下的产物。

## 苏共试图将“和平共处总路线”推广到世界青联、国际学联。在大论战的课堂中学习、进步、成长

**李：**1957 年在我们国家政治生活中发生了反右斗争的大事，不知有没有涉及到您？

**钱：**我没有被打成右派。1957 年冬，团中央机关的整风反右运动初步告一段落后，安排一些干部到农村劳动锻炼，我被列在团中央第一批下放到河北安国县锻炼干部的名单中。国际联络部去了好几个人，再加上统战部、中国青年报社、中国青年出版社的，一共有 15 位同志。在县城以南几十里地的南楼底村，我们与老乡同吃、同住、同劳动。实际上是在劳动锻炼中改造思想，但对我们不用“改造”的字眼，以区别于被送去劳动改造的右派。第二年的 7 月，团中央调我回北京参加筹备 9 月在北京举行的国际学联代表大会，我便提前结束了劳动锻炼。

**李：**20 世纪 50 年代末、60 年代初，中苏分歧逐步升级，想必也会在世界青联和国际学联有所反应，你们是怎么做的？

**钱：**那时苏方越来越强烈地把“和平共处”提高到“苏联和社会主义国家对外政策总路线”的高度，并积极向国际群众组织推广。“和平共处”没有问题，但是“总路线”谈不上。那时占世界人口三分之二的人民还处于帝国主义的奴役和统治之下，帝国主义怎么能和这些人民和平共处！

1960 年 6 月，世界青联执行局会议在布达佩斯召开。我是参加这个会议的中国代表团成员。世界青联主席意大利人皮埃拉利在总报告中强调，世界青联“争取裁军、和平共处、缓和国际紧张局势的总路线一贯正确”。中国代表在发言中说：“美帝国主义是和平的最主要敌人，本性不会改变。世界青联只有高举反帝旗帜，坚决支持各国人民的反帝民族独立斗争，才能团结最广大的青年群众，制止战争，维护和平，争取进步。”中国代表的发言得到与会亚非国家代表的热烈响应和支持。苏联、东欧国家的代表和西欧共产党领导的青年

组织的代表则表示坚决反对。双方展开激烈争论。

此后，同样性质的争论在世界青联继续进行，特别是1962年8月，在华沙举行的世界青联第6次会员组织大会上，皮埃拉利的总报告以裁军为基调，强调“世界青年当前斗争的根本目标是裁军”，“裁军是保证青年争取和平与民族独立的唯一的、真正的途径”。我在发言中指出，保卫和平是世界青年一项共同的、迫切的任务，争取普遍裁军是保卫和平的一项重要任务；世界青年争取民主、自由和切身权利的斗争是对保卫和平事业的重要贡献，而亚非拉争取民族独立的斗争成为保卫和平的一支主力军。不能只讲和平运动对民族独立斗争的帮助而不讲后者对前者的重大贡献。这也形成了一场群众性大辩论。

**李**：中央对群众团体在国际会议上讨论相关问题时有没有具体指示？

**钱**：中央提出了“24字方针”——“坚持原则，后发制人，坚持斗争，留有余地，坚持团结，反对分裂”。对中央的方针我们是坚决贯彻的。会议争论的结果是，皮埃拉利的总报告没有获得通过，而总决议草案在经过实质性的修改后获得通过。

**李**：总决议的精髓是什么？

**钱**：总决议明确指出和平事业的敌人是帝国主义，特别是美帝国主义，肯定了民族独立斗争对和平的贡献，表示世界青联支持亚非拉三大洲的民族独立斗争。

**李**：我们和苏联争论的焦点是什么？

**钱**：苏联代表总是提出把和平、裁军、缓和作为统帅一切的“总路线”，我方则强调和平、裁军、缓和必须反对和平的敌人——以美国为首的帝国主义的侵略政策和战争政策，必须同争取和维护民族独立的斗争结合起来。从1960年起，在世界青联和国际学联的执委会、理事会、代表大会和一些重要活动中，围绕这个主题的争论从未停止过。

**李**：您对当时的大论战怎么评价，能经历这样的大事收获不小吧？

**钱**：当时的大论战是关系到国际共运和国际工作基本问题的争论，我在这里不可能对这场论战作出评价。我只想说，我个人是在党的领导下参加斗争，并在斗争中学习，收获的确很大。从实践中学习是比较好的学习方式之一。那一时期我学到的很多东西都运用在了我以后的工作中，例如，如何从世界全局对青年运动和一般群众运动进行分析，如何注意加深和提高对马列主义基本理论以及国际形势全局的认识和理解等。实事求是地讲，有些时候群众组织会起到“前哨阵地”的作用。有些问题在提到党的层次争论之前，对方会找机会在群众组织的层次上提出，看看我方的反映。在这种情况下，就需要我们能够立足本岗位，胸中有全局，及时向中央反映情况，提出建议，以有助于党从全局的角度确定应对的策略，起到党的助手作用。

**李**：如何做到“立足本岗位，胸中有全局”？

**钱**：这就首先需要很好地学习和领会中央的战略方针和策略，了解国际形势，要有足够的政治敏感。当时，全总、团中央、全国妇联的国际活动“归口”中联部。中联部受中央委托，经常定期召开工青妇国际工作负责人会议，传达中央外事工作的有关指示和部署。胡耀邦十分重视领导我们学习贯彻中央的有关指示和部署，指点我们如何提高政策水平，告诫我们在对外阐述观点时，要摆事实、讲道理，语言要入情入理，内容要有新意，不讲空话、套话。他说，做好外事工作除了提高政治、理论水平外，还需要扩大知识面，对有关的社会、历史、人物、文化传统等都要有所了解。

我们在世界青联、国际学联中的争论只是中苏论战中极小的一部分。我作为青年外事工作的一员努力过，付出过，也收获过，在中苏论战的课堂里得以不断地学习、进步、成长，在理论政策、战略战术、策略运用、思想方法和工作方法以至学风、文风等方面所学到的东西至今难忘。

## “重点开展东方国家工作”，扩大与东方国家青年的交流渠道。率团出访非洲，感慨“觉醒的大陆，战斗的青年”

**李**：您刚才说团中央联络部的重点工作之一是“开展东方国家工作”。这个“东方”包括哪些国家？

**钱**：这个“东方”最早是指亚洲国家，后来逐步扩展到中东和非洲。在亚洲，我们和东南亚一些国家青年组织的关系陆续建立，并持续发展；与日本主要党派的青年组织也建立了关系，其中日本青年团协议会与我方有过多次互访。日本青年团协议会县级组织的负责人竹下登与全国青联负责人吴学谦建立了友好关系。在竹下登成为日本首相，吴学谦成为我们国家的副总理后，他们的友谊也没有中断。

**李**：中国人民和非洲国家人民之间很早就有了友好往来，古代航海家郑和的船队就曾经到达过今天索马里共和国首都摩加迪沙和肯尼亚沿海市镇。非洲长期遭受西方殖民者统治，非洲人民一直没有停止过争取民族独立的斗争。

**钱：**新中国成立后，中国政府对非洲人民争取独立的斗争也是积极支持的。第二次世界大战后，特别是1955年亚非国家万隆会议后，陆续有30多个非洲国家宣告独立，尚未独立国家的人民也在积极进行着争取民族独立的斗争。中国政府对非洲一些国家提供了大量的经济援助，帮助修建铁路、公路、港口、水坝和会议大厦、体育场馆、学校和医院。为表达对非洲青年的友好情谊和坚决支持，全国青联也派出过青年代表团出访非洲，那是1963年10月，代表团成员都是我们国家各行各业的青年才俊，我担任代表团团长。

**李：**你们都访问了非洲哪些国家，重点活动有哪些，这次出访有什么收获？

**钱：**那次我们共访问了阿尔及利亚、几内亚、马里、加纳、塞内加尔、坦噶尼喀、肯尼亚和索马里8个国家。坦噶尼喀就是现在的坦桑尼亚。我们从北非到西非，又从西非到东非，行程数万公里，历时3个多月，1964年1月下旬回国。

这次出访，我们带去了中国青年对非洲人民和青年的敬意和问候，也带回了非洲青年对中国人民和青年的友谊。在访问过程中，我们同所到之国的青年进行了广泛接触，同青年组织领导人进行了友好会谈，大大增进了彼此的了解。我们参观了正在为发展民族经济、文化而艰苦奋斗的工厂、农村和学校，参观了一些历史古迹，参观了塞内加尔达喀尔海港留下的当年将黑奴运往美洲的登船港口。印象比较深的是，在阿尔及利亚，我们访问了首都阿尔及尔著名的革命堡垒卡斯巴区。这个面积不过10平方公里，人口不过20万的“弹丸之地”，在反法战争中一直坚持地下武装斗争。英雄的人民团结一致，一次次击退敌人的进攻，每一户居民的家里都有为祖国的解放事业献出生命的亲人。在非洲，为反抗侵略、保卫祖国、争取独立而不屈斗争的民族英雄数不胜数。每一个国家都有英勇斗争的历史，都有无数光辉的英雄人物。

1961年1月，钱李仁在非洲坦葛尼咯

在3个月的访问中，我们看到了非洲不仅有辽阔富饶的土地，有取之不尽的宝藏，而且有勤劳、勇敢、智慧的人民。他们已经从几世纪以来殖民主义的奴役、压迫、掠夺和剥削下站了起来，独立自主，掌握自己的命运。我们坚信，觉醒的、战斗的非洲人民通过艰苦的努力一定能够促使非洲的民族解放事业取得彻底胜利，一个独立自主的，繁荣富强的新非洲一定会出现在世界人民面前。参观访问加深了我们和非洲青年的了解和友谊，我们也感受到长期殖民统治等因素给非洲发展带来的困难和问题。回国后我们专门给团中央书记处写了出访报告，汇报出访的情况，报告的题目是《觉醒的大陆，战斗的青年》。这也是我们真切的感受。后来，这个报告以整版的篇幅刊登在《中国青年报》上。

## 离开青年工作的岗位，步入中南海国务院外事办。<br>参与筹备第二次中日青年大联欢，亲历周恩来处理红卫兵二三事

**李**：团的干部大多面临着转业问题，您具体是什么时候离开团中央的，离开团中央去了哪些单位，做了什么工作？

**钱**：1964 年 6 月团九大结束后我就转业了。在那次代表大会上我还作了一个大会发言，题目是《赫鲁晓夫修正主义路线在国际青年运动中的日益破产》。会后不久，我就被调到国务院外事办公室工作了，组织指定我为社会主义国家组组长。当时外办主任是国务院副总理、外交部部长陈毅兼任的，常务副主任是廖承志。外办是中央外事小组的办事机构，幕僚性质，不站在外事第一线，主要是为外事小组商讨方针政策性问题提供所需要的情况和建议。

**李**：这之后您和青年工作就再见了？

**钱**：我原以为是这样，其实不然。1966 年 8 月的一天，廖承志找我谈话说："要筹备举行第二次中日青年大联欢，这本该由团中央主办，但是团中央目前的处境难以承担。周总理要我们外办牵头，由尚可出来工作、熟悉大联欢活动的团干部和红卫兵组织推荐的代表一起筹办"。

**李**：第一次中日青年大联欢是 1965 年团中央报经中央批准，以全国青联的名义组织的。当时中日两国尚未建交。党和国家领导人毛泽东、刘少奇、周恩来、朱德等接见了来华参加联欢活动的日本客人。那次联欢活动内容丰富，体现了中日青年维护亚洲和世界和平的愿望，取得了成功，也约定 1966 年在中国举行第二次中日青年大联欢，是这样的吧？

**钱**：是这样的。廖承志找我谈话时"文革"已经爆发，团中央受到冲击，第

一书记胡耀邦被造反派揪斗。在这种情况下,再由团中央筹办这次联欢活动已经不现实。廖承志还对我说:"你来外办前在团中央工作,对青年工作不生疏,这件事就交给你和王晓云具体筹办。另外再请总政一位同志协助。这件事办好了,不仅对促进中日友好关系有利,而且可以显示'文革'并没有影响到我国正常的外交活动。"王晓云是外办日本组组长。

不久,按照周总理的指示,大联欢活动筹备机构成立,首都大专院校红卫兵第一、二、三"司令部"和北京各市区中学红卫兵组织都派代表参加了。国庆节后的一天,廖承志找到我说,周总理要我们去广州帮助即将开幕的广交会做红卫兵的工作。

**李:**是怕红卫兵不理智破坏这个创办于 1957 年的中国进出口商品交易会?周总理有什么具体指示?

**钱:**不少省的红卫兵扬言要到广交会上"破四旧",砸烂外贸商品中的一切"封、资、修"。周总理指示我们要向红卫兵讲明外贸工作对中国革命和建设的重要意义,劝阻他们的过激行动,听取他们的意见。我和王晓云,还有总政的一位同志没有耽搁马上飞往广州,驻守广交会。在广州,我们接待来自全国各地的红卫兵,苦口婆心地做工作,幸好没有出现差池,直到广交会 11 月 15 日闭幕,我们才松了口气。

我们回到北京时,北京的气氛已经很紧张,红卫兵"第三司令部"正开展一场红卫兵内部的"反对保皇派"的斗争。他们把这一斗争发展到大联欢筹备机构中,说"西城区纠察队"是"保皇派",要把"西城区纠察队"赶出大联欢筹备机构。

12 月下旬,红卫兵"第三司令部"的人冲击设在民族饭店内的大联欢筹备机构,扬言要赶走"西城区纠察队","西城区纠察队"的红卫兵也不示弱,坚决不走,双方剑拔弩张。廖承志闻讯后马上赶到民族饭店给两派的红卫兵做工作,讲大联欢的意义,劝他们互相谅解搞好筹备工作。这时有两个自称江青派来的新闻记者煽动性地大声叫嚷:"廖承志不要和稀泥!"廖承志以两人不遵守会场纪律为由把他们赶出了会场。红卫兵"第三司令部"人的气焰也被压了下去,民族饭店得以解围。后来我听廖承志说,他到家后不久即接到江青的电话,江青质问他"你还像个共产党员吗!"说完狠狠地挂断了电话。

**李:**在这种情况下大联欢筹备工作会不会受到影响?

**钱:**肯定受影响,民族饭店事件后的一天深夜,我被一阵急促的电话铃声唤醒，没想到是周总理打来的。他问我大联欢筹备机构里有没有一个叫某某的红卫兵。我想了一下回答：有。周总理告诉我某某今晚会被逮捕，怕我思想没有准备，事情发生后手足无措，就提前告诉我一声。周总理又交待如果家长问起来怎么回答，如果其他人问起来怎么回答等等。周总理百忙中竟还惦记着一个年轻干部可能遇到的问题，并亲自给予指点，使我终生难忘。

不久，周总理在国务院的一个小礼堂召开有各派红卫兵参加的会议。我记得廖承志陪着周总理来到会场，周总理环视了一下会场的布置后让工作人员把主席台摆到了台下。他和大家围坐在一起，耐心听取了各方面的意见。他对筹备工作中的不足提出了一些批评，也提到廖承志要虚心听取群众意见，好好工作。我觉得肯定是江青鼓动红卫兵提出了要打倒廖承志，周总理的这番话既吸取了群众对廖承志的意见，实际也保护了廖承志。这场风波由于周总理的出面而告终。此后，第二次中日青年大联欢筹备机构也就不了了之了。

## “文革”中被隔离审查，坚信党的实事求是原则。经历三场大病，仍积极乐观地面对生活

**李：**您在“文革”中受到冲击了吗？

**钱：**受到冲击了，1968 年 3 月的一天，造反派突然来到我的办公室向我宣布：钱李仁，从今天开始你被隔离审查了！此后我便失去了自由，所有的言行都被监听、监视。我不知道什么原因。后来有人告诉我，地下党时的一位同志在造反派的逼迫下无中生有地“交待”：上海地下党后期整体投敌，成为受敌人指挥的梅花党，并说梅花党的党员都是挂共产党的牌子，为国民党做事的特务。这位同志的“交待”使许多中共上海地下党员在“文革”中受到牵连，包括我。不过至今我也不知道这位同志是否有过这些“交待”。

不久，我作为隔离审查对象被押送到宁夏的国务院五七干校，由专人看管，就连夜里上厕所都要报告。1971 年，我母亲病重，拍电报说想见我最后一面，造反派没有允许，我错过了和母亲见最后一面的机会，留下终生遗憾。不过，让我感到安慰的是，虽然我被隔离审查期间停发了工资，但我的老伴郑韻仍然按月给我年迈的母亲寄生活费。她一个人微薄的工资还要养活一家三口。从我被隔离审查到我被宣布“审查清楚、没有问题”，于 1972 年 1 月回京，

郑韻给我母亲寄生活费一次也没间断过。

**李**:您的父亲?

**钱**:我父亲“文革”前就去世了。20 世纪 50 年代初,我调到北京工作后远离了父母,每月只能给父母寄点生活费聊表孝心。

**李**:我看您给老伴出了一本书《阳光风雨路——怀念郑韻》。看来老伴在您心中分量很重,你们的感情很深。

**钱**:从 1949 年相识到 2009 年郑韻仙逝,我们相濡以沫地走过了近 60 年。最值得一提的是,在“文革”中,郑韻不仅独自承担了家庭的重担,而且始终坚信我的清白。她对我上小学的女儿和还在上幼儿园的儿子说:“无论今后发生什么事情,你们都要记住你们的爸爸是个好人。”我的一双儿女在她的抚育下健康成长,没有因为有我这样一个被审查的父亲心智受到影响。

**李**:被审查期间您是一种什么心态?

**钱**:我很坦然,一是我很清楚自己的历史,我知道自己是清白的,绝对经得起内查外调;二是对党的信任,我坚信党实事求是的原则。

**李**:所以您等到了事实澄清的那一天。您的子女从事什么工作,有当公务员的吗?

**钱**:他们都没有从政,女儿从首都医科大学毕业后曾在同仁医院当眼科大夫,后来移居美国。儿子从北京联合大学毕业后从事医药工作,儿媳是大夫。他们能在自己的专业领域事业有成,我很欣慰。我现在和儿子、儿媳一起生活,他们都很孝顺。

**李**:审查结束后您的工作是怎么安排的?

**钱**:从五七干校回来时国务院外办已经撤销,我待分配 4 个月后廖承志找我谈话。当时他担任外交部顾问。他要我协助荷兰电影导演伊文思拍摄反映中国人民精神面貌的纪录片,说是周总理同意的。

**李**:抗战初期伊文思到过延安,是我们党的老朋友。在中国抗战前线,他拍摄过反映中国人民抗战的影片《四万万人民》。您协助伊文思拍的什么片子,拍了多长时间,拍成了吗?

**钱**:我协助伊文思拍纪录片大概有 3 年的时间,内容涉及我国的工业、农业、军事、教育、卫生以及城市生活等很多方面,片名是《愚公移山》。

**李**:后来您怎么去对外友协工作的?在您的简历里我看到 1974 年您去了对外友协。

**钱：**伊文思来华拍片是对外友协负责接待的，我参与协助伊文思拍片，也是以对外友协的名义，所以他们知道我。1974 年，对外友协提出让我去对外友协工作，征求我的意见。我岂有不从的道理，那是一份固定工作啊。到对外友协后，我被分配负责综研组的工作。1977 年 9 月，中央成立了一个临时写作小组，对毛主席“三个世界”划分的战略思想进行理论上的阐述。中央要求对外友协派人参加，对外友协就派我去了。那年年底，对外友协会会长王炳南找到我说：“我国在联合国教科文组织的常驻代表到了更换的时候，教育部正物色人选。你有过在国际组织常驻的经历，对教科文涉及国际方面的事情也熟悉。你去联合国教科文组织一定比你在对外友协更能发挥作用，我建议你去。”我被这番推心置腹的话所感动，欣然接受。后经王炳南的协调，教育部、外交部报请中央批准，1978 年 2 月，我作为中国政府派往联合国教科文组织常驻代表赴巴黎，在那里工作了将近 3 年。

**李：**后来又去了中联部？

**钱：**1982 年，我被任命为中联部副部长，1983 年被任命为部长。在中联部工作虽然不到 4 年的时间，却给我留下了难忘的经历。1985 年 12 月到 1989 年 6 月，我接受组织安排到人民日报社任社长，后来在全国政协任第八届委员、常委，1998 年 3 月离休。我的职业生涯就此结束。

**李：**钱老，您的经历真是很丰富。我没想到的是您 90 岁了思维还是这么敏捷，谈吐还是这么清楚，身体还是这么健康。佩服您啊！

**钱：**身体不怎么健康了，你不知道，我从 1960 年起就有高血压病，1989 年又得了冠心病。对这两种病，我严格遵医嘱服药并注意保养，血压一直保持基本稳定，心血管也没有发生过任何紧急情况。

1994 年我做了结肠癌手术。得癌可怕吧？告诉你，我从来没有怕过。这样说，丝毫不是显示自己有多么“勇敢”，只说明我对这种难治的病采取了

2002 年，钱李仁和老伴金婚时的全家福

现实主义的态度。我知道，“怕”对治病不但没有帮助，还会有害。治不好，“怕”也不能减少痛苦。还是采取“既来之，则安之”的态度好。这个“安”，就是“冷静面对，积极治疗”。吴蔚然大夫亲自主持了对我的治疗。他建议我不做放疗、化疗，说放、化疗在杀死坏细胞的同时也会杀死好细胞。我术后20多年没有复发，没有转移，胃肠功能正常，很好嘛。吴大夫是我国著名的外科专家，是北京医院的名誉院长，我相信他。我还特别感谢北京医院有关科室的医护人员对我的精心治疗与护理。马克思不让我去报到，我就要积极乐观地生活，活好每一天。

**李**：钱老，您的这种乐观精神很值得我们这些晚辈学习，祝您老人家健康长寿！

**钱**：哈哈，长寿！长寿！祝大家都长寿！

（作者系中国青少年研究中心编审，团中央青运史档案馆原副馆长）

# 后　记

中国青年运动史是中国近代以来实现中华民族伟大复兴事业史的重要组成部分，是中国社会变革史的重要组成部分，同时也是中国共产党群众工作史的重要组成部分。为有志于青运史研究、热心青运史研究、关心青运史研究的专家学者、共青团干部提供交流的平台，在团中央书记处的关怀和指导下，2003 年 12 月，"青运史研究文库"作为中国青少年研究中心文库系列丛书之一问世，2007 年 1 月，团中央青运史档案馆编辑的内部刊物《青运史资料与研究》出版。

为交流青运史研究成果，促进青运史学术繁荣，推动青运史研究工作，我们从《青运史资料与研究》和其他期刊中遴选出有关青运史研究的近 30 篇文章编辑成书，以飨读者。在此，我们向文章的作者表示衷心的感谢。

中国青少年研究中心主任、团中央青运史档案馆馆长王义军审定全书。

由于水平有限，在编辑过程中难免会有疏漏讹误，敬请读者批评指正。

编者

2019 年 6 月